近世出版の板木研究

金子貴昭

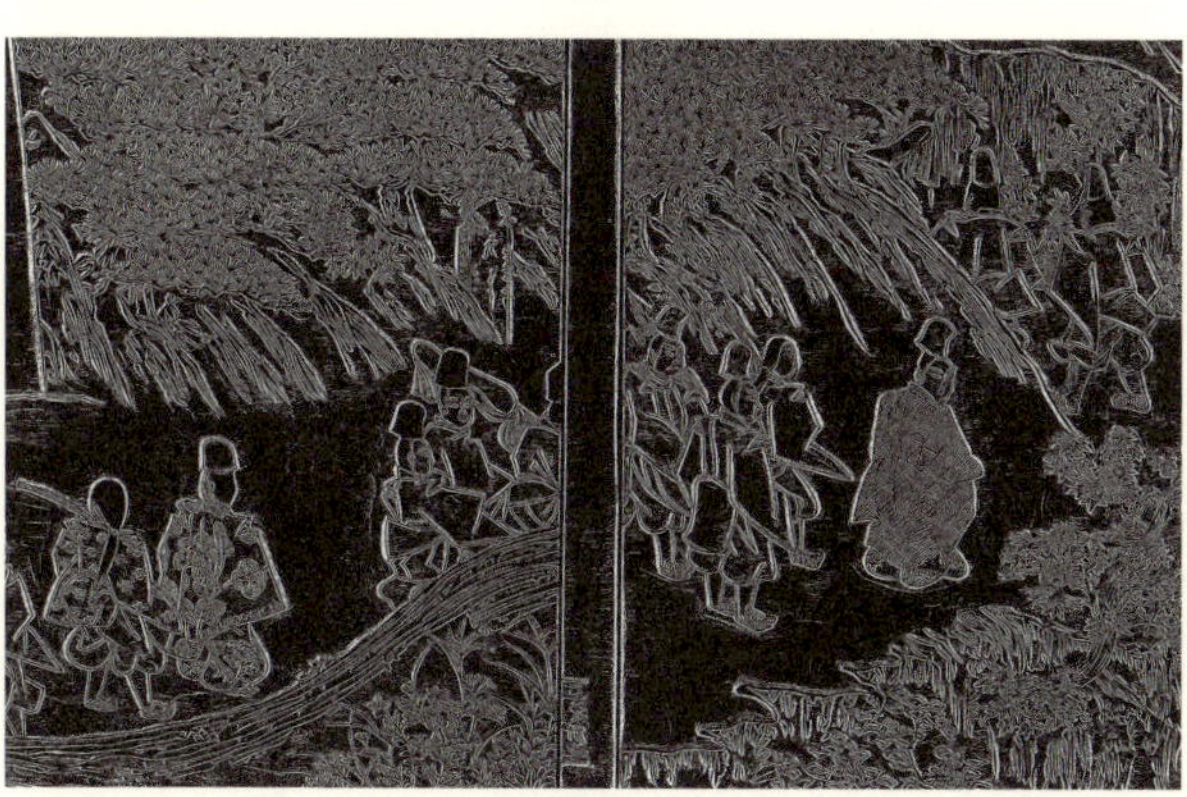

法藏館

近世出版の板木研究＊目次

近世出版の板木研究

序章　研究資源としての板木

はじめに

わが国の印刷の歴史は古く、最古の印刷物としては、奈良時代の百万塔陀羅尼（『無垢浄光陀羅尼経』）が知られている。平安時代には摺経・摺仏があり、平安時代に始まる春日版、鎌倉時代に始まる南都版（東大寺版・法隆寺版・西大寺版）・五山版・高野版・叡山版・浄土教版など、南北朝〜室町時代の根来版や、室町時代の大名家による大内版・薩摩版など、桃山時代から江戸時代に至るキリシタン版・慶長勅版・駿河版・伏見版・嵯峨本など、江戸時代の商業出版の隆盛に至るまでの間、出版史上に重要視される印刷物は見られるが、それらは有力者によって行われたものであり、あるいは一部の享受者を対象とした出版事業に留まり、一般に普及することはなかった。

江戸時代に至る以前の出版史においては、長きにわたって板木《はんぎ》を用いる整版印刷がその主流を占めたが、ごく一時期に、活字印刷に取って代わられる。先にあげたキリシタン版以下の古活字版の時代がそれに該当するが、活字印刷の時代は長くは続かず、寛永（一六二四〜一六四五）末頃から再び整版印刷の時代に戻る。一点の本を繰り返し大量に印刷することが可能である整版印刷は、出版という行為を商業採算ベースに乗せることにつながり、出版業を生業とする者が多出し、出版産業は拡大の一途を辿ったのである。現代に伝わっている板本《はんぽん》といえば、そのほとんどが整版印刷によるものといっても間違いない。文学はもちろんのこと、思想・宗教・学問などを含め、江戸時代のさまざまな文化的事象は、板本を扱わずして述べることはできないといっても過言ではないのである。

中野三敏氏は『江戸の出版』(注1)のあとがきにおいて、『雨月物語』の板本・影印本・活字化された文庫本を例にあげ、次のように述べる。

文庫本の中身は「雨月」でも、物理的にそれは近代のものである。影印本もコピーも、まさしく近代そのもの。それに対し板本は間違いなく江戸そのものである。板本「雨月」の初印本を手にのせれば、それは安永五年が、文栄堂求板本ならば天保が、まさしく現代人の私の手に乗っているのである。これほど確かな江戸の感触は他にあり得よう筈もない。あとはその物の発する情報の凡てを吸収することに努めさえすればよい。(中略)情報の吸収に必要なのは、その書物の出版に関するあらゆる営為の探求であり、書物としての物理的なあらゆる要素の分析であろう。

中野氏は、右のように述べつつ、出版研究や板本書誌学を近世文芸研究の「絶対必要条件」としてあげられた。「書物としての物理的なあらゆる要素」には、板本書誌学で扱われる諸情報が含まれているだろう。

板本書誌学は、板本を「モノ」として客観的に分析するための学問であるといってもよい。板本書誌学を基底とする研究は広く浸透しており、もはやその効能を疑う人はいないだろう。しかし、現在の板本書誌学に決定的に不足している情報がある。それは板本を摺刷《しゅうさつ》するために用いた「板木」についての情報である。板本を手の上に乗せた時、「時代」以前に、その板本は摺られたものであるという事実が手の上に乗る。また同時に、かつてその板本を摺るための板木が存在したという事実も認識されねばならないのである。板木なくして、板本は存在しないし、板株《はんかぶ》（版権）という問題も扱うことはできない。板木は近世出版の根本装置なのである。

板木の重要性は広く理解されてきたことと思う。しかし一般には、例えば社団法人温故学会が『群書類従』の板木を今に伝えていたり、芸艸堂《うんそうどう》の板木蔵に大量の板木が現存すること、黄檗宗萬福寺宝蔵院に鉄眼一切経の板木が現存し現在も摺刷されていたり、天理大学附属天理図書館が浄瑠璃本の板木を大量に所蔵しているなど、「板木をたくさん所蔵している機関がある」という認識が持たれてきた程度であるのが実際のところだろう。板木が何を示し、何を教えてくれるのか、そうした具体的な理解が得られる状況にはまだ至っていないと思われる。

「板木」は、例えば『江戸の板本(注2)』では二十四のページに、『日本書誌学を学ぶ人のために(注3)』では十九のページに記載される、頻出キーワードである。これらは板本の背後に必ず板木が存在するという事実、板本を理解するにあたって、板木という存在が必要とされている事実を表象しているのであろう。しかしこの頻出の度合に比して、板木に対する直接的な解説に割かれるページは極めて少ないのが現状である。

第一節　板木から分かること

板木という存在は、板本を通じてその姿の一部を現すことがある。よく知られる「入木《いれき》」はその好例であろう。板本の内容上の修正が必要になった場合、板木に入木を施して内容を修正する。その板木を用いて摺刷すれば、板本に修正内容が反映されるからである。板本の内容を扱う立場から見れば、この修正行為には意味が見出されなければならない。何のための修正か、元の内容と変更後の内容を比較検討し、その意味を問う。

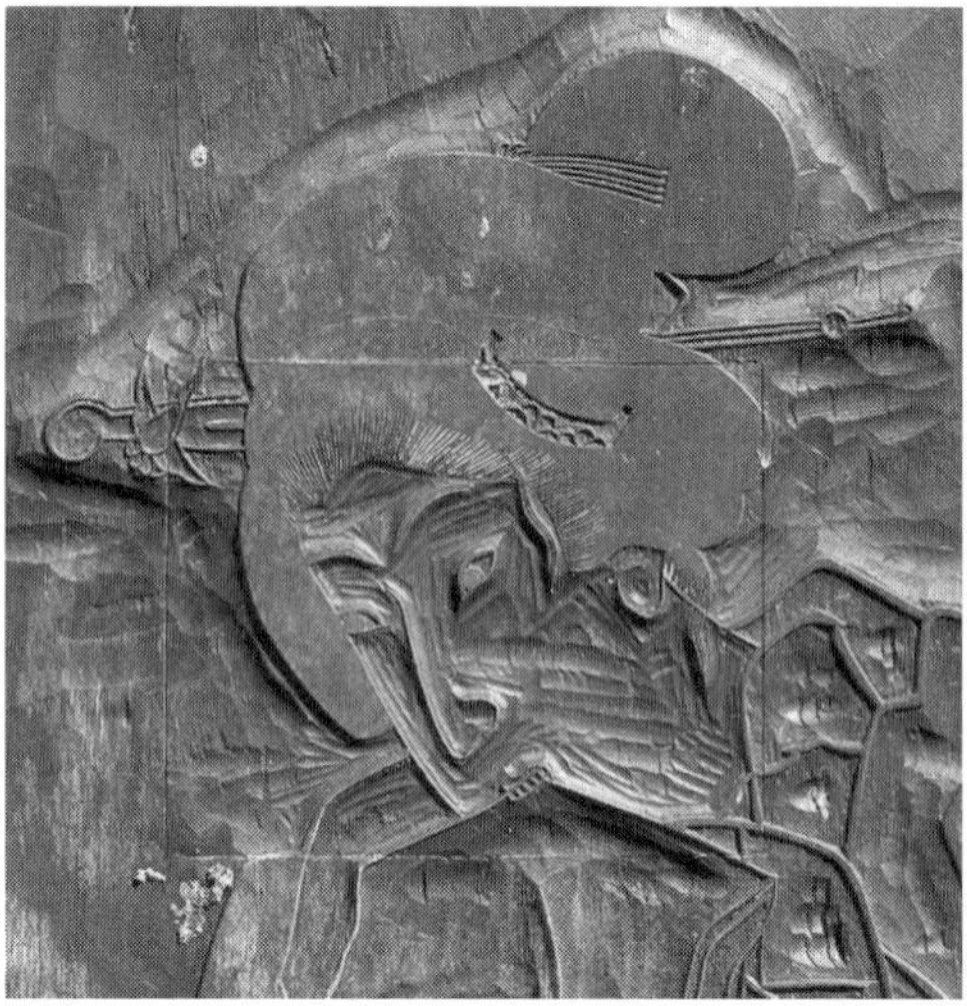

図1　三代豊国画「江戸名所百人美女　しん宿」主板
（複製）（奈良大学図書館所蔵、2535490、部分）

それらが成果をもたらす場合は多い。事例は改題や刊記の入木など枚挙に遑ないであろうが、例えば倉員正江氏は八文字屋本の修訂の事例、神津武男氏は浄瑠璃本における修訂の事例を掲げて、訂正・関係者の訴えに基づく変更・検閲に対するすり抜けおよび自主規制などの実態を明らかにされている(注4)(注5)。こうした成果を見れば、入木が修正のための技術であるということは間違いなくいえ、修正前後の内容を検討することにより、その意味を明確にすることができる。そして、板本書誌学においても修訂のみを前提に解説されてきた。これが板本書誌学の誤解である。「入木」はよく知られた技術であるだけに、誤解も広く浸透していると思われる。

入木については第二章で詳述するが、ここでは第二章で扱っていない事例を見てみよう。錦絵の板木の場合、すでに存在する板木に別の人物の首を入木して再摺《さいず》りする場合がある。これらは「首のすげ替え」と呼ばれる一種の修訂技術である。しかし一方では、修訂目的ではなく、もともと入木を施す場合もある。

首は、顔の細かなパーツを彫り上げたり、細かな髪の毛を彫り入れる（毛割り）など、難易度の高い箇所であり、頭彫《かしらぼり》と呼ばれる彫師の頭領が彫りを担当する場合があった。つまり細緻な彫りを施すために、首はもともと入木することを前提に準備される場合があった。首には桜よりも堅い材が用いられる場合があり、現代では柘を用いるという（図1）。ともかくもこれらはもともと入木だったわけであり、何かの修訂が施されているわけではない。また、図1に例示した板木は複製であって、オリジナルではない。複製の対象となるオリジナルがあるのであって、首をすげ替える必然性はそこにはなく、そもそも当初から首は入木される予定だったはずである。

上記は錦絵の例であるが、このようにしてみれば、板本も例外ではない。文政十年（一八二七）刊『按腹図解』の挿絵では、首に入木が施されている（図2）。これは一般的な人物の首であって、もともとの人物の首を別の人物の首にすげ替える必要は感じられない。錦絵の首と比較すれば、該書の人物像の首の彫りが難解であるようには思われず、彫り損じを疑う必要は残るものの、当初から入木することを前提としていた可能性が高いのである。

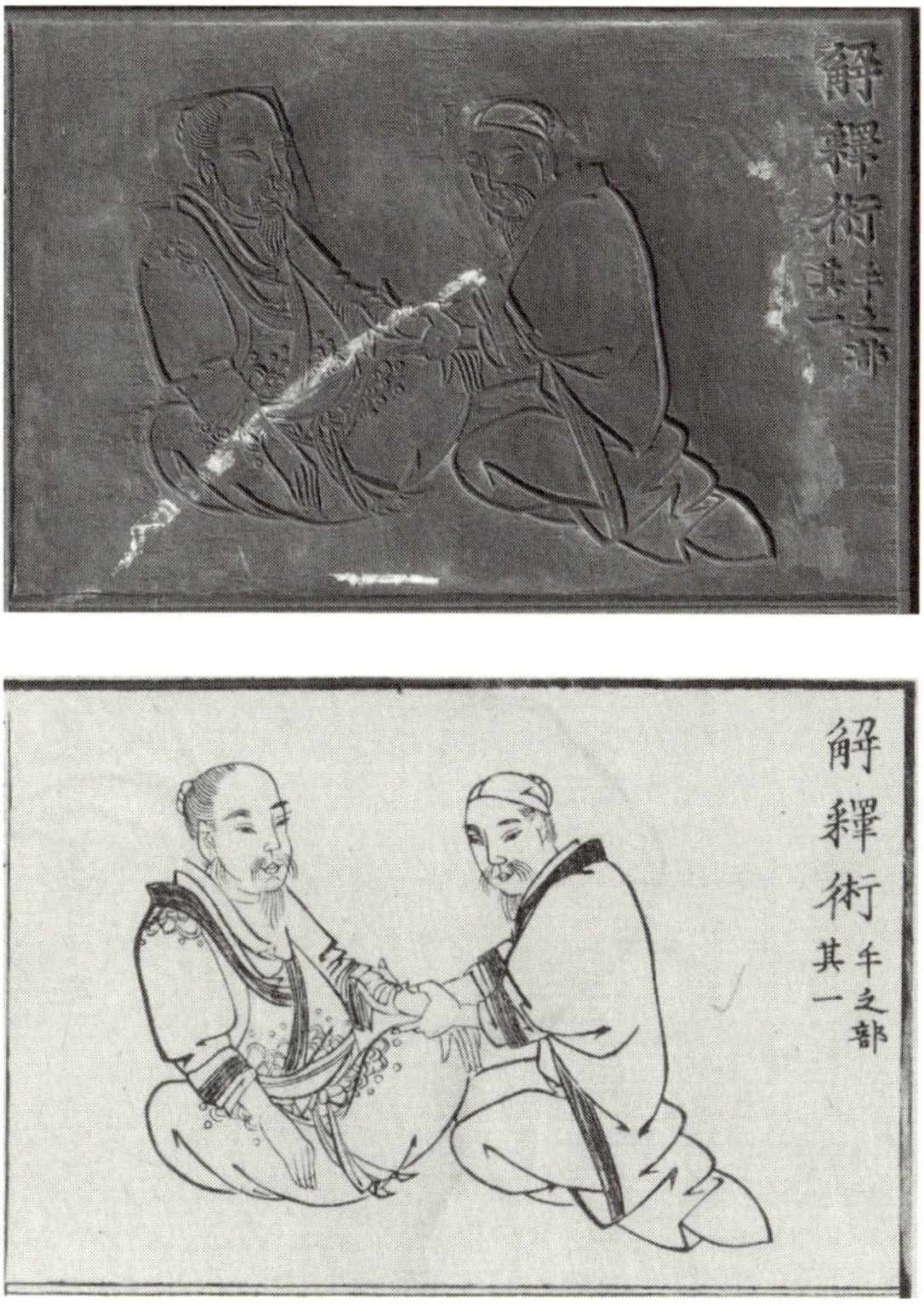

図2　『按腹図解』十二オ
（上）板木（藤井文政堂所蔵、F0164、部分、鏡像）
（下）板本（立命館ARC所蔵、arcBK01-0028、部分）

上述の誤解に引きずられる例もある。大阪府立大学学術情報センター図書館では、平成二十一年（二〇〇九）三月十八〜二十五日にかけて、嘉永六年（一八五三）から文久元年（一八六一）に刊行

図3　匡郭以外に刻面のない板木
（上）天明三年（一七八三）刊『鉄笛倒吹』巻上目録二ウ（奈良大学博物館所蔵、T０８７１、部分）
（下）嘉永三年（一八五〇）刊『本朝画史遺伝』巻三目録三ウ（奈良大学博物館所蔵、T１３２９、部分）

された萩原広道著『源氏物語評釈』の板木四十六枚（同館所蔵）を、「今よみがえる江戸期の源氏版木」展において公開された。いま図版の準備はないが、「末摘花」の十五～十六丁を収めた二丁張の板木には、板を貫通する形の入木を確認することができた。その展示解説では、「彫り間違いの部分に埋木が施してある。埋木の部分は摺り出しの墨の色がやや濃い」と述べられていたのだが、板木の表裏の同一箇所に本文修訂の必要が生じることは考えにくい。これは第二章に述べるような木材の特性に存在した原因を考慮すべきであろうが、板本をもとにした定説に従う発想では、彫り間違いを想定せざるを得ないのである。今後、板木を意識して板本を見るとき、入木は内容上、修訂の意味を問うべきものと、そうではないものに大別して考えられるべきであろう。

もう一つ紹介しておこう。板本には、匡郭《きょうかく》・板心以外に何も印刷されていない箇所がある。情報が何も印刷されていないのだから、文学を研究する立場にとっては、その箇所は「無」であり、あまり用をなさないだろう。しかし出版の現場はそうはいかない。いかに「無」であっても摺刷には影響を及ぼす。匡郭の内部を完全に浚《さら》ってしまっては紙が中央方向へ垂れてしまい、匡郭が歪曲してしまうだろう。しかし完全に未刻のまま残すわけにもいかない。板木を見れば明らかであるが、こうした箇所は半丁の中央部を高めに彫り残して島を作り、紙の垂れを防いでいる例が多い（図3）。

ここまで述べてきた板木についての細かな情報は、それら一つ一つを声高に主張したとしても、板本書誌学には大きな影響はないだろう。しかし、当然ながらこれは板本のみを見ていたのではいつまでも不明なままの情報である。板本を摺刷した板木について、何とはなしのイメージは持たれていても、実際にどのような構造になっていたのかについては、まだ知られていない事実が多いのである。

板木には、板木を彫製した人々、ひいては板本の制作に携わった人々が一体何を考えていたのか、現場レベルに相当する情報が含まれている。これらの情報を集積して板本書誌学に還元するとき、われわれの板本を観る眼差しは確実に豊かになっていくだろう。

第二節　板木をめぐる研究界の動向

さて、冒頭の引用文と明確に結び付けてはおられないが、同書に含まれる対談の中で国家的機関による板木の保存を提唱されたのも、また中野氏であった。（注6）板木の重要性を見抜かれた上での発言と思われるが、残念ながら氏の提唱に則った動向は現在まで見られない。唯一、天理大学附属天理図書館が所蔵する浄瑠璃本の板木調査・研究が中野氏の提言に先行して行われ、板株委譲・収蔵の経緯・板元に関わる研究など(注7)、近年も発展を見せているが、直接的に板木を扱う研究ではなく、残念ながら完全な目録も公開されていない。

しかし、一九九〇年代後半から、次第に板木そのものへの注目度が高まり、板木資料を研究の俎上に乗せようとする動向が見られるようになる。

鈴木俊幸氏の研究グループは、木曽地域の臨川寺・山村家・徳音寺に伝存する板木を調査され、代官を務めた山村家がその地域・歴史・民俗に密着しつつ、観光産業の充実を図って出版に携わった状況を明らかにされている(注8)。元興寺文化財研究所では、近畿地方の寺院が所蔵する板木の調査を精力的に進められており、主に板木の内容から、勧進など寺院の活動や信仰に焦点を当てた研究が進められ、報告書が陸続と刊行されている(注9)。和歌山県高野町は、高野山の各寺院に伝わる高野版の板木を調査され、報告書を刊行された(注10)。これらの板木はその後、重要文化財に指定されている(注11)。二〇〇〇年代に突入してからもこの流れは現在まで途切れることなく、最近では神戸女子大学古典芸能センターが檜書店旧蔵の謡本の板木を収蔵されており、すでに目録が備わり、画像付データベースも稼働している(注12)。先にもふれた大阪府立大学では、青木賜鶴子氏が板木と板本の比較照合を進められている他(注13)、慶應義塾大学でも福澤諭吉の著作や慶應義塾関係者著作の板木整理作業が進捗すると聞く(注14)。さらに大阪大学大学院文学研究科懐徳堂研究センターが、『画本大阪新繁昌詩』の板木と板本を対照させるデジタルコンテンツを公開されている(注15)。

これらがそれぞれに貴重な論考や資料紹介であることは間違いない。研究分野や対象、手法の違いにもよるため、簡単に批判を行うことは必ずしも適当ではないが、それを承知の上で述べるならば、板木の内容が扱われる傾向にあり、板木そのものの構造についてはあまり述べられていない点を指摘できよう。板本とは異なり、板木の研究資源としての歴史は浅い。板木には板本書誌学のような蓄積がなく、型式や物理的構造からの考察が困難な状態であることも指摘できる。

先にあげた『高野版板木調査報告書』の巻頭には、板木の図版が何点か掲載されている。そのうち、金剛三昧院所蔵『声字実相義』の板木の型式に注目してみる（図4）。この板木は「板木の形態や雄こんな字形等」から、鎌倉時代の成立と目される。『声字実相義』の板木には、第二章において述べる端食《はしばみ》（反り止め）用に加工された痕跡がある。端食には、成立時期ごとの特徴が表れるが、『声字実相義』のそれは第二章に述べるA型で、寛保頃（一七四一〜四三）まで用いられた江戸時代の最も古い型式に一致する。他に鎌倉時代成立と目される『秘蔵宝鑰』『菩提心論』『吽字義』の型式も然りである。

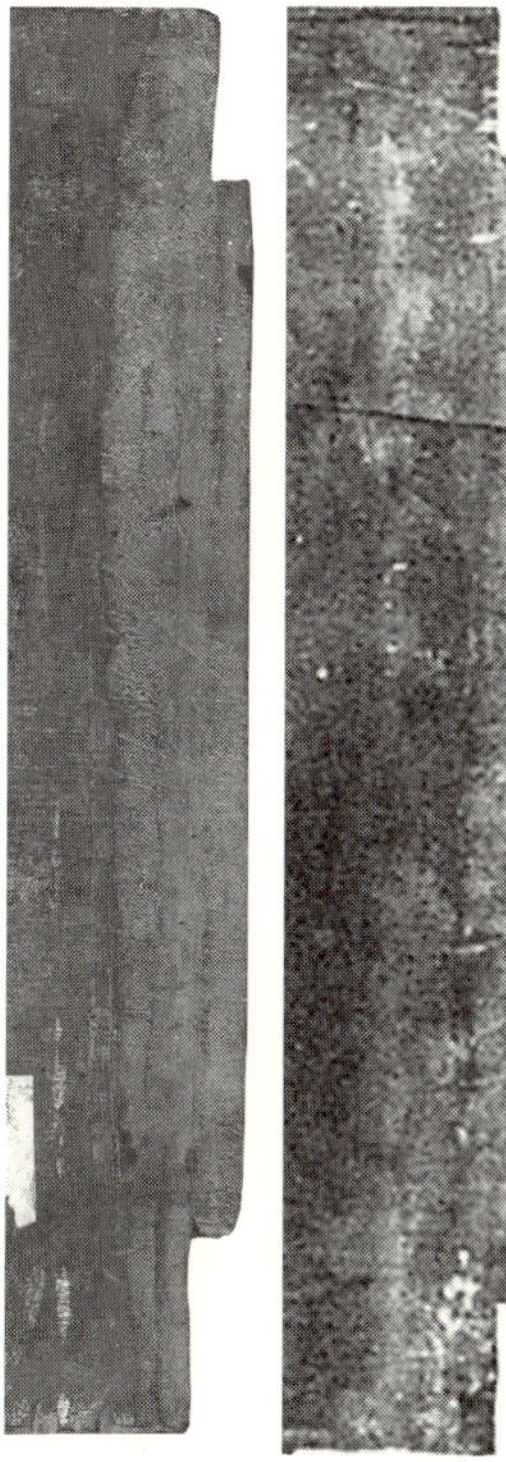

図4　板木の端食の型式
（右）鎌倉時代『声字実相義』（高野山金剛三昧院所蔵）
（左）寛保三年（一七四三）刊『魚山蠆芥集』（奈良大学博物館所蔵、K0006）

これらの年代考証が正しいとすれば、端食については、江戸時代の古い板木型式が鎌倉期以来の型式を踏襲していることになり、板木型式の変遷を考える上で重要な点となる。仮に誤っているとすれば、これらの板木は鎌倉期のものではなく、少なくとも寛保頃以前の成立という可能性も出てくる。むろん現時点で、これらの板木が鎌倉時代成立であるという点に異議を唱えるつもりは毛頭ないが、板木型式の変遷を考える上で、鎌倉時代から江戸時代まで延々と同一の型式が用いられ続けているということもやや考えにくく、再検討の余地が残るという主張は許されるだろう。

こうした動向の中、注目すべきは永井一彰氏の研究である。藤井文政堂旧蔵・竹苞書楼《ちくほうしょろう》旧蔵板木を奈良大学に収蔵され[注16]、藤井文政堂所蔵・筒井家所蔵・佛光寺所蔵の各板木を次々と調査された永井氏は、次のように述べられている[注17]。

> 一連の板木調査を通して思ったのは、板木は近世の出版現場の生な情報を伝えてくれる貴重な学術資料だ、ということであった。板木には、それで印刷した版本からは絶対に分からない近世出版現場の情報が刻みこまれている。その情報を、逆に版本からのみ得られる情報とつき合わせることによって、近世の出版現場のありさまが生き生きと蘇ってくるのである。（中略）板木から拾わなければならない情報はまだいくらでもある。

この論述のとおり永井氏は、板木に残る傷や、板木の仕立てられ方（丁の収まり方）、板木の型式、入木の施され方など、板木が持つ多くの情報の意味を問い、既存の板本書誌学と併せる形で考察されながら、旧来の諸本体系を問い直したり、相合版による出版体制を捉え直すなど、板木を研究資源として扱う魅力を存分に示されている。

第三節　板木資料の活用・共有化へ向けて

しかし氏の研究をもってしても、まだ足りない点がある。それは、板木資料を学界共通の研究資源とするまでには至っていないという点である。その原因は、第一章において詳述するとおりであるが、板本と比べた場合の板木資料の扱いづらさである。いいかえれば、複写資料が流通しづらく、広く研究利用されるまでに至らないのが原因といえる。

この点は先に紹介した、板木を扱った研究全般に当てはまる問題である。元興寺文化財研究所の各報告書には、拓本による板木の図版が豊富に掲載されており、どのような板木が伝存しているのか、具体的なイメージとともに伝わってくる。しかし紙媒体ということもあってか、図版の大きさが十分であるとはいい難い。『高野版板木調査報告書』では巻頭にグレースケール写真が載るが、図版点数は二十四点に留まり、また図版の大きさも十分ではない。これらの方法では、所蔵者や調査に携わった者以外が、質と量を兼ね備えた板木資料を扱うことは不可能である。

筆者はこの問題に、デジタルアーカイブという手法で臨んだ。板木デジタルアーカイブについては、永井一彰氏から奈良大学所蔵板木のデジタルアーカイブ構築のご提案をいただいたのがきっかけとなり、筆者が主に従事させていただくこととなった。

現在、デジタルアーカイブ活動は人文系分野においても多くの所蔵機関で行われるようになってきており、メタデータとデジタル画像とを組み合わせて文化・芸術的コンテンツをウェブ上で閲覧させる手法が広く行われるようになってきている。おそらくは、資料整理→デジタルアーカイブ構築の順に行われるのが一般的な流れになっていると思われる。つまり整理されにくい資料は、いつまでたってもデジタル化の機会に接することなく書庫の一角に埋没することになり、あるいは整理の機会を得たとしても、デジタル化の優先度が下位に沈み、これまた資料の共有が実現されるまでに時間を要することになる。資料の性格に鑑みて、板木は整理されにくい資料であり、共有の実現が難しい資料であろう。

筆者が活動の拠点とする立命館大学アート・リサーチセンターでは、早くから発想の転換が行われ、デジタルアーカイブ構築を資料整備の格好の機会と捉えてきた経緯がある。資料がデジタル化され、高精細なデジタル画像を手もとに置くことができれば、デジタル画像を閲覧しながら内容を吟味し、必要なメタデータを充実させていくことができるはずである。

先に述べたように、二〇一〇年現在、すでに人文系分野におけるデジタルアーカイブ構築やその公開は、試行期から本格的な実践期・普及期に入っていると思われる。したがって旧来説かれてきたような、閲覧に関わる地理的な制約を取り除く、または資料原本を一々出納する必要がなくなる、などといったレファレンス上のメリットを主張する段階ではないだろう。

近年では、人間文化研究機構による「統合検索システム」(注18)(nihuINT)に代表されるように、メタデータフォーマットの標準化やそれに伴う横断検索の実現などにスポットが当てられている。詳細は第一章にゆずるが、本書で実践したデジタルアーカイブはあらかじめ存在する枠組みにとらわれることなく、板木を扱う研究者による、板木を扱う研究(者)のための板木デジタルアーカイブを目指し、デジタル化からイメージデータベース構築に至るまで、あくまで板木を注視した。幸い、永井氏によってすでに作成されていた基礎リストのご提供を受けたこともあり、板木デジタルアーカイブ構築は全体的に順調に進捗し、本書の重要な基盤となっている。

第四節　板木を研究資源として扱うための課題と本書の構成

さて、デジタルアーカイブ構築をも含めて、板木を研究資源として取り扱うためには、次の六点の重要課題を押さえておかなければならないだろう。

第一に板木を研究することの目的・意義を明らかにしつつ、デジタルアーカイブ構築によって板木資料を広く一般に利用可能な状態にすることである。

第二には、板木の物理的な基本構造を探り、板木とはどのようなものか、どのように観察すべきか、どのような情報を得るべきかを明らかにすることである。またこれによって、板木による書誌学「板木書誌学」を構築し、板木から得られた情報を板本書誌学に還元し、板本書誌学を豊かにしていくことも本課題に含まれる。

第三には、板木に対応する板本の収集調査である。板木を研究資源として扱うとはいえ、現存する板木はあくまでも最終的な形であって、初版から現在に至るすべての情報が蓄積されているわけではない。部分的修訂や部分的な再版を経た板木を理解するためには、板本との突き合わせが必要となる。

第四に、板木の構成を板本上に見出すことである。いかに多くの板木が現存していようとも、その板木はかつて存在した板木のごく限られた一部に過ぎない。この第四の課題を抜きにしてしまえば、板木は、板木が現存する板本のみにしか用いることができない資料に成り下がってしまう。現存する板木から、板木が現存しない板本の研究に有効な情報を導き出すことは、板木書誌学から得られた情報を板本書誌学に還元するために重要なのである。

第五に、出版記録の活用と再検討である。出版記録には、大別して個々の板元による記録と本屋（書林）仲間による記録の二種類がある。板木は昔から現在まで同一の場所にあったわけではなく、売買されては場所を変えて伝存してきた。あるいは失われた後、失われたまま現在に至る板木もあれば、再び彫製されて現存する板木もある。何が現存して何が現存しないのか、なぜ現存し、なぜ現存しないのか、現存する板木はどのような扱いを受けて伝存してきたのか、それらの履歴を明確に理解するために、前者は不可欠の資料である。また、板木が近世出版の根本装置であった以上、前者・後者は、出版の記録であると同時に板木運用の記録でもあったはずであり、「板木」をキーワードとして再読解することにより、近世出版機構において板木が果たしていた役割を明らかにしていく必要がある。

第六には、上述の板木・板本・出版記録を組み合わせた出版研究実践である。板木を用いた研究を行うとき、板本のみを用いた研究と何が異なるのか、板木を研究に用いることのメリットを提示できなければ、板木を研究資源として扱うことへの理解が得られないだろう。

第三の課題は、本書全体に及ぶものであるため、章として独立した形で明確な像を結ばないが、それら以外の五点の課題は、ほぼそのまま章構成に反映している。

第一章においては、板木を出版研究の研究資源として扱うための基盤整備について述べる。なぜ板木は重要か、重要な資料である板木がなぜこれまで扱われてこなかったのかという基礎的な問題に取り組みながら、板木を研究資源として扱うための障害を取り払う方法としてデジタルアーカイブを提示し、その活用例を示す。

第二章では、従来、板本の付随資料と捉えられがちであった板木そのものに、見るべき点が多いことを述べる。板木研究の目指す方向は、板木を観察し、板本を見ただけでは分かり得ない事柄を事例として提示、板本への視点を豊かにし、板本書誌学やそれに根ざした出版研究、文芸研究を刺激することにあると思われるが、そのためには、板木自身を的確に観察することが重要となる。板木資料から得られた情報——板木の構造や時期による特徴など——にふれつつ板木の観察方法について述べ、「板木書誌学」の必要性を提唱する。

第三章では、板本を注視する。板木がどのように仕立てられていたかを知ることで、目前の板本がなぜそのような姿をしているのかを理解できる場合があるが、そのためには、その板本の板木が何丁張《ちょうばり》なのかを推定することが必要となる。本章では、一冊の板本に複数の紙質が混在する例をあげ、異なる紙質の出現パターンを検証し、それが板木の異なりを示す可能性を探る。また匡郭縦寸に発生する高低差の出現パターンを検証し、そこから板木が何丁張であるかを想定する方法を提示する。本章では主に板本を扱うが、基底にはやはり「板木」という問題意識を置く。板本に表れる板木の痕跡は、入木などが知られているが、それとは次元を別にして、板本に板木の構成がどのように表れるかを探る挑戦である。

第四章〜第五章では出版記録を検討する。第四章で取り上げる竹苞書楼・佐々木惣四郎の出版記録は『竹苞楼大秘録』『竹苞楼秘録』『蔵板記』の三点が早くから知られてきた。これらの記録から情報を拾っていけば、当時の出版界の慣例や実態が浮かび上がってくる。また近時、永井一彰氏によって佐々木の蔵板記録『蔵板員数』（竹苞書楼旧蔵、奈良大学所蔵）が翻刻紹介されている。[注19] これは現在、奈良大学博物館に所蔵される竹苞書楼旧蔵の板木が、現在に至るまでに辿った経緯を理解する上での一級資料である。この他、竹苞書楼旧蔵の記録として、まだその内容が十分に紹介されていない『蔵板仕入簿』『板木分配帳』『竹苞楼蔵板員数帳』も伝わっている（いずれも奈良大学所蔵）。また奈良大学博物館には、佐々木が販促用に刊行した『書林竹苞楼蔵版略書目』の板木四枚も所蔵されている。これらを相互に対照させると、単一の記録だけを見た場合とは異なる理解に至る場合もある。本章ではこれらを総合的に考証することにより、板木がどのような経緯で現存しているのか、あるいは現存しないのか、板木に対する理解を深めていく。

第五章では、佐々木惣四郎の出版記録の他、これまで出版の経緯や記録として読まれてきた本屋仲間の記録をも対象に読解を進める。従来、出版記録はあくまでも機構・手続き・本を刊行するにあたって問題となったこと、それにまつわる争議など、あくまでも本を刊行するための経緯を知るための記録として扱われてきており、板木という観点から読み直そうとする試みはこれまでなかった。本章では板木がどのように扱われていたか、という視点から出版記録を読み直し、近世出版機構における板木の役割を見出していく。

第六章〜第八章は、これまでの基盤整備・基礎資料の検討を受けて、板木・板本・出版記録の三つを組み合わせた出版研究の実践編としての位置付けになる。

第六章では宝暦十年（一七六〇）に刊行された池大雅の画譜『賞奇軒墨竹譜』を取り上げる。同書の板木・板本・出版記録を丹念に突き合わせていくと、類板・相合版・板木の売買・板木の分割所有・分割所有した場合の摺り・明治期以降の木版印刷・板木の再利用といった出版研究のキーワードが明確に浮かび上がってくる。同書の板木が初版から奈良大学博物館に収蔵されるまでに辿った経緯を追いつつ、近世出版の実態を洗い出す。

第七章では「高野版」を扱う。高野版といえば、金剛峯寺による刊行物と即座に定義されがちであり、実際に高野山上に高野版の板木が現存し、重要文化財に指定されている。本章では、奈良大学博物館が所蔵する板木の中から高野版に関係する板木を抽出し、板木がどこにあったのか、という問いを基点に、高野版の定義や分類についての問題点を提起しつつ、第八章の叙述の基盤を形成する。

第八章では、藤井文政堂に特異な型式の板木が伝存する享保十七年（一七三二）刊「十巻章」を扱う。また本章においても板木・板本・出版記録を突き合わせつつ、その特異な板木構造の意味を問うとともに、寺院と板元の関係、または両者を仲介する板元の存在を浮かび上がらせる。

各章とも、相互に参照すべき部分も多く、特に部構成は設けなかったが、第一章では板木を出版研究の研究資源として利用するためのプラットフォームについて論じ基盤を整備する。第二章〜第五章ではその基盤上で扱う基礎資料の検討を行い、第六章〜第八章ではそれ以前の章を受けた、板木・板本・出版記録の三つを活用した出版研究を実践する、といったような緩やかな部構成をなしている。

以上、全八章からなる本書は、いかに板木を研究資源として活用するか、そもそも板木とはどのようなものかを明らかにし、板本書誌学を刺激し、ひいては出版研究にどのように使えるのかを明らかにしようとするのが目的である。それにより、従来の板本中心の出版研究、それに根ざした近世文芸研究に新たな展開を与えるものとなり、板木の研究利用を促進するものとなろう。

なお本書では、漢字は基本的に通行の字体に改めたが、旧字・俗字のまま残したものもある。丁付の表記は原則として原本に従った上で「○○丁」のように表記し、丁の表裏を示す必要がある場合は「○○オ」「○○ウ」のように示した。丁付を補う場合は〔　〕で括って示したが、実丁で具体的な丁を指し示す際には算用数字で表記した。丁数を示す場合は漢数字を用い、「全○丁」「二丁分」「四丁の単位」などとして丁付との混同が起きないように努めた。板木の図版は、文字の判読や板本との照合の便を図り、鏡像で掲載した場合があるが、その際、図版キャプション中に「鏡像」と示した。

注

(1) 中野三敏監修『江戸の出版』(二〇〇五、ぺりかん社)
(2) 中野三敏『書誌学談義　江戸の板本』(一九九五、岩波書店)
(3) 廣庭基介・長友千代治『日本書誌学を学ぶ人のために』(一九九八、世界思想社)
(4) 倉員正江「八文字屋本板木の修訂と京都の出版規制」(『草稿とテキスト』二、二〇〇二)、「八文字屋本板木の修訂をめぐる諸問題——『契情お国䴡妓』と御用絵師狩野家・土佐家」(『国語と国文学』八〇-五、二〇〇三)

（5）神津武男「浄瑠璃本における修訂の問題」（『浄瑠璃本史研究　近松・義太夫から昭和の文楽まで』、二〇〇九、八木書店）

（6）中野三敏・市古夏生・鈴木俊幸・高木元「座談会・江戸の出版（下）――板元・法制・技術・流通・享受――」（『ビブリア』五、一九五五）、祐田善雄「近松浄瑠璃七行本の研究」（『山辺道』八、一九六一）、祐田善雄・植谷元・今西実「天理図書館蔵　浄瑠璃板木目録」（『ビブリア』二三、一九六二）、大橋正叔「床本『つれづれ草』」（信多純一編『赤木文庫古浄瑠璃稀本集――影印と解題――』所収、一九九五、八木書店）、神津武男「豊竹座初演作品板木の委譲経過（正本屋西沢九左衛門旧蔵板木を例として）」付論〈（5）の神津氏著書に所収〉、「最後の浄瑠璃本板元・加島屋竹中清助」〈（5）の神津氏著書に所収〉など。

〈（1）の書に所収〉

（7）仙田正雄「大阪旧加島屋所蔵浄瑠璃板木誌」（『日本文化』一四、一九三八）、祐田善雄「浄瑠璃の版木」（『ビブ

（8）鈴木俊幸編『近世後期における書物・草紙等の出版・流通・享受についての研究――木曾妻籠林家蔵書、及び、木曾上松臨川寺所蔵板木の調査を中心に』（文部省科学研究費補助金総合研究（A）研究成果報告書、一九九六、中央大学文学部三八三三研究室）

（9）財団法人元興寺文化財研究所編『（財）大和文化財保存会援助事業による當麻寺の版木――護念院・中之坊・奥院――』（一九九六）、『松尾寺の版木』（一九九七）、『（財）大和文化財保存会援助事業による唐招提寺の版木』（一九九九）、『（財）大和文化財保存会援助事業による薬師寺の版木』（二〇〇〇）、『（財）大和文化財保存会援助事業による寶山寺の版木』（二〇〇一）、『（財）大和文化財保存会援助事業による西大寺の版木』（二〇〇二）、『（財）大和文化財保存会援助事業による春日大社の版木』（二〇〇三）、『（財）大和文化財保存会援助事業による桜井の版木――談山神社・能満院――』（二〇〇四）、『（財）大和文化財保存会援助事業による世尊寺の版木』（二〇〇五）、『（財）大和文化財保存会援助事業による當麻寺の版木――西南院――』（二〇〇六）、『（財）大和文化財保存会援助事業による東大寺の版木』（二〇〇七）、『（財）大和文化財保存会援助事業による聖林寺の版木』（二〇〇八）、『（財）大和文化財保存会援助事業による金剛寺の版木』（二〇〇九～二〇一〇）、『（財）大和文化財保存会援助事業による金剛山寺の版木』（二〇一一）。いずれも発行は財団法人元興寺文化財研究所による。

（10）高野版板木調査委員会編『歴史資料　高野版板木調査報告書』（一九九八、和歌山県高野町）

（11）広瀬裕之「福澤諭吉の著訳書等を摺った版木について――慶應義塾幼稚舎の長机にはめ込まれた版木とその背景――」（『武蔵野日本文学』四、一九九五）、「慶應義塾幼稚舎読書机版木考――文明開化期刊行翻訳教科書の原版の存在」（『武蔵野女子大学紀要』三一―一、一九九六）

（12）大山範子・川端咲子「檜書店旧蔵版木目録」（『神戸女子大学古典芸能研究センター紀要』二、二〇〇九）。神戸女子大学古典芸能研究センター「檜書店旧蔵版木データベース」（http://hangi.yg.kobe-wu.ac.jp/、二〇一二・五）

（13）青木賜鶴子「萩原広道『源氏物語評釈』の版木と出版」（『上方文化研究センター研究年報』一〇、二〇〇九）、「萩原広道『源氏物語評釈』初版八冊本から十三冊本へ」（『百舌鳥国文』二〇、二〇〇九）

（14）慶應義塾福澤研究センターウェブサイト（http://www.fmc.keio.ac.jp/news/research/post_2.html、二〇一〇・三・十七）

（15）大阪大学大学院文学研究科懐徳堂研究センター「懐徳堂文庫蔵版木『画本大阪新繁昌詩』」（http://kaitokudo.jp/hangi/hangi_top.swf、二〇一二・三）

（16）藤井文政堂旧蔵板木の一部は現在、大谷大学に収蔵されている。

（17）永井一彰「板木二題――厚さ・入木――」（『奈良大学総合研究所特別研究成果報告書』、二〇〇二、奈良大学総合研究所）

（18）大学共同利用機関法人人間文化研究機構「研究資源共有化システム」のうち、「統合検索システム」（http://int.nihu.jp）

（19）永井一彰『藤井文政堂板木売買文書』（日本書誌学大系九七、二〇〇九、青裳堂書店）

第一章　板木活用の意義と実践

はじめに

筆者らは奈良大学が管理する約五千八百枚に及ぶ板木資料のデジタルアーカイブ構築のプロジェクトを進め（代表・立命館大学文学部赤間亮教授、奈良大学文学部永井一彰教授との共同研究）、従来、板本中心に行われてきた出版研究に板木資料を活用する試みを行っている。

奈良大学のコレクションについては永井一彰氏(注1)の著述に詳しいが、このコレクションの核をなすのは、竹苞書楼や藤井文政堂といった古書籍商から奈良大学博物館へ譲渡・寄託された板木である。前者は寛延四年（一七五一）に創業した佐々木惣四郎であり、竹苞書楼旧蔵の板木約二千五百枚は、平成十七年（二〇〇五）に奈良大学博物館へ譲渡された。(注2)後者は文政頃（一八一八〜二九）に創業した山城屋佐兵衛である。藤井文政堂の板木は平成十年（一九九八）を最初に、(注3)十年間にわたって奈良大学博物館へ入ったものであり、奈良大学が購入した旧蔵分約五百枚、藤井文政堂現蔵で奈良大学博物館に寄託されたものが約八百枚に及ぶ。さらに大阪の古書籍商から購入した高野版の板木約三百六十枚、現在も収集が続くその他の板木（奈良大学図書館所蔵分など）を含めて約五千八百枚となる。(注4)

佐々木惣四郎と山城屋佐兵衛は、いずれも近世京都における有力な板元であった。したがって奈良大学所蔵の板木資料は、単に多くの板木が集まる一大コレクションに留まらず、近世以来、板元が管理・運用をしてきたままの姿を伝える貴重なコレクションといえよう。そしてそれらのデジタルアーカイブを構築するということは、それらの板木が商業出版の上で役割を終えた、ある一時点の姿を記録することに他ならない。そこにはそれらの板木がかいくぐってきた出版の現場を髣髴とさせる情報が詰まっているのであり、それを公開することによって、出版研究を刺激することができると考えられる。

以下、本章では上述のプロジェクトの目的に則して、板木研究の問題点およびデジタル化手法や構築を進めている板木データベースについて報告を行い、板木デジタルアーカイブが近世出版研究にどのように活用可能なのか、具体例をあげつつ論じてみたい。なお本章中、板木の基本的な構造については極力簡素に述べている。それらは第二章において詳述しているため、合わせて参照されたい。

第一節　なぜ板木は重要か

（一）板木研究の意義

ある特定の出版物を調査・研究しようとする際、そのスタートは、諸本を集め、書誌学的に整理し、諸本を系統立てることに求められるであろう。そこでは版面の良し悪し、改訂の有無、初版と覆刻の関係などの操作を見極めつつ、整理を行っていく必要がある。しかし当然ながら、これらは板本の上に行われた行為ではなく、板木の上に行われた行為あるいは表れた現象であり、本来的には両者を吟味した上で研究を進めなければならない。この点の重要性については、永井氏が明解に説いているため、その一部を引いておく（注5）。

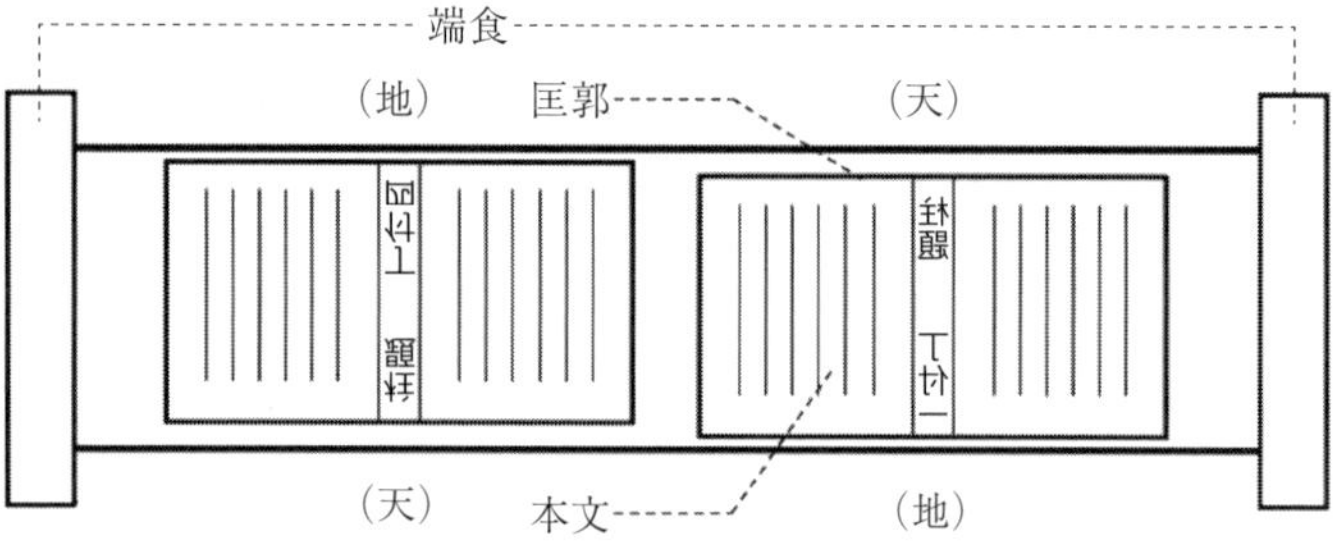

図1　四丁張板木のイメージ図

> 出版書肆や職人が何を考えていたかが板木には形として生々しく残っているのである。（中略）その情報を版本から得られる情報とつきあわせることによって、近世出版工房のありさまがかなり具体的に浮かび上がってくるはずである。

しかし従来の出版研究は、板本を中心に研究が進められてきており、板木そのものは十分に注視されてこなかったといわざるを得ない。

一般に、特に江戸期の文芸を研究対象とする研究者は、多かれ少なかれ、板本を研究素材として扱わざるを得ない状況にあると思われる。したがって多くの研究者は、板本の背後に必ずある「出版」や「板木」という存在を、ほとんど無意識のうちに研究対象に含んでいるといえる。しかし、一枚の板木の姿を正しく想起できる研究者は、果たしてどれだけいるだろうか。

最も一般的な板木の型式と思われる四丁張のイメージ図をあげてみる（図1）。左右に並ぶ二丁分の天地は逆に彫られており、さらに表と裏でも天地が逆に彫られている。地側にはほとんど余白がなく、天側には若干の余白がある。多くの場合、丁順は表面に1→4、裏面に2→3と彫られ、1の裏には2があり、4の裏には3が存在する。板木の両端には経年変化で板が反ることを防ぐための端食《はしばみ》（反り止め）が取り付けられている。板本から板木の姿を想定するとき、この単純なイメージ図すら想起せず、板木を曖昧で漠然とした存在として捉えている研究者が、実は相当数存在すると思われる。語弊を恐れずにいえば、実は江戸期の文芸研究は曖昧なイメージの上に成り立っているのである。可能な限り板木を調査し、そこから得られた事例をもとに板本に臨めば、より具体的な板木の像を想定でき、研究基盤を強固にできるだろう。板木の構造や特質を知ることで判明する事実もある。

(二)『容斎続筆』の板木

さて、具体的な話題に移ろう。例えば、板木の存在そのものが教えてくれる事実もある。和刻本漢籍である文政十三年(一八三〇)刊『容斎随筆』について、奈良大学博物館には七十三枚の板木が現存している。同書について長澤規矩也氏は、「もと五筆(随・続・三・四筆各一六巻、五筆一〇巻)から成るが、和刻本は初の一六巻に限られてゐる」と述べ(注6)、続筆以降が刊行されなかったことを指摘している。しかし奈良大学博物館には『容斎随筆』に加えて、『容斎続筆』の板木十枚も現存する。確かに板本の現存は確認できず、出版記録の上でも『容斎続筆』の板木は「彫サシ　四丁張十二枚」(注7)とされていることから、長澤氏が述べるとおり、実際には刊行されなかったと思われる。板本のみを見れば、前引の解題に何らの誤りは見出せない。端的に、続筆以降は刊行されなかったとしてもよいのだろうが、板木が一部彫製済であるという事実がある以上、「随筆」に続けて「続筆」を刊行する予定だったが、何らかの理由により頓挫したという理解に変更すべきであろう。

(三)『十八羅漢図讃』板木六枚の端食の型式

板木の型式が語る事実も存在する。貞享四年(一六八七)刊『十八羅漢図讃』は、全二十丁の板本で、現在奈良大学博物館には、四丁張の板木五枚(二十丁分)と、二丁張サイズで袋(見返し)と題簽を収めたいわゆる袋板一

図2　『十八羅漢図讃』板木六枚（奈良大学博物館所蔵）の端食の型式

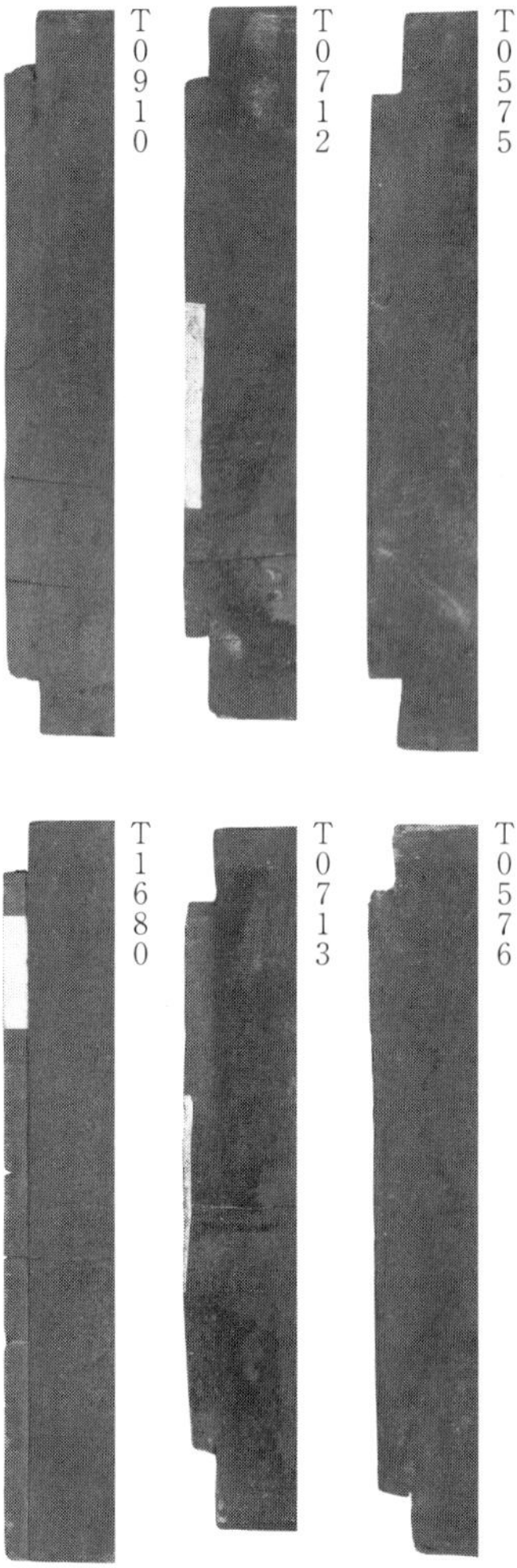

枚、計六枚が現存している。これらの板木の端の状態を見ると、いずれも端食が外れてしまっているが、板木の端は端食の型式に応じた加工が施されている。六枚の板木の端食の型を比較すると、凸型に加工された五枚の板木に対して、袋板（T1680）のみ型式が異なることは一見して明らかである（図2）。

第二章に詳述するとおり、端食は大別して三種の型式を確認できる。(注8)その型式は板木の成立時期による変遷があるため、その板木が古いのか、新しいのか、近代のものなのかを判断するポイントとなる。『十八羅漢図讃』についていえば、袋板以外の端食の型式は古く、初版年の時期に用いられていた型式に合致するが、袋板のそれは新しく、袋板は初版よりもかなり遅れて成立したと思われる。これらの板木は竹苞書楼の旧蔵板木であるが、『十八羅漢図讃』の初版は、佐々木惣四郎の創業よりも早い。佐々木は創業後に『十八羅漢図讃』の板株《はんかぶ》（版権）を獲得し、袋板は板株が佐々木に移ってきた後に新しく彫製されたと考えられるのである。(注9)

むろん諸本の題簽や袋を比較参照すれば、諸本上に版面の相違が表れ、佐々木版の題簽や袋と、従来の版のそれとが異なることは判明するだろう。しかし端食の型式は、板本の上には決して表れず、どれだけ多くの板本を参照したとしても、到底知り得ることができない。上記の例のように、板本の初版年代に板木の型式が合致するか否かを見ることにより、その板本の刊行事情が見えてくる場合がある。板木は板本の補助的な資料ではなく、そのものに観察するポイントを見出すべきである。

（四）彫摺の現場

彫摺《ちょうしゅう》の現場を垣間見せるような事例もある。

明治十年（一八七七）刊の中本型『続文章軌範纂評』の序文の板木（T1486）の裏面は、板下が貼り付けられたまま、まさに彫っている最中の状態である（図3）。少し彫りかけたものの、何らかの理由で作業を中断したまま放置されてしまったのであろう。中途で放置された結果として、文字や罫線の輪郭線を切り出していく様子がうかがえる点で貴重であり、彫りの過程を知る上で重要視すべき資料である。

また奈良大学所蔵板木の中には、白いチョークで各丁に丸印や斜線が入っている例を頻繁に見かける。これらは何を意味するのだろうか。これは寛文十年（一六七〇）刊『種子集』の板木（F0142）に「スミ」とチョークで書き入れられている点（図4）から考えると、チョークによる書き入れは「摺刷《しゅうさつ》を終えた」という意であろう。第二章において、丁の摺り忘れを防ぐという観点から、板木の構成と摺りの手順との関係を考察するが、摺り忘れや重複して摺ることを避けるために、現場ではこのような簡便なチェックが施されていたのであろう。

上述の事例の他、この数年、板木が板株の移動を捉えるのに格好の資料であること、重板（いわゆる海賊版）刊行のありかたや、入木《いれき》の目的など、従来の板本書誌学による常識だけでは捉えきれない出版界の事象が板木研究の成果として示されるようになってきており、(注10)(注11)(注12)板木が今後の出版研究にとって有益に作用することは確実といえる。

図３　彫りかけの板木
（奈良大学博物館所蔵、T1486、部分）

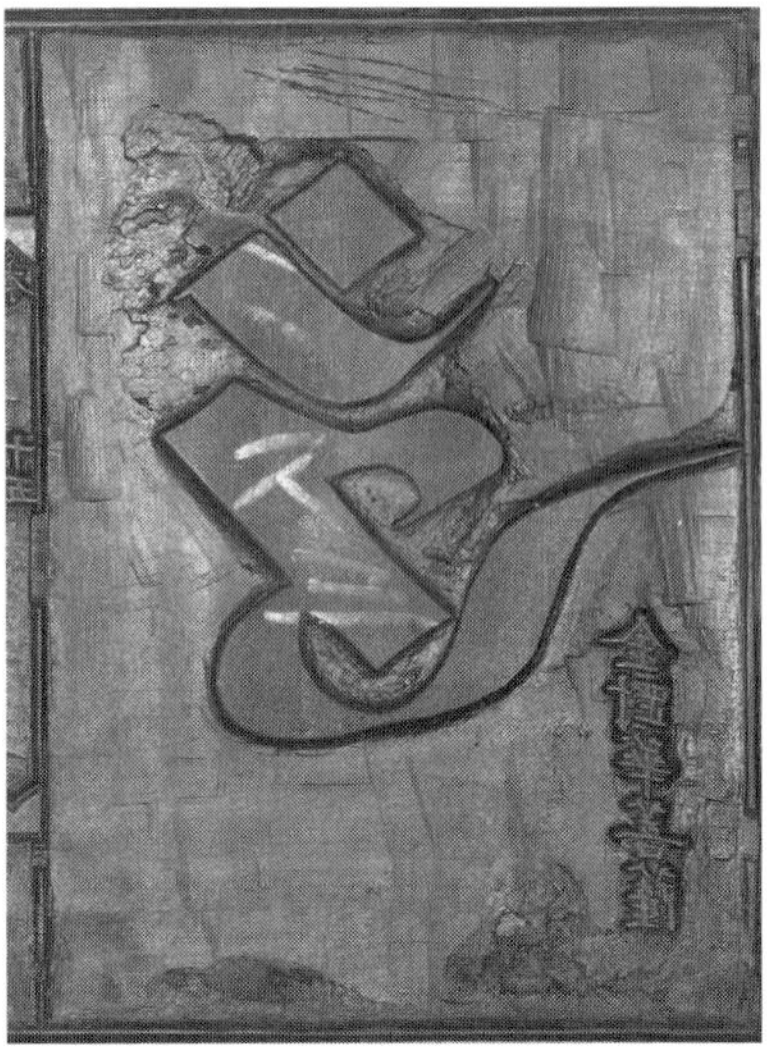

図４　チョークによる書き入れ
（藤井文政堂所蔵、F0142、部分）

第二節　なぜ板木は活用されてこなかったか

かつて、板木調査や保存の急務が説かれたことがある。宗政五十緒氏は「江戸文学を研究する人たちの間にも出版に言及することがだんだんと多くなって来ている」風潮を指摘し、「適当な保存機関を作って後世に伝える」ことを提唱した。(注13)中野三敏氏は「大体もう遅い」としながらも、「板木の所在目録をとにかく早く作ることが絶対必要」と述べ、学界をあげての調査を提唱している。(注14)これらの提唱がすでになされ、前節に述べたように重要性も十分に認められる板木であるが、なぜ存分に研究活用されてこなかったのだろうか。

(一) 板木の現存事実に関する情報不足

第一に、板木の現存事実に関する情報不足があげられる。奈良大学博物館所蔵板木の中にも例が見られるが、不要になった板木はその表面が削られて再利用される。つまり別の本の板木へと姿を変え、現在に伝わらないのである。また近世以来、火災や戦災、震災などによって多くの板木が失われてきたことも想像に難くない。戦況が逼迫した昭和十九年(一九四四)以降、終戦後しばらく経つまでの期間に、「大東亜戦ノ為メ燃料配給無之無拠潰ス」(注15)といった記述が出版記録中に散見され、多くの板木がやむを得ず薪となり、灰燼に帰してしまったことも歴史的事実として存在する。これらの情報が交錯し、「板木はもうほとんど残っていないだろう」という認識が生まれ、それは固定観念となり、板木は参照しようとすらされてこなかったのである。実際には参考に資するに十分な量の板木、単純に思いつくだけでも十数万枚が現存しているが、どの板木のどの丁の板木が現存しているのかといった情報はおろか、板木がどこに所蔵されているのかというような具体的な情報は、一部の例外を除いて流通していないのである。多くの場合、複数の現存を確認でき、代用物が存在し得る板本とは異なり、マスターである板木は原則として一点しか存在しないはずである。ひとたび情報が途絶えれば、現存の有無の確認は不可能であり、現存したとしても、目的の板木に辿り着くことはできない。

(二) 扱いづらい資料の特質

第二には、資料としての扱いづらさが考えられる。手にすれば分かることだが、和紙で摺られた軽量の板本に比べ、板木は格段に重く、厚みもあって嵩高い。表面に墨も残存しており、閲覧すれば手や衣服が汚れることは間違いなく、着いた汚れは簡単に落ちない。

色板は別として、ほとんどの板木は墨で摺られるため、黒一色である。したがって一般的な複写方法で白黒二値やグレースケールの複写を作れば、真っ黒な図像が得られるのみであり、複雑な凹凸を持つ板木表面の鮮明な図像を得ることは困難である。またほとんどの板本は、板木の表面に墨を塗り、そこに和紙の表面を当てて摺刷される。そのため板木の上では、文字や絵は左右が反転した状態で彫られており、そのままでは文字や絵の判読にも困難が伴う。奈良大学では板木の拓本を取ることによって一部の板木の複写が作成されてきた。この方法で得られる複写は印刷結果に近く、しかも板木表面の情報が拓本上によく表れることから、有益な複写方法であるといえる。しかしその作業量は膨大であり、拓本は紙媒体の資料であるため、その共有にさらに手間がかかることにもなろう。

資料の扱いの困難さを克服し、研究資源の共有や活用を実現するためには、キーワードはやはり「デジタル」になると思われる。筆者らが板木資料のデジタルアーカイブに取り組む所以であるが、中でも最難関である板木の複写資料作成については、次節に述べるデジタル化手法によってクリアした。

第三節　デジタル化の方法

筆者らは二〇〇七年度中に、ライティング方法を中心に試行錯誤を重ねつつ、三度にわたるデジタル化のテストを行った。テストは一二四〇万画素のデジタル一眼レフカメラを用い、一ショットにつき半丁ずつを収める方法で行ったが、最終的なデジタル化実施にあたっては二一一〇万画素のデジタル一眼レフカメラを用いた俯瞰撮影方法

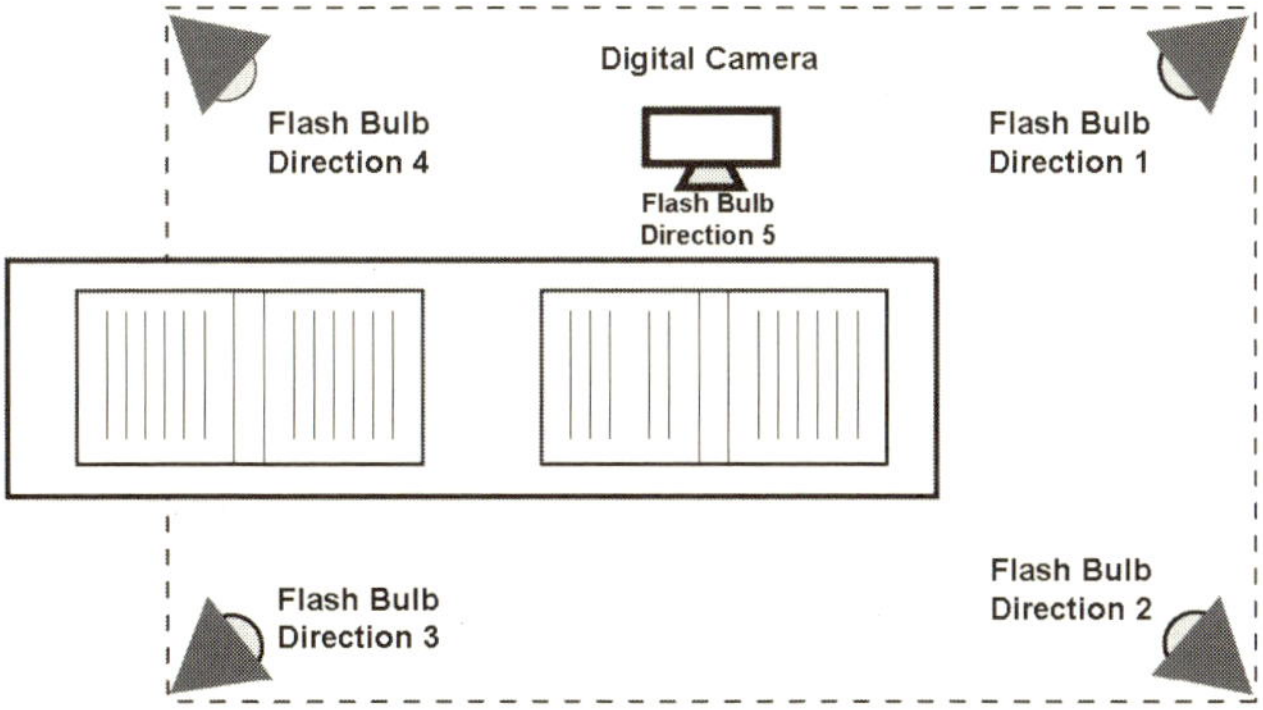

図5　板木デジタル化手法のイメージ図

を採用した。このカメラの採用により、一ショットにつき一丁ずつを収めるのに十分な画像解像度を得ることができ、四丁張の板木の場合は片面二分割で撮影を進めることができた。

先に述べたように板木は大半が黒色であり、通常のライティングでは画像上に黒潰れが多く発生し、文字や絵の輪郭を明確に浮かび上がらせることができない。幸い、板木に残存する墨には若干の光沢がある。この特性を利用し、被写体正面（カメラ側）からフラッシュ投光を行うことにより、文字等の判読に用いる標準的な画像を得ることに成功した。この標準画像は、正面からフラッシュ投光を行った結果として、フラットな印象の図像となる。入木（部分的な改訂）や部分的な欠損、あるいは細かな彫りの様子などを観察するためには、板木表面の凹凸をもっと浮かび上がらせる必要がある。そのため、斜光ライティングを用いて板木表面の凹凸を立体的に捉えることができるように工夫した。しかし板木は凹凸の高低差が大きい他、凹凸の方向も一定ではない。斜光によって伸びた影による黒潰れを防ぎ、入り組んだ凹凸を克明に捉えるため、四方向からの斜光ライティングによる撮影を行うこととした。結果として、正面フラッシュと合わせて一ショットにつき五パターンの画像を収めることとなった（図5、6）。なお筆者らは現在まで浮世絵のデジタル化にも取り組んできている。上記

図6『山家集抄』（奈良大学博物館所蔵、T0838、部分）

パターン1

パターン2

パターン3

パターン4

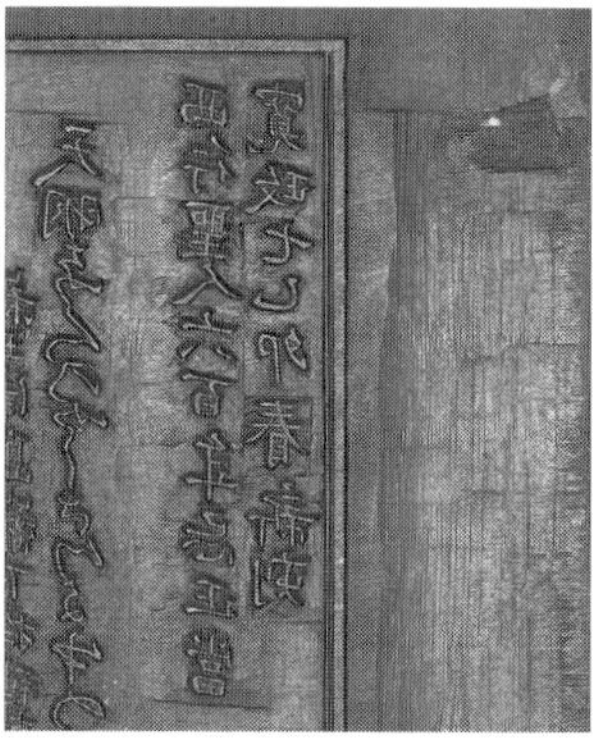

パターン5

の板木デジタル化手法はそこで培ったライティング方法を応用したものである。(注16)

板木を一丁ずつに分割撮影すれば、細部はより確認しやすくなるが、板木一枚のうち、どの部分を閲覧しているのか、見失いがちである。したがって記録としては板木の全体像も必要であろう。これについてはあくまでも全体像を捉えることができれば用を充たすため、一二八〇万画素のデジタル一眼レフカメラを用いて撮影を行った。

結果として、例えば四丁張の板木の場合、記録に必要なカット数は表裏二十カット（四丁分×五パターン）になる。二丁張や六丁張の板木もあるため、単純な掛算はできないが、この記録方法で五千八百枚の板木をデジタル化した結果、約九万カットのデジタル画像によるアーカイブ構築に成功した。

第四節　板木研究におけるイメージデータベースの必要性

（一）画像ファイルと目録情報の共有

先に奈良大学で作成された拓本による板木の複製が資料共有に不向きであることを指摘した。一方、前節に述べた方法によりできあがったデジタル画像の共有は極めて簡単であることはいうまでもない。たとえそれが九万カットあったとしても、それを必要とする研究者がハードディスクにそれらをコピーして、それぞれ所有することは容易である。またデジタル画像のファイル名は、奈良大学で付されている板木番号と連動しているため、原資料とデジタル画像の関係性も分かりやすい。個々の研究者はスタンドアロン環境であっても、所有しているものは同じであるから、図像資料の共有はなし得たことになる。

冒頭に述べたとおり、対象としている板木は五千八百点であるから、エクセル等のアプリケーションソフトを使用したいわゆる目録データの整備も十分可能である。実際、次節に述べるメタデータは、奈良大学の永井一彰氏より提供されたエクセルデータをもととしている。エクセルデータはデジタルデータであるから、配布によって共有することは難しくない。データに補訂の必要が生じた場合、差分を提供しあえば、最新の情報も常に共有できるはずである。

これらのデジタル画像と目録データが共有できれば、板木資料に対する十分な調査・研究が可能である。ソフトウェアの機能を活用することにより、目録データからデジタル画像を引き出すスタンドアロン環境のイメージデータベースも構築可能であろう。理屈からすれば、ウェブ上に公開されたイメージデータベースなど特段の必要性がないように思われるが、果たしてそうであろうか。

（二）研究界における共有――プラットフォームの必要性――

序章や第二章において述べるとおり、近年、板木資料をめぐる各機関の活動が活発化してきており、板木研究への取り組みや資料整備が進捗しつつある。近い将来、板木研究はもとより、板木が広く出版研究に利用される日が到来することは、ほぼ間違いない情勢である。それと同時に、現在各機関において進められている調査や研究が研究界において注視され始めるだろう。同じく当該共同研究やその成果が、奈良大学と立命館大学だけのものではなくなることも確実である。資料や情報が一部の研究者のものでなく、研究界全体が必要とするものとなったとき、一部の研究者間の「共有」は「独占」に変貌する。一部の研究者間における共有だけでは、研究全体の底上げにとって意味をなさなくなることは自明であり、より広い共有の方法を実現する必要がある。

本来、同時に扱うべき資料が別々の所蔵機関に収蔵され、泣き別れになってしまうことは、多くの研究分野で頻繁に起こっている。板木研究もその例外ではない。第六節においてふれるが、一点の板木に関する板木は、必ずしも一箇所に保管され運用されていたわけではなく、分割して所有された例が多い。あるいは一箇所に保管されていた複数枚の板木が、現在までに別の伝来経路を辿った場合もあろう。つまり、一点の板本に関わる板木が、別々の所蔵機関に収蔵されている可能性は大いにある。実際、当該プロジェクトが本拠地とする立命館大学アート・リサーチセンター（以下、立命館ＡＲＣ）では、板本の板木数十点を所蔵しており、これらの一部は奈良大学博物館所蔵の板木と組み合わさることが判明している。これら同時に扱うべき資料を原資料のレベルで一箇所に集めることは現実的ではないが、デジタルデータならば容易に行うことができる。

またこの関係が二者間であれば、デジタル画像や目録データのファイルをやり取りすることにより共有が可能であろう。三、四者にわたって起こった場合、データのやりとりが煩雑となり、画像ファイルや目録データの共有ではほとんど対応できなくなると思われる。さらに、研究・調査活動が表面化していなくとも、第二章に述べるように板木資料を所蔵する機関は存外に多く、従来十分な調査が行われていないだけに、今後、諸機関から板木資料が新出することも予想される。それらを研究界の俎上にあげ、既存の板木資料と関連づけて考察しようとしたとき、少数グループ内でしか通用しないファイル共有方法では、全く立ちゆかなくなるのである。

上述のように、板木研究の現状や板木資料の性質に鑑みれば、近い将来に板木研究は広く研究者や所蔵機関を対象とした共有プラットフォームを必要としているといえる。そのプラットフォームたり得るのがウェブ上に共有されたイメージデータベースである。それは研究界において研究資源を共有するためのレファレンスツールであると同時に、板木研究者のグループがインタラクティブにデータベースを共同成長させることができ、それらがまたレファレンスに供されるものでなければならない。板木資料に関するイメージデータベースの有用性は他にも指摘できるが、それらは個別事例をひきつつ第六節において述べ、次節では板木イメージデータベース構築の実際について述べる。

第五節　イメージデータベース構築

第三節に述べた方法によってデジタル化を行った板木資料をウェブ上で共有することを目的に、現在データベース構築を進めている。当データベースは二〇〇八年十一月より立命館ARCのサーバを利用して運用を開始しており、未だデータが十分に整わない部分もあるが、二〇一〇年二月から一般公開を開始している。(注17)

(一) メタデータの構成

板木という物品をデータによって整理するにあたり、最低限必要な属性項目は、板木番号(資料番号)、書名、巻名、一枚の板木に含まれる丁の丁付《ちょうづけ》、所蔵者、旧蔵者(板元)になると思われる。板本一点に関わる板木は複数枚存在するから、各板本ごとにグループ化を行うための属性項目として板木グループ番号も必要である。

板木は板本を印刷するためのものであって、板木を整理するにあたっては板本書誌学に応じた属性項目が必要となることは当然である。一枚の板木には必ずしも書名がない。一枚の板木がどの板本の一部分であるのかを見極めるにあたり、重要な役割を果たすのが柱題《はしらだい》やノドに見られる書名の一部である。それらによって板木をグループ化していけば、一点の板本に対応する板木を寄せ集めることが可能である。本来的には板本との照合の便を考慮して、匡郭寸法や字高寸法も採録すべきであり、必要な項目として設けてはいるが、この点についてはまだ調査が追いついていないのが現状である。

一方、必ずしも板本書誌学がそのまま板木に当てはまるわけではない。例えば、多くの場合、板木の成立年は初版年と等しくなるはずであるが、部分的な補刻が行われることもしばしばである。宝暦十年(一七六〇)刊『賞奇軒墨竹譜』や寛政六年(一七九四)刊『清風瑣言』はその例であり、前者については第六章で述べるとおり、全十二枚中に大正五年(一九一六)成立の板木が一枚、後者については現存八枚中に大正四年(一九一五)成立の板木が六枚含まれている。こうした情報は板本の諸本体系の把握にとって極めて有用である。補刻の年代が板本に明記されていればよいが、必ずしも記されておらず、単純に板本によることはできない。

その他、一枚の板木の特性を示す情報として、板木外形寸法および、第一節(三)に紹介した端食の型式がある。一点の板本の板木は、縦寸・横寸は若干のばらつきが認められるものの、およそ統一的である。中に著しく統一性を欠く板木が含まれる場合、その他の板木との成立の違いを考慮すべきである。詳細は第二章を参照されたいが、厚さはおよそ二センチメートル程度の板木が多い。ただし不要になった板木の表面を削って再利用している場合、一センチメートル程度まで薄くなる。一点の板本の板木の中に薄い板木が含まれていれば、それは再利用の板木が用いられていることを示す。初版時に再利用の板木が用いられる例もあるが、部分的な補刻を行う場合に再利用の板木が用いられるケースがあり、縦寸・横寸とともに厚さを注視する必要がある。端食と同様、板木の外寸も板本を見ただけでは知り得ない情報である。

冒頭に掲げた最低限必要な属性項目に、上述の柱題(ノド丁付)、匡郭(字高)寸法、板木成立年月、板木外形(寸法・厚さ・重さ)、端食の型式、備考(板木に関わる備考、丁に関わる備考)を加え、それらとイメージデータベースとして機能させるための画像URL、分割撮影の位置情報、ウェブデータベースのシステムが利用する項目を組み合わせてメタデータを構成している。

（二）ウェブデータベース

さて、それらを動かすウェブデータベースは、キーワードによる検索（または全件表示）（図7）→検索結果表示（図8）→画像閲覧（図9）と、極めて一般的な動作を行う。しかし特に画像閲覧画面では板木資料または板木のデジタル画像が持つ特性に合わせた工夫が必要となる。

前節までに述べたとおり、板木は表裏二面あり、片面についても分割撮影を行っている。閲覧者が一枚の板木を閲覧するとき、複数の画像を閲覧することになり、当然ページめくりの機能が必要となる。また一枚の板木を観察するときには、板木の構成にしたがって表→裏の順に通覧できればよいが、一点の板本に関わる板木を通覧したい場合（板本との照合を行いたい場合）には、板本を閲覧するのと同様の感覚で、丁順に従って閲覧できたほうがよく、この両方を実現している（図8の①②）。

板木と板本とを比較照合したり、彫られている文字情報を読み取る上では、板木の画像を鏡像で閲覧するほうが利便性は高く、利用頻度も高いと思われるが、彫りの状態を観察する場合には、正像によって行うのが適切と思われる。正像・鏡像とも必要な閲覧方法となるが、それらを切り替え可能な設計としている（図9の①）。また、複数のライティングパターンを用いた撮影を行ったため、それぞれのパターンを切り替えて表示する機能も持たせている（図9の②）。第二節に述べたとおり、板木の構造は、左右・表裏で天地の方向が逆になっており、デジタル画像による閲覧では、閲覧者が板木のどの部分を閲覧しているのか、その位置を見失う危険性がある。また丁順に従って閲覧を行う場合には、複数の板木を順不同に参照する可能性もある。閲覧者がどの板木のどの部分を閲覧しているのかを把握できるようにするため、位置情報を常に表示している（図9の③）。また、視覚的にも位置を把握できるように、必要に応じて板木の全体画像を表示できるようにしている（図9の④）。

メタデータについては、研究メンバーが編集権限を持ち、ウェブデータベース上から随時更新可能な設計としている（図9の⑤）。これにより、リアルタイムに最新の調査状況が公開されることになる。今後の調査の進展によってメタデータの構成やウェブデータベースの機能が補訂される可能性は高いが、板木の観察ツールとしては、

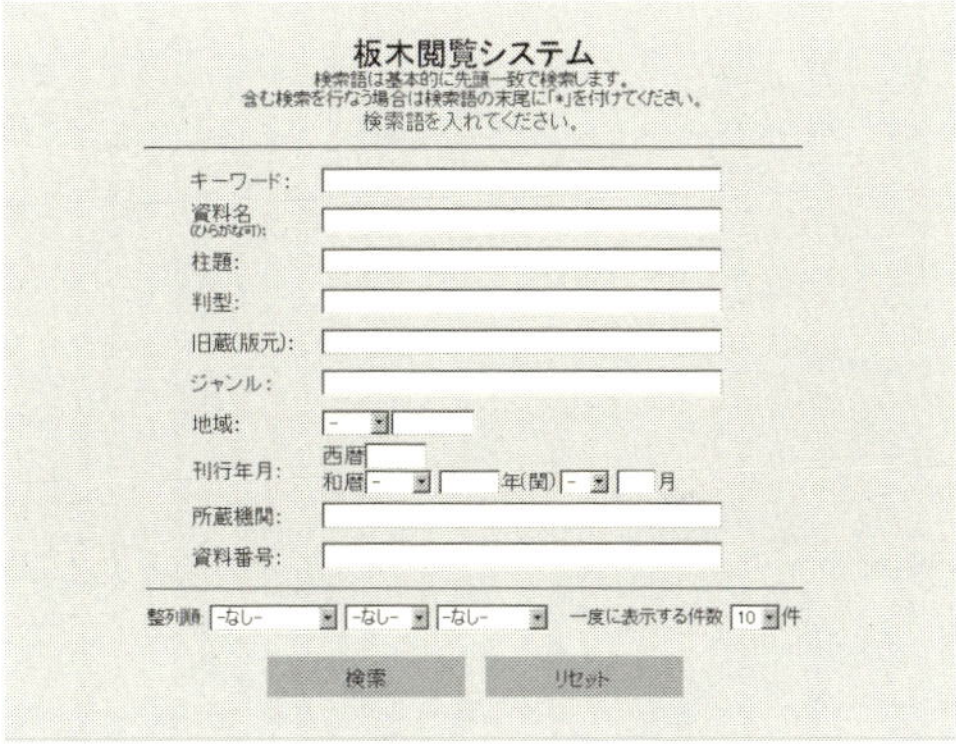

図7　板木閲覧システム検索画面

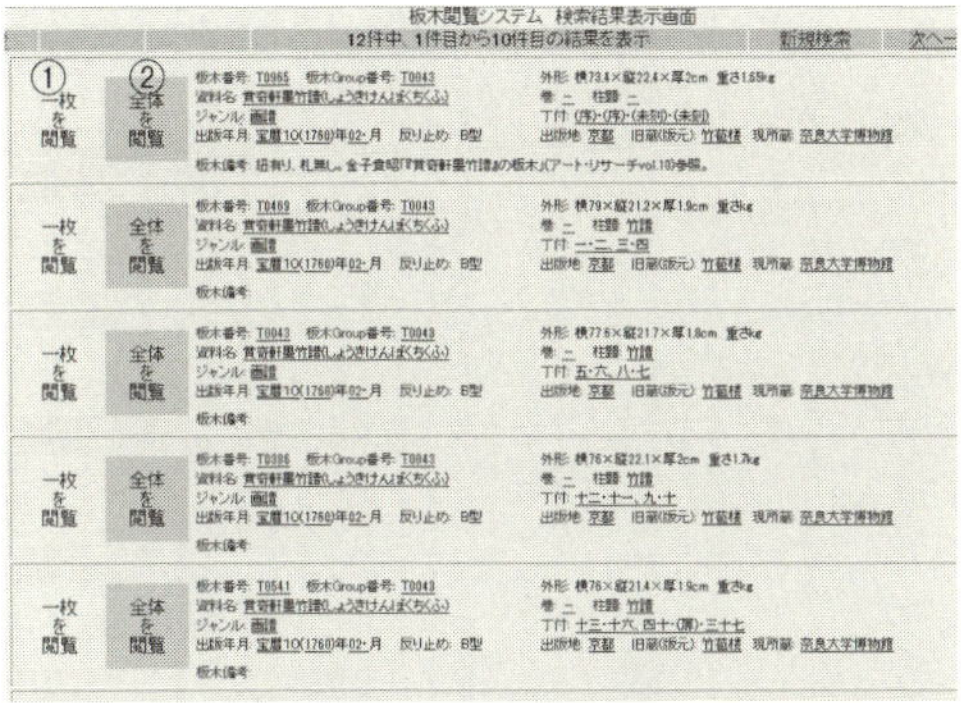

図8　板木閲覧システム検索結果表示画面

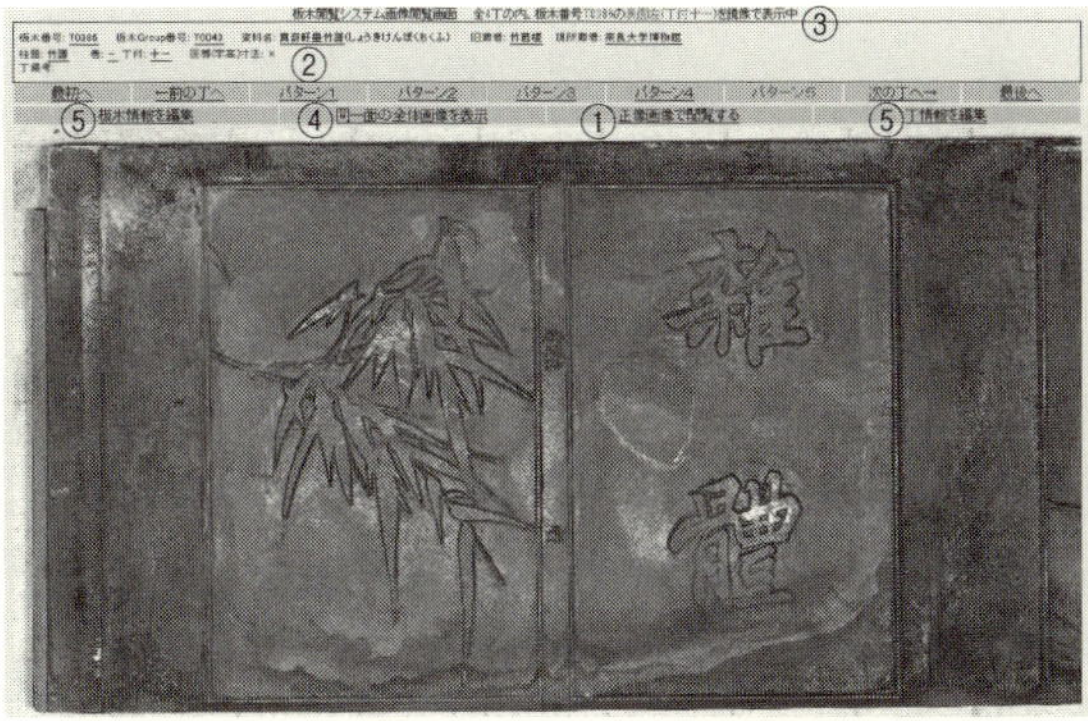

図9　板木閲覧システム画像閲覧画面

現状で十分な機能を備えていると考える。

第六節　デジタル化、イメージデータベースの効用

(一) 板木分割所有の可視化

近世後期の京都出版界においては、火災による板木焼失のリスク分散などを目的として、相合版《あいあいばん》と呼ばれる出版形態、つまり複数板元による共同出版の形がとられることが多かった(注18)。その際、板木をどこか一箇所にまとめて保管しておくのではなく、各板元が板株の分割にしたがって、それぞれ板木も分割所有していたと考えられることは、永井氏(注19)が指摘するとおりである。

寛政九年(一七九七)刊『和漢研譜』も板木が分割所有された例で、板木データベースを検索すると、奈良大学博物館には現在十六枚の板木が収蔵されていることを確認できる。各板木の旧蔵者を見ると、その内訳は竹苞書楼旧蔵板木の中に六枚、藤井文政堂所蔵板木の中に十枚が含まれている。それぞれ蔵板記録を参照すると、佐々木が六枚(注20)、山城屋が十枚(注21)の板木を所有していたことが確認でき、まさにデータベースから得られた結果と記録が符合する。つまりデータベースの検索結果において、板木十六枚の旧蔵者が複数にわたるという点には、板木が実際に分割所有されていたという事実が表出しているのである。現在公開している部分に限れば、板木データベースは主に二軒の板元旧蔵の板木を収録しているが、板木がどのように管理・運用されてきたかという視点からデータベースを操作するとき、その検索結果は、板木分割所有の実態を可視化したものになっていることに気付かされる。『和漢研譜』の他、文化八年(一八一一)刊『古今和歌集』、安政三年(一八五六)刊『校本古文前集』、安政五年(一八

五八）刊『校本古文後集』等についても、データベースの検索結果から板木が実際に分割所有されていた実態を知ることができる。

（二）再整理の手段として

筆者が当該プロジェクトに加わった当初、板木の整理はまだ進行中の段階であったが、特に柱題などのない板木や虫損の激しい板木は、どの板本の板木であるのか、即座の判定が難しく、整理が遅れる傾向にあった。劣化の激しい板木は、出納したり閲覧することにより、さらに劣化する危険もはらんでおり、原本による調査には困難が伴う。これらは収蔵庫内では「未整理」や「虫損」というグループに属するが、いったんこのグループに入ってしまうと、おのずと調査が後回しとなり、いつまでもそのグループを抜け出せない。こうした板木の再整理も、嵩高い真っ黒な原物や、もろく崩れそうな原物を用いて行うより、デジタル画像を用いて行うほうが容易である。明治十五～二十三年（一八八二～九〇）頃刊『書林竹苞楼蔵版略書目』全四枚のうちの一枚（T2612）や、『清風瑣言』の二枚（T0338、T0412）などは、ウェブデータベース上において「未整理」グループからの脱却を行うことができた板木である。

図10　『装束指掌図』
（奈良大学博物館所蔵、〈上〉T1912　〈下〉T2375、鏡像）

パーツ化された板木が別々に保管されている場合もある。享保元年（一七一六）刊『装束指掌図』はその例で、二つのパーツから成り立っている（図10）。データベース構築以前はそれぞれ別々の資料番号を付され、場所も別々に収蔵されていた。ビジュアル的に分かりやすい絵画や板本と比較して、板木の真っ黒な図像は脳裏に残りづらく、ひとたび別々に収蔵されると、同じ収蔵庫内とはいえ、実際に組み合わさるのか否か、原物では出納や確認に困難が伴う。『装束指掌図』の場合、データベースから画像を閲覧し、片方のパーツにほぞが設けられていたこと、二つのパーツの内容がかみ合いそうであったことがヒントとなり、これらが一つに組み合うことを想定した上で奈良大学博物館において確認したところ、実際にぴたりと組み合った。いわばジグソーパズルのような操作がデータベース上で可能となるのである。

（三）板株移動の時期を示す資料として

元禄七年（一六九四）刊『公事根源集釈』は、十三枚の板木が現存している（竹苞書楼旧蔵）。元は村上勘兵衛から刊行されたが、いつかの段階で佐々木惣四郎に一部の板株が移動してきたようである。現存の板本も初版の年記「元禄七年六月」を残しており、板株移動の時期がいつであるか、板本や記録からは判明しないが、およその時期を板木が明らかにしてくれる。『公事根源集釈』の題簽は、本文とは別に『歴代史論奇鈔』の袋板の裏面へ、『和歌麓の塵』の題簽と一緒に彫られている（図11、12）。このうち『和歌麓の塵』の初版は寛政十二年（一八〇〇）、佐々木は初版時から刊行に関わっているが、該書は弘化二年（一八四五）に再版されている。また、『歴代史論奇鈔』の板株が佐々木に移動してきたのは安永九年（一七八〇）三月以前であるが、(注22)諸本中に「嘉永己酉肇秋補刻竹苞楼佐々木梓」の奥付を付すものが存在するとおり、嘉永二年（一八四九）秋頃に板木は補刻されている。図11の袋に「皇都竹苞書楼」とあるのは入木ではないため、佐々木が補刻を行った嘉永二年秋頃に彫製されたものであることは確実であ

図11　『歴代史論奇鈔』（奈良大学博物館所蔵、T1516表、鏡像）

図12　『公事根源集釈』（奈良大学博物館所蔵、T1516裏、鏡像）

る。この板木に『公事根源集釈』の題簽が彫られているということは、この題簽の成立も弘化二年〜嘉永二年秋頃の成立でなければならず、『公事根源集釈』の板株が佐々木に移動してきた時期も、おそらくその頃と判明するのである。

この他、『弘安礼節』は、明和九年（一七七二）四月に佐々木が板株を獲得したが、[注23]該書の題簽は、明和八年（一七七一）八月刊『諷題三咏』の袋板（T２３１７）に彫られている。『諷題三咏』は「明和八年八月」の奥付を持ちながら、実際の出版手続きは同年十一月に完了したようであり、[注24] 奥付の記載よりも遅れる刊行だったと思われる。『諷題三咏』の袋板に『弘安礼節』の題簽が彫られているということは、『諷題三咏』の出来は、実際には明和九年四月頃だったのではないかとも思われる。

これらのように、とある本の題簽が板木にどのように収まっているか、他のどの板本と同じ板木に収まっているかは、板本を見ただけでは分かり得ない情報である。また板木を出版研究に活用するための基礎作業として、板木を出版物ごとにグループ化しなければならないが、一枚の板木の内容が複数の板本にわたってしまうと、原物資料では板本ごとのグループ化が難しく、グループとは離れた場所に別置せざるを得ない。しかしデータベース上においては、一枚の板木を複数のグループに所属させることが容易である。

(四) 板本から板木の様相を知る手段として

『暢寄帖』は、明治二年(一八六九)に長門蔵版局より刊行された。大正二年(一九一三)に佐々木惣四郎が板木を購入しており、[注25] 奈良大学博物館に二丁張五十六枚の板木が現存している。該書の板本について、筆者は五点の諸本に接する機会を得たが、そのうち立命館ARC所蔵本(arcBK01-0020、以下ARC本)は、明らかに紙質の異なる二種の紙が混在している。本書の内容は、頼山陽の書跡を摸刻して集成したものである。一つの書跡の中でも異なる紙質が混在していることから、紙質の違いが内容上の意味を持つわけではないようである。この紙質の違いは、板本を小口《こぐち》側から観察すると分かりやすいが(図13)、その出現のしかたは一見まばらであり、板本のみを見ていると一定の法則性を見出すことはできない。ではこの紙質の違いは何を示しているのだろうか。

いま二種の紙質をそれぞれA種・B種として、板木と板本および紙質を対照すると、**表1**のようになる。基本的には、一枚の板木は基本的に一種類の紙で摺られている傾向が見て取れる。六枚の板木についてA種とB種が混在しているが、全体的な傾向として、紙質の異なりは板木の異なりを示していると見てよいだろう。

　板木摺刷の時・場所・目的を考えるとき、目的は、常に板本を摺り出すことにあると思われる。しかし、時と場所は一定しない。ARC本の場合、袋や刊記に佐々木惣四郎の印記数種が見られることから、佐々木が板木を購入した大正二年以降の摺りと見ることができる。刊記には長門蔵版局の印記も見られるが、板木を分割所有していた形跡は確認できない。おそらくある時期にいずれかの種類の紙で摺り、後になって足りない部分をもう一種の紙で摺り、それらが一つに製本されてARC本の現在の姿を呈しているのであろう。つまりARC本は、一点の板本に含まれる丁の摺刷について、「時」がずれたこと、「時」がずれた場合、異なる紙質の丁が混入する可能性を示しているのである。

　板木が分割所有される場合、板木を一箇所に集めるのではなく、摺師が板木のある場所へ摺りに行っていたことが記録からうかがわれる点について、第六章で少しく述べる予定である。その場合は時も場所もずれる可能性があり、『暢寄帖』の例に照らせば、最終的に異なる紙質が混在してもおかしくはない。一点の板本の中で異なる紙質の丁が混入することは、それほど珍しい現象ではない。しかしその混

図13　ARC本『暢寄帖』の小口

表1　ARC本『暢寄帖』の板木・紙質対照表

A種				混在	B種			
T1229	T1202	T1228	T1208	T1196	T1199	T1952	T1959	T1965
T1201	T1227	T1960	T1964	T2059	T2047	T2044	T2046	T1969
T1203	T1690	T1972	T1955	T1954	T1226	T1193	T1230	T1974
T1668	T1237	T1198	T1956	T1961	T1207	T1968	T1238	T1239
T1200	T1958	T2045	T1206	T1688	T2050	T1963	T1962	T1953
T1195	T1194	T2568		T1276	T1967	T1197	T1970	T1204
					T1205	T1957	T1966	

入が四丁分や二丁分の単位で起こっていないか、今後注目すべきである。四丁分や二丁分の単位で起きているとすれば、おそらくそれは四丁張や二丁張の板木の様相が板本の上に表れたものといえよう。この点は、第三章においてより詳細な考察を行う。

こうした照合は地道な作業である。しかし『暢寄帖』についていえば、板木の整理がなされた状態にあり、どの板木にどの丁が収まっているのかというデータも整備され、さらにデジタル画像で図像を確認することも可能であった。幸い板本のデジタル画像も存在した。イメージデータベースの存在が、こうした地道な調査を容易にするのである。

おわりに

以上、冒頭に述べたプロジェクトの目的に則して、板木研究の問題点およびデジタル化手法やイメージデータベースの必要性、構築を進めている板木データベースについて報告を行い、板木デジタルアーカイブが近世出版研究にどのように活用可能なのか、具体例をあげて論じてきた。

扱いにくい資料である板木をデジタル化してウェブ上で共有し、調査データを蓄えていく仕組みを構築することには、ひとまず成功したといえる。しかし多くの課題が見えている。板木資料には、それ自体に観察すべき点があり、そこに第一義が存在する。しかし板本との比較照合も行っていかなければならない。現在、奈良大学および立命館ＡＲＣ所蔵資料を中心に、現存の板木に対応する板本のデジタルアーカイブ構築を進めており、両者の比較検討が行える態勢の基盤を整えつつある。また本章中でもいくつかふれたように、これらの板木や刊行事情をより深く理解するためには、関連の出版記録と板木とを合わせて参照できるようにすべきであろう。これらの出版記録については第四章~第五章で扱うが、現在、竹苞書楼の出版記録を中心にデータ化に取り組んでおり、既刊分[注26]と合わせてデータベースを構築していく必要がある。

板木の重要性やデータベースの活用事例を示すために本章で取り上げた具体例は、いずれも断片的な情報に過ぎず、それだけでは意味をなさない。しかしこうした細かな事例を積み重ねて板本に臨むとき、おのずと閲覧者が板本に向ける視点は豊かになっていくはずである。その視点をもって、板木・板本・出版記録の三つを有機的に連携させたとき、出版の現場で何が行われたのかという事例が、かなりクリアに捉えられることは間違いない。板木デジタルアーカイブはこの三つの有機的連携の核となる存在である。今後このデジタルアーカイブが成長していくことにより、出版研究やそれを基盤とする文芸研究に対し、確実に刺激を与えることになるだろう。

注

（1）永井一彰『藤井文政堂板木売買文書』（日本書誌学大系九七、二〇〇九、青裳堂書店）
（2）永井一彰「竹苞書楼の板木――狂詩集・狂文集を中心に――」（『奈良大学総合研究所所報』一五、二〇〇七）
（3）永井一彰「板木をめぐって――『芭蕉翁発句集』の入木」（『奈良大学総合研究所所報』八、二〇〇〇）
（4）（1）に同じ。
（5）（3）に同じ。
（6）長澤規矩也解題『和刻本漢籍随筆集』第三集（一九七二、汲古書院）
（7）佐々木惣四郎の出版記録『蔵板員数』による。『蔵板員数』は（1）の永井氏著書に掲載。
（8）永井一彰「板木は語る『反り止めの変遷』」（東海近世文学会平成二十一年一月例会口頭発表資料、二〇〇九・一・十）

（9）水田紀久編『若竹集　創業期出版記録』（一九七五、佐々木竹苞楼書店）所収の『竹苞楼大秘録』に、安永八年（一七七九）八月二十六日の板木市において、佐々木が梅村宗五郎から『十八羅漢図讃』の板木を購入した際の記事が載るが、同記事に「此外題袋板木我等方ニ而彫拵也」とあり、裏付けがとれる。
（10）永井一彰「佛光寺の板木――『四鳴蝉』――」（『奈良大学総合研究所所報』一四、二〇〇六）
（11）永井一彰「板木は語る――慶安三年版『撰集抄』――」（『江戸文学』三九、二〇〇八）
（12）永井一彰「『山家集抄』の入木」（『奈良大学総合研究所所報』一六、二〇〇八）
（13）宗政五十緒「板木の保存」（『近世京都出版文化の研究』、一九八二、同朋舎出版）
（14）中野三敏・市古夏生・鈴木俊幸・高木元「座談会・江戸の出版（下）――板元・法制・技術・流通・享受――」（中野三敏監修『江戸の出版』、二〇〇五、ぺりかん社）
（15）（7）に同じ。引用文は「新古今集小本廿六枚」についての記録である。
（16）赤間亮・金子貴昭「浮世絵デジタルアーカイブの現在」（『情報処理学会研究報告』2008-CH-78、二〇〇八）
（17）「板木閲覧システム」（http://www.arc.ritsumei.ac.jp/db9/hangi/）
（18）宗政五十緒「八　吉野屋仁兵衛――幕末の草紙屋――」（（13）の宗政氏著書に所収）
（19）永井一彰「板木の分割所有」（『奈良大学総合研究所所報』一七、二〇〇九）
（20）（7）に同じ。「和漢研譜　六枚　但相合」とある。
（21）山城屋佐兵衛の出版記録『藤井文政堂蔵板目録』に「一　和漢硯譜　十枚」とある。（1）の永井氏著書に所収。
（22）（9）の書に所収の『竹苞楼大秘録』による。
（23）（22）に同じ。
（24）（9）の書に所収の『竹苞楼秘録』による。
（25）（7）に同じ。
（26）（9）の書および（1）の永井氏著書において、すでに数点の出版記録が翻刻紹介されている。

第二章　板本の板木——その基本的構造——

はじめに

第一章に述べたように、筆者は奈良大学博物館・図書館が管理する約五千八百枚に及ぶ板木資料のデジタルアーカイブ構築を進めている。奈良大学所蔵コレクションは、近世以来、現在も営業を続ける竹苞書楼や藤井文政堂の旧蔵・現蔵資料が核となっている。その特徴やデジタルアーカイブ構築の目的と方法については、第一章において述べたとおりである。

近年、板木研究をめぐる各方面の動きが活発化している。北陸で発見された錦絵の板木が国立歴史民俗博物館に収蔵され、展覧会が開催されたことは記憶に新しい。(注1)筆者らも板木をメインに据えた展覧会を開催した。(注2)明治大学図書館が所蔵板木の中間調査報告を行い、(注3)大阪府立大学図書館が『源氏物語評釈』の板木を公開して摺りの実演を行っている他、(注4)神戸女子大学古典芸能研究センターが謡本を中心とした板木目録と画像データベースを公開するなど、(注5)研究基盤となる板木資料の整備が着実に進捗しつつあることがうかがわれる。他、国内では社団法人温故学会、天理大学附属天理図書館、京都大学附属図書館、和歌山市立博物館、早稲田大学演劇博物館、美術書出版　株式会社芸艸堂、株式会社法藏館、高野山金剛峯寺・金剛三昧院、黄檗山万福寺宝蔵院、佛光寺、鎮国守国神社など、海外ではボストン美術館などの機関にも板木の所蔵を確認できる。

本来、これらの資料群の調査をも踏まえつつ、板木の構造を考察すべきであろうが、奈良大学所蔵資料を対象とした調査結果によって中途報告を行うことは許されるだろう。先般、筆者は大英博物館の調査を行ったが、その際百枚を越える板木に遭遇した。また出版記録を参照すると、近代以降、板元がコレクターや資料館に板木を寄贈・譲渡している例も見られることから、(注6)今後、さまざまな所蔵機関から板木資料が見出されることがあり得るだろう。近い将来、板木が出版研究に活用されることはほぼ間違いない情勢であるが、本章では、その基礎を構築するために、板木の基本的な構造を記しておきたい。またそれが各所蔵機関における板木資料整理の一助ともなれば幸いである。

第一節　板木と板本

板木を目の前にすると、第一の発想として、その刻面と板本の版面との比較を行いたくなる。板木と板本とを比較すれば、板木の刻面にどのような操作が加えられ、結果、板本がどのような姿になったのか、決定的に解明できるからである。狂詩集『青物詩選』はその好例で、最新の研究により概要のみを記せば、①寛政十三年（一八〇一）に『栄耀寝言』として初版、②享和三年（一八〇三）に内題を『青物詩選』と改題、次に③外題を『精物楽府』と改題、さらに④改題によって齟齬の生じた柱題（板心に記載される略書名）「寝言」を削った、という経緯が明らかになる。(注7)(注8)
いうまでもなく、奈良大学に現存する板木は最終版であり、④の柱題「寝言」を削った『精物楽府』の板木である。板木を観察すれば、内題などに「青物詩選」とある箇所が入木であり（図1）、板心（袋綴じの折目に相当する箇所）は一部削られているが、その痕跡から柱題が「寝言」とあったことが確認できる（図2）。初版時の袋と題簽の板木が現存しており、それには「栄耀寝言」とあるため、入木によって「青物詩選」と改題される以前、内題は「栄耀寝言」だったことも推定できる（図3）。『栄耀寝言』は板本の現存が確認されていない。

しかし、これらは板木がなければ全く分からないことではない。一般に、板木の刻面に行われた行為は、板本の

図1　『精物楽府』板木（奈良大学博物館所蔵、T1043、部分〈巻之下内題〉、鏡像）

図2　『精物楽府』板木（奈良大学博物館所蔵、T1091、柱題、部分、鏡像）

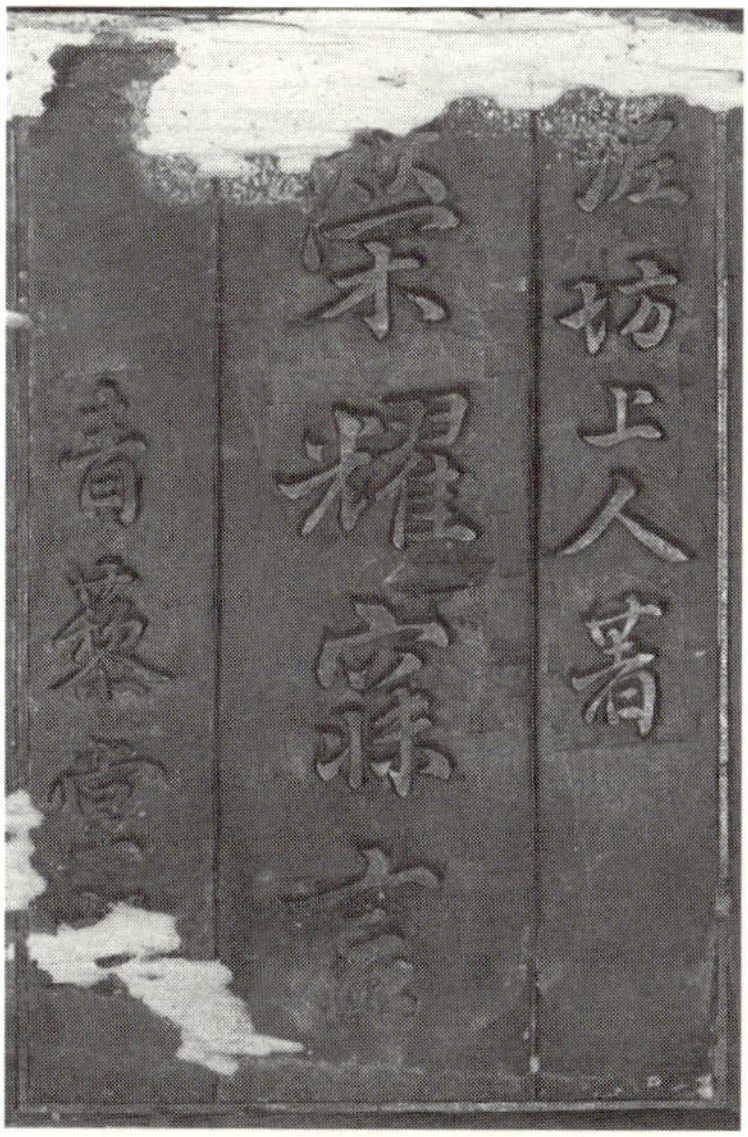

図3　『栄耀寝言』袋の板木（奈良大学博物館所蔵、T1855、部分、鏡像）

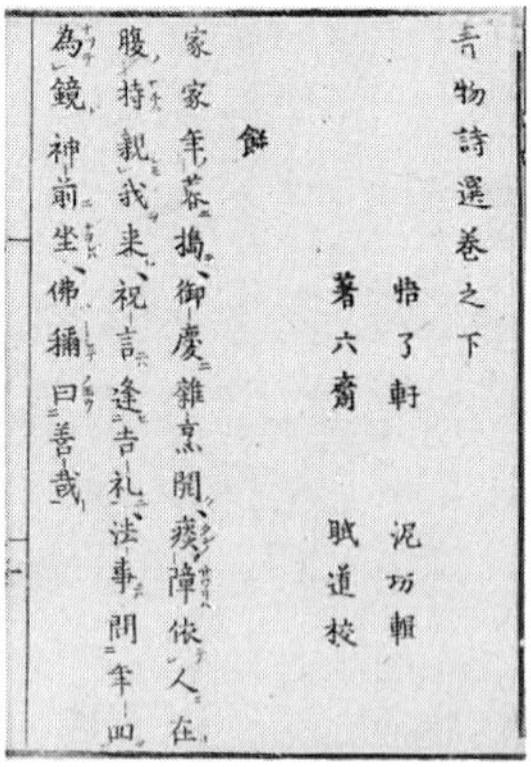

青物詩選巻之下

図4　『精物楽府』巻之下　一オ
（立命館ＡＲＣ所蔵、arcBK03-0059）

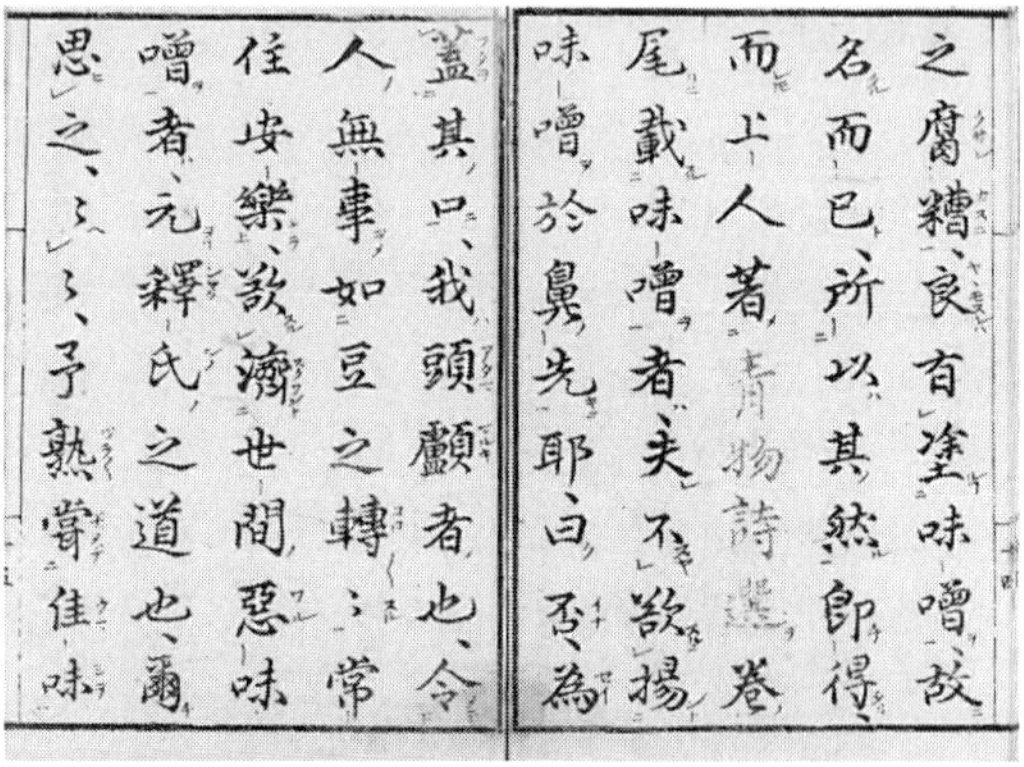

之腐糟、良有塗味噌、故
名而已、所以其然郎得、
而上人著青物詩選巻
尾載味噌者、矣、不欲揚
味噌於鼻先耶曰否、為
蓋其口、我頭齱者也、令
人無事如豆之轉々常
住安楽、欲濟世間惡味
噌者、元釋氏之道也、爾
思之、々々、予熟嘗佳味

図5　『精物楽府』十四ウ〜十五オ（跋）
（立命館 ARC 所蔵、arcBK03-0059）

版面に如実に表れる。例えば『精物楽府』の板本を見れば、内題に「青物詩選」とある箇所は、その他の文字と比較して左に傾いており、入木であることは容易に推測できる（図4）。また跋文中に「青物詩選」とある箇所は、その他の文字と比較して墨付きが薄く、これも入木されていることが明白である（図5）。『青物詩選』の板本と比較すれば、柱題「寝言」が削られていることも容易に判明する。つまり上述の出版経緯のうち、板木がなければ全く分かり得ないことは、初版時の書名が『栄耀寝言』だったこと、特に「栄耀」の二字のみである。

上述のように板本の諸本と板木とを突き合わせて確認し、出版過程を決定的に解明していくことが、作品研究や分野研究にとって極めて重要であることは間違いない。しかし、板木研究を行う立場で板木と板本との比較に終始すれば、板木は板本上に表れた現象の裏付け資料になってしまうし、板木研究は、板木が現存しない板本にとって、何らの役にも立たないという事態を引き起こすであろう。板木研究の目指す方向は、現存の板木を観察し、板本を見ただけでは分かり得ない事柄を事例として提示、板本への視点を豊かにし、板本書誌学やそれに根ざした出版研究、文芸研究を刺激することであると筆者は考える。そのためには、板木を板本の付随資料として扱うのではなく、板木自体を的確に観察することからスタートすべきである。

第二節　板木の基本的構造

（一）概要

従来、板木の構造が全く述べられてこなかったわけではない。例えば、

板木は日本では桜の木の板を使い、板目に取り、両端の木口には板の反を防ぐために端食をかませる。板は表裏とも二、三丁分、横に連続して使う。(注9)

印刷するために文字や絵図などを彫りつけた板。通例、よく乾燥させた桜材を用いる。一枚の板の両面を用いることが多く、版本の一丁を一面として、両面を用いるのを二丁がけ、二丁を一面とするものを四丁がけなどという。彫りあげた版木は反りを防ぐために、両端にはしばみと称する副え木をつけて保存する。(注10)

などの解説は、コンパクトに要点が盛り込まれて理解しやすいが、外見上の特色を述べるに留まってきたともいえ

よう。これらの解説以外においても、現存する板木について個別に述べられたり、板本からうかがわれる板木の様相について述べられることはあっても、比較的多くの板木を対象として、その構造が体系的に述べられることはなかったのである。

その一因として、やはり資料整備の問題があり、そもそも大量の板木を閲覧できる学術環境が存在せず、板木を体系的に捉えることができなかったことがあげられる。しかし板木資料のデジタルアーカイブという強力なツールを手にした今、我々は板木の性質を、より広く深く追うことができるだろう。以下では、主に板本の板木を対象として、その構造を探ってみたい。すでに先学のご指摘が個別に備わる部分もあるが、本章では重複をいとわず述べることとする。

(二) 外寸

板木の外寸は、当然ながら二丁張か四丁張か、またその板本がどのような書型かによってまちまちである。ただし一点の板本の板木は、多少のばらつきは見られるものの、およそ統一的な外寸の板が用いられており、外寸を目安に分類していけば、おのずと同一板本の板木が寄り集まってくる。ただし同じ板本の板木であっても四丁張と二丁張が混在する場合がある他、頭注の有無などによって統一を欠く場合もある。

厚さも若干の前後があるが、およそ二センチメートル程度の板木が多いといえる。この厚さについてはすでに永井一彰氏によって、これが「規格」であるのか、売れなくなった本の板木表面が削られ、「再利用の結果落ち着いた厚さ」であるのか、という問題点が提起されたことがある。(注11) その後の永井氏の調査(注12)や、奈良大学に収蔵された板木を見ると、最古の部類に入る慶安(一六四八~五二)や、寛文~貞享頃(一六六一~八八)より使用され続けてき

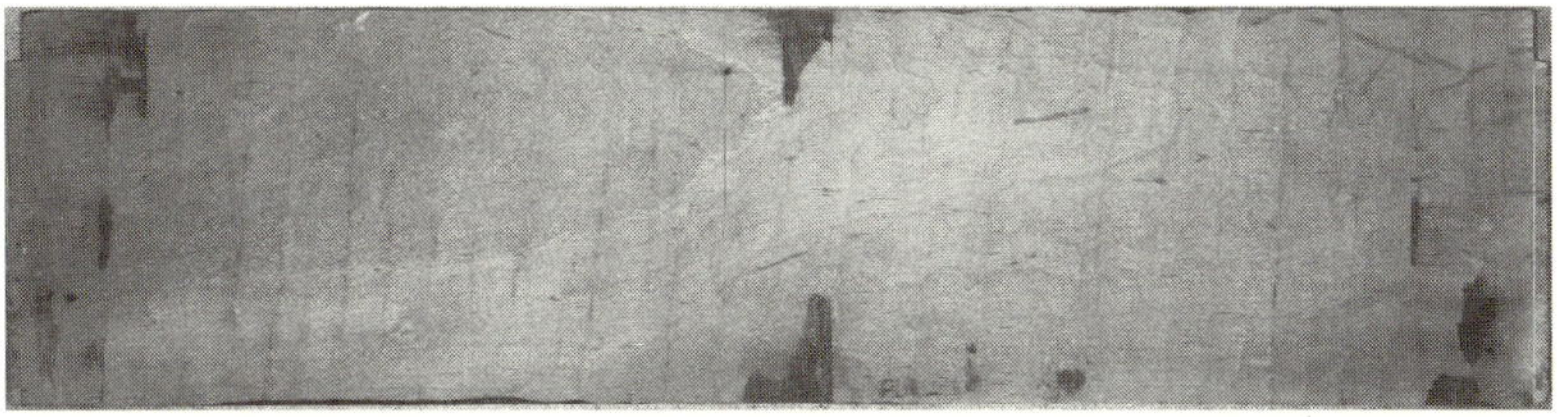

図6　表面を粗く削った板（奈良大学博物館所蔵、T2549）

図7　表面を磨いた板（奈良大学博物館所蔵、T2536）

た板木の厚さにも二センチメートル前後のものが多く、ひとまず商業出版用の板木の規格ともいうべきサイズであったと見ることが可能と思われる。

さらに奈良大学には、板木になる前の板、つまり未使用の板（T2527）が収蔵されているが、その厚さは二・七センチメートルである。そこから板を加工して、板木が彫りあがる段階で二センチメートル前後の厚みとなるのだろう。上述のように板木は再利用されるが、奈良大学には再利用に備えて表面を粗く削った状態の板（図6）、その状態から板の表面を磨き、再利用可能となった板（図7）も現存している。それらの厚さは約一・二〜一・五センチメートルである。そこに新たな内容を彫り付ければ、さらに数ミリメートル薄くなり、一センチメートル前後となっていくはずであろう。

例えば弘化四年（一八四七）刊『下学邇言』は二丁張の板木五十四枚が現存しているが、そのうち厚さ一センチメートル以下の板木が二十七枚含まれ、最も薄いもので〇・七センチメートルの厚さしかない。対象を一・二センチメートル以下の板木に広げれば、再利用が疑われる板木は四十六枚にのぼる。逆に一・七センチメートル以上の厚みがある板木は六枚しかなく、ほとんど再利用の板木によって成り立っていることが推察される。

『下学邇言』は初版から再利用の板が使用されたのであるが、この他には、破損や逸失が原因で、一部分の板木を再版する必要が出た場合、再利用の板が用いられる例がある。一点の板本に関わる板木を集めたとき、他の板木と比較して著しく外寸の統一性を欠く板木が含まれていれば、ひとまずその板木は他の板木と成立事情が異なると推定できる。第六章に述べる宝暦十年（一七六〇）刊『賞奇軒墨竹譜』などはその具体例である。このように、板木の外寸もその成立事情を示す重要な情報となる。

（三）丁の構成

板木の多くは、板の面積を最大限活用するため、表裏両面に刻面を持っている。また第一章の図1にイメージ図を示したように、表裏それぞれ二丁分を左右に並べた二丁掛、計四丁張の板木が最も多い。四丁張の板木は、古くは大板・長板と呼ばれた。次いで多いのが表裏一丁ずつ、計二丁張の板木である。二丁張の板木は古くは四丁張の板木と比較して、小板・切板などと呼ばれた。二丁張については、元は四丁張だった板木が裁断され、現在は二丁張の姿になっている例も比較的多く見られる。明和八年（一七七一）刊『毛護夢先生紀行』（図8）、同年刊『諷題三咏』（T2193など）などはその例にあたるが、板木のいわゆる余白にあたる部分が極めて小さく、刻面に極めて近い箇所で裁断されており、また本節の（八）において詳述する端食も見られないため、もともと二丁張だった板木とは容易に見分けがつく。(注13) 四丁張と二丁張は最も一般的な形態だったらしく、現存板木の大半を占めている。

その他、事例はさほど多くないが、片面に二丁を左右に並べた二丁掛、計六丁張、片面に四丁を左右に並べた四丁掛、計八丁張の板木もある。このうち例えば貞享三年（一六八六）刊『東見記』（六丁張、T0001など）は比較的大きな書型（半紙本）であるが、刊年未詳『弘安礼節』（八丁張、T1115など）、延宝九年（一六八一）刊『公事言葉考』（六丁張、T1136など）、慶応二年（一八六六）刊『孫呉約説』（六丁張、T1102など）などはい

図8　『毛護夢先生紀行』板木（奈良大学博物館所蔵、T2197）

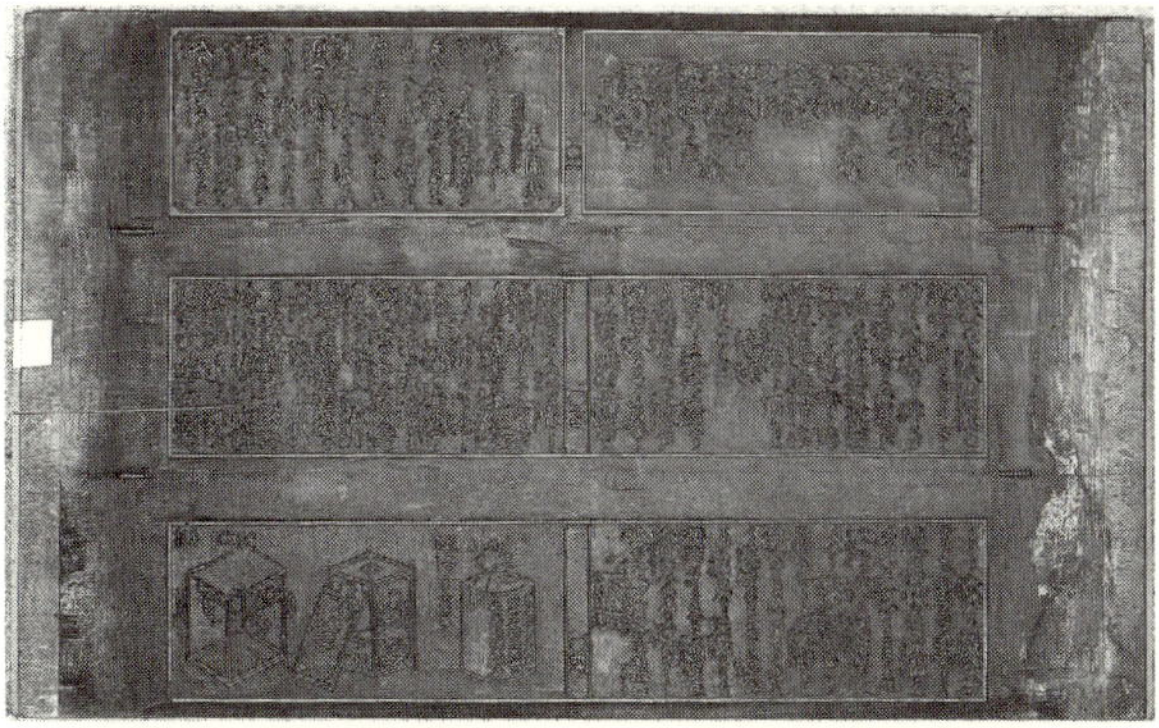

図9　『煎茶要覧』板木（藤井文政堂所蔵、F0001）

表1　『煎茶要覧』板木一覧

板木 No.	表裏	丁付		
		上段	中段	下段
F0001	表	題簽・袋	十六	卅八
	裏	一	十七	卅九
F0348	表	二	十八	四十
	裏	三	十九	四十一
F0346	表	四	卅（誤刻）	四十二
	裏	五	廾一	四十三
F0347	表	六	廾二	四十四
	裏	七	廾三	四十五
F0350	表	八	廾四	四十六
	裏	九	廾五	四十七
F0351	表	十	廾六	四十八
	裏	十一	廾七	四十九
F0349	表	十二	廾八	五十
	裏	十三	廾九	五十一
F0345	表	十四	卅ノ卅六	五十二
	裏	十五	卅七	刊記

ずれも中本以下の小さな書型である。大きな書型の板木に六丁張や八丁張の例が少ないのは、書型が大きい分、大きく長い板が必要となってしまうからであろう。しかし小さな書型であっても、板木が細長くなってしまい、管理・運用の上で取り扱いが難しかったと思われ、一般的には四丁張・二丁張が用いられたのではないかと考える。

上記のように、丁を左右に並べる板木が多いが、書型が横本の場合は、丁が上下に並ぶ場合もある。例えば嘉永四年（一八五一）刊『煎茶要覧』は、片面上下方向に三丁を並べた三丁掛、表裏六丁張となる（図9）。各丁の間の左右に裁断のための印が陽刻されており、三丁分を一枚の紙に摺った後、一丁ずつに裁断したのだろう。片面分の丁付の組み合わせを列挙すれば、**表1**のようになる。摺った後に全丁分を重ねて裁断し、上段、中段、下段の順に重ね合わせれば丁順が整うように三丁が組み合わされており、後の製本工程を見据えた構成になっていることが分かる。この他、左右に二丁、上下二段で片面四丁掛、表裏合わせて八丁張にした安永九年（一七八〇）刊『古今和歌集』（T1484）のような事例もあり、これには板木の中央に裁断のための十字の線が陽刻されていることから、一度に四丁分を摺り、後に裁断したのだろう。

四丁張の板木の場合、第一章にあげた**図1**のように左右二丁の天地が逆になっている例が極めて多く、天側は地側よりも余白に若干の余裕が見られる。また四丁張に限らず、二丁張・六丁張なども、表と裏は天地が逆に彫られている。これについて廣庭基介氏・長友千代治氏は、

> 版下は、板木の裏面では表面と天地を逆にして貼りつける。手前で回転させることによって上下を反対にとることができるからである。(注14)

と述べており、摺りの工程と関係することを示唆されている。丁順に着目すると、表面から1→4、裏面に2→3の順に丁が並べられている例が多く見受けられる。この場合、1の裏には2があり、4の裏には3が存在する。先の廣庭・長友両氏の説と組み合わせれば、1を必要部数摺り、手前で回転させて裏面にいき、同じ部数の2を摺り、板を一八〇度回して同様に3を摺り、再び手前で板を回転させて4を摺るといった工程を想定することができる。

このようにすれば、丁順に則して摺りを進めることが可能であろう。また、左右および表裏の天地が逆であることは、1から摺り始めて、板木を一周し、摺り始めの隣に帰ってくることになるため、摺り忘れを防ぐこともできる。しかし、1→4、2→3の構成が多いとはいえ、丁の組み合わせ例は多種多様であり、上記の理論は万能では

ない。後の製本工程で丁合《ちょうあい》が取られるから、必ずしも摺りの段階で丁が順序立てて摺られる必要はない。一点の板本に関わる板木は分割所有される場合が多いこと、(注15)つまり別々の場所で保管され、別々に摺られる場合もあるため、必ずしも丁順のとおりに摺りが行えるわけでもない。これらの問題点から考えれば、必ずしも摺りの順序のみによって丁の組み合わせが決まるわけではなく、それ以外の要素も関連する可能性がある。一枚の板木に収まる丁の組み合わせ、また板木上の丁の配置はいかにして決まるのか、なお後考を俟たねばならない。

(四) 袋板、題簽

近世の板本は、書名や板元名を記載した袋(包紙)に入って販売されることが少なくなかった。また本の表紙には外題を記載した題簽が貼られることも周知のとおりであるが、板本の中身だけでなく、当然それらの外見も板木によって印刷されたものである。特に袋が彫られた板木は袋板と呼ばれるが、袋板には題簽が一緒に彫られている例が多く、文化十三年(一八一六)刊『閑田次筆』(図10)のように、中身の丁が彫られた板木の空いたスペースを利用して彫られる場合が多い。宝暦十二年(一七六二)刊『謝茂秦詩集』(図11)のように、中身とは独立して袋・題簽のみが彫られた板木もある。また第一章において同様の例を紹介したが、慶応三年(一八六七)刊『銕荘茶譜』のごとく、同時期に刊行された他の板本の題簽や袋と抱き合わせて彫られた板木(図12)も存在する。

(五) 木札

板木は黒一色であり、正面摺りの板木を除けば内容もいわゆる鏡像で彫り付けられている。したがって、一瞥してそれがどの板本の板木であるのかを識別するのは難しい。板元にとって、何という本の板木を何枚持っているか

図10 『閑田次筆』袋板（奈良大学博物館所蔵、T0357、鏡像）

図11 『謝茂秦詩集』袋板（奈良大学博物館所蔵、T1883、鏡像）

図12 『銕荘茶譜』などの袋板（奈良大学博物館所蔵、T1248、鏡像）

図13　『十八羅漢図讃』木札（右）表（左）裏
（奈良大学博物館所蔵、T０５７６）

を管理することは至上命題だったはずであるが、その管理方法を垣間見せるのが板木に取り付けられた木札である。板木を観察すると、端に穴が開けられていたり、その穴に紐が通っている例が散見されるが、この穴に紐を通し、書名を記したり、陰刻した木札を紐で結び付け、数枚ずつ荒縄で括ってその板木がどの板本の板木なのか、一見して識別できるようにしていたようである。おそらくは帳簿と木札とを組み合わせて管理していたのだろう。

木札に記されているのは書名だけではなく、例えば貞享四年（一六八七）刊『十八羅漢図讃』の例を見ると、表に「十八羅漢図讃」、裏に「五枚袋外別」とある（図13）。裏面の「袋」は、むろん袋のことで、「外」は外題を意味し、題簽を指しているのだろう。総じて裏に記載された内容は、板木は五枚あるが、袋と外題を彫った板木はまた別にある、の意味である。板木と照らし合わせると、まさに木札が示すとおりで、四丁張の板木五枚（全二十丁）と、それとは別に袋と題簽、広告を含んだ袋板一枚が現存している（T１６８０）。

こうした木札は二十点弱を確認することができる。中には記載内容と現存の状態が一致しない場合もあるが、逆にこの不一致が、木札を作成した後に部分的な板株（版権）の移動があったことや、現在までに何枚の板木が逸失したのかを端的に示す場合もあり、それらもまた貴重な情報となる。

木札とは別に、板木の側面や未刻の箇所に書名や、書名の一部を墨書している例もまま見受けられ、必ずしも板木の識別が木札のみによって行われたわけではないと思われる。また各板元によって、異なる識別方法もあってしかるべきであり、おそらく本章で述べる限りではないだろう。しかし、筆者が現在調査を進めている芸艸堂所蔵・法藏館所蔵の板木も同様の木札が取り付けられており、木札による方法は極めて一般的だったことがうかがえる。ただし芸艸堂の場合は板木枚数ではなく、荒縄で括った板木が何束あるのかが記されている。なお、前項および本項については永井氏の論考にも詳しく述べられている。(注16)(注17)合わせて参照されたい。

(六) 接合

冊子体裁をとらない一枚摺の場合、複数の板を接合して一枚の板木を構成する例が多い。例えば歌舞伎の辻番付では二十個以上の木片を接合した事例も報告されている。(注18)奈良大学所蔵板木の中では第一章の図10に示した享保元年(一七一六)刊『装束指掌図』(T1912・T2375)や天明三年(一七八三)刊『新撰詞寄双六』(T0762)などがその例で、二十個には及ばないが、二枚以上の板にほぞとほぞ穴を設けて接合している。

板本の板木は、多くの場合、一枚板が用いられているが、中には二枚以上の板を接ぐ例がある。接合の方法はいくつかあり、いま二、三の例をあげれば、まず明治十年(一八七七)刊『続文章軌範纂評』(T1257)のように一枚の底板に二枚の板を木製の釘で固定する方法がある。板木の側面に特別な加工を施すことなく二枚の板を接合することができ、最も簡単な方法であると思われるが、この場合、当然ながら表裏両面に刻面を持たせることはできない。他には宝暦十四年(一七六四)刊『異訳心経』(F0007など)や文化十一年(一八一四)刊『花競二巻噺』(T2344b)のように、接合する板の側面をそれぞれ凸型と凹型に加工して、それらをかみ合わせて接合す

図14　『暢寄帖』板木（奈良大学博物館所蔵、T1195）

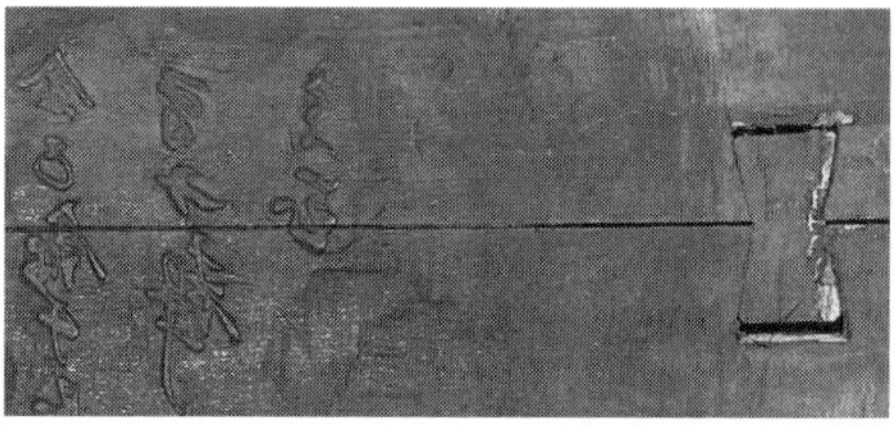

図15　『暢寄帖』板木（同上、接合部分拡大）

る方法もある。明治二年（一八六九）刊『暢寄帖』の板木では、接合する板にそれぞれ切り欠きを設け、衽締《ちきりじめ》と呼ばれる砂時計型の木片を打ち込んで固定する方法（図14、15）が確認できる。

板を接合して一枚の板木を仕立てる理由は、興行番付や広告などの一枚摺の場合、即時性や臨機応変に一部分の情報を入れ替えることが要求されることや、部位ごとに彫りを分担できる作業効率の良さにあったと指摘されている。（注19）しかし、大きな一枚板を準備するよりも、小さな木片を組み合わせたほうが材料費の面でコストパフォーマンスに優れていたと思われる点も理由の一つにあげるべきであろう。板本の場合は、半丁に裁断して丁の組み合わせを改変したり、板が足りなくなった場合の間に合わせ、部分的な彫り直しなど、いくつかの理由が考えられる。上述の『暢寄帖』は大本の縦長本というやや特殊な書型であり、こうした書型に対応する目的もあったと思われる。

（七）見当

多色摺の版ずれを防ぐために、錦絵の板木に見当《けんとう》と呼ばれる目印が彫られていることはよく知られている。基本的に、板本の板木には、板木の内部に錦絵の板木に見られるような鍵見当、引き付け見当は彫られていない。ただし板本の板木であっても、錦絵と同様に色板が存在し、重ね摺りを必要とする場合――文政十三年（一八三〇）刊『出雲物語』巻一の五丁（図16、17）――や、折本のように製本段階で前後の紙を貼り合わせるような場合――『（韋諷録事宅観曹将軍画馬図引）』（T0006など）――には、板木内部に見当が彫られている例もある。

板本の板木は見当なしで摺ったのか否か。この問題についての確証は得られないが、おそらく見当はあったと予想する。その第一の理由は、見当は板木の外に置くことができるからである。見当を外付けした例として、あまり適切ではないが『（大学林）』（柱題）の板木（図18）をあげることができる。『（大学林）』は板本の板木ではなく、近代の用箋の板木である。用箋の罫を印刷できれば用が足りるのであり、重ね摺りを行うわけではないから、摺り位置が均一になるように見当を付けたに違いない。第二は、板木上の各丁左下にしばしば見られる傷である（図19）。第三章に述べるとおり、特に柱の天地を匡郭が通っている板本を見る限り、装幀を行う際には下側の匡郭で全丁の位置を揃えて綴じられた例が多い。板本の場合、摺った後に二つ折りにして揃えた上で化粧裁ちを行うはずであるから、摺りの段階では各丁の摺り位置が揃っていなくともよいという考え方もあろう。しかし、下側の匡郭で丁を揃えてある以上、もともと摺り位置を揃えておいたほうが、化粧裁ちも装幀も容易であると考えられる。見当なしで摺った場合、各丁や各摺りごとに、縦横のズレが幾分生じることが予想されるが、見当を設けて摺り位置を均一にすれば、摺りのズレに対応するための余分な余白を確保する必要がなくなり、紙の節約につながるという考え方もできる。しかし重ね摺りを行うわけではないから、多色摺りほどの精緻な見当を付ける必要はなく、図19の傷のように、摺り位置の目安程度の見当を付けて摺っていた可能性があろう。弱い根拠による主張であるが、板

図16　『出雲物語』板木　表（奈良大学図書館所蔵、2767143）

図17　『出雲物語』板木　裏（奈良大学図書館所蔵、2767143、色板）

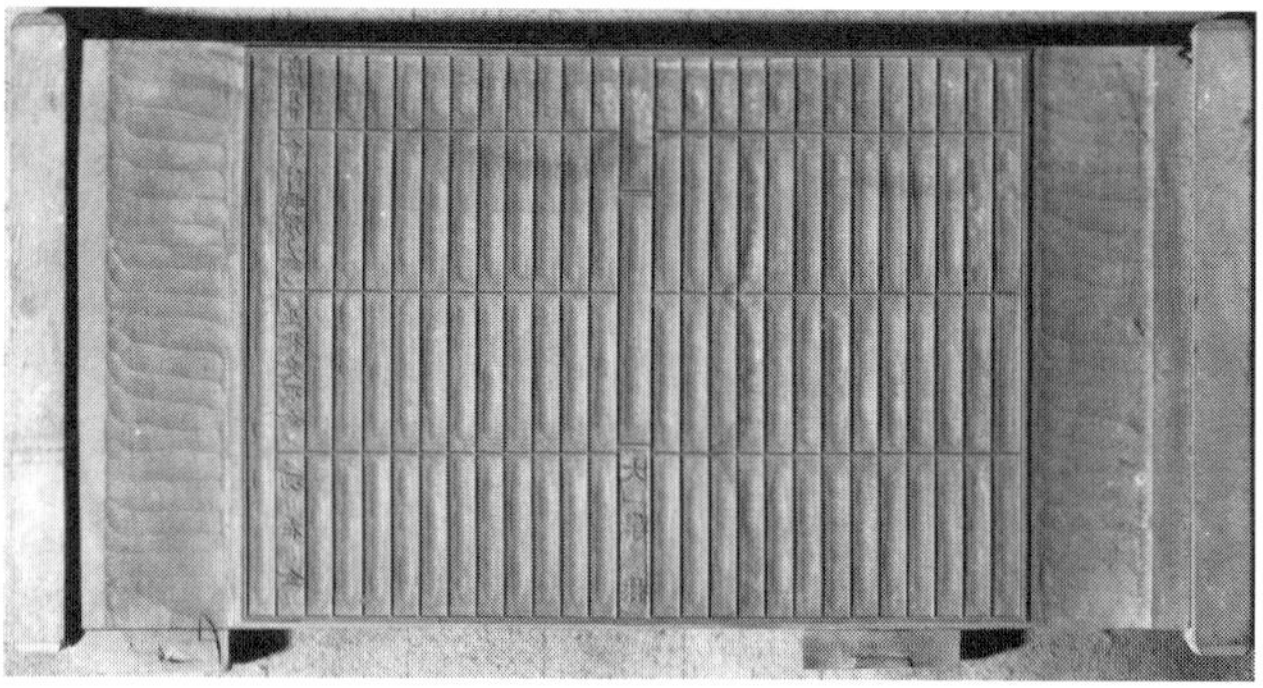

図18　『（大学林）』板木（奈良大学博物館所蔵、T1885）

図19　宝永３年（1706）刊『華厳五教章冠註』板木（架蔵、部分）

本の板木も見当を用いて摺っていたのではないかという推測を提示しておく。

（八）端食――その型式と変遷――

乾湿による経年変化で板木が反るのを防止するために、板木の両端には端食（反り止め）と呼ばれる木片が取り付けられる（第一章の図1参照）。板木よりもやや厚みのある木片が用いられることが多く、板木を重ねて保管する場合に、刻面と刻面が当たって損傷するのを防ぐ目的もあったと思われる。この端食の存在自体、板本の板木は保存して、後に再摺りを行うものという前提を反映しているともいえる。もちろん錦絵にも後摺りは存在するが、錦絵の板木に端食が見られないのは、おそらく基本的な発想として、錦絵という刊行物が一回性のメディアだったからであり、板木の長期保存を前提としなかったからであろう。

端食の型式については、永井一彰氏によって、時期による変遷があることが指摘されており、[注20] その概要は第一章において、『十八羅漢図讃』の板木を例に述べておいた。まず、凸

図20　『魚山蠆芥集』板木（奈良大学博物館所蔵、K0006、部分）

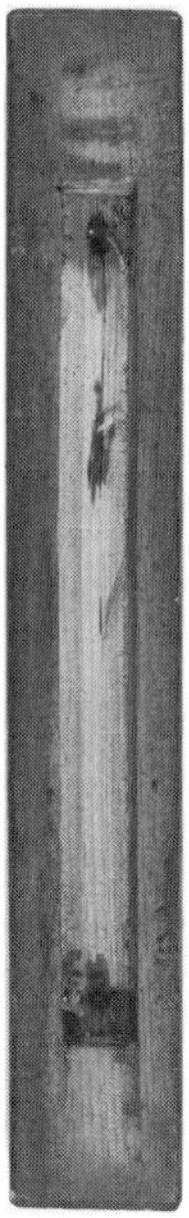

図21　A型の例

図22　『絵本若草山』板木（藤井文政堂所蔵、F0054、部分）

図23　B型の例

型に加工された板木の両端に端食をかぶせる形ではめ込み、側面から釘を打ち込んで固定する型（A型、図20、21）が最も古く、元文～寛保頃（一七三六～四四）まで用いられた。奈良大学所蔵の板木でA型の端食を備える板木の最下限は、寛保三年（一七四三）刊の高野版『魚山蠆芥集』である。延享頃（一七四四～四八）までには、建築用語でいえば蟻型《ありがた》の端食、つまり板木の両端をレール状に加工し、端食をスライドさせる型が現れる（B型、図22、23）[注21]。現存の板木でB型の端食を備える板木の最上限は、延享二年（一七四五）刊『絵本若草山』である。この変遷については、A型における釘を打つ工程を省略することも狙いの一つだったと思われるが、現存板木のうち、A型の板木はしばしば釘穴が原因となって板木が割れてしまっていることからも想像できるように、板木の保存性を高めるための技術革新でもあったのだろう。その後B型は江戸期を通じ、明治に入る前後まで用いられ、次第に板木の側面に木片を釘で打ち付けるだけの簡略化された打付端食型へと移り変わっていく〈C型、明治元年〈一八六八〉刊『奇文欣賞』、T1799など〉。C型に板木の反りを防ぐ効果はほとんどないと思われ、刻面同士の接触を防ぐ目的に特化した型式といえよう。

現存の板木のうち、端食が外れている例は極めて多いが、板木の両端も端食の型式に応じた加工が施されるため、板木の両端を観察すれば、その板木がおよそいつ頃成立したものか、容易に推定することができる。ただしその際、B型・C型の時代にA型の時代の板木を再利用している事例があるため、本節(二)に述べたとおり、板木の厚さと合わせて検証を行うことが必要である。

(九) 彫りの深さ

全体的に、板木の成立が古ければ彫りが深く、新しければ彫りは浅い。深く彫る理由は、おそらく浚《さら》いが足りなかった場合、摺りの段階で文字や絵などが陽刻された箇所以外の場所に紙が接してしまい、墨で汚れてしまうことを避けようとしたからであろう。それが次第に浅くなるということは、浅く彫っても輪郭線をしっかり出せるという彫りの技術、また紙を汚さずに摺ることができるという摺りの技術が確立し、深く彫る手間を省くこともできるようになった結果とみることができよう。しかしおそらくはその限りでなく、本節(二)で述べた板木の再利用とも関わると考えられる。

あくまでも主観的な見解であり、彫りの深さを厳密に測定したわけではないが、深い彫りから浅い彫りへという彫りの深さの変遷は、前項で述べた端食の変遷と時期がおよそ合致するように思われる。前項において、A型の端食からB型への変遷理由を板木の保存性に求めたが、不要になった板木が削られ、再利用されたという実態から考えれば、A型のように釘穴を開け、板が割れてしまえば再利用は難しくなる。それと同様に、深く彫ればそれだけ再利用の余地となる板の厚みが減ってしまう。端食や彫りの深さの変遷は、もちろん工程の省略や板木の保存性を考慮した結果でもあるのだろうが、板木を再利用する意図が含まれているように思われてならないのである。

第三節　入木

(一) 入木の目的

入木《いれき》は板木の構造に含めて捉える問題ではないかもしれないが、板木や板本を閲覧すると頻繁に遭遇する現象であるため、本章で述べておきたい。事典類の解説によれば、「板木の一部を削り去って、新しく木をはめ込んで、その部分に訂正の内容を彫り直したもの」(注22)「誤刻の部分を一、二字、または何行かの内容を部分的に訂正変更するために、その部分を削除して、新しく刻印して、埋め込む」(注23)「訂正が必要になった場合、版木の一部を削りとって、新たにその部分に小片を埋め込み、補刻をすること」(注24)などと一般に理解されている。その入木の痕跡が板本に、または板木に残っていれば、校正段階や刊行後に内容に関わる修訂があったと捉えられ、諸本の先後関係が考慮されることになる。刊年月の訂正や、板株移動に伴う板元名の追記訂正、第一節で述べた改題等の例は、上記の解説の範疇に入る。しかし板木を観察すると、内容の修訂だけではなく、他の目的の利用法も浮かび上がってくる。上記の理解に収まらない入木について、木を入れてから彫るのではなく、彫った上で入れると考えられること、(注25)彫りの工程の効率化のために入木を行う場合があることは(注26)永井氏によって実証的に報告されているが、本章では木材としての板木に着目し、入木という現象を検証してみたい。

解説類を念頭に、文化十四年(一八一七)刊『古易占病軌範』の板本(近代摺)を見る。図版では分かりにくいかもしれないが、巻之二の九ウには複数行にわたって入木が施されている（図24）。入木が施されていることは、例えば掲出箇所の四行目「ル」の文字上に切れ目が認められること、三行目「腫」の字、五行目「既」の字が、文字の中途で墨の付き方が異なることから判断可能である。また板木の該当箇所を見れば、五行にわたる入木があることが明確に確認できる（図25）。

上述の入木に関する解説をこの例に当てはめることができるだろうか。当てはめようとすれば、複数行にわたっ

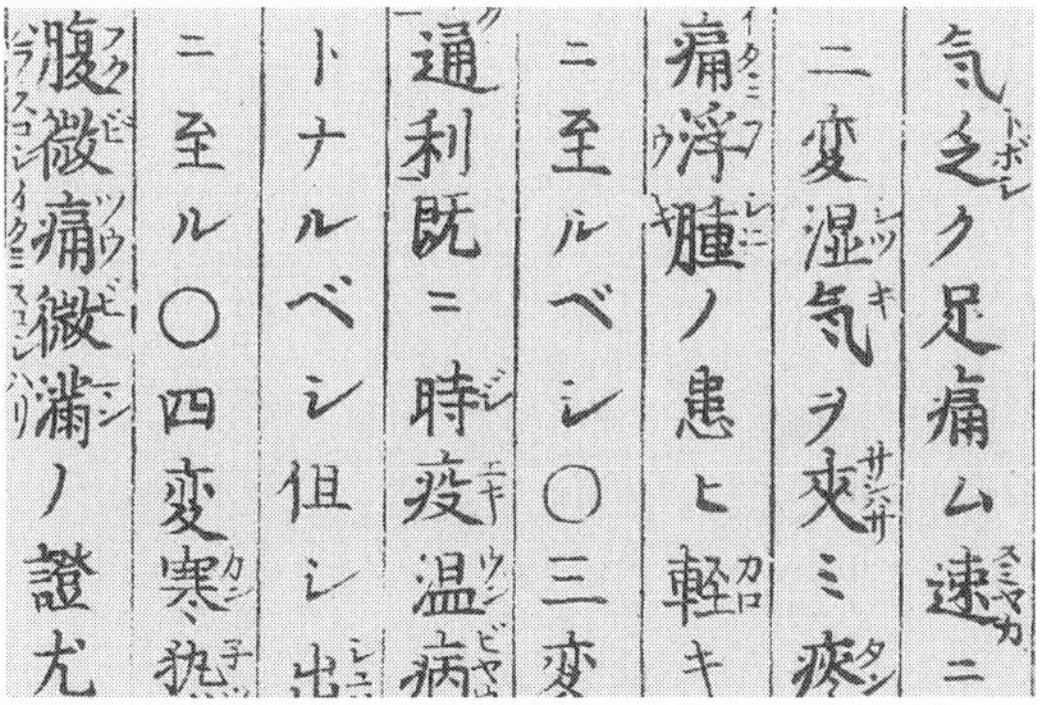

図24　『古易占病軌範』巻之二　九ウ
（立命館 ARC 所蔵、arcBK02-0055）

図25　『古易占病軌範』板木
（藤井文政堂所蔵、F 追加0007、部分、鏡像）

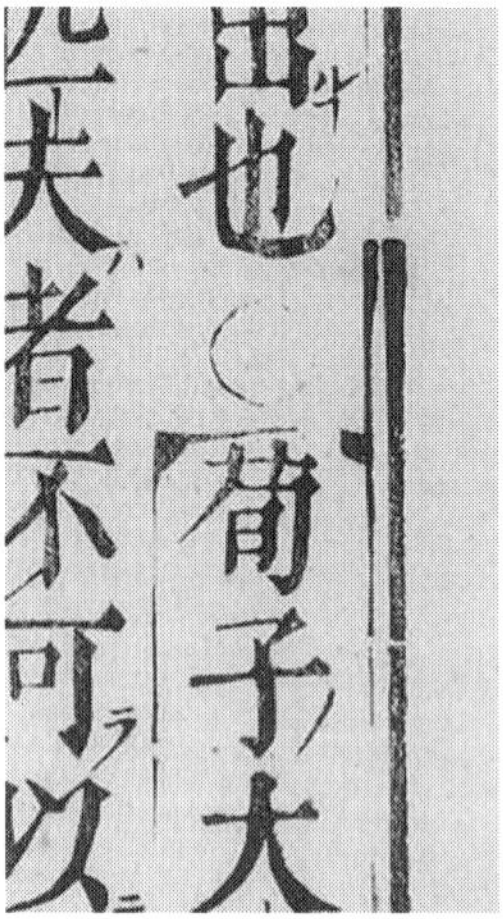

図26　『呂氏家塾読詩記』巻之二十二　四オ
（立命館ＡＲＣ所蔵、arcBK01-0033）

図27　『呂氏家塾読詩記』板木
（奈良大学博物館所蔵、Ｔ２３８４、部分、鏡像）

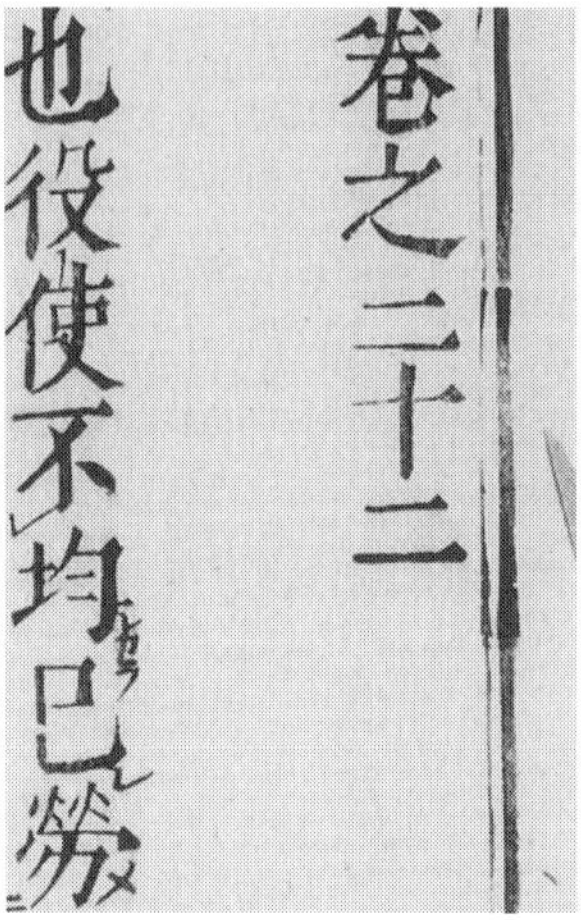

図28　『呂氏家塾読詩記』巻之二十二　一オ
（立命館ＡＲＣ所蔵、arcBK01-0033）

図29　『呂氏家塾読詩記』板木
（奈良大学博物館所蔵、Ｔ２３８４、部分、鏡像）

て記される一連の本文のうち、偶然同じ高さに揃った五行の二〜三文字に訂正の必要が生じなければならないが、おそらくそうした訂正の必要はまず起き得ない。ひとまず「訂正」という、内容を改める目的から離れて、「入木」という現象を捉える必要がありそうである。

元禄九年（一六九六）刊『呂氏家塾読詩記』巻二十二の四オには、匡郭に不審な箇所が認められる。(注27) これは板本・板木いずれを見ても明らかであるが、一見、欠刻を生じた匡郭が入木によって補修されたかのように見える（図26、27）。しかしいくつかの板木を見ていくとはっきりするように、匡郭や罫線の補修には入木の技術を用いない。板木を見る限り、匡郭や罫線の補修は、くさび型の木片を打ち込んで彫り直す「挿木《さしき》」と呼ばれる技法で行うのが通例であり、この入木もおそらく修訂が目的ではないと思われる。

同様に『呂氏家塾読詩記』巻二十二の一オは、板本のみを見れば、巻数表記の「巻之」の文字と比較して、「二十二」がやや小さく右に寄っており、かつその右脇の匡郭は「二十二」とほぼ同じ高さにわたって墨の付き方が変わっている（図28）。つまり巻数が「二十二」と訂正され、匡郭が補修されているかのように見えるのであるが、実はそうではない。その答えはやはり板木が教えてくれる。板木はこの箇所の入木が外れており、そこから木の節が顔を覗かせているのである（図29）。

木の節は堅くて加工が難しい。節の周囲には繊維の癖が生じる場合があり、節は後になって抜け落ちる可能性も想定され、木材加工の難敵となる。当該事例も、誤った巻数を「二十二」に修訂したのではなく、節がある箇所に直接文字を彫ることを嫌ったか、あるいはまともに彫りつけることができず、表面を削って入木を施したと考えるのが適切であろう。

実は、この入木は先に示した四オの匡郭の入木箇所の真裏にあたる。この板木の材には板を貫通する形で節があ

図30　『出雲物語』板木（奈良大学博物館所蔵、N0009、巻之四　十五丁）

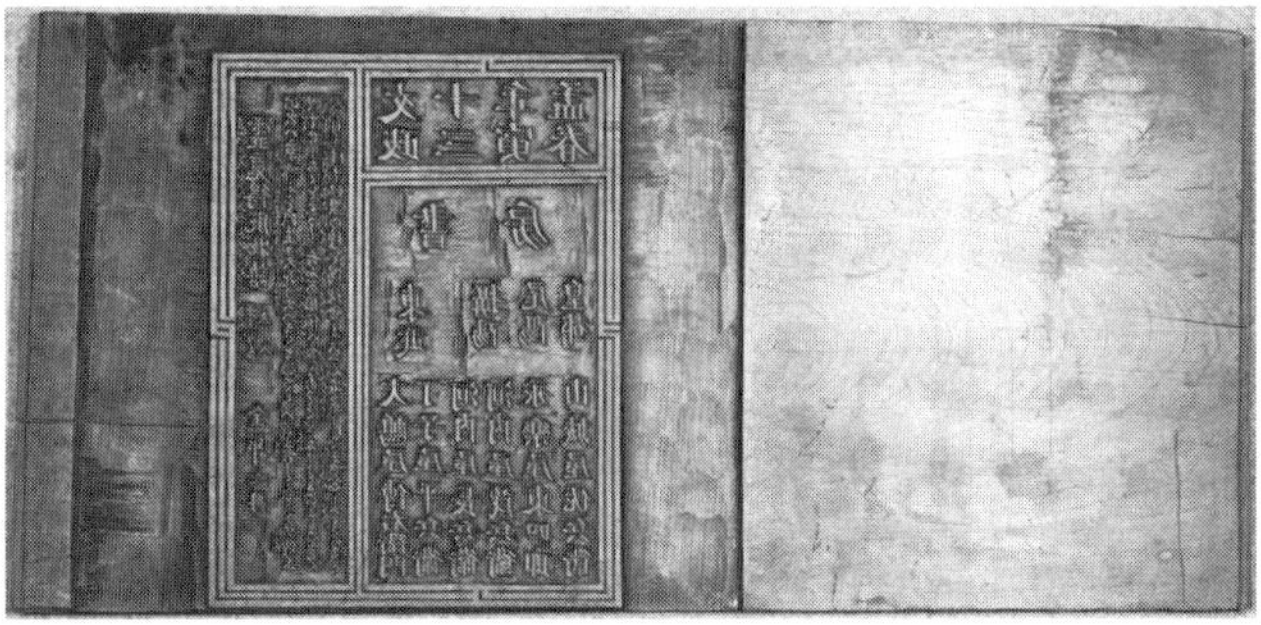

図31　同　奥付

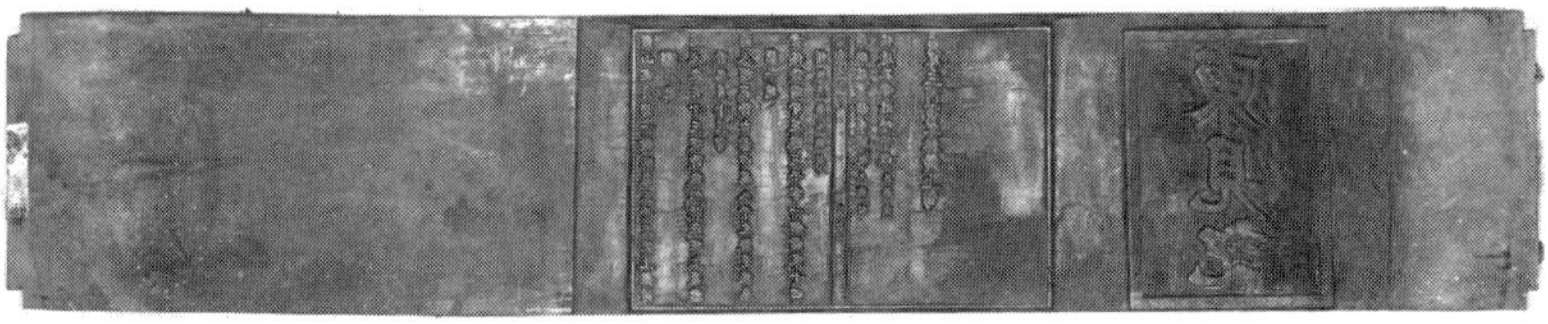

図32　『東見記』板木（奈良大学博物館所蔵、T0152、巻之下　四十八終丁・袋）

図33　『東見記』板木（同　未刻の面）

り、その影響を避けるために表裏の両方で入木を施したのだろう。

（二）板木と木の節

板木を観察していくと、木の節は嫌われ、避けられている様子が明らかに見て取れる。例えば先に見当の事例でも示した『出雲物語』（全五冊）は、二丁張十二枚の板木が現存しているが、うちN０００９の板木には、表面に巻之四の十五丁（裏表紙見返し、図30）が、裏面には奥付が彫られている（図31）。この両面の組み合わせは決して偶然ではなく、N０００９の材にある木の節に起因する。

特に奥付が彫られた面において明らかであるが、図版における奥付の右側、天地の中央ぐらいの位置に節の存在を確認することができる。この材に表裏を備えた丁を組み合わせれば、刻面と節とがぶつかることになり、彫ることが難しい。節を避けつつこの材を活用するためには、片面に半丁分のスペースしか必要としない奥付を、もう片面には一応一丁分ではあるが、裏表紙見返し扱いとなり、丁の裏側に版面を持つ必要がない巻之四の十五丁を彫って板木を構成しているのである。

『東見記』の板木は六丁張十八枚の板木が現存している。そのうちT０１５２の板木は片面に袋と四十八終丁が彫られているが、未刻のスペースもあり（図32）、もう片面は全く未刻の状態である（図33）。この材も全く未刻の面を見れば明らかなとおり、問題を抱えている。未刻の面を見ると、右端下部に大きな節が一箇所認められ、おそらくこの影響を避けるためにその真裏には半丁分のスペースしか必要としない袋を配置したと思われる。もう一箇所は左上部であり、節と繊維の変化が認められる。袋と四十八終丁が刻まれた面の左側が未刻であるのは、彫り進めばこの節や繊維の変化の影響を受けることを恐れて何も彫らなかった可能性が考えられる。また、図版では分かりづらいが、この面の未刻スペース中央には、節に起因すると思われる小さな陥没がある。

これらの例を見れば、問題を抱えた材であっても、使える箇所のみを活用している様子が見受けられ、使われてこそいるが、なるべく本文部分には使用せず、刊記や袋、本文であっても見返し扱いとなる丁の裏など、無刻の空間が大きくなる板木に利用されていることが判明してくる。入木の事例と総合して考えれば、板木を彫る際、なるべく節を避けつつ板を活用するが、避けきれなかった場合は入木で処理する、そうした意図が見て取れる。入木は必ずしも内容の修訂のためだけの技術ではなく、木材を扱う以上、避けては通れない木の節と向き合うための技術でもあったことを板木は教えてくれるのである。

おわりに

本章は、観察結果の羅列に終始した感は否めないが、特に第二節以降、板木が板本の付随資料ではなく、板木そのものにも見るべき点があることを主張してきた。本章で述べ切れていないことも多くあろうし、今後、調査の進展によって補訂が生じる可能性は存分にあるが、端食の型式等による板木の新古判別、外寸による成立事情の判断などは、今後板木を調査し、整理分類を行う上での基礎となり得ると考える。また第三節で述べた入木の問題についても、板木を観察することによって、従来の板本書誌学にはなかった視点を提示できたと考えている。

板木から得られた一つ一つの情報は、それだけでは出版研究や文芸研究に用をなさないかもしれない。現存している板木も、決して出版史上あるいは文芸史上において重要視されている板本のものばかりではない。しかし、板木から得られた情報の多くは、板本からは決して得られない情報であり、それらを蓄積していけば、おのずと「板木書誌学」が成り立っていくだろう。板本の背後には必ず板木が存在する。したがって、板木書誌学をもって板本に臨むとき、我々はより豊かな視点で板本と向き合うことができるはずである。本稿はそうした観点から、板木の基本的構造について述べたものである。

第一章に述べたとおり、本章に関する調査は、筆者が構築したデジタルアーカイブをバックボーンとしている。いい古されてきたことであるが、デジタルアーカイブ構築は資料整備の絶好の契機となる。さらには、資料群全体を俯瞰したり、個別事例を注視したり、その個別事例をもって資料群全体の俯瞰に戻るなど、巨視と微視を容易に繰り返しながら新たな研究シーズを創出できるメリットもある。特に板木資料のように、現物資料の取り扱いが難しい場合、デジタルアーカイブは研究にとって、より有効に作用するだろう。

謝辞
第二節の（二）外寸については、永井一彰氏から提供された板木の採寸データを参考にさせていただいた。記して深謝申し上げます。

注

（1）企画展示「錦絵はいかにつくられたか」（於　国立歴史民俗博物館、二〇〇九・二・二十四～五・六）
（2）企画展示「近世版木展」（於　立命館大学アート・リサーチセンター、二〇〇九・二・十六～三・六）、http://www.arc.ritsumei.ac.jp/lib/exhibition/2009/hangiten/
企画展示「現代に伝わる板木」展（於　立命館大学アート・リサーチセンター、二〇一二・一・二十三～二・十）、http://www.arc.ritsumei.ac.jp/lib/GCOE/2012/hangi/
（3）杉林真由美他「明治大学図書館所蔵板木調査（中間報告）」（『図書の譜』一一、二〇〇七）

（4）シンポジウム「今よみがえる江戸期の源氏版木」（於　大阪府立大学学術交流会館、二〇〇九・三・十七）
（5）大山範子・川端咲子「檜書店旧蔵版木目録」（『神戸女子大学古典芸能研究センター紀要』二、二〇〇九）。神戸女子大学古典芸能研究センター「檜書店旧蔵版木データベース」（http://hangi.yg.kobe-wu.ac.jp/、二〇一二・五）
（6）永井一彰『藤井文政堂板木売買文書』（日本書誌学大系九七、二〇〇九、青裳堂書店）
（7）永井一彰「竹苞書楼の板木――狂詩集・狂文集を中心に――」（『奈良大学総合研究所所報』一五、二〇〇七）
（8）斎田作楽『上方狂詩集九種』（二〇〇八、太平書屋）
（9）廣庭基介・長友千代治『日本書誌学を学ぶ人のために』（一九九八、世界思想社）
（10）中野三敏「版木・板木」（『日本古典籍書誌学辞典』、一九九九、岩波書店）
（11）永井一彰「板木二題――厚さ・入木――」（『奈良大学総合研究所特別研究成果報告書』、二〇〇二、奈良大学総合研究所）
（12）永井一彰「板木は語る――慶安三年版『撰集抄』」（『江戸文学』三九、二〇〇八）
（13）ただし、これらの板木がもともと二丁張であった可能性はあり、今後、第三章に述べる板本観察手法により、これらの板木の原態を探る必要がある。
（14）（9）に同じ。
（15）永井一彰「板木の分割所有」（『奈良大学総合研究所所報』一七、二〇〇九）
（16）永井一彰「『おくのほそ道』蛤本の謎」（『奈良大学総合研究所所報』九、二〇〇一）
（17）（7）に同じ。
（18）赤間亮『図説江戸の演劇書――歌舞伎篇』（二〇〇三、八木書店）
（19）（18）に同じ。
（20）永井一彰「板木は語る『反り止めの変遷』」（東海近世文学会平成二十一年一月例会口頭発表資料、二〇〇九・一・十）
（21）B型が用いられる時期には、B型以外にも、A型の変型・B型の変型と見なし得る多様な型式が用いられているが、本章では現存板木において圧倒的な割合を占めるB型で代表させた。

(22) 中野三敏『書誌学談義　江戸の板本』(一九九五、岩波書店)

(23) (9) に同じ。

(24) 佐藤悟「入れ木」(『日本古典籍書誌学辞典』、一九九九、岩波書店)

(25) (15) に同じ。

(26) 永井一彰「『山家集抄』の入木」(『奈良大学総合研究所所報』一六、二〇〇八)

(27) 以下に掲載する該書の図版は、刊記に「宝永元年甲申霜月梓行」の入木がある後摺本から採用した。

第三章　板本に表れる板木の構成——紙質・匡郭——

はじめに

たった一枚の板木が現存するだけで、その本全体の板木の構成がおよそ明らかになり、目前の板本がなぜそのような姿をしているのか、理解に役立つ場合がある。

永井一彰氏による寛政元年（一七八九）刊『おくのほそ道』についての考証がその好例である。(注1)永井氏は寛政元年版の諸本中、本来は本文末尾にくるべき「蛤のふたみにわかれ行く秋そ」の句が表紙見返しにきている「蛤本」を取り上げられ、現存する一枚の板木を手がかりに『おくのほそ道』の全体の板木構成を想定された上で、それが乱丁の一種だったことを指摘されている。筆者も、板木が全揃いで現存する宝暦十年（一七六〇）刊『賞奇軒墨竹譜』を例に、板木の構成が板本の姿に影響を与えた事例を報告するが、これについては第六章を参照されたい。

こうした調査は、板木が一枚でも現存していなければできないことなのだろうか。例えば木村三四吾氏は「古版『冬の日』諸本の幾つか」および貞享三年（一六八六）刊『春の日』（寺田重徳版、天理大学附属天理図書館綿屋文庫所蔵）について、丁によって墨色が少し異なることを指摘され、それらの板木が「一丁二頁を一面とする版板であった」ことを推定されている。(注2)(注3)

この他、筆者が気付いた範囲では、例えば一点の板本において、丁ごとに異なる彫り方の句点が混在する例がある。享保三年（一七一八）刊の伊賀屋勘右衛門版『八百やお七恋桜』（東北大学附属図書館狩野文庫所蔵、4-13261-1）はこの例に該当するが、句点を黒丸点で示すのは、一～十二、十五、十七～二十、二十三～二十四、二十七～三十一、三十三丁、中抜きの白丸点で示すのが十三～十四、十六、二十一～二十二、二十五～二十六、三十二、三十四～三十七丁と、句点の彫り方の異なりが明確に表れる（図1）(注4)。

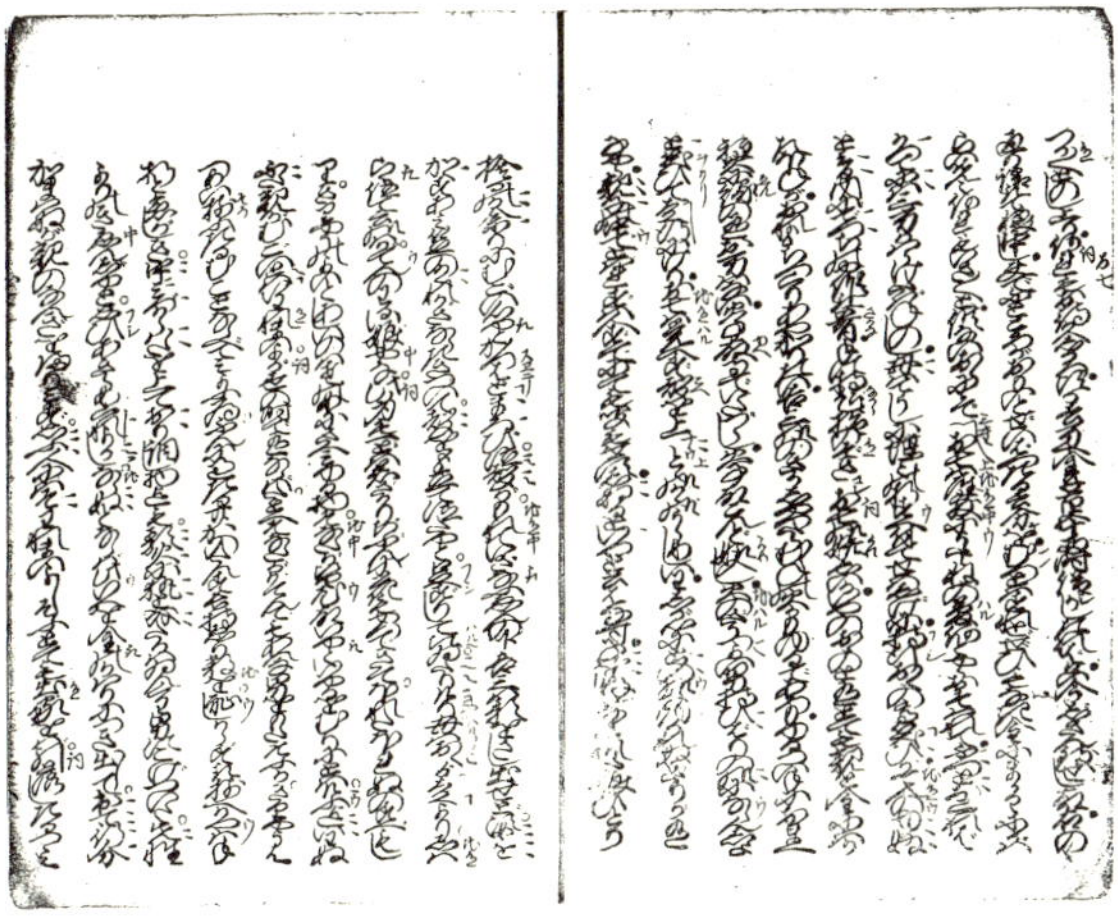

図1　伊賀屋勘右衛門板『八百やお七恋桜』
十五ウ（黒丸点）～十六オ（白丸点）

その原因は、該書の板木の彫製を担当した彫師が複数人存在し、担当の彫師によって句点の彫り方に差が出た、というあたりに求めるべきであろうか。結句、この句点の相違だけを根拠に、該書の板木の仕立てられ方を確定することは難しいが、二十一～二十二丁（白丸）、二十三～二十四丁（黒丸）、二十五～二十六丁（白丸）あたりの連続する二丁分をまとまりとするパターンに着目すれば、該書の板木が二丁張の板木で仕立てられていたと見ることができる。また、白丸の十六丁と三十二丁は同じ板に彫られ、黒丸の十五丁は二十七～三十一丁（五丁分）のいずれか一丁分、もしくは三十三丁と同じ板に彫られ、残りの黒丸一丁分と奥付が同じ板に彫られていたか、と推定することは許されるだろう。同様の事例で二丁分や四丁分、つまり二丁張や四丁張のパターンを見事に出現させる例はないか、今後の留意が必要である。

これらの例を見れば、板木が現存しない場合においても、板木がどのように仕立てられていたかを知る手がかりが、まだ板本のどこかに隠れているのではないかと思われる。筆者は第一章において、明治二年（一八六九）刊『暢寄帖』を例に、一点の板本に含まれる紙質の異なりが、板木の異なりを示すのではないか、という試論を提示しておいた。本章では、この紙質の問題を再検討する他、匡郭の高低差に着目し、板本の様相から板木の構成を想定する方法を試みる。

第一節　混在する紙質の出現パターンと板木の構成

――立命館大学アート・リサーチセンター所蔵『和歌麓の塵』を例に――

『暢寄帖』のように、一点の板本に異なる複数種の紙質が混在することは、さほど珍しいことではない。特に近代摺の板本には、こうした例を多く見かける。板本を観察する立場からは、紙質の統一が取れていない杜撰な造本である、と思われるかもしれないが、紙質の混在は、板木の構成をうかがう上で、重要な手がかりとなるのである。紙質の混在は、やはり四や二の単位で起こることが多く、「板木」という視点から板本を観察するとき、ほとんどの板本が四丁張や二丁張の板木で摺刷されたものであるということと無関係には思われないのである。

以下、本節では四種の紙質が混在している立命館大学アート・リサーチセンター（以下、立命館ARC）所蔵『和歌麓の塵』（arcBK03-0091、中本三冊、近代摺。以下、本節では底本と呼ぶ）を例に、紙質の混在の有り様を検討する。

底本は、原題簽「和歌麓之塵　上」（図2）「和歌麓之塵　中」「和歌麓之塵　下」。刊行年は記載されていない。

上冊の表紙見返しに「大阪　岡島宝玉堂」（図3）、下冊裏表紙見返しの蔵板目録に「大阪書林　本町通心斎橋東へ入　河内屋真七」とある（図4）。

「日本古典籍総合目録データベース」（注5）によれば、『和歌麓の塵』の初版は寛政十二年（一八〇〇、ただし享和元年の序あり。以下、寛政版）で、他には文化四年版（以下、文化版。国文学研究資料館所蔵、ナ2-341を使用）・弘化二年版（以下、弘化版。立命館ARC所蔵、arcBK03-0105を使用）・元治元年版（以下、元治版。架蔵本を使用）があるが、底本は上述の諸版のうち、弘化版・元治版と一致する。つまり、それらの近代摺である。

　該書の板木は五枚が現存するが、巻之上の七七～八十丁までを収める一枚（N0151、奈良大学博物館所蔵、藤井文政堂旧蔵）が底本と一致する。巻之下の三七～四十丁を収める一枚（T2565、奈良大学博物館所蔵、竹苞書楼旧蔵）も底本・寛政版に一致する可能性があるが、虫損が多く、決定打を欠く。七八丁オを例に示すと、「もみちの錦吹たて丶」の「の」の内部にある点状の彫り残しが板木・底本・弘化版・元治版に見られるのに対し、寛政

図2　底本　上冊表紙

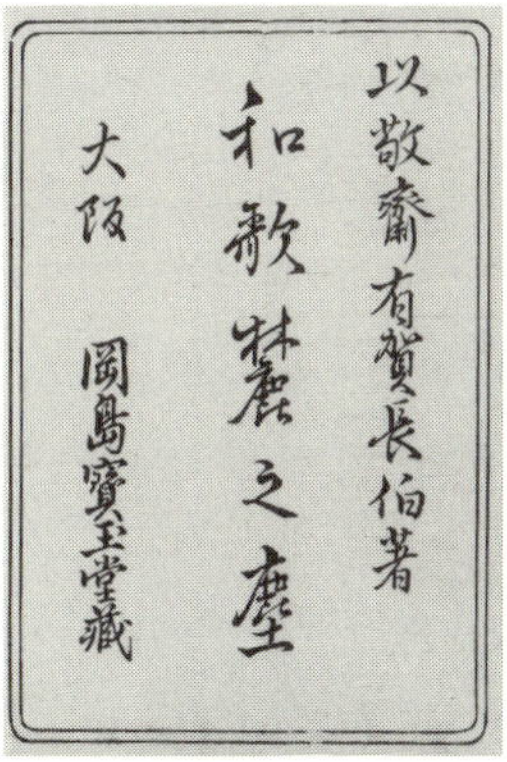
以敬齋有賀長伯著
和歌麓之塵
大阪　岡島寶玉堂藏

図3　底本　上冊表紙見返し

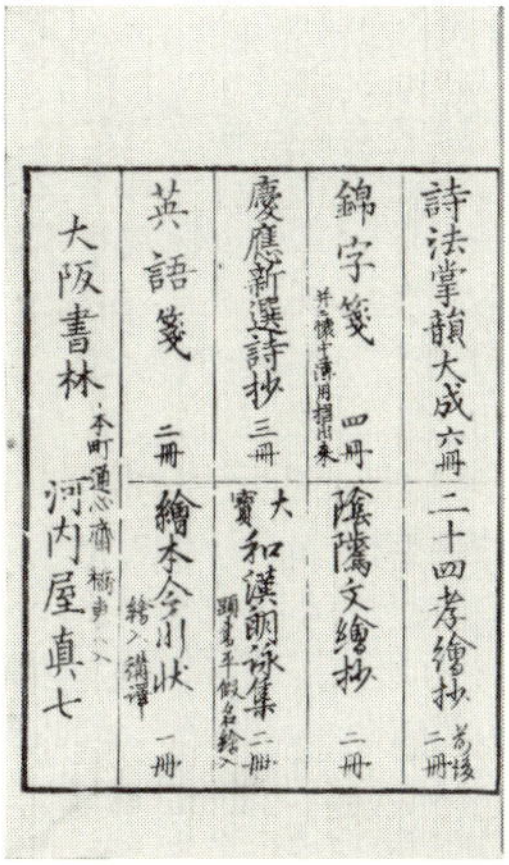
詩法掌韻大成　六冊
二十四孝繪抄　前後二冊
錦字箋　四冊
慶應新選詩抄　三冊
英語箋　二冊
繪本今川状　一冊
大阪書林　本町通心斎橋東へ入
河内屋真七

図4　底本　下冊裏表紙見返し

図5　板木（奈良大学博物館所蔵、N0151、部分、鏡像）

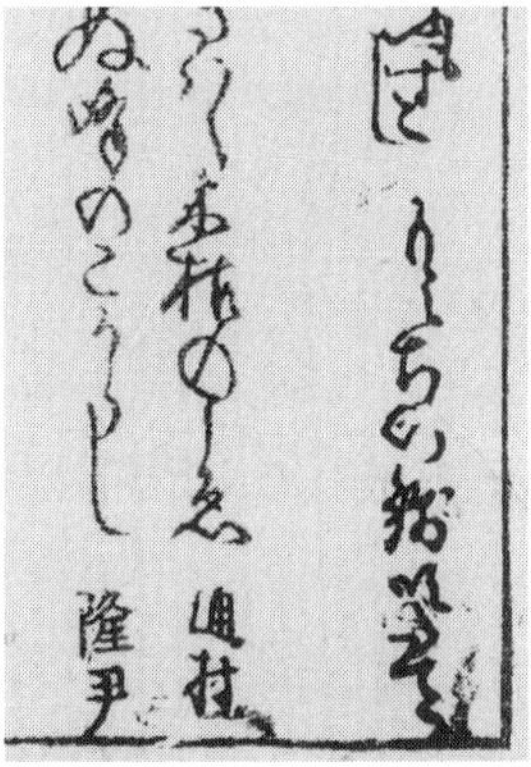

図6　底本

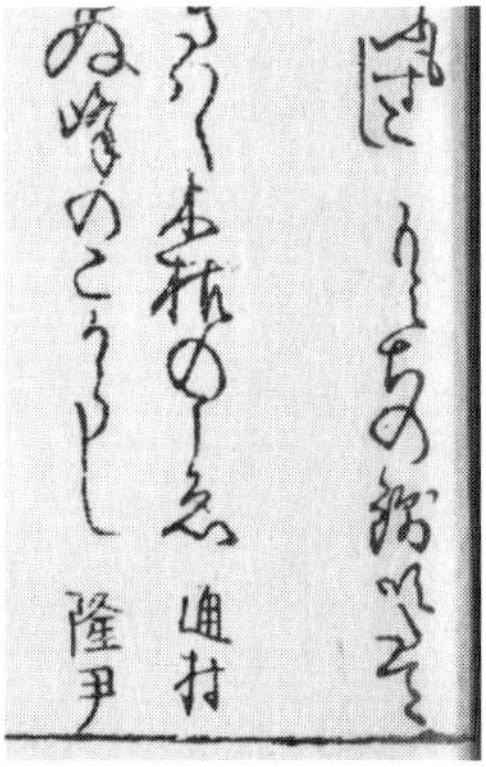

図7　弘化版

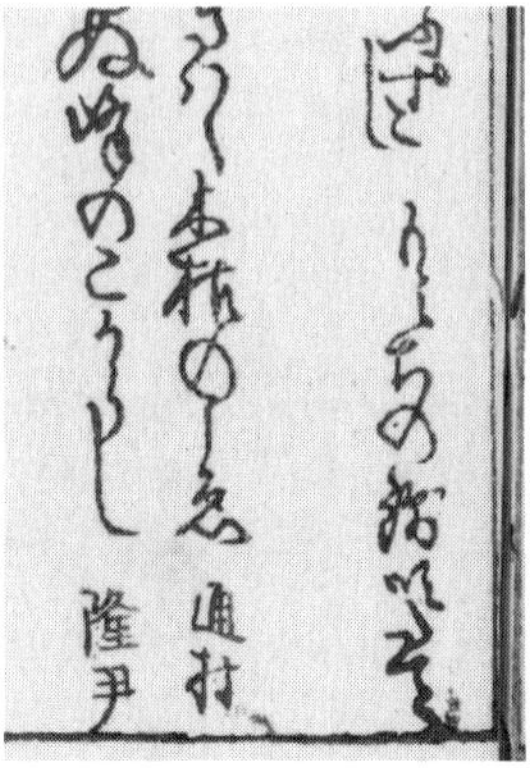

図8　元治版

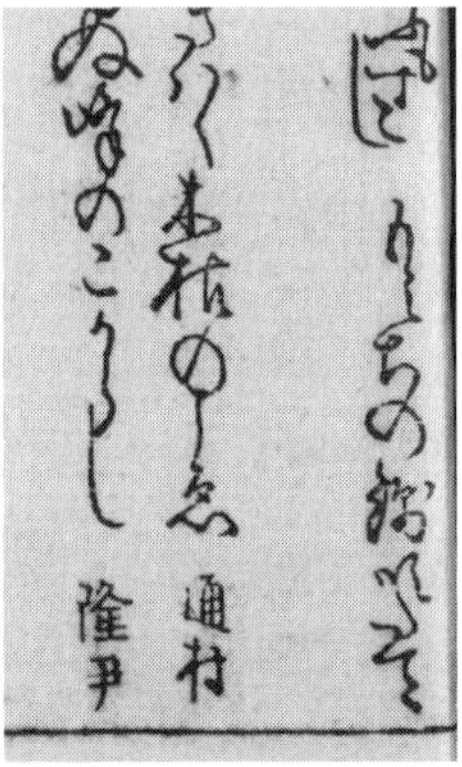

図9　寛政版

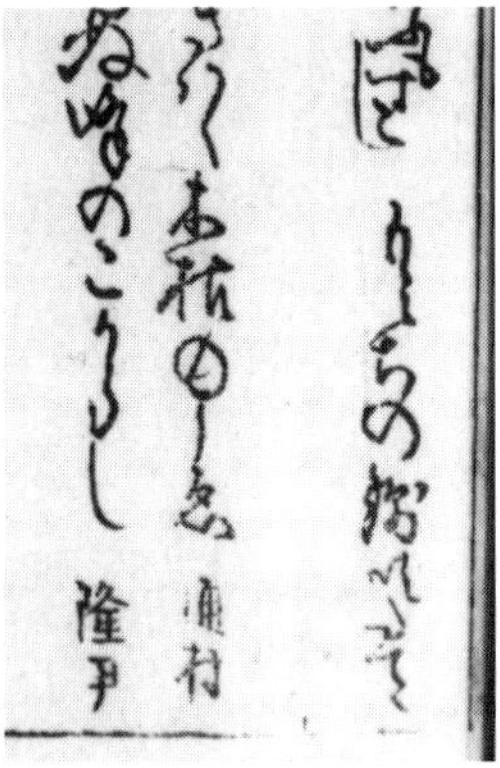

図10　文化版（国文学研究資料館所蔵、ナ2-341）

版・文化版にはこの彫り残しが見られない。板木の浚《さら》いが不十分である点も同様である（図5〜10）。巻之下の百九三〜百九六終丁を収めるT２５６３、題簽の板木（T１５１６）・袋の板木（T２３２２）の四枚（いずれも奈良大学博物館所蔵、竹苞書楼旧蔵）は底本に一致しない。T２５６３の百九六終丁の「馬上」の「馬」を板本と比較すると、板木と寛政版・文化版が一致するのに対し、弘化版・元治版は明らかに字体を異にする（図11〜16）。したがって本文の板木についていえば、T２５６３は寛政版のものである。

紙質の異なりは、色・繊維の粗さなどで判断することができる。必ずしも図版では明示できないが、図17を見れば全く色が異なる紙が底本に混在していることが分かる。

次に底本に含まれる四種の紙質をそれぞれＡＢＣＤ種として、その出現パターンを表1に示す。なお底本は乱丁により、巻之上の七七・七八丁の丁順が入れ替わる他、巻之下の七六丁が同巻の七二・七三丁の間に入っている。巻之下の九丁は欠丁である。

この表を見ると、紙質がまばらに出現する箇所も見られるが、多くの場合、出現パターンは四の倍数を基調として表れている。特徴を捉えやすいのは中冊から下冊にわたる巻之下の七六〜百十八丁であり、四丁ごとに目まぐるしく紙質を異にしている。また、この箇所以外にあっても、例えばC種が連続して表れる巻之上の一〜一六丁（十六丁分）、同じくC種が連続する巻之下の二九〜四八丁（二十丁分）なども、四丁の単位を基調としている。N０１５１が収める巻之上の七七〜八十丁は、前後の丁と紙質が連続せず、この四丁分のみA種となっている。これらの特徴から考えれば、複数の紙質の混在が四丁の単位を基調として起こっていることと、現存する底本の板木が四丁張であることとの間には、相関関係が認められるだろう。つまり、紙質の混在状況は、底本の板木が四丁張であることを示している。

図11　板木（奈良大学博物館所蔵、T２５６３、部分、鏡像）

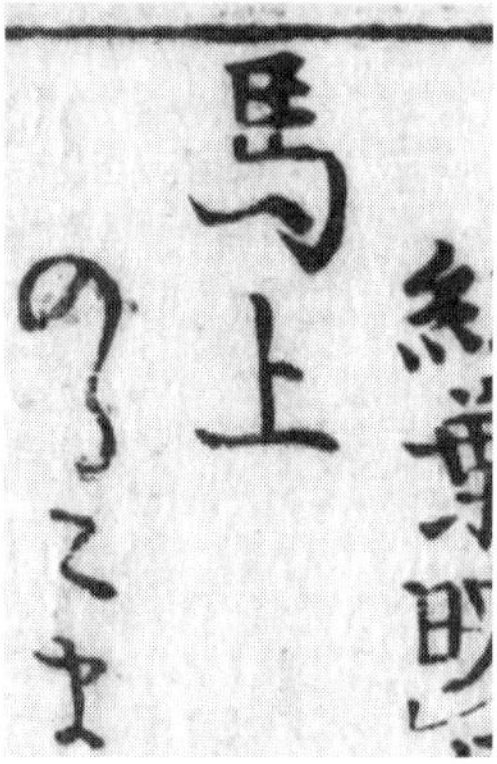

図12　寛政版

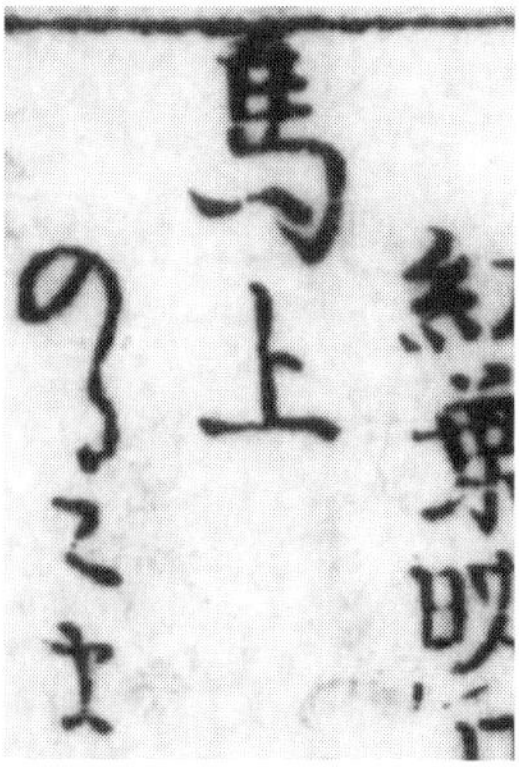

図13　文化版（国文学研究資料館所蔵、ナ２‐３４１）

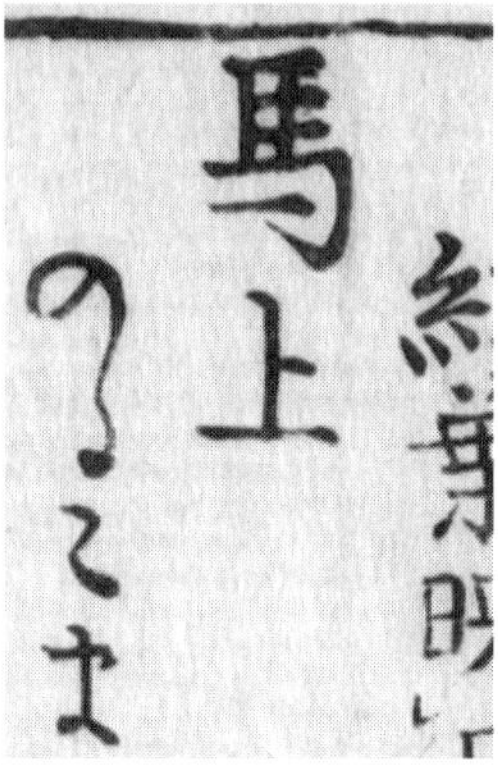

図14　弘化版

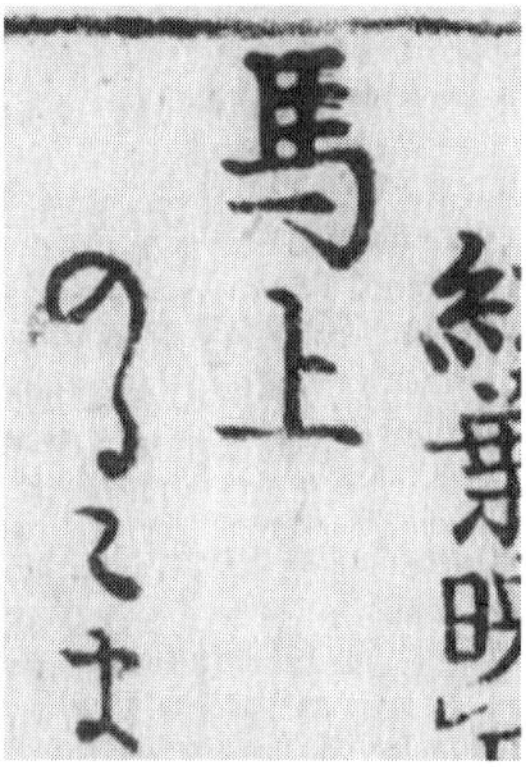

図15　元治版

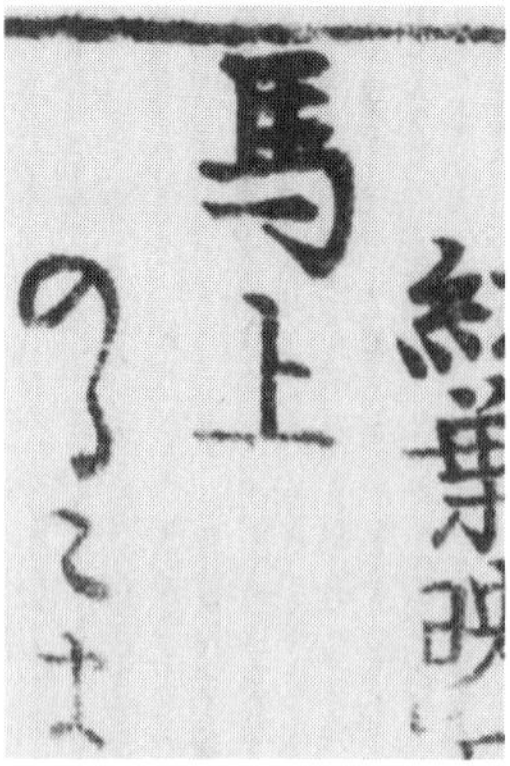

図16　底本

表1　底本の紙質出現パターン

冊	巻	丁付	紙質
上	－	(序1)	A
上	－	(序2)	B
上	上	目一	C
上	上	目二	C
上	上	目三	A
上	上	一	C
上	上	二	C
上	上	三	C
上	上	四	C
上	上	五	C
上	上	六	C
上	上	七	C
上	上	八	C
上	上	九	C
上	上	十	C
上	上	十一	C
上	上	一二	C
上	上	一三	C
上	上	一四	C
上	上	一五	C
上	上	一六	C
上	上	一七	B
上	上	一八	B
上	上	一九	B
上	上	二十	B
上	上	二一	C
上	上	二二	C
上	上	二三	C
上	上	二四	C
上	上	二五	B
上	上	二六	B
上	上	二七	B
上	上	二八	B
上	上	二九	B
上	上	三十	B
上	上	三一	B
上	上	三二	B
上	上	三三	A
上	上	三四	A
上	上	三五	A
上	上	三六	A
上	上	三七	A
上	上	三八	D
上	上	三九	C
上	上	四十	B
上	上	四一	C
上	上	四二	C
上	上	四三	B
上	上	四四	B
上	上	四五	C
上	上	四六	C
上	上	四七	C
上	上	四八	C
上	上	四九	C
上	上	五十	C
上	上	五一	C
上	上	五二	C
上	上	五三	C
上	上	五四	C
上	上	五五	C
上	上	五六	C
上	上	五七	C
上	上	五八	C
上	上	五九	C
上	上	六十	C
上	上	六一	C
上	上	六二	C
上	上	六三	C
上	上	六四	C
上	上	六五	C
上	上	六六	C
上	上	六七	C
上	上	六八	C
上	上	六九	C
上	上	七十	B
上	上	七一	B
上	上	七二	B
上	上	七三	B
上	上	七四	B
上	上	七五	B
上	上	七六	B
上	上	七八	A
上	上	七七	A
上	上	七九	A
上	上	八十	A
上	上	八一	D
上	上	八二	C
上	上	八三	C
上	上	八四	C
上	上	八五	C
上	上	八六	C
上	上	八七	C
上	上	八八	C
上	上	八九	C
上	上	九十	C
上	上	九一	C
上	上	九二	C
上	上	九三	C
上	上	九四	C
上	上	九五	C
上	上	九六終	C
中	下	目一	B
中	下	目二	B
中	下	目三	B
中	下	目四	B
中	下	目五	C
中	下	目六	C
中	下	目七	C
中	下	目八	C
中	下	目九	C
中	下	目十	C
中	下	一	C
中	下	二	C
中	下	三	C
中	下	四	C
中	下	五	C
中	下	六	C
中	下	七	C
中	下	八	C
中	下	十	C

冊	巻	丁付	紙質
下	下	九一	B
下	下	九二	B
下	下	九三	B
下	下	九四	B
下	下	九五	C
下	下	九六	C
下	下	九七	C
下	下	九八	C
下	下	九九	C
下	下	百	C
下	下	百一	C
下	下	百二	C
下	下	百三	B
下	下	百四	B
下	下	百五	B
下	下	百六	B
下	下	百七	D
下	下	百八	D
下	下	百九	D
下	下	百十	D
下	下	百十一	C
下	下	百十二	C
下	下	百十三	C
下	下	百十四	C
下	下	百十五	D
下	下	百十六	D
下	下	百十七	D
下	下	百十八	D
下	下	百十九	A
下	下	百二十	A
下	下	百二一	A
下	下	百二二	A
下	下	百二三	A
下	下	百二四	A
下	下	百二五	A
下	下	百二六	A
下	下	百二七	A
下	下	百二八	A
下	下	百二九	A
下	下	百三十	A

冊	巻	丁付	紙質
中	下	五一	B
中	下	五二	B
中	下	五三	B
中	下	五四	C
中	下	五五	C
中	下	五六	B
中	下	五七	B
中	下	五八	B
中	下	五九	B
中	下	六十	B
中	下	六一	C
中	下	六二	C
中	下	六三	C
中	下	六四	C
中	下	六五	C
中	下	六六	C
中	下	六七	C
中	下	六八	C
中	下	六九	C
中	下	七十	C
中	下	七一	C
中	下	七二	C
中	下	七六	A
中	下	七三	A
中	下	七四	A
中	下	七五	A
中	下	七七	C
中	下	七八	C
中	下	七九	C
中	下	八十	C
中	下	八一	B
中	下	八二	B
中	下	八三	B
中	下	八四	B
中	下	八五	C
中	下	八六	C
下	下	八七	A
下	下	八八	A
下	下	八九	A
下	下	九十	A

冊	巻	丁付	紙質
中	下	十一	C
中	下	十二	B
中	下	十三	C
中	下	十四	C
中	下	十五	C
中	下	十六	C
中	下	十七	B
中	下	十八	B
中	下	十九	B
中	下	二十	B
中	下	二一	C
中	下	二二	C
中	下	二三	C
中	下	二四	C
中	下	二五	B
中	下	二六	B
中	下	二七	B
中	下	二八	B
中	下	二九	C
中	下	三十	C
中	下	三一	C
中	下	三二	C
中	下	三三	C
中	下	三四	C
中	下	三五	C
中	下	三六	C
中	下	三七	C
中	下	三八	C
中	下	三九	C
中	下	四十	C
中	下	四一	C
中	下	四二	C
中	下	四三	C
中	下	四四	C
中	下	四五	C
中	下	四六	C
中	下	四七	C
中	下	四八	C
中	下	四九	B
中	下	五十	B

冊	巻	丁付	紙質
下	下	百三一	B
下	下	百三二	A
下	下	百三三	A
下	下	百三四	B
下	下	百三五	A
下	下	百三六	A
下	下	百三七	A
下	下	百三八	A
下	下	百三九	A
下	下	百四十	A
下	下	百四一	A
下	下	百四二	A
下	下	百四三	A
下	下	百四四	A
下	下	百四五	A
下	下	百四六	A
下	下	百四七	A
下	下	百四八	A
下	下	百四九	A
下	下	百五十	A
下	下	百五一	B
下	下	百五二	B

冊	巻	丁付	紙質
下	下	百五三	B
下	下	百五四	B
下	下	百五五	A
下	下	百五六	A
下	下	百五七	A
下	下	百五八	A
下	下	百五九	B
下	下	百六十	B
下	下	百六一	B
下	下	百六二	B
下	下	百六三	A
下	下	百六四	A
下	下	百六五	A
下	下	百六六	A
下	下	百六七	A
下	下	百六八	A
下	下	百六九	A
下	下	百七十	A
下	下	百七一	A
下	下	百七二	A
下	下	百七三	A
下	下	百七四	A

冊	巻	丁付	紙質
下	下	百七五	A
下	下	百七六	A
下	下	百七七	A
下	下	百七八	A
下	下	百七九	A
下	下	百八十	A
下	下	百八一	A
下	下	百八二	A
下	下	百八三	A
下	下	百八四	A
下	下	百八五	A
下	下	百八六	A
下	下	百八七	A
下	下	百八八	A
下	下	百八九	A
下	下	百九十	A
下	下	百九一	A
下	下	百九二	A
下	下	百九三	A
下	下	百九四	A
下	下	百九五	A
下	下	百九六終	A

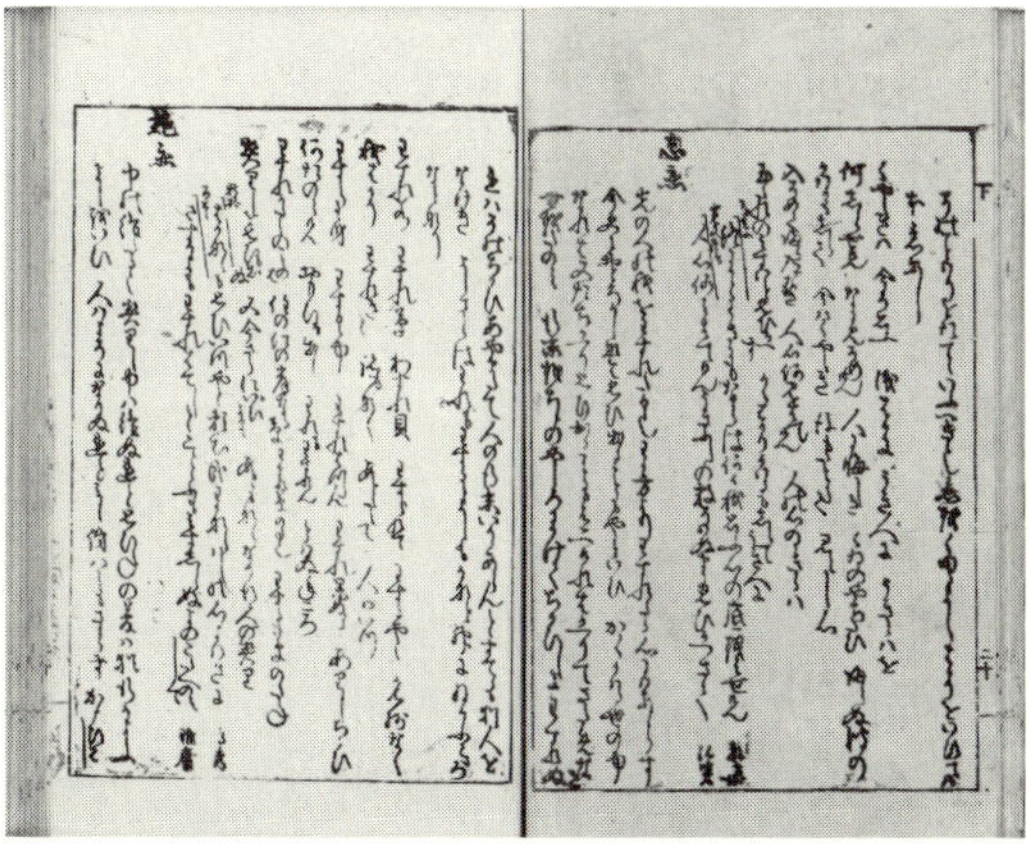

図17　底本　巻之下　二十ウ～二一オ

しかし、四丁の単位が崩れている例も散見される。表1に戻る。巻之上は本文一丁以降の紙質出現パターンやN0151に含まれる七七～八十丁のパターンから判断して、本文冒頭から四丁ずつ板木に収めていったように思われる。巻之上の一～三六丁まではそのように理解できるが、三七～四四丁などは、紙質が一～二丁の単位で混在しており、板木の構成を抽出することができない。また、巻之上の六九丁はC種であり、四丁の単位で捉えた場合、七十～七二丁の三丁分と同種の紙質であってほしいところであるが、この三丁分はB種で摺られている。

先ほど特徴的と述べた箇所には、紙質の出現パターンが二丁単位で表れているところが一箇所ある。巻之下の八五～八六丁がそれである。この二丁分は中冊の末尾にあたる丁であり、板木を仕立てる上では半端になり得る丁である。つまり、どこか別の半端になった丁と組み合わされた可能性を想定したいところであるが、実際の組み合わせを想定するのは容易ではない。

永井一彰氏は、近世後期の出版界において、板木を分割所有することを前提に、丁を丁順どおりに収めるのではなく、丁順をわざとばらして板木に収める「丁飛ばし」の方法がとられていたことを明らかにされている。(注6)この「丁飛ばし」を念頭に表1を見た場合、四丁の単位が崩れている箇所は、この丁飛ばしを原因の一つとして想定することもできるだろう。ただし、二丁張の板木が混在する可能性は捨てきれず、四丁張の板木に空白なく四丁分を彫っていたという前提も確認できない以上、さらなる推測を重ねるべきではないだろう。

しかし底本の例のように、また『暢寄帖』の例をも含めていえば、一点の板本に複数の紙質が混在する場合、その出現パターンには、その板本を摺《しゅうさつ》刷した板木の構成がある程度表れていると見てよいだろう。どの丁がどの板木に収まっていたのか、全丁に及ぶ詳細までは分からなくとも、その板本が四丁張で摺刷されたのか、二丁張の板木で摺刷されたのかという判断は可能である。

それでは、なぜ一点の板本の中に、異なる紙質が混在するのだろうか。第一章では、時・場所の違いをその要因とするに留めたが、本章ではより詳細に述べる。

第一には、複数人の摺師が同時に分担して摺刷を進めたが、摺師によって摺刷に用いた紙が異なったという可能性である。第二には、単純に摺刷の現場で紙が足りなくなり、新たに紙を追加したが、それまで摺刷に使っていた紙とは別種のものだったという可能性である。第三には、すでに摺り置きの丁があり、新たに摺らなければならない箇所または部数のみ摺刷を行ったが、摺り置きの紙とは別種の紙を用いて摺刷した可能性である。第四には、第六章に詳述するとおり、相合版で板木を分割所有した際、摺師が板木のある場所に出向いて摺刷を行っていくのが慣例だったが、行く先々で別種の紙を用いたという可能性である。いずれの可能性も、出版の現場で起こり得る事態として、想定しておくべきであろう。

しかもこれらの可能性は、複合的に起こることが十分に考えられる。その時々の「摺刷の空間」が紙質の混在に影響を与えるのであって、丁数の少ない板本ならばともかく、該書のように丁数の多い板本の場合、板木がよほど単純な仕立てられ方になっていない限り、紙質の混在によって板木の構成を完全に明らかにすることは難しいのかもしれない。つまり板木の構成が、都合よく板本に含まれる紙質の異なりとなって表れればよいが、かえって複雑な状況を呈し、理解に苦しむ例も出てくるだろう。

紙質の異なりが板木の構成を完全に表しているか否か、その妥当性は慎重に見極める必要がある。しかし本節において示したとおり、ある程度有効な方法であることは、紙質の出現パターンに鑑みて間違いなく主張できる。紙質によって底本の板木の詳細な構成――どの丁がどの板木に収まっているか――は存分に明らかにし得ないが、紙質の混在とその出現パターンは、底本の板木が四丁張を基本に彫製され、摺刷されたことを端的に示している。

先に、一点の板本に異なる紙質が混じることは珍しくないと述べた。もちろん板木が現存する確率よりも、紙質の混在する例に行き当たることのほうが多いだろう。しかし珍しくないとはいえ、いつ何時も出会う事例ではなく、好例に出会うことを祈るより仕方がない。板木の現存・紙質の混在以外に、多くの板本に備わる「何か」によって板木の構成を知り得る方法はないだろうか。次節では、多くの板本に備わる匡郭の縦寸をもとに板木の構成をうかがう方法を試みる。

第二節　匡郭縦寸の高低差と板木

(一) 匡郭縦寸の高低差

数点の板本を眺めただけで気付くことであるが、板本を見開いた際に、左右の丁が段違いになり、全く揃わない事例に出会う。これらは頻繁に目にすることであり、特に珍しいことではない。しかしそれらを、何かが記され描かれている「本」として観察すると、内容上は特に差を設ける必要のない箇所、例えばひと続きの本文や見開きの挿絵においてもズレは生じるのであり、違和感を覚えることがある。

その理由の一つには、もともと揃うように製本されなかっただけであるという事実も確かにあろう。しかし一方でそれらの板本を、板木という木材を用いて摺刷された「モノ」であるという視点から観察したとき、単なる製本上の問題に帰してしまうことはできないと思われる。本節は以下、板本に頻繁に発生する匡郭のズレに注目し、そこに意味を見出そうとする調査報告である。

匡郭寸法を扱った研究としては、木村三四吾氏の研究がよく知られている。木村氏は『西鶴織留』の諸版・諸本の匡郭縦寸を採寸された上で対照された。(注7)原版と比較して、覆刻本における覆刻箇所の版面の収縮率が、「匡郭縦長六―七粍平均」であることを指摘された上で、

本文の覆刻補版が概ね四の数を基準とし、その倍数を以て連続生起していることである。即ち

巻一　自十三丁至二十丁　計八丁
巻二　自五丁至八丁　計四丁
同　自十三丁至二十丁　計八丁
巻三　自九丁至十六丁　計八丁
巻四　自五丁至十六丁　計十二丁
巻五　自十六丁至十八終丁　計三丁
巻六　自五丁至十七終丁　計十三丁

ということは織留の版木が二枚続きの長板で、その表裏の計四丁分一枚の形態をとっていたものであるように推定される。

と述べられ、かつ諸本間の匡郭縦寸の比較対照から、後摺本でも版面が収縮されることを指摘された。(注8)この調査結果のうち、特に版面の収縮によって覆刻・摺りの先後を判断する手法は、板本書誌学の基礎となっている。

さて、木村氏は『西鶴織留』諸版・諸本の比較対照という視点から論を展開されたためか、後摺本における版面の収縮、または覆刻による版面の収縮を明解に指摘されたものの、一点の板本内部における匡郭縦寸の高低差につ

表2　大沢本『西鶴織留』匡郭縦寸一覧（単位・ミリメートル）

巻	丁付	匡郭高
巻一	自序	203
巻一	団水序	－
巻一	目録	204
巻一	二	204
巻一	三	204
巻一	四	204
巻一	五	204
巻一	六	203
巻一	七	203
巻一	八	203
巻一	九	203
巻一	一〇	203
巻一	一一	204
巻一	一二	203
巻一	一三	199
巻一	一四	199
巻一	一五	199
巻一	一六	201
巻一	一七	204
巻一	一八	204
巻一	一九	204
巻一	二〇	204
巻一	二一	204
巻二	目録	201
巻二	二	201
巻二	三	202
巻二	四	201
巻二	五	202
巻二	六	202
巻二	七	203
巻二	八	203
巻二	九	202
巻二	一〇	202
巻二	一一	202
巻二	一二	202
巻二	一三	200
巻二	一四	200
巻二	一五	200
巻二	一六	201
巻二	一七	201
巻二	一八	204
巻二	一九	201
巻二	二〇	200
巻三	目録	200
巻三	二	200
巻三	三	202
巻三	四	201
巻三	五	204
巻三	六	203
巻三	七	203
巻三	八	203
巻三	九	203
巻三	一〇	203
巻三	一一	204
巻三	一二	203
巻三	一三	206
巻三	一四	206
巻三	一五	203
巻三	一六	206
巻三	一七	204
巻四	目録	204
巻四	二	204
巻四	三	202
巻四	四	200
巻四	五	203
巻四	六	202
巻四	七	203
巻四	八	203
巻四	九	198
巻四	一〇	199
巻四	一一	200
巻四	一二	199
巻四	一三	203
巻四	一四	202
巻四	一五	202
巻四	一六	201
巻四	一七	205
巻四	一八	205
巻四	一九	205
巻五	目録	201
巻五	二	203
巻五	三	203
巻五	四	203
巻五	五	200
巻五	六	200
巻五	七、八、九	201
巻五	一〇	202
巻五	一一	201
巻五	一二	200
巻五	一三	200
巻五	一四	201
巻五	一五	201
巻五	一六	203
巻五	一七	203
巻五	一八	203
巻六	目録	203
巻六	二	204
巻六	三	204
巻六	四	204
巻六	五	197
巻六	六	198
巻六	七	199
巻六	八	199
巻六	九	201
巻六	一〇	201
巻六	一一	202
巻六	一二	203
巻六	一三	200
巻六	一四	201
巻六	一五	201
巻六	一六	199
巻六	一七	201

いては言及されるところがなかった。いま表2に、木村氏の調査から、現存本において最も初摺に近いとされる大沢本の全丁匡郭縦寸を抜粋する（以下、本章の表中では「匡郭高」とした）。

このようにしてみると、最も初摺に近いと思われる一点の板本の中にあっても、匡郭縦寸は決して一定ではなく、明らかな高低差があることが分かる。例えば巻一の一三〜一六丁はその前後に比べて二〜五ミリメートル小さくなっている。また、巻四の九〜一二丁、巻六の五〜八丁についても同様、前後の丁と比べて、数ミリ小さくなっていることが明らかに見て取れる。このことは、本節の冒頭に述べた見開きの左右の丁のズレが単に製本上の問題に起因するのではなく、そもそも匡郭縦寸が異なっていることを表している。注目すべきは、これらの高低差のパターンが四丁単位を基本に表れていることであろう。

図18は、板本を板心側から観察したものである。このように、板本の板心側には、丁の折目上に存在する匡郭の天地や柱題、魚尾《ぎょび》、黒口《こっこう》などが、ある種の模様となって浮かび上がる。むろん板心側に模様が出ない場合もある。第二章において少しふれたことであるが、板本は図18のように、匡郭の天地のうちの地側を揃えて製本される場合が多い。もちろん、匡郭を揃えずに製本される場合もまま見られるが、地側を揃えてある場合のほうが圧倒的に多い。そしてもう一点、匡郭の地側が揃えられた結果として、天側の匡郭や魚尾は不揃いになっていることも指摘できる。

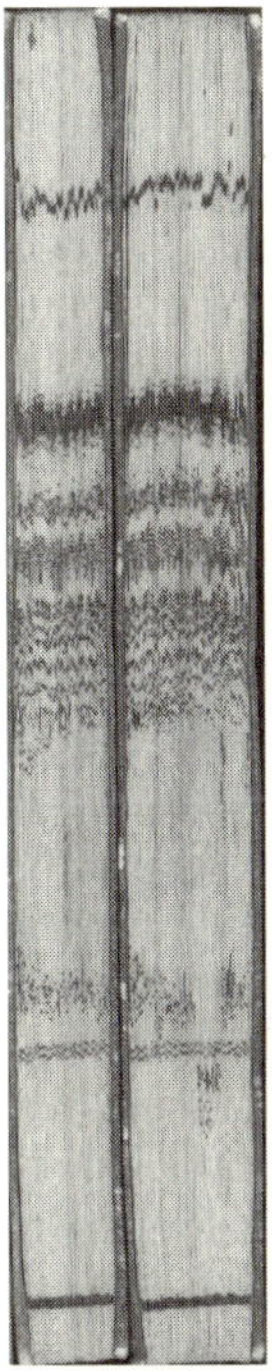

図18　『酔古堂剣掃』（立命館ＡＲＣ所蔵、arcBK03-0066）

図版だけではうまく伝わらないが、この不揃いは、各丁ごとに全く不揃いというわけではない。何丁かごとに、高くなったり、低くなったりというまとまりがある。この現象は、図版を掲出した板本だけに限ったことではなく、極めて多くの板本に起こっている。そして匡郭が高く隆起している箇所、低く陥没しているまとまりの丁数を数えてみれば、やはり四の倍数、二の倍数となるのである。四や二という単位から考えて、これらの例は、板木の多くが四丁張や二丁張であるということと、無関係ではないはずである。

これまで述べてきたことは、現象としては間違いなく指摘できることであるが、あくまでも仮説の域を出ない。しかしこの仮説は、板本に表れる匡郭の高低差という現象と、板木の構成を照合することによって証明できるであろう。以下では、板木が現存する板本について、匡郭縦寸の測定を行い、その高低差パターンを検証してみる。以下、本節の表中に示す板木のうち、板木№がarcで始まるものは立命館ARC所蔵、Fで始まるものは藤井文政堂所蔵（奈良大学博物館へ寄託）、それ以外は奈良大学博物館所蔵である。なお以下で扱う各底本に、裏打ちが施された板本は含まれていない。

『手印図』

底本は立命館ARC所蔵本（arcBK02-0085、半紙本一冊）。原題簽「手印図　十二合唱／五部秘伝　全」。刊記に「貞享元年甲子季冬上旬」とあって、板元名は削られている。貞享元年（一六八四）の初版であるが、底本は藤井文政堂の奥付が付された近代摺である。延宝七年（一六七九）刊『印図』の近代摺と合綴。四丁張の板木五枚が現存している（揃）。

表3によれば、目録〜三丁、および十二〜十五丁の各四丁分が、その中間にある四〜十一丁の八丁分に比べて匡郭縦寸が小さくなっている。また、巻末の十六〜十七丁の二丁分は題簽とともに一枚の板木（四丁張）に収まっているが、この二丁分の匡郭縦寸は他の丁と比較して格段に高くなっている。

表3　『手印図』匡郭縦寸一覧（単位・センチメートル）

丁付	匡郭高	板木 No.
〔目録〕	15.7	F0065
一	15.8	F0065
二	15.7	F0065
三	15.8	F0065
四	16.1	F0066
五	16.0	F0066
六	16.0	F0066
七	16.0	F0066
八	16.1	F0067
九	16.0	F0067
十	16.1	F0067
十一	16.0	F0067
十二	15.8	F0082
十三	15.9	F0082
十四	15.8	F0082
十五	15.8	F0082
十六	16.4	F0075
十七	16.4	F0075

『竹譜詳録』

底本は立命館ＡＲＣ所蔵本（arcBK01-0018、大本二冊）。原題簽「竹譜詳録　上」「竹譜詳録　下」。奥付（跋二ウ）に「宝暦六歳丙子秋九月」とあり、板元名は削る。宝暦六年（一七五六）初版。初版時の板元は林伊兵衛であるが、底本は、裏表紙見返しに銭屋惣四郎の奥付を付した近代摺である。乱丁により柯序三丁が自序二丁の後に綴じられている。四丁張の板木十四枚が現存している。

表4を見れば、巻之一の九〜十二丁の匡郭縦寸は前後の丁と比較して格段に低くなっており、巻之二の五〜八丁、九〜十二丁の八丁分についても同様である。

なお、柯序二〜柯序三丁の四丁分は一枚の板木（Ｔ０５２９）に含まれるが、一枚の板木内で六〜七ミリメートルの差が生じている。また同じく一枚の板木（Ｔ０５３６）に収まる巻之一の二十九丁と跋一〜跋二丁についても七ミリメートルの差が生じている。これらは、柯序と自序、本文と跋というように、内容上区別をつけることが可能であり、あらかじめ別々の版式が与えられていたと考えることにより、理解が可能である。

表4『竹譜詳録』匡郭縦寸一覧（単位・センチメートル）

巻	丁付	匡郭高	板木 No.
牟叙	一	22.9	T0039
牟叙	二	22.8	T0039
牟叙	三	22.8	T0039
柯序	一	22.8	T0039
柯序	二	22.4	T0529
自序	一	23.0	T0529
自序	二	23.1	T0529
柯序	三	22.4	T0529
巻之一	一	23.2	T0538
巻之一	二	23.2	T0538
巻之一	三	23.3	T0538
巻之一	四	23.3	T0538
巻之一	五	23.3	T0108
巻之一	六	23.2	T0108
巻之一	七	23.3	T0108
巻之一	八	23.3	T0108
巻之一	九	23.0	T0042
巻之一	十	23.0	T0042
巻之一	十一	23.0	T0042
巻之一	十二	23.0	T0042
巻之一	十三	23.3	T0041
巻之一	十四	23.3	T0041
巻之一	十五	23.4	T0041
巻之一	十六	23.4	T0041
巻之一	十七	23.2	T0649
巻之一	十八	23.3	T0649
巻之一	十九	23.2	T0649
巻之一	二十	23.2	T0649
巻之一	二十一	23.3	T0046
巻之一	二十二	23.4	T0046
巻之一	二十三	23.4	T0046
巻之一	二十四	23.4	T0046
巻之一	二十五	23.2	T0047
巻之一	二十六	23.2	T0047
巻之一	二十七	23.3	T0047
巻之一	二十八	23.3	T0047
巻之一	二十九	23.4	T0536
巻之二	一	23.4	T0534
巻之二	二	23.4	T0534
巻之二	三	23.4	T0534
巻之二	四	23.4	T0534
巻之二	五	22.9	T0537
巻之二	六	22.9	T0537
巻之二	七	22.9	T0537
巻之二	八	23.0	T0537
巻之二	九	23.1	欠
巻之二	十	23.1	欠
巻之二	十一	23.1	欠
巻之二	十二	23.1	欠
巻之二	十三	23.3	T0037
巻之二	十四	23.3	T0037
巻之二	十五	23.3	T0037
巻之二	十六	23.3	T0037
巻之二	十七	23.2	T0566
巻之二	十八	23.2	T0566
巻之二	十九	23.2	T0566
巻之二	二十	23.2	T0566
跋	一	22.7	T0536
跋	二	22.7	T0536

『賞奇軒墨竹譜』

底本は立命館ＡＲＣ所蔵本（arcBK01-0034、大本一冊）。初版は宝暦十年（一七六〇）。四丁張の板木十二枚が現存する。詳細は第六章に詳述するが、現存する三十三〜三十六丁の板木は底本と一致しないため、**表5**では「欠」とした。

表5　『賞奇軒墨竹譜』匡郭縦寸一覧（単位・センチメートル）

丁付	匡郭高	板木 No.
〔扉〕	20.6	T0541
〔序１〕	20.1	T0965
〔序２〕	20.1	T0965
〔跋１〕	20.5	T0964
〔跋１〕	20.5	T0964
一	20.8	T0469
二	20.8	T0469
三	20.7	T0469
四	20.8	T0469
五	20.9	T0043
六	20.9	T0043
七	21.0	T0043
八	20.9	T0043
九	20.2	T0386
十	19.8	T0386
十一	19.8	T0386
十二	20.5	T0386
十三	20.3	T0541
十四	19.8	T0963
十五	19.3	T0963
十六	20.2	T0541
十七	20.8	T0925
十八	20.7	T0925
十九	20.6	T0925
二十	20.2	T0925
二十一	20.2	T0790
二十二	20.2	T0790
二十三	20.2	T0790
二十四	20.3	T0790
二十五	20.0	T0784
二十六	19.5	T0784
二十七	19.9	T0784
二十八	19.9	T0784
二十九	19.9	T0785
三十	19.6	T0785
三十一	19.7	T0785
三十二	19.9	T0785
三十三	20.9	欠
三十四	21.0	欠
三十五	21.0	欠
三十六	21.1	欠
三十七	20.2	T0541
三十八	19.5	T0963
三十九	19.8	T0963
四十	20.5	T0541

表5によれば、底本の匡郭縦寸の高低差パターンは比較的まばらであり、特徴をつかみにくい。九〜十二丁は一枚の板木（Ｔ０３８６）に収まるが、各丁で四〜七ミリメートルの差が発生している。これは該書に限った例ではなく、現在検証している手法が万能ではないことを示す。しかし三十三〜三十六の四丁分の匡郭縦寸が突出して高いことなど、底本が四丁張の板木で摺刷されたことを示す箇所はある。

なお該書には先にふれた「丁飛ばし」の板木がある。Ｔ０５４１（扉・十三・十六・三十七・四十）とＴ０９６３（十四・十五・三十八・三十九）の二枚がそれに該当する。三十七丁の匡郭縦寸は、丁順の近い三十八・三十九丁よりも、同じ板木に収まる十三・十六丁に近いが、四十丁とは三ミリメートルの差がある。また三十八・三十九丁の二丁間には三ミリメートル程度の差がある。底本に表れる事例は、匡郭縦寸の高低差によって、その板本の板木が何丁張だったかは推定できるが、どの四丁が一枚の板木に含まれていたかまで推定することは困難であることを示している。

『好古小録』

底本は京都大学附属総合図書館所蔵本（大惣本8-49コ2、大本二冊）。原題簽「好古小録　金石／書画　乾」「好古小録　雑考　坤」。奥付に「寛政七年乙卯九月刊行　平安書舗　林伊兵衛／小川多左衛門／西田荘兵衛／北村荘助／鵜鶴惣四郎」とある。

該書は本文に限っていえば、一枚を除き板木が現存しているため、検証しやすい。表6を見ると、四丁の単位が匡郭縦寸によく表れているのは、上巻の十七丁以降、巻末までであろう。十七～二十丁は二一・五センチメートル程度、二十一～二十四丁は二一・二～二一・三センチメートルと小さくなり、二十五～二十八丁は二一・四～二一・五センチメートル、二十九～三十二丁は二一・三～二一・四センチメートルとやや小さくなる傾向を示し、三十三～三十六丁は二一・四～二一・五センチメートルと再び大きくなる。

T100の板木には連続しない四丁分が収まっている。上巻の十五丁と下巻の十九～二十一丁の四丁分がそれであるが、上巻の十五丁が二一・六センチメートルと大きいのに対して、下巻の十九～二十一丁は二一・二センチメートルと統一感を欠く。下巻の十九～二十一丁は、むしろ丁順の近い下巻十八丁以前の各丁との統一感がある。板木が現存しなかったとしても、底本の板木が四丁張だったことは匡郭縦寸から容易に想定できるが、先の『賞奇

表6　『好古小録』匡郭縦寸一覧（単位・センチメートル）

巻	丁付	匡郭高	板木 No.
〔序〕		21.5	T0571
上	目一	21.4	T0571
上	目二	21.5	T0571
上	目三	21.5	T0571
上	目四	21.4	T1023
上	一	21.5	T1023
上	二	21.5	T1023
上	三	21.4	T1023
上	四	21.5	T0488
上	五	21.5	T0488
上	六	21.5	T0488
上	七	21.5	T0488
上	八	21.4	T0498
上	九	21.5	T0498
上	十	21.5	T0498
上	十一	21.4	T0498
上	十二	21.4	T0033
上	十三	21.5	T0033
上	十四	21.4	T0033
上	十五	21.6	T1000
上	十六	21.4	T0033
上	十七	21.5	T0515
上	十八	21.5	T0515
上	十九	21.5	T0515
上	二十	21.5	T0515
上	二十一	21.3	T0791
上	二十二	21.3	T0791
上	二十三	21.2	T0791
上	二十四	21.2	T0791
上	二十五	21.4	T0574
上	二十六	21.5	T0574
上	二十七	21.5	T0574
上	二十八	21.4	T0574
上	二十九	21.3	T0459
上	三十	21.3	T0459
上	三十一	21.3	T0459
上	三十二	21.4	T0459
上	三十三	21.5	T0483
上	三十四	21.4	T0483
上	三十五	21.5	T0483
上	三十六	21.5	T0483
下	目一	21.0	T0106
下	目二	21.2	T0106
下	一	21.1	T0106
下	二	21.2	T0106
下	三	21.2	T0413
下	四	21.1	T0413
下	五	21.1	T0413
下	六	21.1	T0413
下	七	21.1	T0495
下	八	21.0	T0495
下	九	20.9	T0495
下	十	21.0	T0495
下	十一	21.2	欠
下	十二	21.2	欠
下	十三	21.3	欠
下	十四	21.2	欠
下	十五	21.2	T0522
下	十六	21.2	T0522
下	十七	21.2	T0522
下	十八	21.2	T0522
下	十九	21.2	T1000
下	二十	21.2	T1000
下	二十一	21.2	T1000
附	一	20.8	T0984
附	二	20.8	T0984
附	三	20.8	T0984
附	四	20.9	T0984
附	五	20.9	T0381
附	六	21.0	T0381
附	七	21.0	T0381
附	八	21.1	T0381
附	九	21.3	T0962
附	十	21.5	T0962
附	十一	21.4	T0962
附	十二	21.5	T0962
附	十三	21.6	T0484
附	十四	21.6	T0484
附	十五	21.6	T0484
附	十六	21.6	T0484
〔奥付〕		21.6	欠

軒墨竹譜』と同様、どの四丁が一枚の板木に収まっていたか、詳細な板木の仕立てられ方を推定することは難しい。

『好古日録』

底本は京都大学附属総合図書館所蔵本（大惣本8-49コ3、大本二冊）。原題簽欠。奥付に「集古図　全二冊　嗣出／寛政九年丁巳四月刊行／京兆書肆　林伊兵衛／小川多左衛門／西田荘兵衛／北村荘助／鶴鶉惣四郎」とある。

表7　『好古日録』匡郭縦寸一覧（単位・センチメートル）

冊	丁付	匡郭高	板木 No.
乾	〔序〕	21.4	T0930
乾	目一	21.3	T0466
乾	目二	21.3	T0466
乾	目三	21.4	T0466
乾	目四	21.3	T0466
乾	一	21.3	T0640
乾	二	21.3	T0640
乾	三	21.3	T0640
乾	四	21.3	T0640
乾	五	21.1	T0796
乾	六	21.2	T0796
乾	七	21.1	T0796
乾	八	21.2	T0796
乾	九	21.5	T0482
乾	十	21.4	T0482
乾	十一	21.5	T0482
乾	十二	21.5	T0482
乾	十三	21.1	T0961
乾	十四	21.1	T0961
乾	十五	21.1	T0961
乾	十六	21.1	T0961
乾	十七	21.5	T1011
乾	十八	21.6	T1011
乾	十九	21.5	T1011
乾	二十	21.4	T1011
乾	二十一	21.4	T0463
乾	二十二	21.4	T0463
乾	二十三	21.4	T0463
乾	二十四	21.4	T0463
乾	二十五	21.5	T0497
乾	二十六	21.6	T0497
乾	二十七	21.7	T0497
乾	二十八	21.7	T0497
乾	二十九	21.5	T0050
乾	三十	21.5	T0050
乾	三十一	21.4	T0050
乾	三十二	21.5	T0050
乾	三十三	21.2	T0930
坤	三十四	21.3	T0794
坤	三十五	21.3	T0794
坤	三十六	21.1	T0794
坤	三十七	21.2	T0794
坤	三十八	21.6	T0396
坤	三十九	21.5	T0396
坤	四十	21.5	T0396
坤	四十一	21.5	T0396
坤	四十二	21.5	T0460
坤	四十三	21.5	T0460
坤	四十四	21.5	T0460
坤	四十五	21.6	T0460
坤	四十六	21.5	T0530
坤	四十七	21.4	T0530
坤	四十八	21.3	T0530
坤	四十九	21.3	T0530
坤	五十	21.5	T0465
坤	五十一	21.5	T0465
坤	五十二	21.5	T0465
坤	五十三	21.4	T0465
坤	五十四	21.4	T1017
坤	五十五	21.3	T1017
坤	五十六	21.4	T1017
坤	五十七	21.2	T1017
坤	五十八	21.2	T0487
坤	五十九	21.2	T0487
坤	六十	21.3	T0487
坤	六十一	21.2	T0487
坤	六十二	21.2	T0237
坤	六十三	21.2	T0237
坤	六十四	21.2	T0237
坤	六十五	21.4	T0237
坤	六十六	21.4	T0334
坤	六十七	21.3	T0334
坤	六十八	21.3	T0334
坤	六十九	21.4	T0334
坤	七十終	21.2	T0930
坤	〔奥付〕	21.5	T0930

該書も板木が揃って現存しているため、板木の仕立てられ方との関連を読み取りやすいが、表7を見ると、特に乾の冊が理解しやすい。五〜八丁の匡郭縦寸は、それ以前の丁に比して若干小さく二一・一〜二一・二センチメートル、九〜十二丁ではそれよりも三ミリメートル程度大きくなり、二一・四〜二一・五センチメートル、十三〜十六丁では二一・一センチメートルと再び三〜四ミリメートルほど小さくなる。十七〜二十丁では二一・五センチメートル前後、二十一〜二十四丁では二一・四センチメートル程度と若干小さくなり、二十五〜二十八丁は二一・六センチメートル程度、続く二十九〜三十二丁では二一・四〜二一・五センチメートル程度とやや小さくなる。おおむね現存の板木に則した形で、四丁分を単位として高低が推移していることが見て取れる。

なおＴ０９３０の板木は連続しない四丁分を収めており、序および奥付の匡郭縦寸は二一・四〜二一・五センチメートル、三十三・七十終丁は二一・二センチメートルである。一枚の板木に収まる四丁分としては統一感がないが、序、奥付、本文はそれぞれ版式が異なっても不自然はない。先の『賞奇軒墨竹譜』や『好古小録』の例とは異なり、例えば三十二丁は二一・五センチメートル、六十九丁は二一・四センチメートルと、Ｔ０９３０に収まる三十三・七十終丁よりも匡郭縦寸が大きい。つまり、三十三・七十終丁は、丁順の連続する丁よりも、同じ板木に収まっている丁との均一性が高いように思われる。

『和漢研譜』

底本は立命館ＡＲＣ所蔵本（arcBK01-0022、大本三冊）。原題簽「和漢研譜　一」「和漢研譜　二」「和漢研譜　三」。表紙見返しに「丁巳発兌」の年記があるように、初版は寛政九年（一七九七）。底本は巻之三の裏表紙見返しに山田茂助の蔵板目録を付した近代摺と思われる。

表8　『和漢研譜』匡郭縦寸一覧（単位・センチメートル）

冊	巻	丁付	匡郭高	板木No.
一	〔扉〕		20.3	欠
一	〔序〕	一	20.9	欠
一	〔序〕	二	21.1	欠
一	〔序〕	三	21.1	欠
一	〔目次〕	一	21.5	欠
一	〔目次〕	二	21.5	欠
一	〔目次〕	三	21.6	欠
一	〔目次〕	四	21.6	欠
一	〔目次〕	五	21.6	欠
一	巻之一	一	21.6	F0295
一	巻之一	二	21.6	F0295
一	巻之一	三	21.6	F0295
一	巻之一	四	21.4	F0295
一	巻之一	五	21.6	欠
一	巻之一	六	21.6	欠
一	巻之一	七	21.6	欠
一	巻之一	八	21.6	欠
一	巻之一	九	21.5	欠
一	巻之一	十	21.5	欠
一	巻之一	十一	21.5	欠
一	巻之一	十二	21.6	欠
一	巻之一	十三	21.5	欠
一	巻之一	十四	21.4	欠
一	巻之一	十五	21.5	欠
一	巻之一	十六	21.4	欠
一	巻之一	十七	21.5	F0293
一	巻之一	十八	21.3	F0293
一	巻之一	十九	21.5	F0293
一	巻之一	二十	21.4	F0293
一	巻之一	二十一	21.2	F0292
一	巻之一	二十二	21.1	F0292
一	巻之一	二十三	21.2	F0292
一	巻之一	二十四終	21.3	F0292
二	〔扉〕		20.3	欠
二	巻之二	一	21.7	T0333
二	巻之二	二	21.7	T0333
二	巻之二	三	21.8	T0333
二	巻之二	四	21.7	T0333
二	巻之二	五	21.5	F0291
二	巻之二	六	21.5	F0291
二	巻之二	七	21.5	F0291
二	巻之二	八	21.5	F0291
二	巻之二	九	21.5	欠
二	巻之二	十	21.6	欠
二	巻之二	十一	21.5	欠
二	巻之二	十二	21.6	欠
二	巻之二	十三	21.1	欠
二	巻之二	十四	21.1	欠
二	巻之二	十五	21.0	欠
二	巻之二	十六	21.1	欠
二	巻之二	十七	21.4	F0297
二	巻之二	十八	21.4	F0297
二	巻之二	十九	21.4	F0297
二	巻之二	二十	21.4	F0297
二	巻之二	二十一	21.4	欠
二	巻之二	二十二	21.4	欠
二	巻之二	二十三	21.3	欠
二	巻之二	二十四	21.3	欠
二	巻之二	二十五	21.5	欠
二	巻之二	二十六	21.5	欠
二	巻之二	二十七	21.4	欠
二	巻之二	二十八	21.5	欠
二	巻之二	二十九	21.1	欠
二	巻之二	三十	21.2	欠
二	巻之二	三十一	21.1	欠
二	巻之二	三十二	21.2	欠
二	巻之二	三十三	21.3	欠
二	巻之二	三十四	21.2	欠
二	巻之二	三十五	21.3	欠
二	巻之二	三十六	21.2	欠
二	巻之二	三十七	21.5	T0937
二	巻之二	三十八	21.6	T0937
二	巻之二	三十九	21.6	T0937
二	巻之二	四十	21.6	T0937
二	巻之二	四十一	21.3	T0931
二	巻之二	四十二	21.3	T0931
二	巻之二	四十三	21.3	T0931
二	巻之二	四十四	21.3	T0931
二	巻之二	四十五	21.7	T0979
二	巻之二	四十六	21.6	T0979

冊	巻	丁付	匡郭高	板木No.
三	茅氏研譜	十六	21.4	欠
三	茅氏研譜	十七	21.8	欠
三	茅氏研譜	十八	21.8	欠
三	茅氏研譜	十九	21.8	欠
三	茅氏研譜	二十	21.8	欠
三	茅氏研譜	二十一	21.0	F0296
三	茅氏研譜	二十二	21.2	F0296
三	研林	序一	21.4	欠
三	研林	序二	21.3	T0948
三	研林	一	21.3	T0948
三	研林	二	21.3	T0948
三	研林	三	21.3	T0948
三	研林	四	21.7	T0300
三	研林	五	21.8	T0300
三	研林	六	21.8	T0300
三	研林	七	21.8	T0300
三	研林	八	20.7	欠
三	研林	九	20.8	欠
三	研林	十	21.0	欠
三	研林	十一	20.8	欠
三	研林	十二	21.7	欠
三	研林	十三	21.8	欠
三	研林	十四	21.8	欠
三	研林	十五	21.7	欠

冊	巻	丁付	匡郭高	板木No.
二	巻之二	四十七	21.6	T0979
二	巻之二	四十八	21.6	T0979
二	巻之二	四十九	21.1	F0296
二	巻之二	五十	21.1	F0296
二	巻之二	五十一終	21.5	欠
三	巻之三	一	21.5	F0298
三	巻之三	二	21.5	F0298
三	巻之三	三	21.4	F0298
三	巻之三	四	21.4	F0298
三	巻之三	五	21.6	欠
三	高氏研譜	一	21.8	欠
三	高氏研譜	二	21.8	欠
三	高氏研譜	三	22.0	欠
三	高氏研譜	四	21.8	欠
三	高氏研譜	五	21.4	F0294
三	高氏研譜	六	21.4	F0294
三	高氏研譜	七	21.4	F0294
三	高氏研譜	八	21.4	F0294
三	高氏研譜	九	21.6	欠
三	高氏研譜	十	21.6	欠
三	茅氏研譜	十一	21.6	欠
三	茅氏研譜	十二	21.6	欠
三	茅氏研譜	十三	21.4	欠
三	茅氏研譜	十四	21.4	欠
三	茅氏研譜	十五	21.5	欠

表8によれば、巻之二の一～四丁は匡郭縦寸が大きく、続く五～十二丁の八丁分はそれよりも二～三ミリメートル小さくなっている。また次の十三～十六丁の四丁分はさらに五～六ミリメートル小さくなり、続く十七～二十丁は、三ミリメートル程度大きくなっている。巻末も特徴的であり、三十七～四十丁に比べて、四十一～四十四丁は二～三ミリメートル小さく、四十五～四十八丁はそれよりも三～四ミリメートル大きい。巻之三「高氏研譜」「茅氏研譜」の五～二十丁（十六丁分）、「研林」の序二～十五にも四丁分を単位とする匡郭の高低差が表れていよう。

該書の板木のうち、F0296には巻之二および巻之三の複数巻の丁が収まっているが、先の『好古日録』の例と同じく、丁順の近い丁よりも、同じ板木に含まれる丁の間で匡郭縦寸がほぼ均一になっている。

『年山紀聞』

底本は架蔵本（大本六冊）。第一・第三を除き原題簽存、ただし第五はごく一部のみ。「年山紀聞　第二」「年山紀聞　第四」「年山紀聞　第六終」。奥付「文化元年甲子三月発行／平安　小川多左衛門／娑々岐惣四郎／北村荘助／林伊兵衛／小川五兵衛／能勢儀兵衛／東都　北沢伊八／北沢孫七」。四丁張の板木四枚が現存する。

表9によれば、巻之一の二十五〜二十八丁の匡郭縦寸は二一・四〜二一・五センチメートルで、直前の二十一〜二十四丁の二一・一センチメートル程度よりも格段に大きい。また続く二十九〜三十二丁は二一・一センチメートルと再び小さくなり、三十三〜三十六丁は二一・三〜二一・四センチメートルと大きくなっている。巻之三冒頭の一〜四丁は、二一・七センチメートル前後と大きく、五〜八丁では二一・四センチメートルとやや小さくなる傾向を示す。九〜十二丁では二一・五〜二一・六センチメートルと直前の四丁分よりもやや大きくなっている。

該書の板木は、全丁数に対して板木の現存量が少なく、全体の構成を想定することは難しい。しかし巻之四に目を移すと、八〜十一丁が二一・二センチメートルと前後の丁と比べて小さく、また均一性があり、確実に一枚の板木に収まっていたと思われる。すると巻之四は、巻の冒頭から四丁分ずつ板木に収めたわけではないことが分かる。しかし同巻の十七〜二十丁は二一・二〜二一・三センチメートル、二十一〜二十四丁は二一・六〜二一・七センチメートルと四丁分のまとまりを見せており、丁付自体も四の倍数に戻る。つまり、同巻の一〜七丁および十二〜十六丁のどこかで、「丁飛ばし」や、中途半端になった別巻の巻末と組み合わせるなどの操作が行われていた事実が見えてくる。

表9『年山紀聞』匡郭縦寸一覧（単位・センチメートル）

巻	丁付	匡郭高	板木 No.
序		21.2	欠
序		21.2	欠
序		20.7	欠
序		20.6	欠
巻之一	一	21.5	欠
巻之一	二	21.5	欠
巻之一	三	21.4	欠
巻之一	四	21.4	欠
巻之一	五	20.9	欠
巻之一	六	21.0	欠
巻之一	七	21.0	欠
巻之一	八	21.0	欠
巻之一	九	21.8	欠
巻之一	十	21.2	欠
巻之一	十一	21.2	欠
巻之一	十二	21.2	欠
巻之一	十三	21.4	欠
巻之一	十四	21.4	欠
巻之一	十五	21.2	欠
巻之一	十六	21.4	欠
巻之一	十七	21.4	欠
巻之一	十八	21.4	欠
巻之一	十九	21.4	欠
巻之一	二十	21.4	欠
巻之一	二十一	21.2	欠
巻之一	二十二	21.1	欠
巻之一	二十三	21.0	欠
巻之一	二十四	21.1	欠
巻之一	二十五	21.4	T0651
巻之一	二十六	21.4	T0651
巻之一	二十七	21.5	T0651
巻之一	二十八	21.4	T0651
巻之一	二十九	21.1	欠
巻之一	三十	21.1	欠
巻之一	三十一	21.1	欠
巻之一	三十二	21.1	欠
巻之一	三十三	21.3	欠
巻之一	三十四	21.4	欠
巻之一	三十五	21.4	欠
巻之一	三十六	21.3	欠
巻之一	三十七	21.5	欠
巻之一	三十八終	21.5	欠
巻之二	一	21.2	欠
巻之二	二	21.2	欠
巻之二	三	21.2	欠
巻之二	四	21.2	欠
巻之二	五	21.1	欠
巻之二	六	21.1	欠
巻之二	七	21.1	欠
巻之二	八	21.1	欠
巻之二	九	21.2	欠
巻之二	十	21.2	欠
巻之二	十一	21.2	欠
巻之二	十二	21.2	欠
巻之二	十三	21.4	欠
巻之二	十四	21.4	欠
巻之二	十五	21.3	欠
巻之二	十六	21.4	欠
巻之二	十七	21.2	欠
巻之二	十八	21.2	欠
巻之二	十九	21.3	欠
巻之二	二十	21.2	欠
巻之二	二十一	21.1	欠
巻之二	二十二	21.1	欠
巻之二	二十三	21.1	欠
巻之二	二十四	21.1	欠
巻之二	二十五	21.0	欠
巻之二	二十六	21.0	欠
巻之二	二十七	21.1	欠
巻之二	二十八	21.1	欠
巻之二	二十九	21.1	欠
巻之二	三十	21.0	欠
巻之二	三十一	21.1	欠
巻之二	三十二	21.1	欠
巻之二	三十三	21.3	欠
巻之二	三十四	21.2	欠
巻之二	三十五	21.2	欠
巻之二	三十六	21.3	欠
巻之二	三十七	21.4	欠
巻之二	三十八	21.3	欠

巻	丁付	匡郭高	板木 No.
巻之四	一	21.6	欠
巻之四	二	21.5	欠
巻之四	三	21.5	欠
巻之四	四	21.6	欠
巻之四	五	21.8	欠
巻之四	六	21.8	欠
巻之四	七	21.6	欠
巻之四	八	21.2	欠
巻之四	九	21.2	欠
巻之四	十	21.2	欠
巻之四	十一	21.2	欠
巻之四	十二	21.7	欠
巻之四	十三	21.7	欠
巻之四	十四	21.5	欠
巻之四	十五	21.5	欠
巻之四	十六	21.6	欠
巻之四	十七	21.3	欠
巻之四	十八	21.3	欠
巻之四	十九	21.2	欠
巻之四	二十	21.3	欠
巻之四	二十一	21.7	欠
巻之四	二十二	21.7	欠
巻之四	二十三	21.7	欠
巻之四	二十四	21.6	欠
巻之四	二十五	21.0	欠
巻之四	二十六	21.2	欠
巻之四	二十七	21.2	欠
巻之四	二十八	21.1	欠
巻之四	二十九	21.3	欠
巻之四	三十	21.1	欠
巻之四	三十一	21.4	欠
巻之四	三十二	21.2	欠
巻之四	三十三	21.6	欠
巻之四	三十四	21.6	欠
巻之四	三十五終	21.6	欠
巻之五	一	21.3	欠
巻之五	二	21.3	欠
巻之五	三	21.3	欠
巻之五	四	21.3	欠
巻之五	五	21.5	欠

巻	丁付	匡郭高	板木 No.
巻之二	三十九	21.2	欠
巻之二	四十終	21.3	欠
巻之三	一	21.8	欠
巻之三	二	21.7	欠
巻之三	三	21.7	欠
巻之三	四	21.6	欠
巻之三	五	21.4	欠
巻之三	六	21.4	欠
巻之三	七	21.4	欠
巻之三	八	21.4	欠
巻之三	九	21.6	欠
巻之三	十	21.6	欠
巻之三	十一	21.5	欠
巻之三	十二	21.5	欠
巻之三	十三	21.4	欠
巻之三	十四	21.4	欠
巻之三	十五	21.4	欠
巻之三	十六	21.4	欠
巻之三	十七	21.4	欠
巻之三	十八	21.4	欠
巻之三	十九	21.4	欠
巻之三	二十	21.3	欠
巻之三	二十一	21.6	欠
巻之三	二十二	21.6	欠
巻之三	二十三	21.5	欠
巻之三	二十四	21.5	欠
巻之三	二十五	21.5	欠
巻之三	二十六	21.5	欠
巻之三	二十七	21.4	欠
巻之三	二十八	21.5	欠
巻之三	二十九	21.4	欠
巻之三	三十	21.4	欠
巻之三	三十一	21.3	欠
巻之三	三十二	21.4	欠
巻之三	三十三	21.6	欠
巻之三	三十四	21.6	欠
巻之三	三十五	21.6	欠
巻之三	三十六	21.6	欠
巻之三	三十七	21.5	欠
巻之三	三十八終	21.5	欠

巻	丁付	匡郭高	板木 No.
巻之六	九	20.8	欠
巻之六	十	20.8	欠
巻之六	十一	20.6	欠
巻之六	十二	20.6	欠
巻之六	十三	21.5	欠
巻之六	十四	21.5	欠
巻之六	十五	21.5	欠
巻之六	十六	21.5	欠
巻之六	十七	21.4	欠
巻之六	十八	21.3	欠
巻之六	十九	21.4	欠
巻之六	二十	21.4	欠
巻之六	二十一	21.1	欠
巻之六	二十二	21.3	欠
巻之六	二十三	21.2	欠
巻之六	二十四	21.2	欠
巻之六	二十五	21.3	T0584
巻之六	二十六	21.3	T0584
巻之六	二十七	21.2	T0584
巻之六	二十八	21.3	T0584
巻之六	二十九	21.2	欠
巻之六	三十	21.2	欠
巻之六	三十一	21.2	欠
巻之六	三十二	21.2	欠
巻之六	三十三	21.5	欠
巻之六	三十四	21.5	欠
巻之六	三十五	21.4	欠
巻之六	三十六	21.4	欠
巻之六	三十七	20.9	欠
巻之六	三十八	21.0	欠
巻之六	三十九	20.9	欠
巻之六	四十	20.8	欠
巻之六	四十一	21.2	T0561
巻之六	四十二	21.3	T0561
〔跋・奥付〕		21.3	T0561

巻	丁付	匡郭高	板木 No.
巻之五	六	21.5	欠
巻之五	七	21.5	欠
巻之五	八	21.5	欠
巻之五	九	21.6	欠
巻之五	十	21.7	欠
巻之五	十一	21.7	欠
巻之五	十二	21.2	欠
巻之五	十三	21.3	T0698
巻之五	十四	21.4	T0698
巻之五	十五	21.3	T0698
巻之五	十六	21.4	T0698
巻之五	十七	21.4	欠
巻之五	十八	21.4	欠
巻之五	十九	21.3	欠
巻之五	二十	21.5	欠
巻之五	二十一	21.6	欠
巻之五	二十二	21.6	欠
巻之五	二十三	21.6	欠
巻之五	二十四	21.6	欠
巻之五	二十五	21.6	欠
巻之五	二十六	21.5	欠
巻之五	二十七	21.5	欠
巻之五	二十八	21.5	欠
巻之五	二十九	21.5	欠
巻之五	三十	21.4	欠
巻之五	三十一	21.5	欠
巻之五	三十二	21.3	欠
巻之五	三十三終	21.6	欠
巻之六	一	20.7	欠
巻之六	二	20.9	欠
巻之六	三	20.8	欠
巻之六	四	20.8	欠
巻之六	五	20.8	欠
巻之六	六	20.8	欠
巻之六	七	20.8	欠
巻之六	八	20.9	欠

最終的にどのような組み合わせで四丁が一枚の板木に収まったかまでは分からないが、匡郭縦寸を手がかりに板木の構成を探ってみると、どの部分に操作が加わっているか、概要が見えてくるのである。

『左国易一家言』

底本は立命館ARC所蔵本（arcBK02-0054、半紙本三冊）。文政元年（一八一八）初版。巻之下の尾丁の奥付に「官許　文化十四年丁丑歳四月／発兌　文政新元戊寅歳八月／含章堂蔵／書売　大阪　網屋茂兵衛／藤屋弥兵衛／河内屋喜兵衛／江戸　須原屋茂兵衛」とあるが、巻之下の裏表紙見返しに「大阪心斎橋備後町南ヱ入／小谷卯兵衛」の蔵板目録が付されている。表紙見返しには「浪華書売　浅野星文堂」とある。近代摺。四丁張の板木二枚が

表10　『左国易一家言』匡郭縦寸一覧（単位・センチメートル）

巻	丁付	匡郭高	板木 No.
巻之上	一	18.6	欠
巻之上	二	18.5	欠
巻之上	三	18.5	欠
巻之上	四	18.6	欠
巻之上	五	18.5	欠
巻之上	六	18.5	欠
巻之上	七	18.5	欠
巻之上	八	18.5	欠
巻之上	九	18.7	欠
巻之上	十	18.6	欠
巻之上	十一	18.7	欠
巻之上	十二	18.6	欠
巻之上	十三	18.5	欠
巻之上	十四	18.5	欠
巻之上	十五	18.5	欠
巻之上	十六	18.5	欠
巻之上	十七	18.4	欠
巻之上	十八	18.4	欠
巻之上	十九	18.4	欠
巻之上	二十	18.4	欠
巻之上	二十一	18.8	欠
巻之上	二十二	18.7	欠
巻之上	二十三	18.7	欠
巻之上	二十四	18.7	欠
巻之上	二十五	18.6	欠
巻之上	二十六	18.6	欠
巻之上	二十七	18.5	欠
巻之上	二十八	18.6	欠
巻之中	一	18.3	欠
巻之中	二	18.4	欠
巻之中	三	18.4	欠
巻之中	四	18.3	欠
巻之中	五	18.5	欠
巻之中	六	18.5	欠
巻之中	七	18.5	欠
巻之中	八	18.5	欠
巻之中	九	18.4	欠
巻之中	十	18.4	欠
巻之中	十一	18.4	欠
巻之中	十二	18.5	欠

巻	丁付	匡郭高	板木 No.
巻之下	十四	18.7	欠
巻之下	十五	18.7	欠
巻之下	十六	18.7	欠
巻之下	十七	18.7	欠
巻之下	十八	18.7	欠
巻之下	十九	18.7	欠
巻之下	二十	18.7	欠
巻之下	二十一	18.5	arcMD01-0004
巻之下	二十二	18.5	arcMD01-0004
巻之下	二十三	18.6	arcMD01-0004
巻之下	二十四	18.6	arcMD01-0004
巻之下	二十五	18.5	欠
巻之下	二十六	18.5	欠
巻之下	二十七	18.5	欠
巻之下	二十八	18.6	欠
巻之下	二十九	18.7	欠
巻之下	三十	18.6	欠
巻之下	三十一	18.7	欠
巻之下	三十二	18.7	欠
巻之下	三十三	18.8	欠
巻之下	三十四	18.8	欠
巻之下	三十五	18.8	欠
巻之下	三十六	18.8	欠
巻之下	三十七	18.6	欠
巻之下	三十八	18.6	欠
巻之下	三十九	18.6	欠
巻之下	四十	18.6	欠
巻之下	四十一	18.6	欠
巻之下	四十二	18.6	欠
巻之下	尾	18.9	欠

巻	丁付	匡郭高	板木 No.
巻之中	十三	18.5	欠
巻之中	十四	18.5	欠
巻之中	十五	18.5	欠
巻之中	十六	18.5	欠
巻之中	十七	18.6	欠
巻之中	十八	18.6	欠
巻之中	十九	18.6	欠
巻之中	二十	18.6	欠
巻之中	二十一	18.8	欠
巻之中	二十二	18.8	欠
巻之中	二十三	18.8	欠
巻之中	二十四	18.8	欠
巻之中	二十五	18.8	欠
巻之中	二十六	18.8	欠
巻之中	二十七	18.8	欠
巻之中	二十八	18.8	欠
巻之中	二十九	18.7	欠
巻之中	三十	18.7	欠
巻之中	三十一	18.7	欠
巻之中	三十二	18.7	欠
巻之中	三十三	18.5	欠
巻之中	三十四	18.5	欠
巻之中	三十五	18.5	欠
巻之中	三十六	18.5	欠
巻之中	三十七	18.7	F0056○
巻之中	三十八	18.7	F0056○
巻之中	三十九	18.8	F0056○
巻之下	一	18.7	欠
巻之下	二	18.8	欠
巻之下	三	18.8	欠
巻之下	四	18.8	欠
巻之下	五	18.4	欠
巻之下	六	18.4	欠
巻之下	七	18.4	欠
巻之下	八	18.4	欠
巻之下	九	18.4	欠
巻之下	十	18.5	欠
巻之下	十一	18.5	欠
巻之下	十二	18.4	欠
巻之下	十三	18.7	欠

現存し、うちＦ００５６○には袋（表紙見返し）を含んでいるが、「浪華」および「浅野星文堂」を削り、「文政堂」と入木している。

表10によれば、巻之上の十七〜二十丁が同巻の中では最も匡郭縦寸が小さいが、それに続く二十一〜二十四丁は逆に最も大きく、十七〜二十丁に比して三〜四ミリメートルも大きくなっている。続く二十五〜二十八丁は直前の四丁分よりは一〜三ミリメートル程度小さい。また巻之中では一八・七〜一八・八センチメートルと大きな二十九〜三十二丁および三十七〜三十九丁に挟まれて、三十三〜三十六丁の四丁分は二〜三ミリメートル小さくなっている。なお三十七〜三十九丁が三丁分であるが、先述のとおりＦ００５６○にはこの三丁と合わせて袋が彫られているためである。

『北辺随筆』

底本は立命館ＡＲＣ所蔵本（arcBK01-0023、大本四冊）。原題簽「北辺随筆　初編　一」「北辺随筆　初編　二」「北辺随筆　初編　三」「北辺随筆　初編　四」。奥付に「文政二年己卯五月新刊／平安書林　銭屋惣四郎／菱屋孫兵衛／木村吉右衛門／天王寺屋市郎兵衛」とある。四丁張の板木八枚が現存している。

表11から特徴的な部分を拾うと、巻之一の十二〜十五丁が前後の丁に比して匡郭縦寸が小さく、続く十六〜十九丁は前後の丁と比較して突出して大きい。また巻之三の廾二〜廾五丁、三十〜卅三丁は、前後の丁に比して、二〜三ミリメートル程度小さくなっているなど、やはり四丁単位での高低差が表れている。

該書は、各巻冒頭に目録がある。永井氏の報告によれば、板木を仕立てる際には、「原則的に本文冒頭から起こして行く」傾向があるとのことである。つまり、本文が板木にすっきりと収まらないケースでは、板木の空きスペー

表11　『北辺随筆』匡郭縦寸一覧（単位・センチメートル）

巻	丁付	匡郭高	板木 No.
初序		20.5	欠
巻之一	目	20.7	欠
巻之一	一	20.7	欠
巻之一	二	20.7	欠
巻之一	三	20.7	欠
巻之一	四	20.6	欠
巻之一	五	20.5	欠
巻之一	六	20.5	欠
巻之一	七	20.6	欠
巻之一	八	20.5	欠
巻之一	九	20.5	欠
巻之一	十	20.5	欠
巻之一	十一	20.6	欠
巻之一	十二	20.4	欠
巻之一	十三	20.4	欠
巻之一	十四	20.3	欠
巻之一	十五	20.3	欠
巻之一	十六	20.8	欠
巻之一	十七	20.8	欠
巻之一	十八	20.9	欠
巻之一	十九	20.9	欠
巻之一	廿	20.3	欠
巻之一	廿一	20.3	欠
巻之一	廿二	20.3	欠
巻之一	廿三	20.4	欠
巻之一	廿四	20.3	欠
巻之一	廿五	20.4	欠
巻之一	廿六	20.4	欠
巻之一	廿七	20.4	欠
巻之一	廿八	20.4	欠
巻之一	廿九	20.5	欠
巻之一	三十	20.4	欠
巻之一	卅一	20.3	欠
巻之一	卅二	20.4	欠
巻之一	卅三	20.3	欠
巻之一	卅四	20.3	欠
巻之二	目一	20.3	欠
巻之二	目二	20.2	欠
巻之二	壱	20.3	欠
巻之二	二	20.2	欠
巻之二	三	20.4	欠
巻之二	四	20.4	欠
巻之二	五	20.4	欠
巻之二	六	20.4	欠
巻之二	七	20.4	欠
巻之二	八	20.3	欠
巻之二	九	20.3	欠
巻之二	十	20.4	欠
巻之二	十一	20.2	欠
巻之二	十二	20.2	欠
巻之二	十三	20.2	欠
巻之二	十四	20.3	欠
巻之二	十五	20.3	欠
巻之二	十六	20.3	欠
巻之二	十七	20.3	欠
巻之二	十八	20.3	欠
巻之二	十九	20.3	欠
巻之二	二十	20.0	欠
巻之二	廿一	20.3	欠
巻之二	廿二	20.1	欠
巻之二	廿三	20.2	欠
巻之二	廿四	20.4	欠
巻之二	廿五	20.4	欠
巻之二	廿六	20.4	欠
巻之二	廿七	20.1	欠
巻之二	廿八	20.1	欠
巻之二	廿九	20.1	欠
巻之二	三十	20.1	欠
巻之二	卅一	20.5	欠
巻之二	卅二	20.3	欠
巻之二	卅三	20.5	欠
巻之二	卅四	20.5	欠
巻之二	卅五	20.7	欠
巻之二	卅六	20.8	欠
巻之二	卅七	20.8	欠
巻之二	卅八	20.8	欠
巻之二	卅九	20.7	欠
巻之二	四十	20.7	欠
巻之二	四十一	20.7	欠
巻之二	四十二	20.7	欠
巻之二	四十三	20.6	欠
巻之三	目	20.6	欠
巻之三	一	20.5	欠
巻之三	二	20.4	欠
巻之三	三	20.3	欠
巻之三	四	20.3	欠
巻之三	五	20.3	欠
巻之三	六	20.4	欠
巻之三	七	20.4	欠
巻之三	八	20.3	欠
巻之三	九	20.5	欠
巻之三	十	20.6	欠
巻之三	十一	20.6	欠
巻之三	十二	20.6	欠
巻之三	十三	20.6	欠
巻之三	十四	20.5	T0344
巻之三	十五	20.6	T0344
巻之三	十六	20.6	T0344
巻之三	十七	20.6	T0344
巻之三	十八	20.5	欠
巻之三	十九	20.5	欠
巻之三	二十	20.4	欠
巻之三	廿一	20.4	欠
巻之三	廿二	20.3	欠
巻之三	廿三	20.3	欠
巻之三	廿四	20.3	欠
巻之三	廿五	20.3	欠
巻之三	廿六	20.6	欠
巻之三	廿七	20.5	欠
巻之三	廿八	20.6	欠
巻之三	廿九	20.5	欠
巻之三	三十	20.3	欠
巻之三	卅一	20.3	欠
巻之三	卅二	20.2	欠
巻之三	卅三	20.2	欠
巻之三	卅四	20.5	欠
巻之三	卅五	20.5	欠
巻之三	卅六	20.5	欠
巻之四	目	20.5	欠
巻之四	一	20.5	欠

巻	丁付	匡郭高	板木No.
巻之四	二	20.5	欠
巻之四	三	20.6	欠
巻之四	四	20.6	欠
巻之四	五	20.6	T0360
巻之四	六	20.6	T0360
巻之四	七	20.6	T0360
巻之四	八	20.6	T0360
巻之四	九	20.6	T0057
巻之四	十	20.6	T0057
巻之四	十一	20.5	T0057
巻之四	十二	20.6	T0057
巻之四	十三	20.7	T0496
巻之四	十四	20.7	T0496
巻之四	十五	20.7	T0496
巻之四	十六	20.7	T0496
巻之四	十七	20.5	T0489
巻之四	十八	20.5	T0489
巻之四	十九	20.5	T0489
巻之四	二十	20.5	T0489
巻之四	廿一	20.5	T0055
巻之四	廿二	20.5	T0055
巻之四	廿三	20.5	T0055
巻之四	廿四	20.5	T0055
巻之四	廿五	20.6	T0059
巻之四	廿六	20.6	T0059
巻之四	廿七	20.6	T0059
巻之四	廿八	20.6	T0059
巻之四	廿九	20.4	T0337
巻之四	三十	20.5	T0337
巻之四	卅一	20.5	T0337
巻之四	卅二	20.5	T0337
巻之四	卅三	20.6	欠
巻之四	卅四	20.5	欠
巻之四	卅五	20.5	欠
巻之四	卅六	20.5	欠
巻之四	卅七	20.5	欠
〔奥付〕		19.9	欠

スを利用して本文からあふれるもの（題簽・袋・序・跋など）を空きスペースに彫ること、板木に空きスペースがない場合には、これらを彫るための別板を仕立てることが豊富な実例とともに報告されている。(注9) その中で、目録と本文の板木が別に仕立てられている例としては、寛文十年（一六七〇）刊『種子集』、寛文十一年（一六七一）刊『増補悉曇初心鈔』、同年刊『諸尊種子真言集』、天明元年（一七八一）刊『古文孝経』がある。つまり目録は本文の一部ではなく、題簽・袋・序・跋などと同様、本文からあふれるものと見なされる場合もあったのである。

該書の目録はどのように捉えるべきだろうか。現存する該書の板木八枚の中には、本文冒頭または題簽を含むものがない。またそもそも巻之一の板木が一枚も現存しておらず、巻之一の目録がどこに彫られていたのか、知る術がないかのように思われる。**表11**に戻る。先に匡郭縦寸の出現パターンが特徴的とした箇所に巻之一の十二～十五丁の四丁分がある。本文冒頭つまり一丁から四丁分ずつ板木を構成していった場合、十二～十五丁という範囲があり得ないことは自明であろう。匡郭縦寸に注目すれば、巻之一の目丁および一～三丁の四丁分は、前後の丁に比して若干大きく揃っている。したがってこの四丁分は、一枚の板木に仕立てられていたと考えられる。以降四丁ずつ仕立てていけば、十二～十五丁が一枚の板木に仕立てられていたということも、何ら疑問はないのである。現在検証している匡郭縦寸の高低差＝板木の異なりという原則を合わせて考えるとき、該書の板木は目録を本文の冒頭と見なして板木を構成していったという事実が浮かび上がってくる。

『眼前教近道』

底本は立命館ARC所蔵本（arcBK02-0051、半紙本一冊）。原題簽「眼前教近道　全」。奥付に「文政十戊子年新刻／弘化四丁未年求刻／江戸　須原屋茂兵衛／岡田屋嘉七／山城屋佐兵衛／大坂　河内屋喜兵衛／敦賀屋九兵衛／河内屋茂兵衛」／八日市　小杉文右衛門／京　蛭子屋治助／銭屋惣四郎」とある。底本の奥付および国文学研究資料館「日本古典籍総合目録データベース」によれば、文政十一年版（永楽屋東四郎刊）が初版であるが、底本は弘化四年版である。四丁張の板木三枚が現存している。

表12によれば、特に九～二十四丁によく表れているように、匡郭縦寸が最も大きい九～十二丁の四丁分から、次

表12　『眼前教近道』匡郭縦寸一覧（単位・センチメートル）

丁付	匡郭高	板木 No.
一	17.6	欠
二	17.7	欠
三	17.6	欠
四	17.6	欠
五	17.7	欠
六	17.7	欠
七	17.7	欠
八	17.7	欠
九	17.8	欠
十	17.8	欠
十一	17.8	欠
十二	17.9	欠
十三	17.5	欠
十四	17.5	欠
十五	17.5	欠
十六	17.5	欠
十七	17.6	欠
十八	17.6	欠
十九	17.6	欠
二十	17.6	欠
二十一	17.8	欠
二十二	17.8	欠
二十三	17.8	欠
二十四	17.8	欠
二十五	17.6	T0305
二十六	17.7	T0305
二十七	17.7	T0305
二十八	17.7	T0305
二十九	17.7	T0432
三十	17.7	T0432
三十一	17.7	T0432
三十二	17.7	T0432
三十三	17.7	T0202
三十四	17.7	T0202
〔奥付等〕	17.7	欠

の十三～十六丁は三～四ミリメートル程度も小さく、十七～二十丁と二十一～二十四丁に至るまで、四丁を単位として階段状に高くなっていっている。

『酔古堂剣掃』

底本は立命館ＡＲＣ所蔵本（arcBK03-0066、中本二冊）。原題簽「酔古堂剣掃　一」「酔古堂剣掃　二」。表紙見返しに「平安書舗　星文堂／文栄堂／文泉堂」、奥付に「皇都寺町通六角南式部町十三番戸／書肆聖華房　山田茂助蔵版」とある。初版は嘉永六年（一八五三）刊（跋文による）。四丁張の板木九枚が現存している。

表13から分かりやすい点を拾うと、巻之四の十三～十六丁の四丁分、巻之七の五～八丁は匡郭縦寸が前後と比較して二～三ミリメートル小さくなっている。巻之一の十二～十四丁の三丁分が突出して大きくなっているが、この三丁分は「叙」であり、もともと本文とは別の版式が与えられていたのだろう。

該書には複数巻の丁を収める板木が一枚現存している。巻之二の九～十一丁の三丁分と巻之七の十三丁を収めたＴ１０３３がそれであるが、巻之二の三丁分は一五・二～一五・三ミリメートル、巻之七の一丁分は一五ミリメートルと均一性を欠く。

巻之二は全十一丁で、冒頭から四丁分ずつ板木を仕立てたとすると一丁分の空きスペースが生まれる。巻之七は全十四丁あり、直前の九～十二丁を収める板木は現存している（立命館ＡＲＣ所蔵、arcMD01-0001）。またその直前の五～八丁も、先ほど匡郭縦寸によって見たように、一枚の板木に収まっていたと見られることから、これも巻の冒頭から四丁ずつ板木に収めているようである。したがって、半端になった巻末二丁分を、別の巻の板木の空きスペースに含めた結果が、Ｔ１０３３なのだろう。巻之二の三丁分の匡郭縦寸は、同じ板木に収まっている丁よりも

表13 『酔古堂剣掃』匡郭縦寸一覧（単位・センチメートル）

冊	巻	丁付	匡郭高	板木 No.
一	巻之一序	一	14.9	欠
一	巻之一序	二	14.9	欠
一	巻之一序	三	14.9	欠
一	巻之一	一	15.1	欠
一	巻之一	二	15.1	欠
一	巻之一	三	15.2	欠
一	巻之一	四	15.1	欠
一	巻之一	五	15.2	欠
一	巻之一	六	15.1	欠
一	巻之一	七	15.1	欠
一	巻之一	八	15.1	欠
一	巻之一	九	15.0	欠
一	巻之一	十	15.0	欠
一	巻之一	十一	15.0	欠
一	巻之一	十二(叙)	15.9	欠
一	巻之一	十三(叙)	15.9	欠
一	巻之一	十四(叙)	15.8	欠
一	巻之一	十五	15.3	欠
一	巻之一	十六	15.3	欠
一	巻之一	十七	15.0	欠
一	巻之一	十八	15.0	欠
一	巻之一	十九	15.0	欠
一	巻之一	二十	15.1	欠
一	巻之一	廾一	15.1	欠
一	巻之一	廿二	15.0	欠
一	巻之一	廿三	15.1	欠
一	巻之一	廿四	15.1	欠
一	巻之一	廿五	15.2	欠
一	巻之一	一	15.2	欠
一	巻之一	二	15.2	欠
一	巻之一	三	15.1	欠
一	巻之一	四	15.2	欠
一	巻之一	五	15.1	欠
一	巻之一	六	15.0	欠
一	巻之一	七	14.9	欠
一	巻之一	八	14.9	欠
一	巻之一	九	14.9	欠
一	巻之一	十	14.9	欠
一	巻之一	十一	14.9	欠
一	巻之一	十二	14.9	欠
一	巻之一	十三	14.8	欠
一	巻之一	十四	14.9	欠
一	巻之一	十五	14.9	欠
一	巻之一	十六	14.9	欠
一	巻之一	十七	15.2	欠
一	巻之一	十八	15.2	欠
一	巻之一	十九	15.1	欠
一	巻之一	廿	15.2	欠
一	巻之一	二十一	15.2	欠
一	巻之一	廿二	15.1	欠
一	巻之一	廿三	15.1	欠
一	巻之二	一	15.1	欠
一	巻之二	二	15.1	欠
一	巻之二	三	15.2	欠
一	巻之二	四	14.9	欠
一	巻之二	五	15.2	T1039
一	巻之二	六	15.2	T1039
一	巻之二	七	15.2	T1039
一	巻之二	八	15.2	T1039
一	巻之二	九	15.3	T1033
一	巻之二	十	15.2	T1033
一	巻之二	十一	15.2	T1033
一	巻之三	一	15.1	欠
一	巻之三	二	15.2	欠
一	巻之三	三	15.2	欠
一	巻之三	四	15.2	欠
一	巻之三	五	15.2	T1038
一	巻之三	六	15.3	T1038
一	巻之三	七	15.3	T1038
一	巻之三	八	15.3	T1038
一	巻之三	九	15.1	欠
一	巻之三	十	15.1	欠
一	巻之三	十一	15.1	欠
一	巻之四	一	15.1	欠
一	巻之四	二	15.2	欠
一	巻之四	三	15.2	欠
一	巻之四	四	15.1	欠
一	巻之四	五	15.2	欠
一	巻之四	六	15.2	欠
一	巻之四	七	15.2	欠

冊	巻	丁付	匡郭高	板木 No.
二	巻之六	五	15.0	欠
二	巻之六	六	15.1	欠
二	巻之六	七	14.8	欠
二	巻之六	八	15.0	欠
二	巻之六	九	15.0	欠
二	巻之六	十	15.0	欠
二	巻之六	十一	14.8	欠
二	巻之六	十二	14.8	欠
二	巻之六	十三	14.8	欠
二	巻之七	一	15.0	欠
二	巻之七	二	14.9	欠
二	巻之七	三	15.0	欠
二	巻之七	四	15.0	欠
二	巻之七	五	14.8	欠
二	巻之七	六	14.8	欠
二	巻之七	七	14.8	欠
二	巻之七	八	14.8	欠
二	巻之七	九	15.0	arcMD01-0001
二	巻之七	十	15.0	arcMD01-0001
二	巻之七	十一	15.0	arcMD01-0001
二	巻之七	十二	15.0	arcMD01-0001
二	巻之七	十三	15.0	T1033
二	巻之七	十四	14.8	欠
二	巻之八	一	14.8	欠
二	巻之八	二	14.8	欠
二	巻之八	三	14.8	欠
二	巻之八	四	14.8	欠
二	巻之八	五	15.0	欠
二	巻之八	六	15.0	欠
二	巻之八	七	14.9	欠
二	巻之八	八	14.9	欠
二	巻之九	一	14.8	欠
二	巻之九	二	14.9	欠
二	巻之九	三	14.8	欠
二	巻之九	四	14.8	欠
二	巻之九	五	14.7	欠
二	巻之九	六	14.7	欠
二	巻之九	七	14.7	欠
二	巻之九	八	14.7	欠
二	巻之九	九	14.9	欠

冊	巻	丁付	匡郭高	板木 No.
一	巻之四	八	15.2	欠
一	巻之四	九	15.1	欠
一	巻之四	十	15.1	欠
一	巻之四	十一	15.2	欠
一	巻之四	十二	15.2	欠
一	巻之四	十三	14.9	欠
一	巻之四	十四	14.9	欠
一	巻之四	十五	14.9	欠
一	巻之四	十六	14.9	欠
一	巻之四	十七	15.1	欠
一	巻之四	十八	15.1	欠
一	巻之四	十九	15.1	欠
一	巻之五	一	15.2	欠
一	巻之五	二	15.2	欠
一	巻之五	三	15.2	欠
一	巻之五	四	15.2	欠
一	巻之五	五	15.2	T1047
一	巻之五	六	15.2	T1047
一	巻之五	七	15.1	T1047
一	巻之五	八	15.2	T1047
一	巻之五	九	15.1	T1032
一	巻之五	十	15.1	T1032
一	巻之五	十一	15.1	T1032
一	巻之五	十二	15.1	T1032
一	巻之五	十三	15.0	T1053
一	巻之五	十四	15.0	T1053
一	巻之五	十五	15.0	T1053
一	巻之五	十六	15.0	T1053
一	巻之五	十七	15.1	T1040
一	巻之五	十八	15.1	T1040
一	巻之五	十九	15.1	T1040
一	巻之五	二十	15.1	T1040
一	巻之五	二十一	15.0	T1031
一	巻之五	二十二	15.0	T1031
一	巻之五	二十三	14.9	T1031
一	巻之五	二十四	14.9	T1031
二	巻之六	一	14.8	欠
二	巻之六	二	15.0	欠
二	巻之六	三	15.0	欠
二	巻之六	四	15.2	欠

冊	巻	丁付	匡郭高	板木 No.
二	巻之九	十	14.9	欠
二	巻之九	十一	14.9	欠
二	巻之十	一	14.9	欠
二	巻之十	二	14.9	欠
二	巻之十	三	14.9	欠
二	巻之十	四	14.9	欠
二	巻之十	五	14.7	欠
二	巻之十	六	14.8	欠
二	巻之十	七	14.8	欠
二	巻之十	八	14.8	欠
二	巻之十	九	14.8	欠
二	巻之十	十	14.8	欠
二	巻之十	十一	14.8	欠
二	巻之十	十二	14.8	欠
二	巻之十一	一	14.8	欠
二	巻之十一	二	14.8	欠
二	巻之十一	三	14.8	欠
二	巻之十一	四	14.8	欠
二	巻之十一	五	15.0	欠
二	巻之十一	六	15.0	欠
二	巻之十一	七	15.0	欠
二	巻之十一	八	15.0	欠
二	巻之十一	九	15.0	欠
二	巻之十一	十	14.9	欠

冊	巻	丁付	匡郭高	板木 No.
二	巻之十一	十一	14.9	欠
二	巻之十一	十二	14.9	欠
二	巻之十二	一	15.0	欠
二	巻之十二	二	15.0	欠
二	巻之十二	三	15.0	欠
二	巻之十二	四	15.0	欠
二	巻之十二	五	14.8	欠
二	巻之十二	六	14.8	欠
二	巻之十二	七	14.8	欠
二	巻之十二	八	14.9	欠
二	巻之十二	九	14.9	欠
二	巻之十二	十	14.9	欠
二	巻之十二	十一	14.7	欠
二	巻之十二	十二	14.7	欠
二	巻之十二	十三	14.9	欠
二	巻之十二	十四	14.8	欠
二	巻之十二	十五	14.8	欠
二	巻之十二	十六	14.8	欠
二	巻之十二	十七	14.8	欠
二	巻之十二	十八	15.0	欠
二	巻之十二	十九	15.2	欠
二	巻之十二	二十	15.3	欠
二	巻之十二	廿一	15.3	欠

巻之二のそれ以前の丁に近く、巻之七の一丁分についても、むしろ巻之七のそれ以前の丁に近い。その他の出現パターンによって、底本が四丁張の板木で仕立てられていたことは推定できるが、どの四丁が一枚の板木に含まれていたかまで明らかにすることはできない。

ここまではすべて四丁張の板木を見てきたが、二丁張や六丁張、八丁張の板木はどのようになっているのだろうか。

『校本古文後集』

底本は立命館ARC所蔵本（arcBK01-0021、大本二冊）。安政五年（一八五八）刊。巻之上表紙見返しに「皇都書林　文徳堂／江戸書林　千鐘房／発兌」、巻之下奥付に「三都書物問屋／江戸日本橋通二丁目　須原屋茂兵衛／同　通二丁目山城屋佐兵衛／同　通四丁目　須原屋佐助／同　両国横山町一丁目　出雲寺万次郎／同　両国横山町三丁目　和泉屋金右衛門／同　浅草茅町二丁目　須原屋伊八／同　柴神明前　岡田屋嘉七／大阪心斎橋南江二町目　敦賀屋九兵衛／同心斎橋安堂町　秋田屋太右衛門／京都寺町通松原下ル　勝村治右衛門版」。二丁張の板木十枚が現存している。

表14によれば、底本について顕著であるのは、巻之上の十七～十八丁が前後の丁と比較して二ミリメートル小さ

表14『校本古文後集』匡郭縦寸一覧（単位・センチメートル）

巻	丁付	匡郭高	板木 No.
序		21.6	欠
引書目	乙	21.0	欠
目録	一	21.1	欠
目録	二	21.1	欠
巻之上	一	21.4	欠
巻之上	二	21.4	欠
巻之上	三	21.2	欠
巻之上	四	21.2	欠
巻之上	五	21.4	欠
巻之上	六	21.3	欠
巻之上	七	21.4	欠
巻之上	八	21.3	欠
巻之上	九	21.4	欠
巻之上	十	21.4	欠
巻之上	十一	21.3	欠
巻之上	十二	21.2	欠
巻之上	十三	21.1	欠
巻之上	十四	21.1	欠
巻之上	十五	21.2	N0228
巻之上	十六	21.2	N0228
巻之上	十七	21.0	N0232
巻之上	十八	21.0	N0232
巻之上	十九	21.2	欠
巻之上	二十	21.2	欠
巻之上	二十一	21.2	欠
巻之上	二十二	21.3	欠
巻之上	二十三	21.2	欠
巻之上	二十四	21.3	欠
巻之上	二十五	21.2	N0229
巻之上	二十六	21.3	N0229
巻之上	二十七	21.3	欠
巻之上	二十八	21.2	欠
巻之上	二十九	21.3	欠
巻之上	三十	21.2	欠
巻之上	三十一	21.1	欠
巻之上	三十二	21.1	欠
巻之上	三十三	21.2	N0230
巻之上	三十四	21.1	N0230
巻之上	三十五	21.2	欠
巻之上	三十六	21.2	欠

巻	丁付	匡郭高	板木 No.
巻之上	三十七	21.3	欠
巻之上	三十八	21.3	欠
巻之上	三十九	21.3	欠
巻之上	四十	21.3	欠
巻之上	四十一	21.2	欠
巻之上	四十二	21.1	欠
巻之上	四十三	21.2	欠
巻之上	四十四	21.2	欠
巻之上	四十五	21.3	N0231
巻之上	四十六	21.2	N0231
巻之下	一	21.4	欠
巻之下	二	21.4	欠
巻之下	三	21.3	欠
巻之下	四	21.3	欠
巻之下	五	21.4	欠
巻之下	六	21.4	欠
巻之下	七	21.4	欠
巻之下	八	21.3	欠
巻之下	九	21.4	欠
巻之下	十	21.4	欠
巻之下	十一	21.1	欠
巻之下	十二	21.1	欠
巻之下	十三	21.5	欠
巻之下	十四	21.5	欠
巻之下	十五	21.4	T1733
巻之下	十六	21.4	T1733
巻之下	十七	21.4	欠
巻之下	十八	21.5	欠
巻之下	十九	21.5	N0233
巻之下	二十	21.5	N0233
巻之下	二十一	21.4	欠
巻之下	二十二	21.5	欠
巻之下	二十三	21.2	欠
巻之下	二十四	21.1	欠
巻之下	二十五	21.1	欠
巻之下	二十六	21.2	欠
巻之下	二十七	21.5	欠
巻之下	二十八	21.4	欠
巻之下	二十九	21.1	欠
巻之下	三十	21.1	欠

巻	丁付	匡郭高	板木No.
巻之下	三十一	21.2	欠
巻之下	三十二	21.2	欠
巻之下	三十三	21.3	N0234
巻之下	三十四	21.2	N0234
巻之下	三十五	21.2	T1476
巻之下	三十六	21.1	T1476
巻之下	三十七	21.1	欠
巻之下	三十八	21.1	欠
巻之下	三十九	21.3	欠
巻之下	四十	21.4	欠
巻之下	四十一	21.2	欠
巻之下	四十二	21.2	欠
巻之下	四十三	21.5	N0235
巻之下	四十四	21.4	N0235
巻之下	四十五	21.5	欠
巻之下	四十六	21.5	欠
巻之下	四十七	21.2	欠
巻之下	四十八	21.2	欠
巻之下	四十九	21.5	欠
巻之下	五十	21.4	欠
跋	五十一	21.4	欠
跋	五十二	21.1	欠

くなっている他、巻之下の十一~十二丁が前後の丁と比較して三~四ミリメートルも小さくなっている点、巻之下の四十七~四十八丁が前後の丁と比較して三ミリメートル程度小さい点などである。二丁張の板木によって摺刷された板本は、結果的に匡郭縦寸の高低差パターンが二の倍数、つまり四丁分の単位で出現することがあり、一見判断が難しい場合があるが、やはりよく見ると二丁分の高低差パターンが表れる。

『夢合早占大成』

底本は立命館ARC所蔵本（arcBK04-0076、小本一冊）。原題簽「夢合早占大成　全」。裏表紙見返しに「藤井佐兵衛」の蔵板目録が付く。該書は寛政七年（一七九五）刊『占夢早考』の改題本（注10）。序文に「題占夢早考」とあるが、板木内題に入木が施されており、また柱題「占夢早考」の「占」「考」を削除した痕跡が残る。六丁張の板木が九枚現存している。

表15を見れば、六十九~百二丁（終丁）の丁までの三十五丁分に顕著なように、匡郭縦寸の大きい箇所と小さい

表15『夢合早占大成』匡郭縦寸一覧（単位・センチメートル）

丁付	匡郭高	板木No.
序ノ一	12.1	F0033
序ノ二	11.9	F0033
序ノ三	12.0	F0033
序ノ四	12.1	F0033
序ノ五	12.1	F0033
序ノ六	12.1	F0033
序ノ七	12.0	F0102
序ノ八	12.0	F0102
序ノ九	11.9	F0102
序ノ十	12.0	F0102
序ノ十一	11.9	F0102
序ノ十二	12.2	F0102
序ノ十三	12.2	F0100
序ノ十四	12.2	F0100
序ノ十五	12.1	F0100
序ノ十六	12.3	F0100
一丁	11.8	F0100
二丁	11.8	F0100
三丁	11.6	F0103
四丁	11.6	F0103
五丁	11.7	F0103
六丁	11.7	F0103
七丁	11.6	F0103
八丁	11.7	F0103
九丁	11.9	欠
十丁	11.8	欠
十一	11.8	欠
十二	11.8	欠
十三	11.8	欠
十四	11.8	欠
十五	11.7	欠
十六	11.7	欠
十七	11.8	欠
十八	11.8	欠
十九	11.7	欠
二十	11.8	欠
二十一	11.9	欠
二十二	11.9	欠
二十三	11.9	欠
二十四	11.9	欠
二十五	11.9	欠
二十六	11.9	欠
二十七	11.9	欠
二十八	11.9	欠
二十九	11.9	欠
三十	11.8	欠
三十一	12.0	欠
三十二	11.9	欠
三十三	11.6	F0106
三十四	11.7	F0106
三十五	11.7	F0106
三十六	11.6	F0106
三十七	11.7	F0106
三十八	11.7	F0106
三十九	11.7	欠
四十	11.7	欠
四十一	11.7	欠
四十二	11.7	欠
四十三	11.7	欠
四十四	11.7	欠
四十五	11.8	F0104
四十六	11.8	F0104
四十七	11.7	F0104
四十八	11.8	F0104
四十九	11.8	F0104
五十	11.8	F0104
五十一	11.9	欠
五十二	11.9	欠
五十三	11.9	欠
五十四	12.0	欠
五十五	12.0	欠
五十六	11.8	欠
五十七	11.7	欠
五十八	11.7	欠
五十九	11.7	欠
六十	11.7	欠
六十一	11.7	欠
六十二	11.6	欠
六十三	11.8	F0101
六十四	11.9	F0101
六十五	11.8	F0101
六十六	11.8	F0101
六十七	11.8	F0101
六十八	11.7	F0101
六十九	11.7	欠
七十	11.7	欠
七十一	11.7	欠
七十二	11.7	欠
七十三	11.8	欠
七十四	11.7	欠
七十五	12.0	欠
七十六	12.0	欠
七十七	12.0	欠
七十八	12.0	欠
七十九	12.0	欠
八十	12.0	欠
八十一	11.8	欠
八十二	11.7	欠
八十三	11.7	欠
八十四	11.7	欠
八十五	11.7	欠
八十六	11.7	欠
八十七	11.9	欠
八十八	12.0	欠
八十九	12.0	欠
九十	11.9	欠
九十一	11.9	欠
九十二	11.9	欠
九十三	11.8	F0105
九十四上	11.7	F0105
九十四下	11.7	F0105
九十五	11.7	F0105
九十六	11.7	F0105
九十七	11.8	F0105
九十八	11.9	F0034
九十九	11.9	F0034
百丁	11.9	F0034
百一丁	11.8	F0034
百二丁	11.9	F0034

箇所が、六丁分を単位として交互に出現している。なお九十八～百二丁は五丁分しかないが、該当箇所の板木（F００３４）の空きスペースには、底本には見られない奥付が彫られており、本文は五丁分しかない。

『弘安礼節』

底本は京都大学附属総合図書館所蔵本（大惣本02-03コ6、中本一冊）。原題簽「弘安礼節」。奥付に「平安寺町通姉小路北／佐々木惣四郎」。刊年は未詳であるが、現存する板木の端食の型式により、少なくとも寛保（一七四一～一七四四）以前と考えられる。八丁張の板木三枚が現存している（揃）。底本の書型は中本であるが、匡郭縦寸から考えれば、板木は小本用に仕立てられている。また題簽が『諷題三咏』の袋板と一緒にT２３１７に彫られている点は、第一章に述べたとおりである。

表16によれば、冒頭の一～十六丁までは、匡郭縦寸にばらつきがあるが、一一・六センチメートル前後で一定している。しかし十七～二十四丁までは明らかに十六丁までの匡郭縦寸に比べて、一段小さくなっている。丁付と匡郭縦寸のみによれば、八丁張の板木によって摺られたと判断することができる。

しかし表によって明らかなように、該書の板木は、九から二十四丁までの十六丁分が二枚の板木にばらばらに割り振られている。したがって十七～二十四丁の匡郭縦寸が均一性を持った原因を板木に

表16　『弘安礼節』匡郭縦寸一覧（単位・センチメートル）

丁付	匡郭高	板木 No.
一	11.6	T1125
二	11.6	T1125
三	11.6	T1125
四	11.6	T1125
五	11.6	T1125
六	11.7	T1125
七	11.6	T1125
八	11.7	T1125
九	11.5	T1115
十	11.6	T1115
十一	11.6	T1115
十二	11.6	T1130
十三	11.5	T1115
十四	11.7	T1130
十五	11.7	T1130
十六	11.5	T1130
十七	11.4	T1130
十八	11.4	T1130
十九	11.4	T1130
二十	11.4	T1130
二十一	11.4	T1115
二十二	11.4	T1115
二十三	11.4	T1115
二十四	11.4	T1115

表17『和歌麓の塵』紙質・匡郭縦寸対照表（部分、単位・センチメートル）

冊	巻	丁付	紙質	匡郭高
中	下	七六	A	13.7
中	下	七三	A	13.7
中	下	七四	A	13.7
中	下	七五	A	13.7
中	下	七七	C	13.5
中	下	七八	C	13.4
中	下	七九	C	13.4
中	下	八十	C	13.3
中	下	八一	B	13.8
中	下	八二	B	13.8
中	下	八三	B	13.8
中	下	八四	B	13.7
中	下	八五	C	14.1
中	下	八六	C	14.1
下	下	八七	A	13.7
下	下	八八	A	13.8
下	下	八九	A	13.8
下	下	九十	A	13.7
下	下	九一	B	13.8
下	下	九二	B	13.8
下	ト	九三	B	13.7
下	下	九四	B	13.7
下	下	九五	C	14.0
下	下	九六	C	14.0
下	下	九七	C	14.0
下	下	九八	C	14.0
下	下	九九	C	14.0
下	下	百	C	14.0
下	下	百一	C	14.1
下	下	百二	C	14.0
下	下	百三	B	13.4
下	下	百四	B	13.2
下	下	百五	B	13.2
下	下	百六	B	13.2
下	下	百七	D	13.6
下	下	百八	D	13.7
下	下	百九	D	13.6
下	下	百十	D	13.7
下	下	百十一	C	13.6
下	下	百十二	C	13.6
下	下	百十三	C	13.6
下	下	百十四	C	13.6
下	下	百十五	D	13.4
下	下	百十六	D	13.5
下	下	百十七	D	13.6
下	下	百十八	D	13.6

求めることは不可能である。『好古小録』や『酔古堂剣掃』で確認した例と同様、匡郭縦寸が板木単位ではなく、丁順の近い丁に近似している例といえよう。

さて、板木の構成という視点だけでは捉えきれない事例もあったが、ひとまず匡郭縦寸の高低差パターンを調査することにより、その板本が何丁張の板木で摺刷されたのかを推定する方法を試みた。この方法に蓋然性があるか否か、紙質の出現パターンを見た『和歌麓の塵』について、匡郭縦寸を測定してみよう。以下、紙質の出現パターンが特徴的であるとした中冊から下冊にわたる下巻の七六～百十八丁について、紙質とともに匡郭縦寸を表17に掲出する。

こうしてみれば、『和歌麓の塵』の紙質出現パターンと匡郭縦寸の高低差パターンは、ほぼ一致を見せるのであり、紙質または匡郭縦寸の高低差から板木の構成を導き出す手法には蓋然性が認められるということになるだろう。

（二）板下の匡郭

前項に示したような高低差はなぜ発生するのだろうか。例は少ないが、現存の板木の中には、板下用の匡郭・罫線と思われるものがある。いずれも明治期のものではあるが、Ｔ１９３２、Ｔ２０４０（明治十四年刊『山陽詩鈔集

図19　『山陽詩鈔集解』板下用板木
（奈良大学博物館所蔵、T1932、部分、鏡像）

図20　『山陽詩鈔集解』板下用板木
（奈良大学博物館所蔵、T2040表、部分、鏡像）

図21　板下用板木
（奈良大学博物館所蔵、T2040裏、部分、鏡像）

図22 『続文章軌範纂評』板下用板木
（奈良大学博物館所蔵、T1773表、部分、鏡像）

図23 奥付用板木
（奈良大学博物館所蔵、T1773裏、部分、鏡像）

図24 『続文章軌範纂評』板下用板木
（奈良大学博物館所蔵、T1604表、部分、鏡像）

解』、図19、20）とT1773、T1604（明治十年刊『続文章軌範纂評』、図22、24）の四点が現存している。

『山陽詩鈔集解』の板木には、下の黒口に「三宅氏蔵」と陰刻がある。T1932は裏面が未刻、T2040の裏面には匡郭があるが、匡郭に装飾が施されており、用途は別と思われる（図21）。『続文章軌範纂評』については、T1773の裏面に奥付が彫られているが（図23）、『続文章軌範纂評』のものではない。この奥付を付す板本に行き当たっていないが、特定の板本に用いる奥付ではなく、一般的に裏表紙見返しに付して複数の本に流用可能なもののように見受けられる。T1604は裏面が未刻である。匡郭・罫線・柱題が彫られており、巻数は「巻之」までが彫られている。丁付はない。

『続文章軌範纂評』の例が分かりやすいが、丁付がなく、巻名を

「巻之」までとしている点、本文のどの丁にも流用可能とすることを意図したのだろう。図版掲出の用意がないが、藤井文政堂には『続煎茶要覧』の板下本が所蔵されており、匡郭・罫線は摺りである。何度も同じ匡郭・罫線・柱題を板下として書くのは非合理的であることから考えて、多くの場合、板下は、板下用の板木を用いて匡郭・罫線・柱題を摺刷していたと考えるのが自然である。

これらを板下用の板木と認定することができるならば、板下段階では匡郭寸がほぼ一定になるはずであり、最終的な摺刷においても匡郭寸はほぼ一定にならなければならない。しかし、先に事例を列挙したように、匡郭縦寸についてこの仮定は通用しない。それでは、匡郭自体にも通常一〜二ミリメートルの太さがあるとして、彫りの段階で板木ごとに匡郭を太く残したり、細く彫りあげたりという彫りの揺れに起因するのだろうか。しかし上述の例に散見されるとおり、匡郭縦寸の高低差にはそれ以上の差異が発生しており、彫り方の違いのみを理由に考えることはできない。そのメカニズムを明らかにするためには、木材としての板木に注目する必要がある。

第三節　木材としての板木──木材乾燥と収縮──

廣庭基介氏・長友千代治氏は、

板木は日本では桜の木の板を使い、板目にとり、両端の木口には板の反を防ぐために端食をかませる。板は表裏とも二、三丁分、横に連続して使う。桜材が使われる理由は、生ま木の削りたては柔らかくて卵色に白く、彫刻に適し、時間がたつと赤味をおびて硬くなり、摺刷に好都合となる。

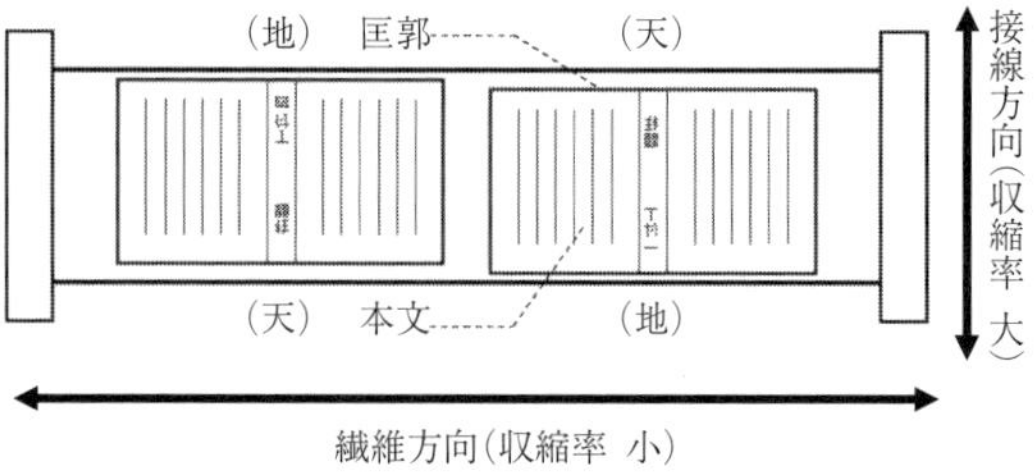

図25　板木(板目材)の方向

と述べられる(注11)。板目材は、丸太の周囲から材を切り出したもので、一つの丸太から、丸太を囲むように数枚の採取が可能である(注12)。

さて、木材には三つの方向がある。一つめは半径方向と呼ばれ、丸太を想像すれば分かりやすいが、丸木の周囲と中心とを結ぶ方向である。二つめは繊維方向と呼ばれ、繊維が伸びる方向、つまり木が成長によって伸びる方向を指す。三つ目は接線方向と呼ばれ、繊維方向と直角に交わる方向を指していう(注13)。板木が板目材であるとして、このうち、版面に影響が出る接線方向と繊維方向の二方向を板木に当てはめたものが図25である。

この三方向は木材が乾燥するのにしたがって膨張・収縮するが、その膨張率・収縮率は三方向で大きく異なる。寺澤眞氏によれば、一本の丸太から採取した材であっても、部位によって収縮率は異なるため、ここでは同氏が提示された「収縮経過の違いの模式図」(注14)(図26)によって三方向の収縮率の違いを見る。これによれば、接線方向の収縮率が最も高く、次いで半径方向の収縮率が高く、繊維方向の収縮率は他の二方向に比較すれば極めて小さいようである。

図25に戻り、この収縮率の違いを板木に当てはめれば、丁の縦方向、つまり匡郭の縦寸方向が接線方向にあたり、収縮率が大きくなる。丁の横方向、つまり匡郭横寸は繊維方向となり、収縮率は小さい。半径方向は収縮率が大きいものの板木の厚みに関わる方向となり、版面の収縮には大きく影響しないだろう。

前節において、板本の板木の構成に則して匡郭縦寸に高低差が生じている現象を確認した。その原因は、板木に

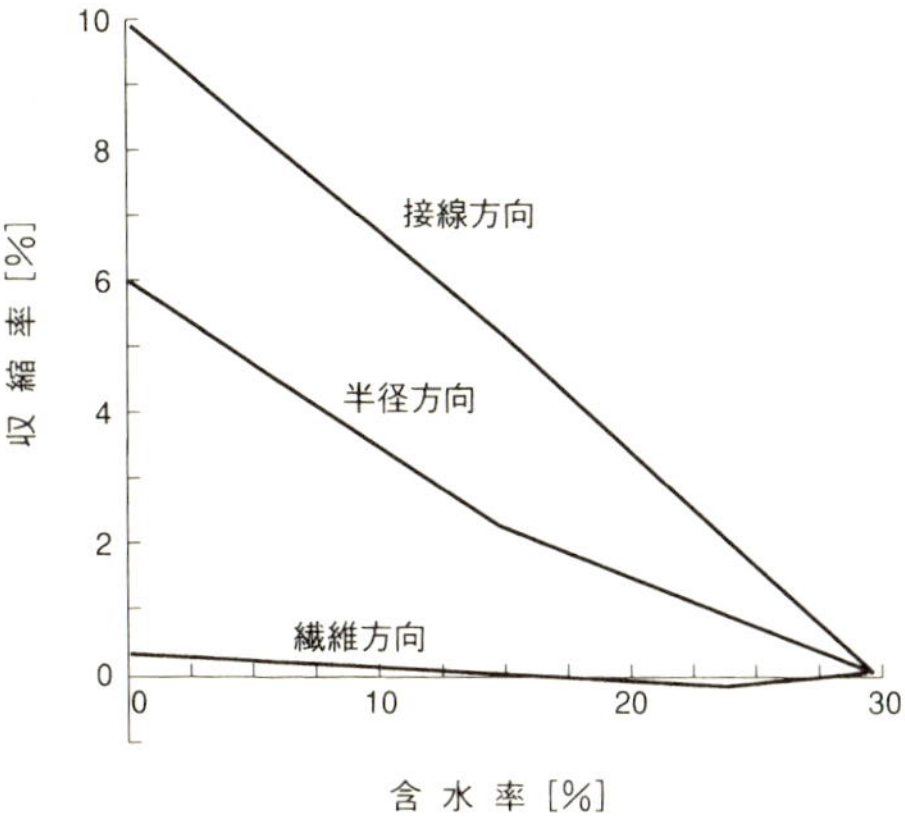

図26 「収縮経過の違いの模式図」

用いられた材の接線方向の収縮率の差異なのではないだろうか。匡郭縦寸の高低差と木材収縮を関連づける理由はもう一つある。先述のように『和歌麓の塵』の匡郭縦寸には高低差が認められた。先の表には匡郭横寸を掲出しなかったが、縦寸に高低差が認められても、横寸は九・五～九・六ミリメートルとほぼ一定である。横寸が一定であるのに対し、縦寸に大きな高低差が発生するということは、接線方向と繊維方向の収縮率の違いによるものと見るべきなのではないか。

また、青木賜鶴子氏による『源氏物語評釈』の全丁採寸調査によれば、板木と板本の匡郭の横寸を比較した場合、板木のほうが大きい例が認められるとのことである。(注15) 図26によれば、匡郭の横寸、すなわち板木の繊維方向は、含水率二〇～三〇パーセント未満のレベルにおいて膨張するとされており、おそらくは『源氏物語評釈』の板木の伝存環境と、上述の繊維方向の膨張収縮率に関わって起こった現象と思われる。

以上、木材の収縮という観点から、板本の匡郭縦寸に高低差が発生するメカニズムを検証した。前節では、板本の匡郭縦寸からその板本を摺刷した板木が何丁張だったかを推定できるということ、板下の匡郭が摺刷されたものであり、板下段階では匡郭寸法がほぼ一定だったと思われることの二点を確認しておいた。板下の匡郭寸法がほぼ一定であるのに、最終的に板木ごとに匡郭縦寸が異なってくるということから、板木を仕立てる際には寸法が安定しない材、つまり一点の板本に関わる板木の含水率がもともと均一ではなかった、または異なる丸太から切り出された材が混在している、あるいは同一の丸太から切り出されたが、部位が異なるために収縮率の誤差が出た、などの理由から、各板木の収縮率に違いが生じ、最終的にはそれらが板本の匡郭縦寸の高低差が発生する第一の理由になっていると捉えるべきなのであろう。

ところで、この理論は覆刻における匡郭寸の収縮にも当てはまるように思われる。従来、覆刻による版面収縮のメカニズムは、例えば、

覆刻版は版面が収縮する。版下は敷写しであるから版下も同寸になるが、板木に貼ってからは乾燥して収縮する。縮小幅は半紙本で数耗になる。

のように解説されてきた。(注16)つまり板下の収縮が版面収縮の原因と見なされてきたのである。

いま筆者はそれを科学的に否定する材料を持っているわけではなく、板下の収縮を原因とみることを完全に否定するつもりはない。しかし、原版の丁をそのまま板下に用いたり、謄写や臨摸《りんも》に近い形で板下を作成するなどして、含水率の高い新しい板に貼り付けて彫れば、板木の乾燥に伴って版面、特に木材の接線方向に相当する縦寸は大きく収縮するだろう。必然的に原版の版面よりも、覆刻の版面のほうが収縮する。板下の収縮よりもむしろ、板木の収縮を原因と捉えるべきなのではないだろうか。

若干話題がそれたので、元に戻そう。木材の収縮率の違いによって、板木ごとに匡郭縦寸が数ミリメートル単位で異なってくることは、上述の木材収縮の理論により間違いなくいえる。ただし、「丁飛ばし」や、板木にすっきりと収まらない丁を組み合わせてある板木の事例を見ると、必ずしもこの理論だけでは説明できない。『好古小録』

や『酔古堂剣掃』『弘安礼節』の事例では、同じ板木に収まっている丁と匡郭縦寸が近似せず、丁順の近い丁に近似するという例が認められた。これらの例は、一点の板本における匡郭縦寸の異なりの原因を、板木の収縮だけに求めることができないことを示すのだろう。つまり、もともと複数の板下用匡郭があり、板下の時点で一枚の板木に収まる丁の匡郭縦寸が幾分異なっていたことを意味すると思われる。

逆に、『好古日録』『和漢研譜』では、丁順の近い丁よりも、同じ板木に収まっている丁と匡郭縦寸が近似する例が認められた。これらは上述の木材収縮の理論で説明がつく。しかし『好古小録』や『酔古堂剣掃』の事例をも参考にした上で、複数の板下用板木があり、その時点で匡郭縦寸が幾分異なっていたとすると、板下作成以前にあらかじめどの丁をどの板木に収めるかが決まっており、同じ板木に収める丁には、同一の板下用板木で摺刷した匡郭を選んで使用したと考えざるを得ないだろう。

第一節において紹介したように、「丁飛ばし」は板株の分割所有――およびそれに伴う板木の分割所有――に関わって編み出された板木の仕立てられ方である。板下作成以前にどの丁をどの板木に収めるかが決まっていたとするならば、板下作成以前に板前《いたまえ》（持ち合い方）のみならず、板木ひいては板株をどのように分割所有するかまで、ある程度決まっていたことになる。本章で掲出した事例だけでこの点を明らかにすることは困難であり、なお後考を俟つ必要がある。本章における議論は、板本上に表れる現象の理解に役立つだけではなく、近世出版における一点の板本の出版過程を少しく明らかにする可能性を内包しているのである。

おわりに

近代に入って摺られた近世以前成立の板本を指す語に「明治摺」や「近代摺」がある。本章中にも用いた語であるが、これらは概して摺りが悪く、紙質の混在に至っては、本の造りが杜撰であるという誇りを免れず、文化遺産としての価値は低い。しかし杜撰な造りゆえに、近代摺が物語る事実がある。

第一節では、紙質の混在という近代摺の杜撰さを逆手に取って、その本を摺刷した板木が何丁張であったのかを知る手がかりとした。そこには文化遺産としての価値以外に、近代摺の学術的な価値が認められる。諸本を網羅的に扱う中で、初摺の善本を博捜する努力は必要である。しかし板本書誌学に「板木書誌学」を取り入れようとする場合、常に有用な情報が得られるとは限らないが、近代摺の板本は、少なくとも現在以上に重要視されるべきであろう。

第二節では、採寸結果の羅列に終始した感があるが、匡郭縦寸の高低差パターンを見る手法は、板木という存在を強く意識して板本を観察したからこそ導き出せた視点である。「板木」、すなわち木材によって摺刷されたものであることを念頭に板本を観察するとき、板木が二丁張だったと思われるのか、四丁張か、六丁張か、匡郭縦寸の高低差パターンがその示唆を与えてくれることは、本章で提示した調査結果により、ほぼ疑いを容れない。ただし本章では板本の匡郭の採寸に終始し、第一章第五節で課題として提示したように、現存板木の匡郭の採寸まで調査が及んでいない。底本とした各板本の諸本関係の調査も到底十分とはいえない。この問題は本来、板木・板本の両者を吟味した上で検討すべきであり、その上で今後、本章全体の再検討を行う必要があろう。(注17)

第三節では、匡郭縦寸に高低差が表れることの原因を、木材収縮の特性に求めた。冒頭に紹介した『おくのほそ道』蛤本には匡郭がないが、同様の事例が、匡郭が備わり、かつ板木の現存しない板本上に表れた場合には、本章で述べた方法論が有効に作用するはずである。

板本の書誌調査を行うにあたり、常に全丁の匡郭を採寸することは合理的な調査方法とはいえない。作業量は膨大であり、それが常に必要な情報を提供してくれる確証はない。今回の調査では、数値によって比較するよりも、原本を手に取って観察したほうが、かえって匡郭縦寸の高低差グループを把握しやすいという実感もあった。全丁の匡郭を採寸することまでしなくとも、何かしら板木の構成を考慮すべき事例に行き当たった際には、板本を閉じて、板心側から眺めてみることもあってよいのではないだろうか。

本章は、板本書誌学に「板木」という視点を加えるにあたり、異なる紙質・匡郭縦寸の高低差パターンを板本観察の方法論の一つとして提示するものである。また第三節の末尾に述べたように、この観察方法が板本上に表れる現象の理解に留まらず、近世出版における出版過程の一端を明らかにする可能性を主張した。

注

（1）永井一彰「『おくのほそ道』蛤本の謎」（『奈良大学総合研究所所報』九、二〇〇一）

（2）木村三四吾「『冬の日』初版本考」（木村三四吾著作集Ⅰ『俳書の変遷——西鶴と芭蕉』、一九九八、八木書店）

（3）木村三四吾「『春の日』初版本考」〈（2）の木村氏著書に所収〉

（4）黒丸点は完全な中黒ではなく、中央にわずかな白抜きが見られる場合もあるが、白丸点とは明確に区別可能なため、本稿では黒丸点と称した。また、二十九ウは白丸・黒丸が混在しているが、黒丸を基調としている。

（5）国文学研究資料館「日本古典籍総合目録データベース」

（http://base1.nijl.ac.jp/~tkoten/about.html）
（6）永井一彰「板木の分割所有」（『奈良大学総合研究所所報』一七、二〇〇九）
（7）木村三四吾「『西鶴織留』諸版考」（木村三四吾著作集Ⅲ『書物散策――近世版本考』、一九九八、八木書店）
（8）後摺本における版面収縮については、（7）の文献では示唆に留まり、（2）などの文献で言及されている。
（9）（1）に同じ。
（10）（1）に指摘がある。
（11）廣庭基介・長友千代治『日本書誌学を学ぶ人のために』（一九九八、世界思想社）
（12）板木が板目に取られていたということは、第二章で指摘したように、木の節（枝の痕跡）が刻面に表れていることからも明らかであろう。
（13）寺澤眞『木材乾燥のすべて　改訂増補版』（二〇〇四、海青社）
（14）（13）の寺澤氏著書より転載。
（15）青木賜鶴子「萩原広道『源氏物語評釈』の版木と出版」（『上方文化研究センター研究年報』一〇、二〇〇九）
（16）（11）に同じ。
（17）板木の匡郭寸については、現在調査を進めている。板木の匡郭縦寸は板本に比して一～二ミリメートル小さい傾向が認められる。

第四章　出版記録から読み取れるもの——竹苞書楼の出版記録——

はじめに

出版記録といえば、通常、本屋仲間《ほんやなかま》の記録が想起されるだろう。京・大坂・江戸にはそれぞれ本屋仲間が組織されて出版機構を取り仕切っており、日常の業務日誌や先例の記録として必要な情報を書き留めていった。出版機構を取り仕切っていた立場の業務日誌的な記録であるから、これらの記録は当時の出版界やその変遷を捉える上で極めて貴重な資料である。

詳細は個々の解題にゆずるが、大坂の本屋仲間記録は豊富に伝存しており(注1)、京都(注2)・江戸(注3)については散逸が多く見られるが、これらはすでに公刊されて学界に供されている。

一方で、個々の板元《はんもと》が手もとに残した記録も、板元の数だけあったと思われる。相合《あいあい》の相手先とのやり取り、取り交わした文書の写しや、本屋仲間行事とのやり取り、刊行にかかった経費や、板木売買（板株《はんかぶ》移動）に関わる文書、板本販売の帳簿など、日常業務の帳簿や覚えとして情報が書き留められていただろう。それらは現存する仲間記録よりも現場に近い情報が記されていたはずであり、その質は細緻で詳細なはずである。しかしそれらは木版印刷の衰退に伴って失われていったと思われ、残念ながら個々の板元の記録はほとんど伝存していない。

奈良大学博物館には、竹苞書楼（佐々木惣四郎）旧蔵の板木がそのまま収まっていることを第一章ですでに述べた。極めて幸運なことであるが、その佐々木惣四郎の出版記録は、竹苞書楼に伝存し、現在に伝わっている。そのうち『竹苞楼大秘録』『竹苞楼秘録』『蔵板記』の三点が水田紀久氏により翻刻紹介され（注4）、早くから広く知られている。また最近では、永井一彰氏によって『蔵板員数』が翻刻され（注5）、また『蔵板仕入簿』『板木分配帳』『蔵板員数帳』の三点の存在も明らかにされた（注6）。

本章では、これら竹苞書楼の出版記録の活用以前の基礎整備として、これらの出版記録からどのようなことが判明するのか、その内容を検討し、そこからうかがわれることを述べてみたい。

第一節　佐々木惣四郎の出版記録（その一）——出版の現場を伝える情報——

『竹苞楼大秘録』『竹苞楼秘録』『蔵板記』の三点は、すでに水田氏による解題が備わっており（注7）、ここでは概略に留めるが、『竹苞楼大秘録』は初代佐々木惣四郎春重の筆により、出版に至る経緯、開板にかかった費用、板下書きや彫師が誰で、袋や店頭に置く摺看板の揮毫を誰に依頼したか、出来本を誰に呈上したかなど、細かな情報が記録されている。『竹苞楼秘録』も初代の筆によるもので、重類板の取り扱い、それらの和談などの刊行事情から、公儀に対してどのような手続きを行ったかなどが記されている。『蔵板記』は三代春蔭の時代に編まれたもので、初代・二代目の時代から佐々木が扱っている板木を列挙したものである。板木の枚数は記されないが、箇条書きの両肩に価格と思われる注記があり、左肩に記されている価格がより高く、改訂後の値を示していると思われる。

刊行前後の経緯を伝える記事の有用性については、永井一彰氏の研究によって示されている他（注8）、第六章でも取り扱うため、ここではより細かな情報を追って出版の現場を垣間見てみよう。

近世出版において、「入銀《にゅうぎん》」という語には二つの意味がある。第一に、本を出版したいと考えている者が原稿だけではなく、出版費用を負担すること、つまり板元に金を入れることを入銀といい、現代でいう自費出版に近いものである。(注9)(注10)第二には、板元が本を刊行するにあたり、当初は経費がかかるばかりであるが、やがて本ができて小売りの本屋から注文が入れば、板元は収益を得ることになる。そのことも入銀という。いま取り上げようとしているのは後者である。

蒔田稲城氏は入銀について、

発売元は先づ同業者中に『入銀帳』なる帳面と、其の新刊書の見本（之に前記の行事の添章を添え）とを持ち廻って、注文を受けるのである。入銀帳は其の新刊書に対し初めて収入銀を得たと云ふ意味であらう

と述べられる。(注11)この端的な解説によっておよそ理解可能であるが、『竹苞楼大秘録』はさらに具体的な事実を教えてくれる。

『竹苞楼大秘録』に記録が残る各出版物についての記事を追うと、板木が彫りあがった後に摺刷《しゅうさつ》を行って、本文の校正を行っている。「校合摺」「校合本」とされているのがそれで、校合摺用の紙や校合の手間賃などの諸経費が計上される場合がある。(注12)校合摺は回を重ねるごとに、一番、二番、三番と称されていたようである。(注13)

宝暦十年（一七六〇）刊『謝茂秦詩集』は、記事によれば校合摺が四番まで進んだらしいが、その記事に、

一　壱匁壱分　四番校合本、尤入銀本ニ用、袋表し代割

と見える。ここに見える「入銀本」とは、蒔田氏の述べられる「新刊書の見本」を指しているのだろう。したがって「四番校合本」を新刊書の見本として用いる、の意である。おそらく校合が進めば進むほど、校合摺には訂正が入らなくなり、校合用としての用が済めば、そのまま内容見本として扱うことが可能だったと思われる。「尤」は、「当然ながら」の意に取ることができ、回の遅い校合摺を内容見本、すなわち入銀本とすることが常態化していたと考えるのが適切であろう。

最近では、橋口侯之介氏が入銀について解説され、

板元は新刊が出ると、この入銀帳に添状をつけて各店を回わるのである。そこで注文する部数を書き込んでもらう

と述べられた。(注14) 非常に細かなことであるが、氏が述べられるように新刊が出てから小売りに注文をもらって回るのでは、やや遅いように思われる。板元の心理としては、どれぐらいの注文が舞い込むか、ある程度は把握した上で新刊の摺刷に臨みたいところであろう。校合摺を入銀本に用いている点から考えれば、板元が注文を取って回るタイミングは、新刊書の上ケ本《あげほん》が完了した直後、販売する板本の摺刷直前だったと見るべきではないだろうか。

この例のように、出版記録の細かな記述を追うことにより、刊行経緯に留まらず、出版の現場で何が行われていたかという情報を拾うことができる。そして、そういう情報によって、出版界の慣例や聞き伝え的に語られてきた

ことなど、これまで曖昧に理解されてきた事柄の裏付けがとれるのである。ここでの紹介は上述の一例に留めるが、このような細かな情報の蓄積によって、出版という行為の実態が浮き彫りになっていくと考えられる。

第二節　佐々木惣四郎の出版記録（その二）——蔵板記録——

前節では、出版の経緯を伝える記事から情報を拾ったが、本節以降では、板木そのものに関する記事から情報を拾ってみたい。板元の本分は、むろん本を刊行することだったに違いないが、それを遂行するためにも、その活動の基底には板木の管理業務が必須であった。その結果として、出版記録上に板木の状態が記されたり、板木の管理に特化した蔵板記録が生まれることになる。

これもすでに永井氏によって指摘されていることであるが、『竹苞楼大秘録』から分かる出版界の慣例として、相合版（複数板元による共同出版）の場合、各板元が実際に板木を分けて持っていたことがあげられる。(注15)相合版の板木を各板元がどのように分け合っていたか、その板前《いたまえ》（持ち合い方）を記している場合が見られるのである。むろんそれらの記事は、その記事が書き留められた一時点の記録として重要であるが、他の記録とも読み合わせれば、その後の経緯が明らかになる場合がある。

（一）『四文神銭六甲霊卦』

『竹苞楼大秘録』から、天明二年（一七八二）刊『四文神銭六甲霊卦』に関する記事をあげてみる。

四文神銭　板木割扣
一ヨリ八迄　　藤東　板弐枚
九ヨリ十二迄　　手前　板壱枚
十三ヨリ十六迄　藤東　板壱枚
十七ヨリ廿迄　　手前　板壱枚
廿一ヨリ廿四迄　藤東　板壱枚
廿五ヨリ卅二迄　手前　板弐枚
卅三丁ト袋外題　友板ニ張在之也

この記事に従えば、佐々木の手もとには少なくとも四枚の板木があったはずである。しかしこの板木は奈良大学には収蔵されておらず現存しない。『四文神銭六甲霊卦』の板木はどこへ行ったのだろうか。

近時、永井氏が紹介された『蔵板員数』は、氏の解題によれば、三代春蔭が弘化～嘉永頃（一八四四～五四）に編み始めた板木管理用の帳簿で、昭和二十三年（一九四八）一月まで書入れが見られることから、四代春明、五代春吉が継続使用したことがうかがわれる。書名、板木枚数、相合版か単独版（丸板）か、所有している板木の板前、丁数、相合先の相手、板木売買の記録が記された資料である。特に、相合版の板前が極めて詳細に記されていることに特徴がある。その『蔵板員数』には、次のように出ている。

一　四文神銭六甲霊卦　四枚

外ニ小板一枚

但相合

九ノ十二

十七ノ弐拾

廿五ノ三拾三

〆拾七丁　袋外題

昭和廿年十一月潰ス

第一章においてふれておいたが、第二次世界大戦の戦況が逼迫した昭和十九年（一九四四）以降、終戦後しばらく経つまでの期間に、薪・炭の配給が滞り、薪とするためにやむなく板木を潰すという注記が『蔵板員数』には散見される。『四文神銭六甲霊卦』の板木も、現存しない理由は薪になったためであった。

同一物を指している二つの記録を合わせてみると、さらに分かることがある。『竹苞楼大秘録』では、「藤東」「手前」のようにそれぞれの板前を明記しているが、共板であった「卅三丁」と「袋外題」について、藤屋と佐々木のどちらが所有していたのかがはっきりと記されていない。『蔵板員数』を見れば、板前を「四枚」としつつ「外ニ小板一枚」と注記しており、「廿五ノ三拾三」「〆拾七丁袋外題」の記述からも、袋板を佐々木が所有していたことが明らかになる。藤屋の所有した板木が天明以降どのように動いたかを追うことはできないが、佐々木の持ち板は昭和二十年（一九四五）十一月まで『竹苞楼大秘録』に記されている状態のまま佐々木の手もとから離れることなく、最終的に灰燼に帰したのである。

（二）『狂歌鳩杖集』

もう一例見てみよう。『竹苞楼大秘録』によって天明七年（一七八七）刊『狂歌鳩杖集』（見返し題「狂歌鳩乃杖」）を見る。

狂歌鳩の杖
此方へ預リ板木　上ノ壱ヨリ十六丁目迄
上ノ廿五ヨリ卅七丁目迄
下ノ五ヨリ八丁目迄　〆卅三丁
尾州留板上ノ十七ヨリ廿丁目迄　〆四丁
大坂板前上ノ廿一ヨリ四迄
下ノ一ヨリ四丁目迄
下ノ九ヨリ廿八丁目迄　〆廿八丁
但、袋扉ハ兼帯　奥書

引用のとおり、相合の相手先は留板四丁分の「尾州」、そして「大坂」となっており、具体的な相合の相手先は記されていない。「此方」つまり佐々木の持ち板が「預リ」となっていることも気にかかるが、これらは板本の刊記を見れば、ある程度のことが分かってくる。国文学研究資料館所蔵本（ナ2―375）の刊記によれば、該書は銭屋宗四郎（京都）、山崎金兵衛（江戸）、三星屋茂助（名古屋）、柏原屋佐兵衛（大坂）の四都四軒の相合版であった。『竹苞楼大秘録』の「尾州」は三星屋、「大坂」は柏原屋であろう。佐々木が預っていた板木は、『竹苞楼大秘録』にその名があがらない山崎金兵衛の板木と見てよいように思われる。(注16)

該書も板木は現存していない。『蔵板員数』にも記載が見られないが、なぜだろうか。大坂の本屋仲間記録には、『板木総目録株帳』が二種伝存している。一つは寛政二年（一七九〇）改正のもの、二つめは文化九年（一八一二）改正であるが実際には文化十五年（一八一八）にかけて整備され、明治三年（一八七〇）まで使用されたものである。(注17)この二種はいずれも『狂歌鳩杖集』の板株の記録を載せている。

寛政改正本には「塩喜、京銭惣　扇利　河惣　塩長　今辰」、文化改正本には「扇理、今辰、塩長、京、河茂」とある。寛政本に「京銭惣」とあることから、寛政二年段階でまだ佐々木が板株を所有していたことは明らかである。また、寛政本にはすでに柏原屋の名前がなく、寛政二年の時点ですでに大坂の別の板元に板株を譲っていたのだろう。文化本では佐々木の名前は消えて、「京」のみになる。これが佐々木なのか、また別の板元の名前であるのかは分からない。寛政本、文化本いずれにも名古屋の三星屋茂助が見えないことは、寛政二年以前にすでに留板を所持する必要がなくなっていたか、あるいは佐々木に板木を預けていた山崎の名も同様に全く見えないことから考えて、佐々木以外の板元、つまり大坂の板元に預けていたか、と推測するより他にないだろう。

さて、図版では分かりづらいかもしれないが、文化本では「河茂」以外のいずれにも「改正」印が押されることから（図1）、最終的に『狂歌鳩杖集』の板株は河内屋茂助に集約されていったようである。その時期はいつだったろうか。先に見たように『蔵板員数』は弘化～嘉永頃の成立といわれる。板株移動の一時点を見出すことはできないが、その『蔵板員数』に蔵板記録がないということは、弘化嘉永以前に佐々木が板株を手放していたと見ざるを得ないだろう。板木が現存しない理由はここにあった。

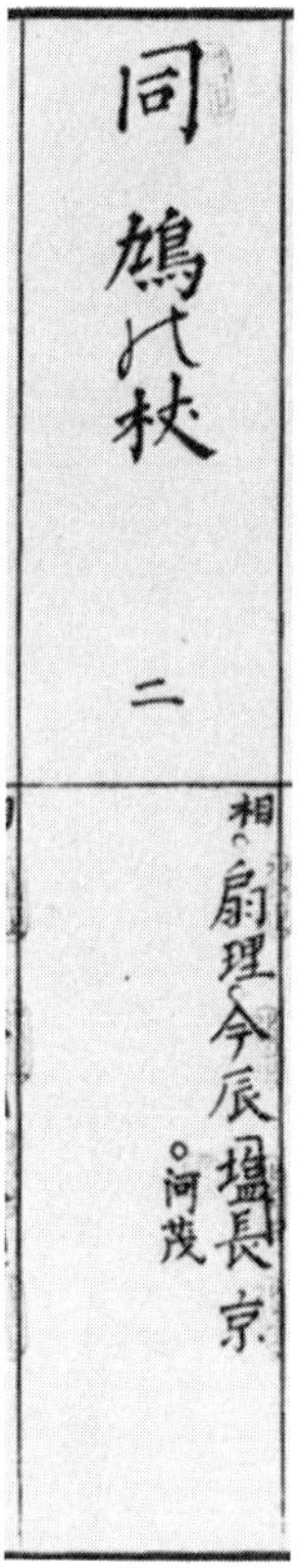

図1　文化九年改正『板木総目録株帳簿』第一冊

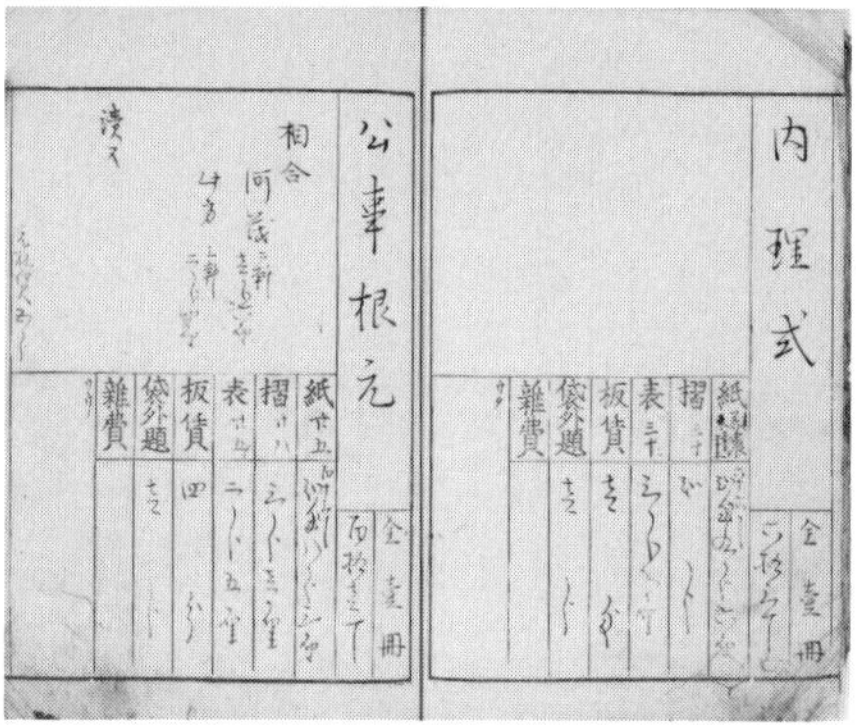

図2『蔵板仕入簿』1ウ～2オ（奈良大学所蔵）

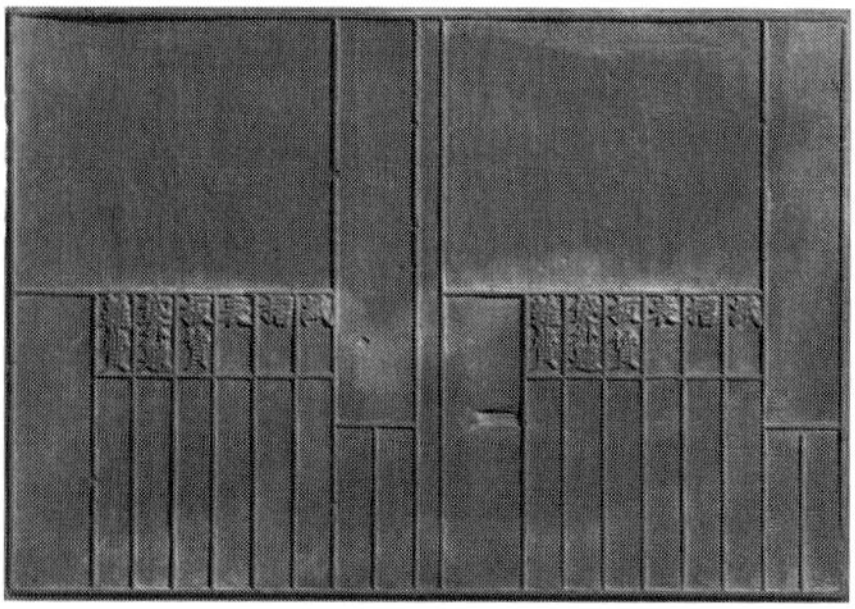

図3『蔵板仕入簿』板木
（奈良大学博物館所蔵、T1777、部分、鏡像）

結句、佐々木の出版記録には、『狂歌鳩杖集』の板株を手放した記事がないため、その板木がどこへ行ってしまったのかが曖昧になっている。しかし、いくつかの記録を読み合わせれば、なぜ現存しないのか、なぜ佐々木の手もとに残っていなかったのかが浮かび上がってくるようである。

以上のように、『竹苞楼大秘録』『竹苞楼秘録』『蔵板記』『蔵板員数』はいずれも貴重な資料であるが、現在に至るすべての事象が書き留められているわけではない。この他、永井氏が『蔵板員数』と合わせてその存在を明らかにされた『蔵板員数帳』『板木分配帳』『蔵板仕入簿』の三点がある。いずれもすでに永井氏による解題が備わっているため（注18）、ここでは概略のみ見ておこ

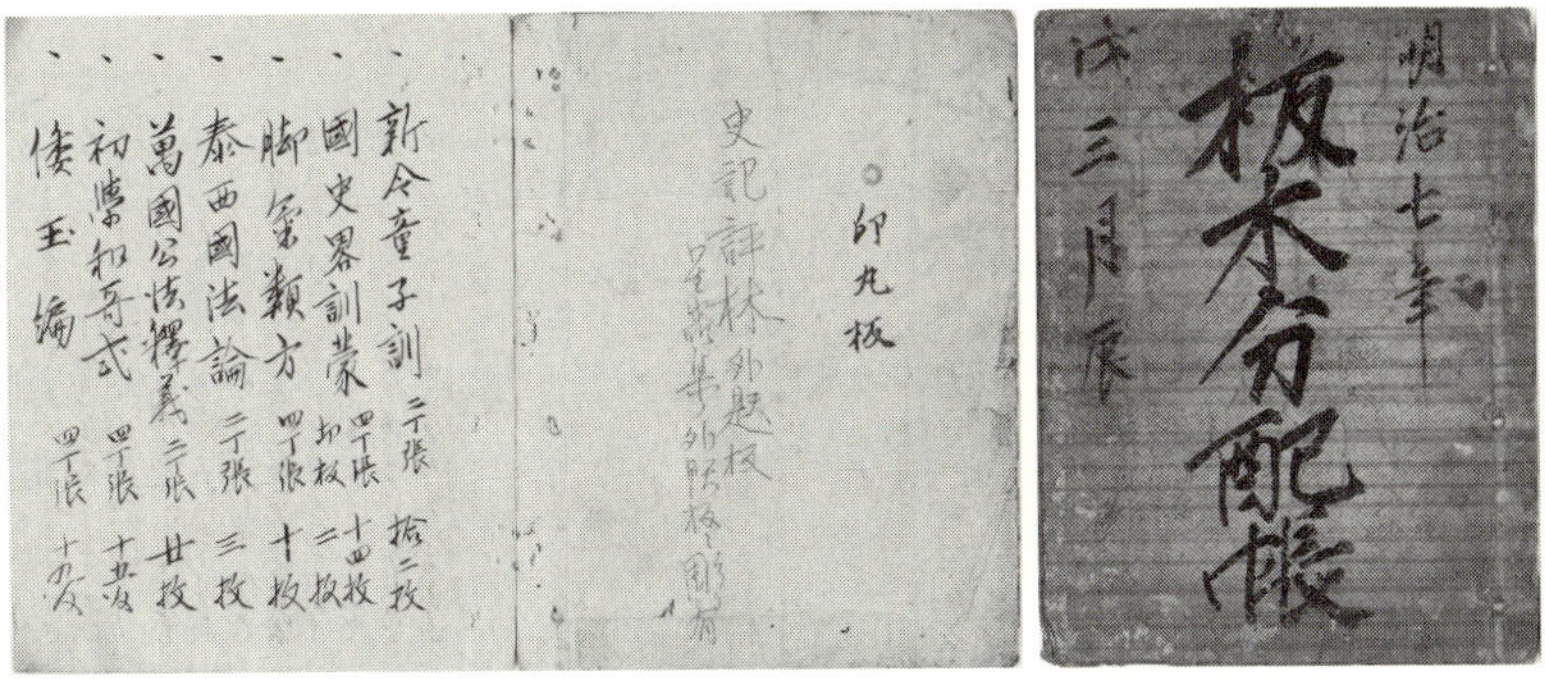

図4　『板木分配帳』（奈良大学所蔵、右：表紙、左：１オ）

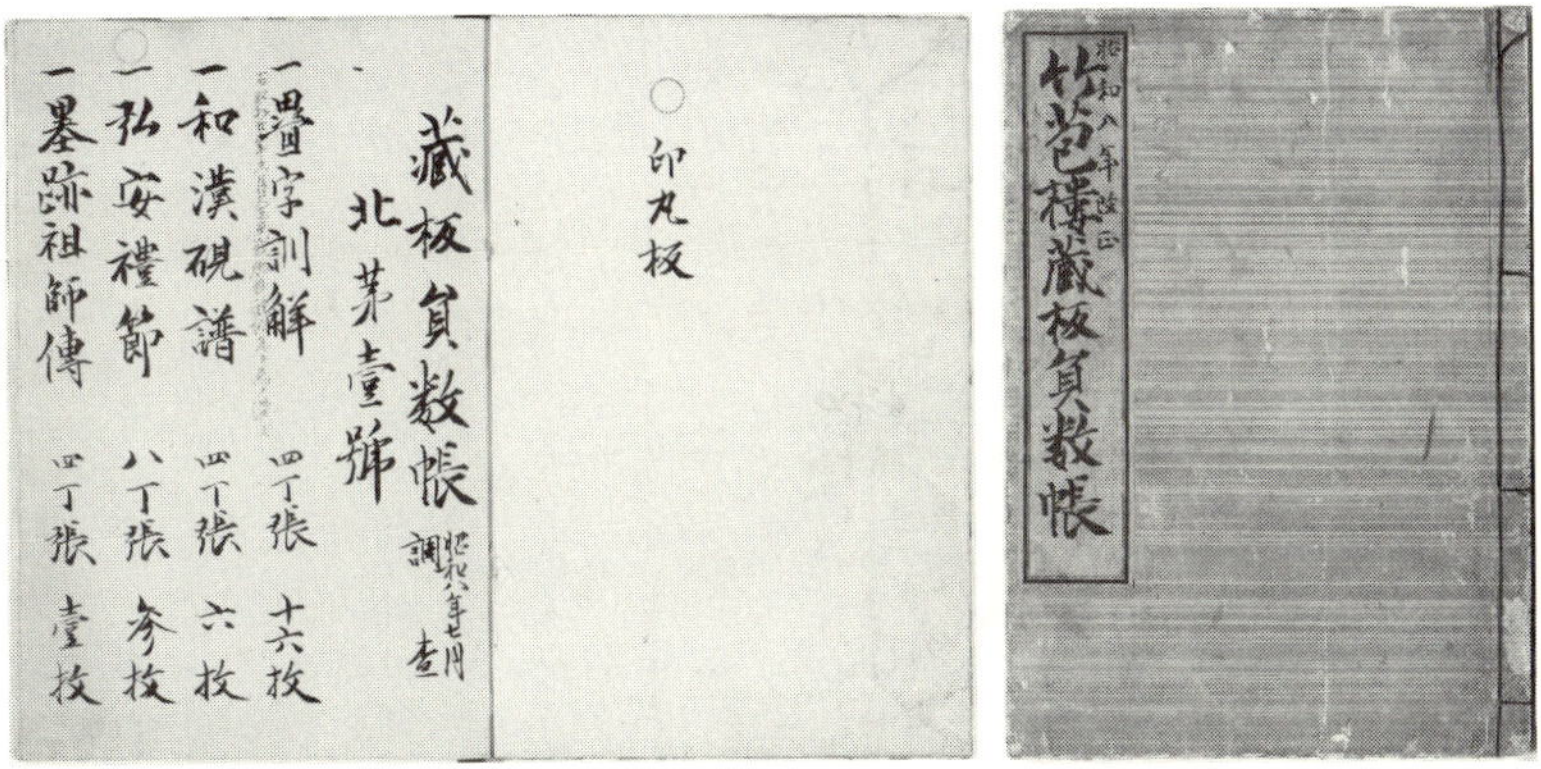

図5　『蔵板員数帳』（奈良大学所蔵、右：表紙、左：１オ）

う。

『蔵板仕入簿』は三代目佐々木惣四郎春蔭が編み始めたもので、昭和二十年（一九四五）三月までの書き込みがあり、四代目、五代目と継続使用された。専用箋が用いられており（図2）、その板木が現存している（図3）。その書式に従って半丁に一点ずつ、書名・冊数・丁数・紙・摺・表紙・板賃・雑費が記され、上段の欄内には相合の相手とその板賃、下段左下の欄にはしばしば符牒が書き込まれている。

永井氏が指摘されるとおり、『蔵板員数』には記されない相合の具体的な相手先が記される場合がある。また、項目欄の余白に「スルカ」「みの」「小杉」などの紙の種類を指定したり、「帙入《ちついり》」とすることを注記するなど、最終的な本作りに関わる興味深い記載が多い。

『板木分配帳』は四代目によって編まれたもので、表紙に「明治七年」「戌三月辰」とある。大正九年（一九二〇）までの書込みがあり、四代目・五代目が継続使用したものである（図4）。この記録には所有する板木の書名と枚数が保管場所ごとに箇条書きに記されている。後述するが、後に貼付された付箋から、『蔵板員数』や『蔵板仕入簿』に掲載されない書についての情報が得られる場合がある他、他の板元が火事で失った板木一覧を写した冊子が挟み込まれている。

『蔵板員数帳』は昭和八年（一九三三）七月から五代春吉によって編まれたものである（図5）。遊んでいる丁数が多く、記載される点数も少ないことから、実際には『板木分配帳』が継続して使用されたものと思われる。

この三点が掲載する情報は、およそ『蔵板員数』に集約されているようにも思われる。しかし第四節に示すとおり、それぞれ情報の出入りや齟齬もあって、単独で見た場合には誤った解釈をしてしまう可能性もあり、複数の記録を読み合わせることによって、より具体的な状況が見えてくる場合もある。また、まだ知られていない資料として、次節に述べる佐々木が公刊した蔵板目録もある。

第三節　佐々木惣四郎の出版記録（その二）――『書林竹苞楼蔵版略書目』――

佐々木の蔵板目録に、『書林竹苞楼蔵版略書目』（柱題、以下『略書目』）がある。前節に述べた諸記録が板元の内部資料であるのに対し、『略書目』は佐々木が公刊した蔵板目録である。『略書目』は板本の伝存を確認できないが、奈良大学博物館に板木四枚の所蔵を確認できる（T1401～1403、T2612、図6）。

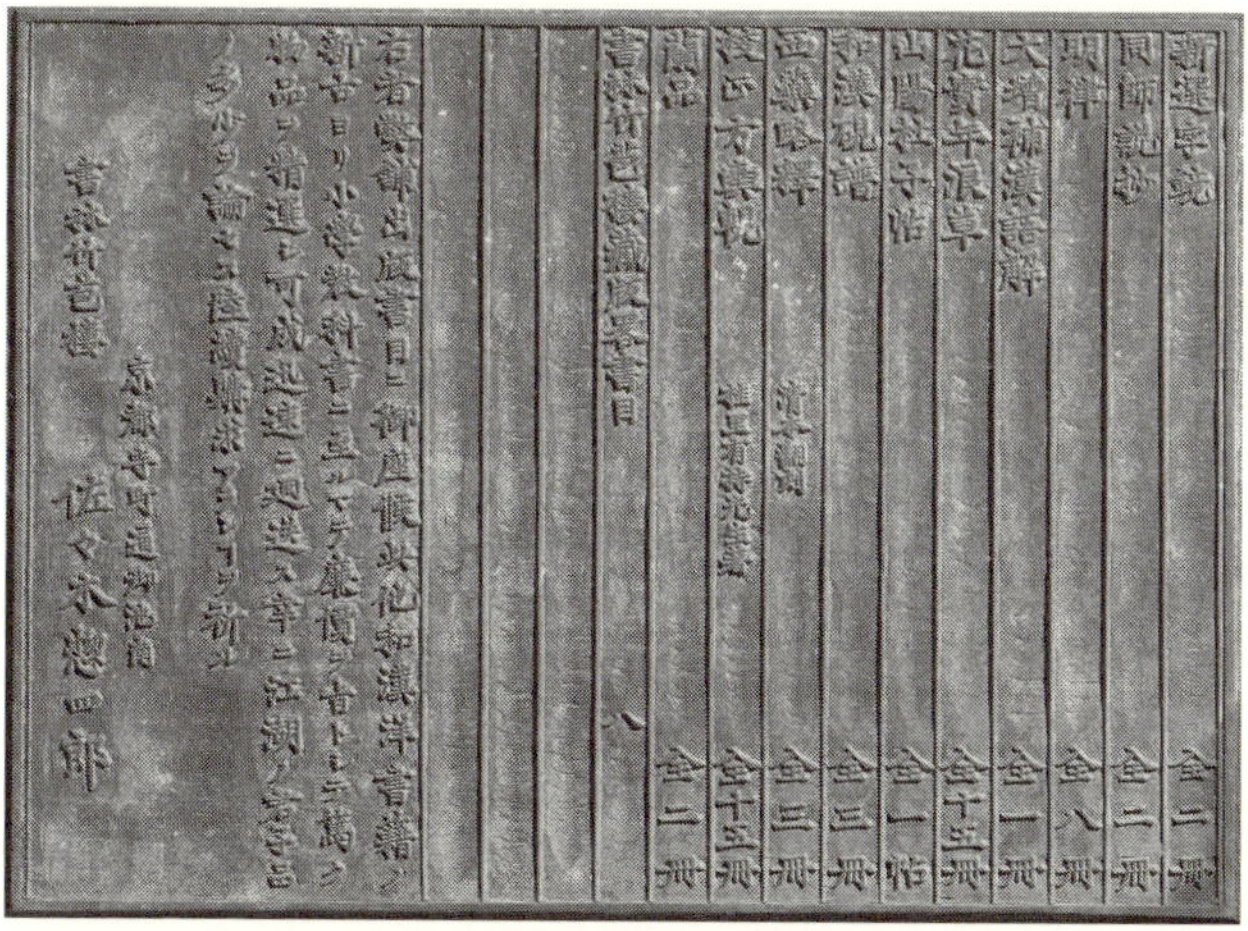

図6 『書林竹苞楼蔵版略書目』

（上）三丁（奈良大学博物館所蔵、T1402、部分、鏡像）

（下）八丁（奈良大学博物館所蔵、T1401、部分、鏡像）

板木は二丁張で全八丁揃、半丁十行、匡郭寸法（縦一四・三センチメートル×横九・七センチメートル、三オ）から書型は中本と考えられる。一行に一点ずつ、上方に書名、続いて編著者、書型・装幀・用紙（白紙摺・薄摺）の注記、冊数の順に記す。一～二丁の板木（T2612）は虫損が激しく、内題は「［虫損］楼蔵版発兌略書目」とある部分のみ確認できる。刊行年は記されないが、第二章に述べた端食（反り止め）の形式がC型であることから明らかに近代の板木であり、『蔵板員数』などに対応する時期の成立と考えられる。板本の伝存が確認できないこともあり、ここにその記載内容を掲載しておこう。

［虫損］　楼蔵版発兌略書目
［虫損］　会津安聚著　大本 半紙本　全三拾冊
［虫損］　惕斎仲先生著述　全八冊
［虫損］　仝　全七冊
［虫損］　仝　全七冊
［虫損］　大典禅師著　全四冊
［虫損］　王陽明先生著　全四冊
［虫損］　全二冊
［虫損］
［虫損］　全二冊
（一オ）」

［虫損］　岡白駒著　全五冊

［虫損］　鴨縣主祐之纂　全七冊

［虫損］　全十冊

［虫損］　全八冊

［虫損］　全十五冊

［虫損］　大江匡房卿著　全十九冊

［虫損］　安富国民著　全四冊

［虫損］　荒木市太郎問目　全［虫損］冊

［虫損］　松田緑山校正　全一冊

［虫損］　［虫損］襄著　全四冊

（一ウ）」

［虫損］集解　三宅左平註釈　全四冊

［虫損］　燕石陳人註　全四冊

［虫損］稿　頼襄著　全六冊

［虫損］詩叢書　諸大家合著　全五冊

［虫損］法　王世貞校　大本　全廿冊

［虫損］珠詩格　元番易子済徳夫編輯　横本 銅版　全二冊

［虫損］珠詩格　須静堂校本　全五冊

［虫損］画詩删　山添直次郎編輯　薄用摺又ハ白紙帙入有　全三冊
［虫損］詩類選　薄用摺モ有　全三冊
［虫損］　全四冊
（二オ）」
［虫損］詠物詩　大典禅師著　全二冊
［虫損］推敲　仝　全二冊
詩語解　仝　全二冊
太平楽府　銅脈先生著　全二冊
太平遺響　仝　全二冊
吹寄蒙求　片屈道人著　全一冊
青物詩選　銅脈先生著　全一冊
前戯集　河邑先生著　全一冊
茄子腐蒿　可々子著　全一冊
勢多唐巴詩　銅脈先生著　全一冊
（二ウ）」
諷題三詠　鏡間外史撰　全一冊
二大家風雅　銅脈先生著　寝惚先生著　全一冊
毛護夢先生紀行　海道飛雲助選　宿次盛馬夫校　全一冊

忠臣蔵人物評論	扁屈道人著		全一冊
狂詩馬鹿集			全一冊
文体名弁			全四十冊
古文真宝校本	益堂鈴木先生校本		全三冊
文章軌範	羅州先生校訂	俗ニ京版ト云フ	全六冊
正文章軌範纂評	安藤太郎著	大本半紙本中本アリ	全三冊
唐宋名家史論奇抄		薄用摺モ有	全四冊
（三一オ）」			
奇文欣賞	盤渓大槻先生著	薄用摺モ有	全六冊
読史末議	西川文仲著		全二冊
文語湧泉	仝		全二冊
標註文章軌範纂評	安富国民標註		全三冊
続文章軌範纂評	片山勤纂評	大本中本半紙本アリ	全三冊
文章軌範註釈	千田一十郎註釈		全六冊
八大家文格纂評	片山勤纂評		全五冊
閑田文草	盧蒿蹊著		全五冊
新策正本	頼山陽著		全三冊
下学邇言	会沢安著		全三冊

（三ウ）」

欧蘇手簡註解	西川文仲註解		全四冊
名家纂評増補月瀬記勝	齊藤拙堂原著 平山五岳増補	巾箱本帙入	全二冊
名家纂評嵐山記勝	西川蓼邨編輯	巾箱本帙入	全二冊
巾箱小品	清本翻刻	白紙摺帙入	全四冊
徂徠文集解			全二冊
菅家文草			全六冊
小雲楼手簡	大典禅師著		
近古史談	大槻盤渓著		全二冊
藤樹遺稿			全一冊
東海紀行			

（四オ）」

東見記			全二冊
公私案文	宇喜多小十郎編輯		全二冊
新選用文章	吉見重三郎編輯		全二冊
冠辞考			全十七冊
和歌麓の塵	以敬斎長伯述		全三冊
和歌浜のまさこ			全二冊

初学和歌式　全二冊
師子厳和歌集　全一冊
紅塵和歌集　全二冊
雅言通裁鈔　城戸千楯抄述　全四冊
（四ウ）」
詞のやち又　大本 中本　全二冊
同補遺　全二冊
歌袋
春葉和歌集
新葉和歌集　全四冊
拾遺和歌集　全二冊
三種歌合　全一冊
加茂社歌合　寂蓮法師書　全一帖
新古今和歌集　小本　全二冊
閑田詠草　盧蒿蹊著　全四冊
（五オ）」
袖中草分衣　全一冊
古今集　三ツ切　全一冊

三代集　袖珍本薄用帙入　全三冊
訳文童喩　閑田子蒿蹊著　全二冊
冠句四季母草　轡家芝雄撰　全一冊
冠句京之水　仝　全一冊
明季人名録　片山精堂著　全二冊
清書画人名譜　貫名海屋閲　全三冊
本朝画史遺伝　全五冊
草字彙　清本翻刻　帙入　全六冊
（五ウ）」
賞奇軒墨竹譜　全一冊
狂画苑　全一冊
竹譜詳録　全二冊
頭書学道用心集　道元禅師著　全一冊
信心銘夜塘水　画龍謹述著　全二冊
鉄笛倒吹　海玄楼奥龍著　全一冊
十八羅漢図讃　蘇東坡頌　王弇州賛　全一冊
因果経絵抄　全五冊
御文讃歎絵抄　全二冊

年山紀聞　全六冊
（六オ）」
通俗玄談集　卍源禅師著　全二冊
宅山石　松井羅州著　全四冊
北辺随筆　全四冊
近世奇人伝　全十冊
好古小録　藤原貞幹著　全二冊
好古日録　仝　全二冊
梅窓筆記　全二冊
閑田畊筆　盧蒿蹊著　全四冊
同次筆　仝　全四冊
容斉随筆　山陽頼先生訓点　松南摩嶋先生校　全六冊
（六ウ）」
秇苑日抄　全十冊
当世心之筋立　水竹居著　全一冊
墨蹟祖師伝　全三冊
劉向列女伝　全八冊
茅窓漫録　全三冊

良姻心得草　全二冊
眼前教の近道　全一冊
百家畸行伝　全四冊
中外貨幣度量考　瓜先生著　全一冊
酔古堂剣掃　松陵陸紹珩湘客選　全四冊
（七オ）」
陸羽茶経　全二冊
鉄荘茶譜　富岡先生著　白紙摺　全二冊
喫茶養生記　建仁千光祖師述　全一冊
雑字類編　柴小輔編輯　全二冊
珠算糸口　佐々木慶助著　合本モアリ　全五冊
万国公法　西周著　薄用モアリ　全四冊
孫呉約説　富岡先生再校　全二冊
玉堂琴譜　全二冊
色ノ千種　全一冊
和名類聚抄　全五冊
（七ウ）」
新選字鏡　全二冊

同師説抄　全二冊
明律　全八冊
大増補漢語解　全一冊
花実年浪草　全十五冊
山陽杜子帖　全一帖
和漢硯譜　全三冊
西薬略釈　清本翻刻　全三冊
校正方輿覯　桂里有持先生著　全十五冊
蘭品　全二冊
（八オ）」
右者弊舗出版書目ニ御座候此他和漢洋書籍ノ
新古ヨリ小学教科書ニ至ルマテ廉価ヲ旨トシテ篤ク
物品ヲ精選シ可成迅速ニ廻送ス幸ニ江湖ノ君子品
ノ多少ヲ論セス陸続購求アランヿヲ祈ル
京都寺町通御池南
書林竹苞楼　佐々木惣四郎
（八ウ）」

記載される書は全一四九点、冒頭二丁分は虫損で書名を確認できないが、「大江匡房卿著」「全十九冊」（一ウ）

は『江家次第』、「岡白駒著」の「全五冊」は『史記觿』（一ウ）、「鴨縣主祐之纂」「全七冊」（一ウ）は『大八洲記』のように、著編者と冊数をその他の記録と照合することによって、記載書名を推定できるものも多い。全体的な傾向として、「太平楽府」（二ウ）などの狂詩集、「閑田文草」（三ウ）、「近世奇人伝《（ママ）》」（六ウ）といった伴蒿蹊関係書など、佐々木の出版史を飾る書が並ぶのはもちろんのことであるが、それら以外も存外に多く記載される。

さて、この蔵板目録はいつ頃の刊行であるか、『蔵板員数』の記載情報との関係から探ってみる。『蔵板員数』には、明治期以降、活版印刷が木版印刷に取って代わる中で、佐々木が生き残りをかけて板木を買い集めていく様子が克明に記されている。特に明治二年（一八六九）から明治十二年（一八七九）頃にかけて、また明治末～大正中頃にかけ、刊行態勢を増強し整えようとする佐々木の姿勢は顕著であり、一見『略書目』はその板木収集を経て、大正以降に刊行した蔵板目録のように見える。

しかし『蔵板員数』によれば、『略書目』に記載される「近世奇人伝《（ママ）》」（六ウ）は大正二年（一九一三）五月、大坂板木市で山田直三郎へ、「劉向列女伝《（ママ）》」（七オ）は同様に「青木」（嵩山堂）へ売られ、「校正方輿輗《（ママ）》」（八オ）は同年十月に東京の富士川游氏へ譲渡されており、この三点の書を記載する『略書目』はそれら以前の刊行でなければならない。また明治末～大正初め頃に佐々木が新たに板株を得た『秘伝花鏡』『暢寄帖』『篆刻独学』『百首異見』などの書が『略書目』には全く記載されない。したがって記載書から推す限り、『略書目』はおよそ明治四十年（一九〇七）頃までの成立と考えられよう。行方不明となった「賞奇軒墨竹譜」（六オ）の板木一枚を大正五年（一九一六）八月に彫り足したこと、大正五年の板木市で「好古小録」や「好古日録」（以上、六ウ）、「百家畸行伝」（七オ）や「清書画人名譜」（五ウ）などの板木を買い足したことなどが『蔵板員数』に記録されているが、これらは『略書目』刊行後の出来事であり、『略書目』に記載した書の刊行態勢を増強するために行われたことなのだろう。

成立の上限は、『略書目』に記載される書のうち、明治十五年（一八八二）新刊『標註文章軌範纂評』が最も時代を降るものであるから、それ以降となるだろう。総じて、記載書目からの推定では明治十五年以降明治四十年頃までの成立ということになる。

さて『蔵板員数』では、明治二十〜三十年代の板株の売買が記載されておらず、記載書目から『略書目』の刊行年代をさらに限定することは難しい。しかし『略書目』とて、佐々木の刊行物の一つであり、佐々木が管理する板木の一部であった事実を忘れてはならない。『板木分配帳』において、板木の保管場所を示す「南第四号」の箇所に、次のような付箋が付されている。

廿三年六月調号外ニ付記載ス
一　煎茶早指南　二丁張　十枚
一　蔵版目録　〃　四枚
一　学道用心集　〃　五枚

注記の意をやや取りづらいが、「明治二十三年（一八九〇）六月に調べたところ、これらの板木の所在が帳簿のこの号に記載されていないため記載しておく」、のような意であろう。「蔵版目録」の板木は、明治二十三年六月以前に板木蔵に収まったのだから、先の新刊書の刊行年代と合わせて、明治十五年以降明治二十三年六月以前になる。記載書目との関係から推定した、明治四十年頃までとの推定にも矛盾しない。

『略書目』についてとりわけ注目されるのは、「新策正本」「読史末議」（以上、三ウ）「増補月瀬記勝」「嵐山記勝」

（以上、四オ）など、『蔵板員数』に記載されていない書が掲載されていることである。これは『蔵板員数』が佐々木の蔵板目録として、単一ではその全貌を完全には伝え切れていないことを意味する。『蔵板員数』を含む諸記録、本屋仲間の記録に、現存する板木・板本が併せ参照されることによって、初めて佐々木の出版活動の実態を明らかにでき、近世出版の有り様をうかがうことができるはずである。現在筆者には、これらすべてを相互対照させ、「板木閲覧システム」とともに提供する準備はできていないが、まずは佐々木の出版記録同士を対照させ、問題点を明らかにすることをその第一歩としたい。

第四節　諸記録の参照によって判明すること

さてそれぞれの佐々木の出版記録の特徴を見てきたが、それらを読み合わせて初めて正しい事実が判明する場合や、明確な状況が見えてくる場合がある。板株の移動については、『蔵板員数』や『蔵板仕入簿』に詳しく記されているが、必ずしもすべての情報を明確に記しておらず、これらを参照してもなお、情報を把握しきれない場合がある。本節では『酔古堂剣掃』『梁塵愚案鈔』『金元清詩類選』の三点を例に、諸記録を相互に参照することの必要性を確かめたい。

（一）『酔古堂剣掃』

第三章でも扱った嘉永六年（一八五三）刊『酔古堂剣掃』は板木九枚が現存し（奈良大学博物館所蔵、立命館大学アート・リサーチセンター［以下、立命館ARC］所蔵）、そのうち奈良大学博物館に所蔵される八枚が竹苞書楼旧蔵

である。『蔵板員数』によれば、

〔一　因果経和談図会　二丁張六枚　相合〕
大正九年九月二十八日菱友江酔古堂剣掃
ノ板ト交換ス

とある。大正九年に佐々木は菱屋友五郎へ『因果経和談図会』の板木を譲り、その際に『酔古堂剣掃』の板木と交換したという。『蔵板員数』において、『酔古堂剣掃』はこの箇所にしか記載されていない。したがって『蔵板員数』のみを見ると、この時点で佐々木が初めて『酔古堂剣掃』の板株を得たかのように見える。しかし前節においてその成立時期を推定した『略書目』には、「酔古堂剣掃」（七オ）が記載されていることから、佐々木は明治半ばまでにはその板株を一部得ていたと思われる。つまり『蔵板員数』の記述は、大正九年時点で板前を増したという理解に変更せざるを得ないだろう。

その他の記録も読み合わせてみる。『板木分配帳』には、「酔古堂剣掃　四枚」とある。『蔵板仕入簿』には半丁を設けた記載は見られないが、「内理式」（1ウ）の記載箇所に「銭惣」から「吉仁」宛、つまり佐々木から吉野屋仁兵衛に宛てた付箋が貼り付けられており、そこには佐々木以外の『酔古堂剣掃』の五軒の相合先が、「酔古堂剣掃（中略）相合　菱友、丹徳、井上、文石、大谷　此方」「各四厘ツヽ」と記されている。また『蔵板員数帳』は板木蔵の北第一号の場所に、「一　酔古堂剣掃　十枚」があると伝えている。

これらを順序立てて整理してみよう。『板木分配帳』に記載されることから、明治七年（一八七四）八月以前に、佐々木は板木四枚を所有していた（『板木分配帳』）。次いで一見、板木を交換したはずの「菱屋」を相合先としてあげている『蔵板仕入簿』が古いかと思われるが、板賃が各四匣ずつと記されていることが気にかかる。

この記述を佐々木が菱屋と板木を交換する前の板前と見れば、佐々木が持っていた板木は四枚となる。板賃は四匣ずつと平等であるから、全員の持ち板が同数だったとすると、四枚×六軒で板木は全二十四枚、九十六丁分になる。一方『酔古堂剣掃』の板本（立命館ARC所蔵、arcBK03-0066）を見ると、中本二冊、全二〇七丁であるから、板木が全く足りないのである。この丁数を充たすためには、佐々木を含む各板元が、実際にはそれぞれ八〜九枚の板木を持っていないと『酔古堂剣掃』に必要な丁数を揃えることができないことになり、『蔵板仕入簿』に記載されるのは、佐々木が菱屋と板木を交換した後の板前である可能性が高い。菱屋は『酔古堂剣掃』の持ち板すべてを佐々木に譲ったのではなく、一部を譲ったのだろう。

したがって『蔵板員数』に記載される板木の交換が先に行われ、その後の板前が『蔵板仕入簿』の付箋であると見ておく。その後も板株の移動があったらしく、昭和八年の段階で佐々木の手もとには十枚の板木があった（『蔵板員数帳』）。その後、奈良大学に収蔵されるまでの間に二枚が失われたことになる。現存の八枚の板木のうち、どれが菱屋と交換した板木か分からないが、現存する板木の中には、菱屋から佐々木に移った板木が確実に含まれているのである。ちなみに立命館ARC所蔵の一枚の出自は不明である。

（二）『梁塵愚案鈔』

元禄二年（一六八九）刊『梁塵愚案鈔』は、四丁張の板木四枚が現存している。『蔵板員数』には「一　梁塵愚案抄　七枚　〆半株」とのみ記載されている。現存四枚の板木のうち、T2533には刊記が含まれており（図

7）、その入木によれば、以前には大坂の松村九兵衛が板株を持っていたことが分かるが、佐々木の相合の相手は松村ではない。『蔵板仕入簿』には、『蔵板員数』に記されない相合の相手先を「相合　此方　半　出文　半」としており、残りの半株を出雲寺文治郎が持っていたことが判明する。出雲寺も半株であるから、七枚の板木を所有していたと考えるのが単純な想定であろう。『蔵板員数』と『蔵板仕入簿』からは二つの情報――佐々木と出雲寺による半株ずつの相合、板木総数が十四枚であると思われること――が導き出される。

さて板木総数が十四枚であるとすると、四丁張で五十六丁分を彫ることができる。早稲田大学図書館所蔵本（文庫20 00442）や国立音楽大学附属図書館所蔵本（S60–378〜379）、国文学研究資料館所蔵本（タ1–1、タ1–2）に

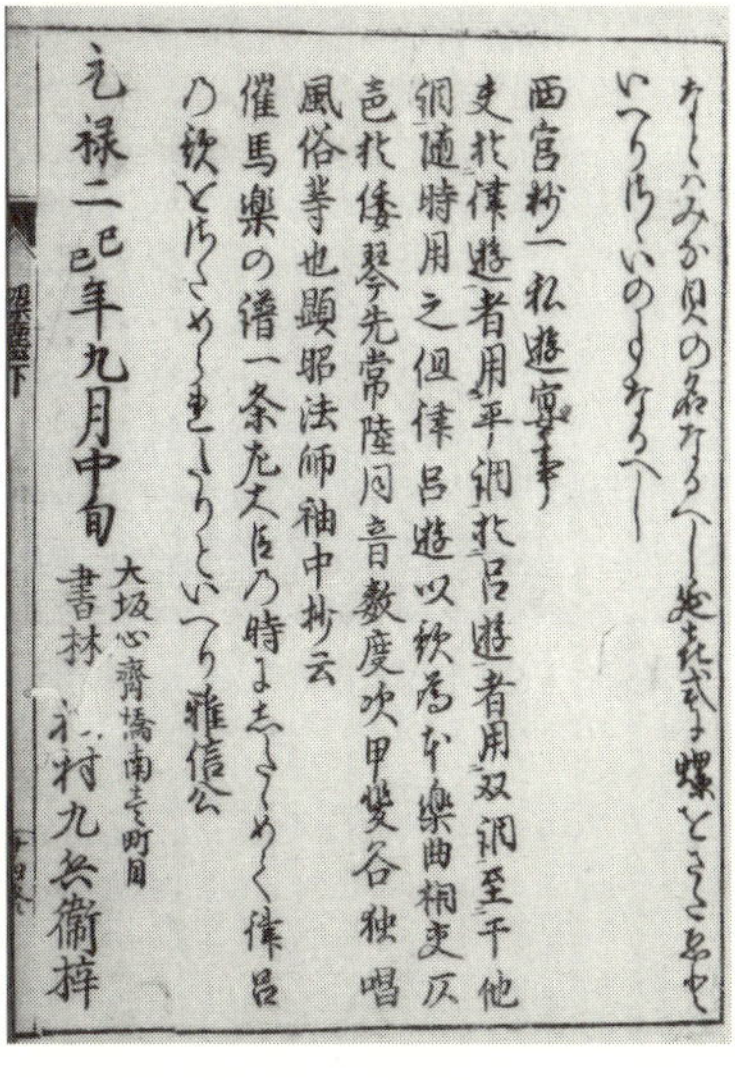

図7　『梁塵愚案鈔』刊記
板木（奈良大学博物館所蔵、T2533、部分、鏡像）
早稲田大学図書館所蔵本（文庫20 00442、部分）

図８　題簽（奈良大学博物館所蔵、T2530、部分）

図９　巻上　廾六オ（奈良大学博物館所蔵、T2530、部分）

図10　巻下　廾四終丁（奈良大学博物館所蔵、T2533、部分）

よって『梁塵愚案鈔』の板本を見ると大本二冊、上巻は全二十五丁半、下巻は全二十三丁半である。現存の板木を見ると、題簽はそれだけで一丁分のスペースを使っており（図８）、上巻裏表紙見返しの半丁もそれだけで一丁分のスペースを使用している（図９）。また、下巻裏表紙見返しの刊記を含む半丁も一丁分のスペースを使用している（図10）。比較的余裕をもった板木構成ではあるが、これに加えて袋に一丁分を費やしたとしても、必要なスペースは五十二丁分で済む。したがって十四枚五十六丁分という板木枚数が妥当であるように思われない。

この疑問を解消するためには、やはり諸記録を読み合わせなければならない。『蔵板員数帳』には該書についての記載がないが、『板木分配帳』には「一　梁塵愚案鈔　、（※筆者注・四丁張の意）〃（※筆者注・丸板の意）十三枚」と記載されている。この記述は、佐々木が丸株を所有していた時期があることを示しているが、これを見れば、先の板木枚数十四枚との想定が、『蔵板員数』と『蔵板仕入簿』の二点のみを見た結果の誤解であることに気付くだろう。佐々木が七枚を所持していたことは『蔵板員数』の記載により動かない。『蔵板仕入簿』に板賃の記載がないため、実際のところ厳密に半株だったかどうか分からないが、出雲寺は半株とはいえ、六枚しか所持していなかったのである。板木枚数も十三枚であれば、先に想定したとおり五十二丁分となり、板本の丁数に見合った妥当な板木枚数といえる。

『板木分配帳』の記載箇所の上部には、「七枚」の付箋が貼り出されていることから、元は佐々木の丸株だったが、明治七年八月以降のいつかの時期に出雲寺に半株を譲渡して相合版となったと考えられる。佐々木の単独版、佐々木と出雲寺による相合版は、松村九兵衛の刊記を残したままの刊行だったのだろう。仮に刊記に「松村九兵衛梓」とある近代摺の『梁塵愚案鈔』に出会った場合、それは松村版ではない可能性を多分に含むことになる。

ともかくも、こうした経緯を経て佐々木の手もとに残った該書の板木七枚のうち、三枚は蟻に食みつくされたと思われるが、食まれつつもかろうじて残ったのが現在奈良大学博物館に収蔵されている四枚と思われる。諸記録を読み合わせる必要性を説くために遠回りをしたが、こうして元は佐々木の手もとにあった十三枚の板木から四枚の板木が現存する過程が理解できる。他に本例からうかがわれることとしては、刊記や奥付が伝える情報の信憑性について、なお論じるべきかもしれないが、これは今後の課題としたい。

（三）『金元清詩類選』

安政三年（一八五六）刊『金元清詩類選』は、十二枚の板木が現存しているが、これらは六枚ずつ、その履歴を異にしている。『蔵板員数』には、

一　金元清詩類撰　六枚
　但相合　又壱軒買得改二軒前
　　五之巻　九ノ弐拾
　　　弐拾九ノ三拾弐
　七ノ巻　五ノ拾弐
　六ノ巻　壱ノ二十四　買得分
　〆〔弐拾四丁〕
　改四拾八丁

のように記されており、板前は元、一軒前（六枚）だったが、板木を買い足して二軒前（十二枚）としたことが見える。現存の板木は、全くこの記述の状態で十二枚が現存している。また『蔵板仕入簿』には、

　相合
菱孫　六 七軒　壱匁八歩 弐匁壱歩
此方　二軒　六歩
出も寺　半軒　壱歩五
勝村　半軒　壱歩五

大坂　河喜　壱軒**三**　~~九~~**九**歩（※筆者注・元の記載判読不可）
河吉　壱軒つ、
河太

とある[注19]（※**ゴチック**は後筆、─は墨消しの意）。「此方　二軒」の記載から、板木を買い足した前後の相合の相手とその板前を知ることができる。菱屋孫兵衛の七軒を墨消しして六軒と改めている点から考えれば、佐々木が買い足したのは、菱屋孫兵衛が所有する一軒分だったように見えるが、それは佐々木の板前「二軒」に修正された形跡がない点、大坂の河内屋喜兵衛の板前が墨消しと補筆で増えている点と矛盾する。

立命館ARC所蔵本（arcBK03-0069）によれば、『金元清詩類選』は大本三つ切本、八巻三冊で序を含めて全三二丁である。板木は四丁張であるから、題簽・袋（見返し）・奥付等を計算に含めると、八十一枚は必要である。『蔵板仕入簿』所載の各板元の板前をすべて合算すると十四軒、一軒前は六枚であるから、板木枚数が八十四枚となる。先に想定した板木枚数よりも三枚多いが、あり得ない数字ではないだろう。

『蔵板仕入簿』の板元一覧と板本の奥付を照合すると、京・大坂の板元は一致するが、奥付に見える江戸の須原屋茂兵衛・山城屋佐兵衛・岡田屋嘉七の三名の名が『蔵板仕入簿』の相合の相手にあがっていないことに気付く（図11）。文化九年改正『板木総目録株帳』では相合の相手先を「京」とのみ記して、あとは『蔵板仕入簿』と同じく、河内屋喜兵衛・河内屋吉兵衛・河内屋太助の三名の名をあげるのみで、江戸の板元については記載がない。先に板木の枚数を想定したとおり、必要な板木枚数に照らして、『蔵板仕入簿』に記載される以上に板前を多く想定

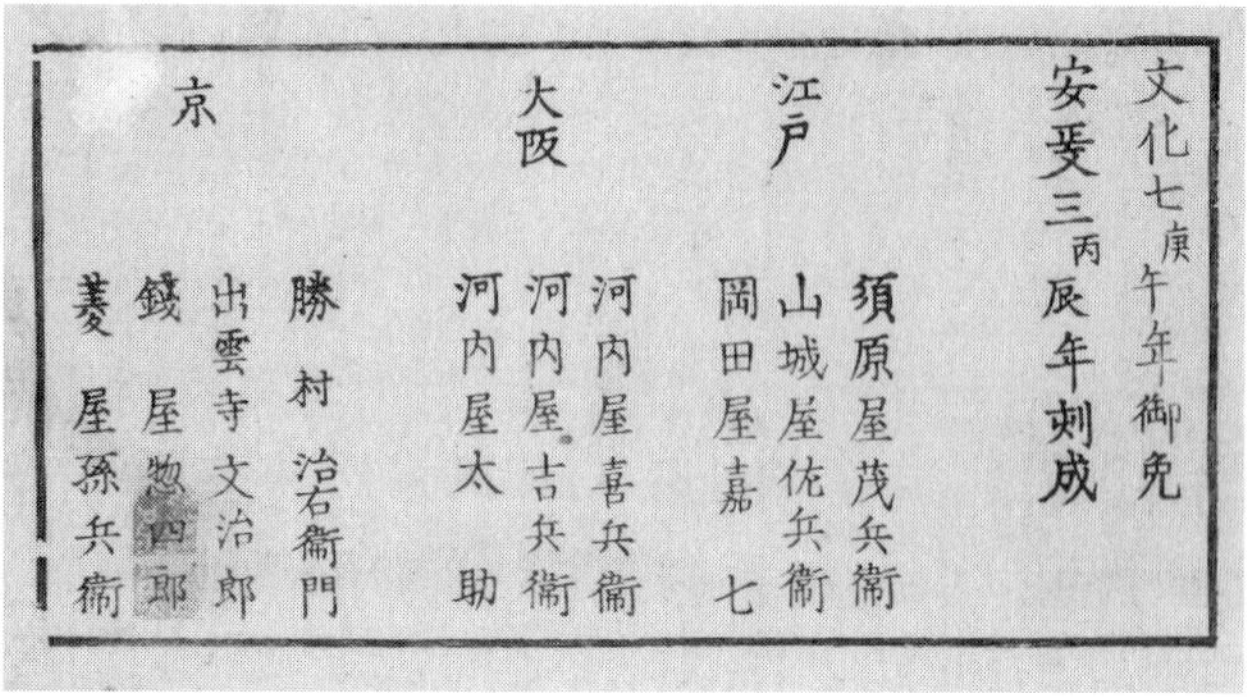

図11　『金元清詩類選』奥付（立命館ARC所蔵、arcBK03-0069）

することは難しいだろう。

『蔵板仕入簿』では、菱屋が板前を一軒分減らし、河内屋喜兵衛は二軒分増やしており、増減が合わない。この先は推定するより他にないが、奥付に照らして江戸の板元の板前を想定すれば、この補筆のつじつまが合うように思われる。つまり菱屋が手放した一軒前と、江戸の板元が所有していた一軒前、合わせて二軒前が河内屋喜兵衛に渡ったのではないだろうか。

江戸の板元の板前は、もともと一軒前ではなかったと考えられる。一軒前を三軒で分けることは論理的には難しい。しかし二軒前ならば一軒前が一軒、半軒前を二軒が持つことで分割しやすいだろう。おそらく江戸の軒前は二軒前を三軒で持っていたのであり、そのうち一軒は河内屋喜兵衛に渡った。残りの一軒前はどこへ行ったのかといえば、河内屋喜兵衛が板前を増す以前、「又一軒買得」と述べている板元、つまり佐々木のもとへ行ったと考えるべきである。佐々木が板前を増したのはいつ頃か、具体的な年月は分からないが、『板木分配帳』に「一　金元清詩類選　〃（※筆者注・四丁張の意）十二枚」とある。この記載は後筆とは認められないため、佐々木が板前を増したのは、明治七年三月以前と見てよいだろう。

以上、『酔古堂剣掃』『梁塵愚案鈔』『金元清詩類選』の三点について諸記録の照合を行った。結果としては、板株移動の些細な痕跡やその時期を少しく明らかにできたに過ぎないが、どれか一つの記録だけを参照したとすると、過去に行われた事実に辿り着くことが難しいことは示し得たと考えている。また、これらが示す板株移動は、板木の歴とした履歴であって、現存の板木がかつてどのように扱われ、なぜ今ここにあるのか、現存の板木を理解するにも有用な情報となる。

ただしこれらの記録を扱うには注意も必要である。『八大家文格纂評』、三つ切本『聯珠詩格』、横本『聯珠詩格』、『它山石』などは、記録上いずれも第二次大戦の終戦前後に潰されたことになっているが、板木は現存している。いずれも佐々木が所有していた板木枚数よりも減っており、潰す予定の段階で記録され、一部は実際に薪へと転用され、残りは幸運にも現在に伝わったと思われる。しかし『武芸小伝』に至っては、

一　武芸小伝　弐拾枚
　　　切板共
　壱之巻　壱ノ弐拾
但相合
　二之巻　九
　五之巻　壱ノ三拾弐
　　三十四
　六之巻　壱ノ弐拾四
〆七拾八丁　外題
　半株

昭和弐十年十一月終戦後薪配給ナシ
無拠潰ス

とあるのだが、この記事が示すとおりの状態で、板木二十枚が現存している。これも潰す予定だったが、結局はその必要がなくなり、一枚も薪に転用しないままに現存しているのだろう。これらの例によれば、予定や見込みの段階で、すでに起こった出来事のように記入された場合があることも十分考えられる。出版記録を見ると、あたかもそれが確定的な事実であるように思われるが、それらが伝える記録は、あくまでも一つの情報と捉え、板木や板本と照合しつつ、事実を確定させていく必要があるだろう。

おわりに

以上、佐々木惣四郎の出版記録を中心に、出版記録から読み取れる情報について考察を加えてきた。第一節に述べた入銀本の実際については、断片的ながら、当時の出版界の実態を教えてくれる重要な情報であろう。また、第二~四節では、未紹介の出版記録にふれつつ、複数の出版記録を読み合わせて、かつて存在した板木が現存しない理由、現存する板木が現在までに辿った軌跡を追った。

本章で扱った出版記録は、板本の刊行に際して行ったこと、通常行われていたこと、起こった出来事、結果どのような状況となったか、板前や板木の枚数、その経費などを記録した、いわば出版界の「事実」を伝えるものである。異なる記録間で情報の出入りや齟齬もあり、可能な限りすべての記録を参照しなければ確定的な事実を得られない場合もあるが、その上で出版記録から情報を拾っていけば、現存の板木の履歴を明らかにし、理解を深めることができるのはもちろん、本の刊行にあたって、当時の出版界では何がどのように行われていたのか、より具体的に理解していくことができる。

しかし、このような「事実」を書き記した資料を扱ったとしても、具体的な確定事項を得ようとすると、曖昧な点が残り推測に頼らざるを得ない点が多い。板株から板木枚数を捉える方法や、補筆による板株移動の見方など、本章で示した方法が果たして適切であり、通用するのか否か、板木・板本・出版記録の三点を同時に参照しながら、事例を積みあげ、その記述内容を検証することが今後の課題となる。

終章に述べるとおり、すでに板木・板本を芋蔓式に参照する態勢は整いつつある。これに加えて出版記録をも同時に参照できる環境を現在準備中であるが、この三点が揃ったとき、板木を出版研究に活用する基盤はほぼ整うものと思われる。

注

（1）大坂の本屋仲間記録は、大阪府立中之島図書館編『大坂本屋仲間記録』第一～第十八巻（一九七五～一九九三、大阪書籍商社・大阪府立中之島図書館）に所収。以下、本章において本文の引用や図版の転載を行う場合は、同書から行った。

（2）宗政五十緒・若林正治編『近世京都出版資料』（一九六五、日本古書通信社）、宗政五十緒・朝倉治彦編『京都書林仲間記録』一～六（書誌書目シリーズ五、一九七七～一九八〇、ゆまに書房）、彌吉光長『未刊史料による日本出版文化』一～八（書誌書目シリーズ二六、一九八八～一九九三、ゆまに書房）に所収。

（3）朝倉治彦・大和博幸編『享保以後・江戸出版書目――新訂版――』（一九九三、臨川書店）、朝倉治彦編『江戸本

屋出版記録』上・中・下（書誌書目シリーズ一〇、一九八〇～一九八二、ゆまに書房）等に所収。
（4）水田紀久編『若竹集　創業期出版記録』（一九七五、佐々木竹苞楼書店）。以下、本章における『竹苞楼大秘録』の引用は同書による。
（5）永井一彰『藤井文政堂板木売買文書』（日本書誌学大系九七、二〇〇九、青裳堂書店）。なお本章における『蔵板員数』の引用はすべて同書によって行い、墨消しを示す〔　〕の表記も同書に従ったが、後筆はすべてゴチックで統一して表記した。
（6）永井一彰「板木の分割所有」（『奈良大学総合研究所所報』一七、二〇〇九）
（7）（4）に同じ。
（8）永井一彰「竹苞書楼の板木――狂詩集・狂文集を中心に――」（『奈良大学総合研究所所報』一五、二〇〇七）
（9）中野三敏・市古夏生・鈴木俊幸・高木元「座談会・江戸の出版（下）――板元・法制・技術・流通・享受――」（中野三敏編『江戸の出版』、二〇〇五、ぺりかん社）
（10）橋口侯之介「江戸の古本屋二八　本屋の取引方法」（『日本古書通信』九六八、二〇一〇）
（11）蒔田稲城『京阪書籍商史』（村田勝麿編『日本出版大観』上巻、一九二八、出版タイムス社）
（12）『竹苞楼大秘録』では、「謝茂秦詩集」の他、「浜のまさご」「前戯録」「怡顔斎蘭品」などがその例にあたる。
（13）校合については、林若樹「小説の本になるまで」（山田清作編『版画礼讃』、一九二五、春陽堂）、上里春生『江戸書籍商史』（一九六九、名著刊行会）、服部仁「合巻の校合と校合刷本」（『書誌学月報』五六、一九九五）に言及がある。
（14）（10）に同じ。
（15）（6）に同じ。
（16）永井氏は（6）の文献において、『秘伝花鏡』を例に、江戸の板元を相合の相手先に含む場合の板木の置き場所について、京都の板元が江戸の板元の板木を預かる事例を報告されている。
（17）（1）の第十二巻、第十三巻の解題に詳しい。
（18）（6）に同じ。

(19) なお『金元清詩類選』には、八巻一冊の薄様摺がある。薄様摺や白紙摺は、諸経費が並摺のそれより高いため、『蔵板仕入簿』では並摺の本とは別途に半丁分を設けて記載している。『金元清詩類選』もその例にあたり、別途半丁分が設けられているが、所載の板前は並本のそれと同一である。

第五章　近世出版における板木の役割——摺刷以外の板木の機能——

はじめに

第一章において述べたように、筆者らは、奈良大学が管理する約五千八百枚の板木をはじめとして、板木資料のデジタルアーカイブ活動と公開を進めており、近世出版研究への活用を図っている。そこでは、板本を中心に行われてきた近世出版研究や板本書誌学に板木という資料を加えることによって新視点を獲得し、出版や板本が関わる諸分野の研究を刺激することを目的としている。特に板本書誌学に対して与える刺激については、第二章〜第三章に詳述したとおりである。

しかし、板木によって捉え直すことが必要とされるのは、板本書誌学だけではないだろう。これまで、本屋仲間や各板元たちが残してきた出版記録は、出版の記録として読まれ、本の刊行に必要な手続きや仲間の組織構成などに対する一定の理解は示されてきている。しかし、出版された本の大半が板木で摺られたものである以上、それらの記録は、板木を運用した記録として読むべき部分を含んでいるはずであり、従来は、この視点からの読みが十分に行われていないのではないだろうか。そのような観点から、本章は「板木」という視点から出版記録を読み直すことを試みるものである。本章では、特に「白板《しらいた》」と呼ばれる状態の板木の機能を考察することにより、近世出版機構において板木がどのように扱われていたのか、どのような役割を担っていたのかを明らかにしたい。

第一節　板木の外見

筆者は上述のデジタルアーカイブ活動を通して、多くの板木を観察する機会を得た。その観察から明らかにできた板木の基本構造については、すでに第二章において述べており、本章では板木の外見について簡略に述べるに留めておく。板本の板木は、彫製時期による変遷は認められるが、両面に刻面があり、板の両端に経年変化による板の歪みを防ぐための端食《はしばみ》（反り止め）と呼ばれる加工が施されるなど、一定の様式がある。しかし当然ながら、大本か中本か、半紙本か小本か、縦型か横型かといった書型により、板木の大きさは異なってくる。書型に加えて、板木の片面に一丁、両面計二丁の二丁張、板木片面の左右に二丁を並べた両面四丁張、片面の左右に三丁を並べた両面六丁張、片面の左右に四丁を並べた両面八丁張という、いわば板木の規格があり、現存板木の大半を四丁張と二丁張が占めるとはいえ、何丁張であるのかによっても、板木の大きさはさまざまとなる。

このように、大きさにはバラエティーが認められる板木であるが、現存する板木にほぼ共通していえることは、黒いということである。板本は、色摺りが施されたものもあり、それらの板木は主板とは別に色板が存在し、むろんそれらは黒いわけではない。しかし全体的な割合からいえば、圧倒的多数の板本や丁は墨一色で摺られているといっても過言ではない。繰り返し墨で摺られた結果、板木の表面には墨が染みつき、また堆積するため、板木は黒色の物体となっていく。印刷の道具としてみれば、板木は必然的に黒くなるものなのである。

第二節　「白板」の語意

上述のように、本来黒色であることを特徴とする板木であるが、板元や本屋仲間の記録を参照すると、板木が「白板」という状態で扱われている例が散見される。白板とはどのような状態の板木を指すのだろうか。まずはその語意を探ることを考察の端緒としたい。辞典類によれば、「白板」の項には、「版下を張りつけてない版木」（『日本国語大辞典』）、「画・文字・彫刻を施す前の板。あるいは、彫刻する前の板木。」（『角川古語大辞典』）といった解釈が示されている。いずれも「白板」をまだ彫られていない状態の板を指す語として捉えているが、これらは近世出版機構における「白板」を理解するにあたり、適当な解釈であろうか。

辞典類の他、白板の語意を理解するにあたって参考になるのが、開板の手続きである。一点の本を開板するために、板元はいくつかの手続きを踏む必要があったが、その第一段階は「願写本《ねがいしやほん》」と呼ばれる草稿を仲間行事（行司）に提出し、内容の吟味を受けて行事の奥印をもらうことであった。その後、行事から奉行所へ開板願が提出され、その許可を受けてようやく板下の作成にかかり、完成すれば板木の彫製が可能な段階に至る。彫り上がった板木は校合のために何度か摺られ、必要に応じて板木に修正が加わり、刊行可能な状態となる。その後さらに、先の願写本に摺りあがった板本を添えて、行事を通じて奉行所に提出し、「添状」と呼ばれる発売認可証の交付を受ける「上ケ本《あげほん》」という手続きを必要とした。上ケ本と同時に行わなければならなかったのが、「白板歩銀《しらいたぶぎん》」と「上ケ本料」という、開板手続きの手数料納付である。ここに「白板」という語句が含まれていることに注目したい。

「白板歩銀」について蒔田稲城氏は、

行事は其の開板願人に『添状』を下附するのであるが、此の時に開板人は行事に『白板歩銀』と『上ケ本料』とを支払はねばならない。白板と云ふのは、未だ墨の附いてゐない板木の意味であって、其の板木一枚に対し幾何と云ふ歩合銀即ち手数料が白板歩銀である。

という、先にあげた辞典とは異なる理解を示している。(注1) 彌吉光長氏が、開板認可後、上ケ本に至るまでの段階について、

その草稿を板下に書かせて、板木屋に彫刻させ、出来上った板木を摺立てる。板木すなわち白板は最初薄墨で五部だけ印刷する。これは一番摺といって最も貴重なものである。そのうちの一部を製本して、草稿と共に行事を経て奉行所に納本した。これを上げ本と称する。

と述べられるのも、ほぼ同等の理解を示されたものとみてよい。(注2)

先に述べたように、本が出来する以前であっても、校合のために何度か摺りを行っているはずであり、上ケ本を行うためにも摺りは必要であるから、「白板歩銀」の納付時や、一番摺を行う際に板木に全く墨が付いていないということは、現実的にはあり得ない。しかし本が出来する直前の板木の状態を、薄墨が付いただけの状態、つまり「未だ」十分に「墨の附いてゐない」状態の板木を指す語と見れば、両氏が示す理解は十分に首肯できる。

また出版記録には、「白板」が墨の付いていない状態の板木であることを示すいくつかの用例がある。大坂本屋仲間記録の『出勤帳』寛政元年(一七八九)五月二十一日条には、塩屋林吉が天満屋源次郎刊の五行浄瑠璃本三点

「彦山権現誓助剱第六段目」「同第九段目」「傾城恋飛脚新口村之段」の重板を売り出し、困惑した天満屋が仲間に公訴の願い出を行った際の記事が載る。（注3）以下、本章における引用中の傍線や○囲み数字は筆者によるものである。

一　廿一日、天満屋源次郎殿ゟ書付ヲ以被申出候ハ、五行浄留理本之内、彦山権現誓助剱第六段目、同第九段目、幷傾城恋飛脚新口村之段、右三品、塩屋林吉方ゟ重板売出候ニ付、対談ニ及候へ共、召遣イ候雇人平八と申者板行致候由ニ而、存不申と取敢不申候ニ付、御公訴仕度奥印いたし呉候様ニ願出候ニ付、則廿二日寄合仕候、尤大宗方市之翌日ニ御座候故、安堂寺町於魚太方寄合仕候、則天満やゟ別寄合いたし呉候様被申候、相手方塩屋林吉呼寄相糺候所、右平八いたし候而、外細工人雇ひすらせ候事ニ而、林吉方不存趣申立候へ共、何分自分之家内ニ而摺らせ候事、不存と被申候而ハ済不申旨急度申聞候所、承知いたし、何分行司寄合之上判談致呉候ハヽ、如何様共相背申間敷段申候ニ付、則右三品之板木、外ニ紙屋次兵衛茶屋之段、是又此節彫仕立、白板ニて有之候、都合四番之板木不残行司へ受取、其上行司方へ急度誤之一札受取可申段申聞候所承知いたし候故、願人天満屋源次郎呼ニ遣し、右之趣ニて相済メ申され候様申入候処、代人参り、何分主人源次郎へ申聞度候間、暫日延いたし呉候様申候ニ付、其旨聞届ケ退出いたし候

浄瑠璃本三点の重板売り出しについて天満屋と対談した塩屋は、重板刊行は自身ではなく、雇人平八の仕業であると主張する。公訴も辞さない天満屋の願い出によって仲間の寄合が開かれ、平八の仕業とはいえ、塩屋の家内で行われた重板である点を糾された塩屋は、板木を行事へ提出することになった。その際、三点以外にもう一点「紙屋次兵衛茶屋之段」の重板が判明する。本として出来していた重板は三点であったが、板木を改めたところ、この

頃彫製したばかりの板木がまだ白板の状態で見つかった（傍線部）。本が出来する前であり、「此節彫仕立」てたのだから、当該記事における「白板」は、彫製後であり摺刷前であるという解釈に極めて近い用例といえる。

また同じく大坂本屋仲間記録『差定帳』三番の〔四十七〕の記事（文化二年〈一八〇五〉九月）には、奥屋亦兵衛が藤屋弥兵衛刊「易学小筌」の重板を売り出し、困窮した藤屋が亦兵衛を公訴した一件の記事が載る。（注4）

乍恐御訴詔
重板御吟味之出入

願人　高麗橋一丁目
　播磨屋善兵衛支配借家
　藤屋弥兵衛

相手　南米屋町丸屋伊右衛門借家
　奥屋又兵衛

同　同町丸屋伊右衛門借家
　釜屋九兵衛

升屋町大和屋喜兵衛支配借家
金屋利助下人
　同　嘉七

一私義、易学小筌与申書物板行株所持仕、数年来本商売渡世仕候者ニ御座候処、右亦兵衛義、此度私方ニ売弘メ来り候易学小筌板本ヲ元之儘重板仕、尤奥書ニハ紀州伊都郡妙寺村桜井藤五郎与名前彫入、序跋之文章杯少々書違板行仕、打晴売出し候由承り驚入、早速右之本買取悉ク相改候処、私方ゟ売弘候易学小筌ニ相違無之、右体之似寄粉敷同判書物売出し申候而は、目前私商売差障りニ相成難義仕候ニ付、右亦兵衛へ掛合候処、又兵衛申候は、此義は紀州桜井藤五郎与申方ニ、昔ゟ古板木所持ニ付、右藤五郎ゟ預り七百部摺立候由申之、只一通りニ請ケ、更ニ驚体茂無之、則先月廿八日迄、右亦兵衛宅ニ而板行摺居候義慥ニ見届候ニ付、此段懸合候処、翌廿九日朝ニ成、最早右板木は紀州表へ差戻し、家内ニは板木決而取扱候義無之抔、至極立派ニ申張候得共、彼是紛敷取斗ニ付、得与承り糺シ候処、板木不残彫刻致候者ハ、右九兵衛ニ而御座候、尤板木識人《(ママ)》之義ハ、何ニ不寄書物類之板行誂人在之請取候ハ、、其趣本屋年行司へ一応相届可申筈ニ御座候処、無其義内分ニ而請取彫立候段不得其意、其上右九兵衛宅ニ而、岩田町高津屋藤右衛門借家大阪屋宗兵衛与申者相頼、右九兵衛女房倶々板木摺立申候、尚又表紙仕立之義ハ、右嘉七手続、北勘四郎町木津屋善助支配借家近江屋惣兵衛ニ同家利八与申者、右亦兵衛宅ニ而嘉七倶々仕拵へ、細工仕候義相違無之、其上古板木之由、右亦兵衛申之候得共、右利八義伊兵衛与申者、右嘉七ゟ被相頼板摺日雇ニ罷出候処、是迄一扁も摺不申候白板之板木ニ而、不残摺懸り候由、慥ニ承知仕罷在候義、左候へは、古板木与申立候段重々紛敷（以下略）

藤屋は、奥屋刊行の「易学小筌」は、藤屋が数年来刊行してきた「易学小筌」の奥付に「桜井藤五郎」の名前を入れ、序跋等に小異が認められる重板であると奥屋に掛け合う。奥屋は平然と、自身が刊行した『易学小筌』は、紀州桜井藤五郎所蔵の古い板木を使用して七百部摺り立て、板木はすでに返却済であるとも主張した。しかし、やがて板木彫製は亦兵衛出入りの釜屋九兵衛によるもの、摺りは大阪屋宗兵衛や九兵衛の女房らによるもの、表装は嘉七や利八によると判明した上に、利八からは、日雇いで摺りを行った際に、新しい板木で摺刷したとの証言も出た。傍線部によれば、利八はこれまで一度も摺られていない板木で摺刷を行ったと証言しているのであり、その板木を指して「白板之板木」といっている。当該記事の例においても、白板は彫製後であり摺刷に取りかかる前の状態の板木を指していることはいうまでもない。

これらの例から、近世出版における「白板」の語意は、辞典類が示した未刻の板ではなく、彫製後まだ墨の付いていない状態の板木として捉えなければならないだろう。

第三節　「白板」の機能

前節において、近世出版機構における「白板」の語意を確認したが、本来、板木は印刷の道具であり、墨が付いてこそ、その本分を果たすはずである。本節では、なぜ板木が白板の状態で扱われる必要があったのかを考察する。本節の考察に際して、まず三つの前提を確認する必要がある。なぜならば、板木が白板の状態で扱われる場合には、必ずこの三つの前提が関わるからである。

第一に、近世出版機構において大きな問題であり続けた重類板の存在である。重類板については、『京都書林仲間上組済帳標目』の享保十二年（一七二七）正月の件に一定の概念が示されている。(注5)簡略化していえば、重板は先行書の内容をほぼそのまま剽窃して刊行すること、類板の対象範囲は極めて広いが、端的にいえば先行書の一部を抜き書きし、外題を付け替えるなどして刊行することである。重類板の出来は、先行書の板元の既得権益を侵すものであり、これらを防ぐために本屋仲間による監視や開板時における内容の吟味などが行われていた。前節に述べた願写本による吟味もその一環であるが、こうした仲間の努力もむなしく、近世を通じて板元は重類板に悩まされ続けた。

第二に、近世出版機構において主流であった相合版という慣例である。近世出版の一つの特徴として、複数板元による共同出版、すなわち相合版が広く採用されていたことは、宗政五十緒氏(注6)や永井一彰氏(注7)によって指摘されると

おりである。さらに相合版については、第一の前提に関わって、

重類板を出した場合、その書物の板木・出来本は正規版元へ没収というのが本屋仲間の約束であるが、その原則通りにことが運ぶ例は極めて稀で、正規版元は重類板の版元との間で相版形式としてことを収める場合が多い

という永井氏の指摘(注8)も押さえておかなければならないだろう。

第三に、これも永井氏の指摘によるが、近世出版機構において、板木は板株《はんかぶ》（版権）の所在を明示する存在であり、相合版形式で本を刊行する場合、つまり板株を複数の板元で分割した場合、板木も板株の割合に応じて分割所有していたという実態である(注9)。永井氏によればそのありかたは、一軒の板元が単独で勝手に類板を刊行することができないように、複数の板元間で巻や丁をばらばらに割り振って分割所有するだけでなく、板木にも「中抜きの丁飛ばし」を設けておくという、極めて用意周到なものであった。

以下、これら三点の前提を念頭に、出版記録に見られる白板の扱われ方を見ることとする。

まず最初に、板元・佐々木惣四郎が残した出版記録『竹苞楼秘録(注10)』から例をあげる。

一札

一、茶経詳説　全部弐冊

右之書、板行致度候ニ付、見合申候処、各方御所持茶経之本文有之候故、写本ヲ以御相談申入候処、御差構

之趣被仰聞、御尤致承知相止メ可申処、作者より者、何卒致出板呉候様被相頼候ニ付、其趣御頼申入、秋田ヤ平左衛門殿御挨拶ヲ以、①全部板木此方ニ而彫立、②十軒之三軒分白板ニ而其方殿へ相渡シ、勿論奥書ニ各方御名前彫入、双方より摺出シ申候、御相対ニ而御承知被下、忝存候、然ル上ハ、③自来其方殿ニ而、茶経鈔物如何様ニ板行被成候共、祥《(ママ)》説同事ニ而無之候得者、此方より差構之筋申間敷候、勿論④此方ニ而右祥《(ママ)》説ヲ株ニ申立、茶経ニ差構之書一切板行致間敷候、為後日一札仍而如件、

安永二癸巳年五月

近江屋庄右衛門印

小川源兵衛殿

小川久兵衛殿

銭屋惣四郎殿

（以下略）

当該記事では、近江屋庄右衛門が「茶経詳説」の刊行を企図したところ、小川源兵衛・小川久兵衛・銭屋惣四郎の既刊「茶経」に差構《さしかま》いがあること、つまり「茶経詳説」が「茶経」の類板にあたることが判明した一件についての記事であり、近江屋が提出した一札を銭屋（佐々木）惣四郎が写したものである。

近江屋は「茶経詳説」の刊行を止めるべきところ、何とか出版してほしいという作者からの強い依頼により、秋田屋平左衛門を仲介に立てて、最終的には近江屋と「茶経」の板元三軒を合わせた四軒の相合版として刊行することに落ち着いている。類板の調停策として「茶経詳説」を相合版にするにあたり、近江屋が「茶経詳説」の板木すべての彫製を負担すること（傍線部①）、彫製した板木のうち「十軒之三軒分」、つまり全体の三割を小川源兵衛以

下三軒の「茶経」の板元に「白板」で渡すこと、奥書に三軒の名前を加えた上で、近江屋と三軒はそれぞれの意向で摺り出せること（傍線部②）が明記されている。[注11]

傍線部①の板木彫製については、既刊本の板元の既得権益を侵しかけた類板の板元近江屋が、彫製にかかる手間をすべて負担することにより、既刊本の板元へさらなる迷惑をかけることなく、「茶経詳説」を刊行にこぎ着けるための策として理解することが可能である。

ここで問題となるのが、先に確認した第三の前提、板木の分割所有との兼ね合いである。近江屋が「茶経詳説」の板木をすべて彫製する場合、板木が彫り上がった段階で、近江屋の手もとには、「茶経詳説」の刊行に必要なすべての板木が揃ってしまうことになる。したがって、近江屋は意図せず、相合の相手方のあずかり知らぬところで摺り置きを作成することが可能な立場となり、第三の前提にそぐわない環境に置かれることとなる。近江屋はその疑いを晴らすために、傍線部②において、「茶経」の板元三軒の所有に帰する板木を、墨が付いていない白板の状態で納品することを約束し、摺り置きを作るつもりは毛頭ないという、自身の潔白を証明する必要に迫られているのである。「茶経」の板元三軒に譲渡される板木は留板に相当するが、当該文書の場合、単に板木を留板として譲渡すれば済む話ではなく、白板でなければならなかったのだろう。第三の前提において確認した板木分割所有の用意周到さをも考え合わせ、傍線部②の「白板ニ而其方殿へ相渡シ」という行為には、類板をめぐる板元たちの細心の注意が表れていると考えられるだろう。

この記事における調停が成立すれば、「茶経」および「茶経詳説」は、本の内容が抵触した状態で、両書ともに板株が成立することになる。「茶経」の三軒の板元は両書の板株を所持しているが、近江屋は「茶経詳説」の板株しか所持していない。このことは、今後に大きな火種を残しているといわざるを得ないだろう。なぜならば、今後仮に「茶経」の三軒の板元が「茶経」の抄物の刊行を企図したならば、近江屋は「茶経詳説」の板株所有を根拠に、その解説書を類板として咎めることが可能な立場に置かれるからである。

さらに近江屋は、「茶経詳説」の板株を根拠に、「茶経」の類板になり得る新たな抄物の刊行も可能な立場に置かれる。「茶経詳説」の刊行にこぎ着けたい近江屋としては、進んでこれらの火種を始末しておく必要がある。したがって近江屋は傍線部③において、「茶経」の三軒の板元が今後「茶経」の抄物を刊行した場合、「茶経詳説」の板株を根拠に故障を申し立てないこと、傍線部④において、今後「茶経詳説」の板株所有を根拠に、「茶経詳説」の抄物を勝手に刊行しないことの二点を明記して、今後、類板をめぐる争いが発生する可能性を回避しているのである。

次に、大坂本屋仲間記録の『裁配帳』(注12)から例をあげる。河内屋茂兵衛は、「日本百将伝一夕話」を刊行した際、藤屋徳兵衛・出雲寺文次郎が刊行した「日本百将伝抄」の類板であることを、文久元年(一八六一)十一月に両板元から指摘された(『裁配帳』五番の〔三十八〕)。その後さらに、文久二年(一八六二)正月になって、河内屋吉兵衛から「本朝百将伝」の類板にあたることを指摘されることになるが(五番の〔四十〕)、当該記事はその後者の記事である。

乍憚口上

一 日本百将伝一夕話　大本《おおほん》全部十弐冊

右之書、河内屋茂兵衛殿方ニ而、近来新板出来製本流布致候ニ付、私方所持之板行本朝百将伝ニ必至与差構難渋仕候ニ付、此度同人江及掛合候処、対談行届則別紙証文入御覧候、此段御届奉申上候、何卒御作法通被

仰付被成下候へは、難有奉存候、此段書付を以宜敷奉願上候、以上

文久弐年戌正月十一日

河内屋吉兵衛㊞

年行司御衆中

右吉兵衛方へ、茂兵衛ゟ取置候証書見留候ニ付、聞届遣し、則証札左ニ扣置候事

差入申一札之事

一　日本百将伝一夕話前後　全部十弐冊

右之書、①此度我等方ニ新板彫立候処、其許殿御所持之本朝百将伝道春伝賛等ニ、必至ト差構御迷惑之段御尤至極ニ御座候、②依之為訳立、拾軒之壱軒前板木御渡申、永代相合留メ板ニ相違無御座候、③外ニ製本拾部是迄摺立居候為板賃、是又御渡申候ニ付、御事済被下悦着致候、

（中略）

且又④一夕話再板致候節は、前文之通白板ニ而御渡可申候、尤⑤一夕話ニ付外方ゟ彼是申者無之、自然御座候共我等罷出急度埒明、其元殿へ御迷惑相懸申間敷候、然ル上は⑥以後一夕話ヲ株立、本朝百将伝ニ差構之書ハ決而致間敷、万一新趣向致候ハヽ、写本ヲ以御談合ニ及可致候、為後日差入申一札依而如件

文久弐壬戌年正月

河内屋茂兵衛印

河内屋吉兵衛殿

当該記事の前半部は、河内屋吉兵衛から年行事に宛てたもので、河内屋茂兵衛が刊行した「日本百将伝一夕話」が、河内屋吉兵衛刊行の「本朝百将伝」の類板であること、両板元の対談が行き届き、河内屋茂兵衛から証文を得たことを行事に報告する内容である。後半部は河内屋茂兵衛から得た証文の写しである。

当該記事の基本的な構図は、新刊本が既刊本の類板であり、新刊本の板元が既刊本の板元から咎められている点で、先に確認した「茶経詳説」の例と同一である。ただし、すでに「日本百将伝一夕話」の板木は彫製が済み（傍線部①）、本もすでに十部出来している点（傍線部③）で「茶経詳説」の例と大きく異なる。したがって、河内屋茂兵衛が「拾軒之壱軒前」、つまり全体の一割の板木を河内屋吉兵衛に留板として渡し、「日本百将伝一夕話」を河内屋吉兵衛との相合版にするとともに（傍線部②）、出来済の十部の板賃を河内屋吉兵衛に納めることで（傍線部③）本件の調停が図られているが、本はすでに出来しているため、河内屋茂兵衛が河内屋吉兵衛に渡した留板は、白板ではあり得ない。このように、本が出来済である場合には、将来的に既刊書の板元に板木彫製の負担がかからないように配慮がなされており、再版時の板木の彫製について取り決めを行っている（傍線部④）。つまり、再版時に板木を新しく彫製しなおす際には、河内屋吉兵衛の所有分となる「拾軒之壱軒前」の板木を河内屋茂兵衛が彫製するが、彫製の段階ですべての板木が河内屋茂兵衛の手もとに集まってしまうため、勝手な摺り置きを作らないという姿勢を明らかにしておくために、白板で渡すことを規定しているのである。

こうして、河内屋茂兵衛と河内屋吉兵衛は相板元の関係になるが、その結果として河内屋吉兵衛に迷惑がかかることのないように配慮を示しているのが傍線部⑤である。「日本百将伝一夕話」について、今後どこからか故障を申し立てられた場合、本来ならば河内屋茂兵衛・吉兵衛の両者が咎められるはずであるが、その際には河内屋茂兵衛が申し開きを行い、河内屋吉兵衛に迷惑をかけないことが述べられている。傍線部⑥において、「日本百将伝一夕話」の板株を根拠に、「本朝百将伝」の類板となり得る本を刊行しないことを宣言し、板株をめぐって今後発生する可能性のある混乱を回避していることは、先の「茶経詳説」と同様である。ただし、当該記事においては「日本百将伝一夕話」をもとにした書の刊行を企図する可能性は排除されておらず、その際には事前に写本で河内屋吉兵衛に相談することが約束されている。

以上、「茶経詳説」「日本百将伝一夕話」に関わる出版記録を例に、類板の刊行に際して、類板の板元と既刊書の板元との間で行われた「白板」をツールとする調停方法を紹介してきた。

先に第三の前提として、相合版における板木の分割所有の実態が極めて用意周到なものであったという永井氏の論を紹介したが、重類板が横行し、困惑しきっていた板元たちが知恵を出した結果の分割所有であったことは想像に難くない。現実的には、重板はともかくとして類板は、既刊本の板元の既得権益が大きすぎるゆえに、必然的に既刊本の内容等に抵触する可能性が大きくなり、悪意の有無に関わりなく頻出してしまった側面もあろう。しかし本屋仲間という監視機関は、重類板を捕捉し、咎め立てるシステムを構築していた。そのシステムにおいて、「白板」をツールとする類板の調停方法は、類板を咎められた板元が、強力な既得権益を保持する既刊本の板元と向き合い、何とか新刊本を出来させるため、または出来済の類板を滞りなく継続して売り広めるために、これもまた周到に用意されたものだったと考えられるのである。

本章で紹介した二例の記事は、決して特異な事例ではない。筆者はこの二例の他、出版記録から同様の事例を、複数例見出している。(注13)

記事年記「重類板の書名」→「既刊本の書名」(『出典(出版記録)』)※書名などは記事中の記載による。

・元文四年（一七三九）頃「弁髻録」→「万世統譜」（『京都書林仲間上組済帳標目』）
・安永三年（一七七四）八月「春秋提要」→「杜林合註」（『竹苞楼秘録』）
・安永五年（一七七六）四月「千金方薬註」→「千金方」（『竹苞楼秘録』）
・安永七年（一七七八）八月「千金方薬註」→「用薬須知幷介品、広参品等」（『竹苞楼秘録』）
・天明七年（一七八七）五月「訓読正信偈」→「両点正信偈」（『藤井文政堂板木売買文書』）
・寛政四年（一七九二）正月「史記評林点付」→「史記評林　八尾板」（『裁配帳』二番の（一））
・寛政四年（一七九二）閏二月「字林玉篇（大全）増補再刻」→「四声字林集韻」（『裁配帳』一番の（百五十二））
・寛政六年（一七九四）閏十一月「状書下地」→「書札大全・文章春秋・栄海用文章等」（『裁配帳』二番の（八））
・寛政七年（一七九五）十一月「状通案紙」→「文通下書」（『裁配帳』二番の（十三））
・寛政九年（一七九七）十月「伊勢参宮名所図会」→「伊勢路之書数板」（『裁配帳』二番の（廿二））
・文化十一年（一八一四）正月「百人一首都錦」→「柏葉百人一首幷ニ女今川等」（『藤井文政堂板木売買文書』）
・安政三年（一八五六）十一月「御文寸録」→「御文来意鈔並ニ示鉄指」（『商用諸雑記』[注14]）
・文久元年（一八六一）十一月「日本百将伝一夕話」→「日本百将伝抄」（『裁配帳』五番の（三十八））
・文久元年（一八六一）十一月「訓点付大般若経」→「理趣分」（『京都書林仲間上組重板類板出入済帳』[注15]）
・明治六年（一八七三）十二月「大学中庸白文」→「神山点四書」（『京阪書籍商史』掲載、原典未詳）

まだ他にも例はあると思われるが、これらの事例は元文四年～明治六年（一七三九～一八七三）まで、時期的にも幅広く分布していることから、近世を通じて一般的に行われていた調停方法だったことがうかがわれる。

しかし、これらの例の中には、釈然としない用例も見られる。先に列挙した中から、「百人一首都錦」に関わる文化十一年（一八一四）正月の記事をあげる。

一札

一　百人一首都錦　小本全壱冊

右之書、江戸表素人方ニ而彫立申候板木、我等方へ買取売出し申候所、御見当被成、御両家御相合板柏葉百人一首幷ニ女今川等ニ一向同様ニ而、御迷惑之趣御行事中へ御申達被成、恐入候。右板木、無株と申、勿論御願も無之品隅《ママ》ニ売出し、甚以不行届之段、一言之申分無之ニ付、吉野屋仁兵衛殿ヲ以段々御断申入候所、①折角彫立有之候事故、右板一代切ニ而相止メ申候御対談ニ而、②白板ニ而四歩通相渡申上、則御了簡被成下千万忝祝着仕候。仍之本壱部ニ付丸板賃弐分、書翰摺之方四分ニ相定、右以割合板賃無相違差出し可申候。然ル上ハ、貴殿方ニ如何様之御趣向被成候共、以此板木差構故障ケ間鋪義一切申立間敷候。右之段、毛頭相違無御座候。為後證一札、仍而如件。

文化十一年戌正月　中川新七　㊞

升屋　藤兵衛殿

吉田屋新兵衛殿

当該記事には、永井一彰氏の詳細な解説が備わるため、ここでは概略を述べるに留める。当該記事では、江戸表の素人板を買い取ったという理屈で、中川新七が仲間・奉行所の許可を得ずに「百人一首都錦」を売り出し、升屋藤兵衛・吉田屋新兵衛刊の「柏葉百人一首幷ニ女今川等」の重板であることを指摘されている。吉野屋仁兵衛の仲介により、「百人一首都錦」は板木が彫製済であることから、売ってもよいが、再版せず「一代切」にすることを対談で取り決め（傍線部①）、板木全体のうち四割を升屋と吉田屋に譲渡し、相合版とすることで重板問題は調停が成立している（傍線部②）。

問題は、傍線部②において、中川新七から升屋・吉田屋に四割の板木を「白板ニ而」譲渡することになっている点である。傍線部①で確認したように「百人一首都錦」の板木は彫製済であり、かつ記事の冒頭に記されているように、すでに売り出されている。したがって板木は墨が付いた状態であり、この記事中で中川新七から升屋・吉田屋に譲渡される板木は、白板ではあり得ない。同時に、傍線部①において、再版しないことを定めているため、「日本百将伝一夕話」のように、再版時における彫製の手間負担について定めたものでないことも明らかである。では、当該記事における白板はどのように捉えればよいだろうか。

近世出版に限らず、こうした記録の類は、案件の種別ごとに定まった文書型式が採られることが極めて多い。重類板を相合版に持ち込む場合、記事内容は、(1)願写本を行事に提出、もしくは本の出来または再版、(2)重類板として咎められる、(3)仲介者の挨拶、(4)重類板の板元・既刊本の板元が対談の上で相合版に持ち込む、(5)留板・板賃の扱いについての取り決め、(6)類板の板元が、新たな類板刊行を行わない旨を表明、のように記述されるのが定型である。先に列挙した事例の多くも、この型に当てはまるものである。

「百人一首都錦」の記事も同様、この型に当てはまる。白板の件は(5)の中に述べられることとなるが、先に述べたように、当該記事においては、白板ではあり得ない。当該記事における「白板」は、定型的な記述の中で、類板の板元が悪意のなさを主張するための形式的な表現と化していると考えざるを得ないだろう。このことから、記事中に白板の収受について記されている場合においても、必ずしも実態を伴っていない可能性があることは留意しておかなければならない。

ただし、「百人一首都錦」における「白板」が形式的な表現であったにせよ、形式的表現として用いられるようになる以前には、実態が伴っていたと捉えるのが自然である。また「茶経詳説」「日本百将伝一夕話」の記事からも、白板という状態の板木は、板元が勝手に摺り置きを作らないという姿勢を表明する機能を持ち、類板の調停において重要な役割を果たしていたと見る本章の論旨は揺るがないと考える。

おわりに——近世出版における板木の役割——

板木は本を印刷するための道具であり、整版印刷技術に寄りかかった近世出版機構においては、板木がなければ板本を摺刷することはできなかった。道具として、板木は近世出版にとって不可欠の存在であったといえる。本章では、「白板」という状態の板木が、どのような状態の板木を指すのかを検証し、いかなる役割を果たしていたのかを考察した。そこから浮かび上がってくるのは、道具という範疇に留まらない板木の存在である。先学が指摘されるように、板木には板株の所在を明示する存在としての役割があった。板木を所有すれば板株を所有したことになり、基本的には、板株が移動すれば板木も移動したのである。

さらに、板木が板株を体現する存在であったがゆえに、板元間で重類板の論判が起こった際には、重類板の板元から既刊本の板元へ一部の板木を留板として譲渡し相合版にすることにより、板木は調停のツールにもなり得た。その際、重類板の板元は、彫り上がった板木に一切墨を付けない「白板」の状態で既刊本の板元に納品することにより、勝手に摺り置きを作らなかったという身の潔白を証明することができた。重類板に敏感に反応した近世出版機構においては、潔白を証明する必要もあったのである。

道具として、板株の所在を明示する存在として、まさに板木は近世出版機構における根本装置としての役割を担っていた。今後、近世出版記録の読解、ひいては近世出版機構の実態を解明するにあたり、板木という存在をより注視していく必要があると考える。

さて、本章の考察には副産物もある。筆者は第三章において、一点の板本内部における匡郭縦寸の高低差パターンが、一枚の板木にどの丁が収められていたかを反映している点を指摘した。さらに、板下が作成される以前に、どの丁をどの板木に収めるかまで決められていた可能性について述べ、板下作成以前に、板前のみならず板木ひいては板株をどのように分割所有するかまで決められていた可能性にふれたが、本章の考察はこの点にも関わるものである。

本章で紹介した出版記録では、類板の板元が、類板に該当する本を既刊本の板元との相合版にする場合、板木の彫製を全負担し、その後に既刊本の板元へ白板の状態で納品することが、常套的に宣言されていた。その裏を返せば、一般に本を相合版として刊行する際、相合に加わる各板元は、それぞれの持ち板の彫製を負担するのが常道であるという前提が必要になるだろう。そのように捉えなければ、既刊本の板元には、類板の板元に彫製の手間を負担してもらうメリットも、重類板に限って白板で板木を受け取るメリットも生じず、重類板の板元が彫製の手間を全負担し、板木を白板の状態で納めるという行為は、類板の調停策として成り立ち得ないのである。

一般に相合版を刊行する場合、板下作成以前に、板木ひいては板株をどのように分割所有するかが決まり、彫製にかかる手間を相合の各板元が担当するとなれば、板木は一度として一箇所には集まらないままに出来していくことになる。このことも、単独の板元が勝手な摺り置きを作る行為を防ぐように仕組まれた結果のように思われてならない。本章および第三章における考察から、重類板に神経を尖らせた近世出版機構が一連の出版過程を細心に準備したことがうかがわれるようである。

注

（1）蒔田稲城『京阪書籍商史』（村田勝麿編『日本出版大観』上巻、一九二八、出版タイムス社）

（2）彌吉光長『出版の起源と京都の本屋』（書誌書目シリーズ二六『未刊史料による日本出版文化』第一巻、一九八八、ゆまに書房）に所収される、「風月庄左衛門筆『日暦』注釈」の霜月廿六日条の注（2）に述べられている。

（3）大阪府立中之島図書館編『出勤帳二』（『大坂本屋仲間記録』第一巻、一九七五、大阪府立中之島図書館）に所収。また同件の記事は『裁配帳』一番〔百四十五〕にも載り、それによれば一件は板木を削らせることで六月四日に落着している。

（4）大阪府立中之島図書館編『差定帳　鑒定録』（『大坂本屋仲間記録』第八巻、一九八一、大阪府立中之島図書館）に所収。最終的には、奥屋が摺り置き本と板木を藤屋に渡すことに合意し、九月中に公訴は取り下げられている。

（5）（2）と同書に所収。また重類板の解釈については、市古夏生「近世における重板・類板の諸問題」（『江戸文学』一六、一九九六）等に詳しい。

（6）宗政五十緒『近世京都出版文化の研究』（一九八二、同朋舎出版）

（7）永井一彰『藤井文政堂板木売買文書』（日本書誌学大系九七、二〇〇九、青裳堂書店）

（8）（7）に同じ。重類板を相合版にすることで調停を図る場合があることは、松田美由貴・日下幸男「京都本屋仲間記録『上組済帳標目』の分析（近世板本板元の総合的研究）」（『仏教文化研究所紀要』四四、二〇〇五）にも指摘がある。

（9）永井一彰「板木の分割所有」（『奈良大学総合研究所所報』一七、二〇〇九）

（10）水田紀久編『若竹集　創業期出版記録』（一九七五、佐々木竹苞楼書店）の下巻に所収。

（11）ただし、引用文末尾の省略箇所に、当初の二年間は『茶経』の三軒の板元からのみ摺り出し、三年目からは双方より摺り出しを行うことが注記されている。

(12) 大阪府立中之島図書館編『裁配帳』(『大坂本屋仲間記録』第九巻、一九八二、大阪府立中之島図書館)。

(13) 列挙した事例の中には、白板による調停案が出たものの、実際は調停が成立しなかった例、別の方法で調停が成立した例を含む。

(14) (2)と同書に所収される「永田調兵衛　商用諸雑記抄」から引用した。

(15) 彌吉光長『京都出版史料補遺』(書誌書目シリーズ二六『未刊史料による日本出版文化』第七巻、一九九二、ゆまに書房)に所収。

第六章　池大雅『賞奇軒墨竹譜』の板木——初版から現在までを辿る——

はじめに

筆者らは、奈良大学所蔵板木資料を中心に、近世期の商業出版に関わる板木の調査およびデジタルアーカイブ構築を行っており、従来、研究資料として取り扱うことが困難であった板木を出版研究に活用する試みを行っている。その試みや技法については第一章に詳述したとおりであり、そちらを参照されたい。デジタルアーカイブは、二〇一〇年二月より公開を開始しており、(注1)未だデータが十分に整わない部分もあるが、全点の板木資料をデジタル画像で閲覧することができるようになった。

近年、永井一彰氏によって精力的に報告が行われているように、板木には、板本を閲覧しただけでは分かり得ない情報が多く含まれている。それらの情報については、筆者も第一章および第二章において述べたように、これまで板本中心に行われてきた出版研究に板木資料を持ち込むことにより、新たな視点を獲得することが期待できる。しかし従来、閲覧が比較的容易な板本とは異なり、板木資料は原物を扱うことはもちろん、複写資料を作成することも困難であり、十分に活用されてこなかった。昨今のデジタル技術の普及により、板木資料をデジタルカメラで撮影し、インターネットを通じてフルカラー画像で板木資料が閲覧可能になったのである。これが今後の出版研究にとって極めて重要な動きとなることは間違いない。
板木資料が閲覧可能となった結果、当然ながら板木と、その板木で摺刷された板本との比較照合も容易に行うことができるようになった。筆者は第二章第一節において、板木と板本の照合に終始すること、つまり板木を「板本上に表れた現象の裏付け用資料」として扱うべきではないと主張し、板本上には表れない、板木だけが持つ情報の観察方法を提示した。それら板木が持つ情報は、従来の出版研究にどのように作用し、どのように出版研究を豊かにしてくれるのだろうか。本章では池大雅の画譜『賞奇軒墨竹譜』の板木を例に、板木を用いた出版研究の実践を行う。

池大雅の画譜は、従来数種が確認されているが、大雅の生前に成立したものとしては、宝暦頃刊『名花十二種』と宝暦十年（一七六〇）二月に佐々木物四郎と柏屋宗七の相合版で刊行された『賞奇軒墨竹譜』の二点が知られている。そのうち『名花十二種』は、延享元年（一七四四）刊の大岡春卜画『詠物史画』の板木流用であり、大雅の手によるものではないことが相見香雨によって指摘され（注2）、『賞奇軒墨竹譜』は、大雅が生前唯一直接的に関与した画譜と認定された。また信憑性は別として、高葛陂が記した序文中に、大雅が唐本を得て、それを自ら写し、また自身の手によって板木を彫った旨が記されることから、「大雅が揮毫生活の一角の真相を伝えた最も信用のある資料」（注3）ともいわれる。

しかし全体的に本書の所蔵情報は乏しく、平成に入り、林進氏により個人所蔵の善本が紹介されるまで、「まぼろしの画本」と呼ばれ、稀覯本と見なされてきた（注4）。

現在、『賞奇軒墨竹譜』の板木は、全揃いの状態で奈良大学博物館に所蔵されている。奈良大学所蔵板木資料の核は竹苞書楼や藤井文政堂といった古書籍商の旧蔵資料であるが、前者は寛延四年（一七五一）に創業した佐々木物四郎であり、後者は文政頃（一八一八〜三〇）創業の山城屋佐兵衛であり、両者とも近世京都における有力な板元であった。詳細は後述するが、紆余曲折を経て本書のすべての板木は佐々木惣四郎の管理下に収まり、それらが平成十七年（二〇〇五）に奈良大学博物館へ収蔵されたのである。永井一彰氏が述べられるとおり、当時の出版機構の有り様に鑑みて、板木が全揃いの状態で現存するのは稀であり、（注5）本書の板木がすべて現存することも、極めて幸運といえるだろう。幸い、今回の調査中に板本数種を調査することもでき、佐々木惣四郎の出版記録も参照することができた。筆者に美術史研究の立場から本書について述べる準備はないが、出版研究の立場から板木・板本・出版記録の三つを合わせ考えたとき、本書は類板・相合版・板木の売買・板木の分割所有・分割所有した場合の摺り・明治期以降の木版印刷・板木の再利用といった出版研究のキーワードを雄弁に物語るのである。以下、本章では、最新の板木研究の動向をも織り込みつつ、本書の板木が初版から奈良大学博物館に収蔵されるまでに辿った経緯を追い、近世出版の実態を垣間見る。

第一節　『賞奇軒墨竹譜』の板木

奈良大学博物館に所蔵される『賞奇軒墨竹譜』の板木は次の四丁張十二枚である（表1）。まずこの表のみを見て気付くことは、T0600の板木の縦横ともに寸法が際立って大きく、薄いことであろう。第二章において詳述したが、一点の出版物の板木を集めた場合、サイズはおおむね統一的であることが多い。また、厚さが一センチメートル前後の板木は、不要になった板木の表面を削って再利用した板木であると考えられる。さらに、永井一彰氏によれば、板木の両端に取り付けられる端食《はしばみ》（反り止め）には、時期による変遷が認められるが、（注6）

Ｔ０６００とそれ以外の板木では端食の型式が異なる。第二章に詳述したように、型式の上では板木の両端を凸型に加工し、そこに端食を被せて側面から釘打ちして固定するＴ０６００の型（Ａ型、図１）が古く、Ｔ０６００以外の、板木の両端をレール状に加工し、端食をスライドさせてはめ込む型（Ｂ型、図２）は比較的新しい。時期的には元文・寛保頃までＡ型が用いられ、次第にＢ型へ変遷していくと考えられる。『賞奇軒墨竹譜』が刊行された

表１　奈良大学博物館所蔵『賞奇軒墨竹譜』板木一覧（単位：cm）

板木番号	丁付	横寸	縦寸	厚さ
T0965	〔序文２丁〕、〔裏未刻〕	73.4	22.4	2
T0469	一、二、三、四	79	21.2	1.9
T0043	五、六、七、八	77.6	21.7	1.8
T0386	九、十、十一、十二	76	22.1	2
T0541	十三、十六、三十七、四十、〔扉〕	76	21.4	1.9
T0963	十四、十五、三十八、三十九	76.1	21.4	2
T0925	十七、十八、十九、二十	77.4	21.2	2
T0790	二十一、二十二、二十三、二十四	76.3	21.8	1.8
T0784	二十五、二十六、二十七、二十八	75.7	21.5	1.8
T0785	二十九、三十、三十一、三十二	76.2	21.5	1.8
T0600	三十三、三十四、三十五、三十六	87.5	25	0.9
T0964	〔跋文２丁〕、〔題簽〕、〔袋〕、〔奥付〕	75.8	21.1	1.7

図１　Ｔ０６００の端食型式（Ａ型、奈良大学博物館所蔵）

図２　Ｔ０４６９の端食型式（Ｂ型、奈良大学博物館所蔵）

宝暦十年はB型の時代であり、ここでもT０６００の異質さは際立つ。これら板木の一般的な傾向をもとに考えれば、T０６００の板木は他の十一枚の板とは成立事情が異なり、また比較的古い板木を再利用して彫られた板木であると推定できる。このことを含めて、記録や板本などと突き合わせればより詳細なことが分かってくるが、詳細は後述することとする。

第二節　出版記録

幸い、『賞奇軒墨竹譜』の刊行事情に関する詳細は、佐々木惣四郎の出版記録『竹苞楼大秘録』に記録されている。以下、それを所収する『若竹集』(注7)により、関係箇所を抜粋する。引用中、○囲み数字及び傍線は筆者によるが、(付箋)、「　」等の指示は引用書によった。

一、賞奇軒竹譜

右、①柏ヤ宗七殿ト此方相合ニ致、此節八種画譜差構在之ニ付、則左之通証文扣也、

　　一札

一、賞奇軒墨竹譜　全一冊

右、②此度新刊ニ仕候ニ付、其元御所持之八種画譜ニ差構候旨御申被成、承知仕候、然ル処、右差構之分抜候而者、全本ニ相成不申候故、此度御相談申、其侭ニ而板行致候様ニ御了簡被下、忝奉存候、然ル上者、③右之板行出来仕候次第、板木一枚差遣シ申候、

尤、承之此方両家より摺候節ハ、壱部ニ付板賃壱分ツヽ之以積相渡シ申候、為後証一札仍如件、

宝暦十年辰三月

銭ヤ惣四郎

柏ヤ　宗七

坂本ヤ藤兵衛殿④

当時⑤、画譜板木持主、新町通五条上ル東側玉屋喜兵衛殿也、

摺ニ可遣折⑥、板墨持参事、硯ハアリ

（付箋）「

八種画譜板元玉屋喜兵衛殿⑦

右画譜、日野屋源七殿吹挙ニ而、三貫八百目ニ吉野屋為八殿へ買得、

安永七戊年二月之事也

」

一、林伊兵衛殿ニ十竹斎書画譜板行出来候へハ⑧、賞奇軒竹譜に差構在之、出来本五分請取、相対ニ而則証文別ニ有、

宝暦十年庚辰三月廿一日

〆、

一、賞奇軒竹譜⑨　柏宗相合板木　数六枚　代五匁

右、吉野ヤ七兵衛殿板木市ニ而買得、
明和七年寅十月廿二日市
当時丸板
内一枚、八種画譜板元ニ有、卅三丁目ヨリ卅六迄板一枚、渡シ置、(10)
丸板賃、次銀壱匁壱分也、内壱分ハ留板之板賃、
外ニ丁数、扉・奥書共ニ四十六丁
袋
〆、
(付箋)「
三ツ折　六分五厘　一四也　摺手間　壱分弐厘　廿五也
板賃　壱分　片折　三厘五毛
同内ノ　壱匁弐分　表し　弐分五厘
〆、次二匁三分五厘
」

第三節　『賞奇軒墨竹譜』の刊行事情

（一）刊行直前の諸事情、類板のこと

第二節の傍線部に則して、本書の刊行直前の経緯を追うと次のようになる。[注8] ①『賞奇軒墨竹譜』は佐々木惣四郎と柏屋宗七の相合版で刊行予定であったが、④坂本屋藤兵衛がその内容に②『八種画譜』への差構《さしかま》いがあること、つまり類板であることを申し出た。類似箇所を抜けば刊行し難く、坂本屋藤兵衛に相談したところそのまま刊行してもよいと了解された。類板問題は③本書出来次第に、板木一枚を留板として渡し、本一部につき壱分の板賃を渡すことで決着した。宝暦十年三月のことである。⑧同月、林伊兵衛刊の『十竹斎書画譜』が『賞奇軒墨竹譜』に差構いのあることが分かり、佐々木が『十竹斎書画譜』の出来本五部を受け取ることになった。

さて④の坂本屋藤兵衛については、どのような板元かよく分からない。しかし『八種画譜』との関わりから推測すれば、山本藤兵衛を指すのではないかと思われる。山本藤兵衛は宝永七年（一七一〇）より『八種画譜』を刊行していた板元であり、『賞奇軒墨竹譜』刊行直前の宝暦九年（一七五九）、『八種画譜』から「梅竹蘭菊譜」のみを独立させ、『新鐫梅竹蘭菊四譜』（都立中央図書館等所蔵）として刊行したその人である。つまり、『賞奇軒墨竹譜』が『八種画譜』の類板にあたるという故障を申し立てるのにふさわしい人物だった。

次に「差構」について具体的にみる。例えば図3、4は一面の絵を二面に割り振って描いた事例、図5、6は片面の絵を見開きに描いた事例、図8「枯枝発新」は図7の「枯枝発生乗」を左右反転し、さらに枝を伸ばして描いた事例。これらを含めて列挙すれば、『賞奇軒墨竹譜』の一オ、一ウ、二オ、二ウ、三オ、三ウ、四オ、四ウ、五オ、五ウ、六オ、六ウ、七オ、七ウ、八オ、八ウ、十オ、十一ウ、十四オ、十五ウ～十六オ、十九ウ～二十オ、三十二ウ～三十三オ、三十七ウ～三十八オが『八種画譜』の内容に抵触している。まさに傍線部②「差構之分抜候而者、全本ニ相成不申候」の状態であった。とはいえ、本書は直接に『八種画譜』に拠ったわけではない。実際には唐本『賞奇軒四種』に拠っていることは林進氏が指摘されるとおりである。[注9]

図３　『八種画譜』竹譜十四（＊１）

図５　『八種画譜』竹譜廿三

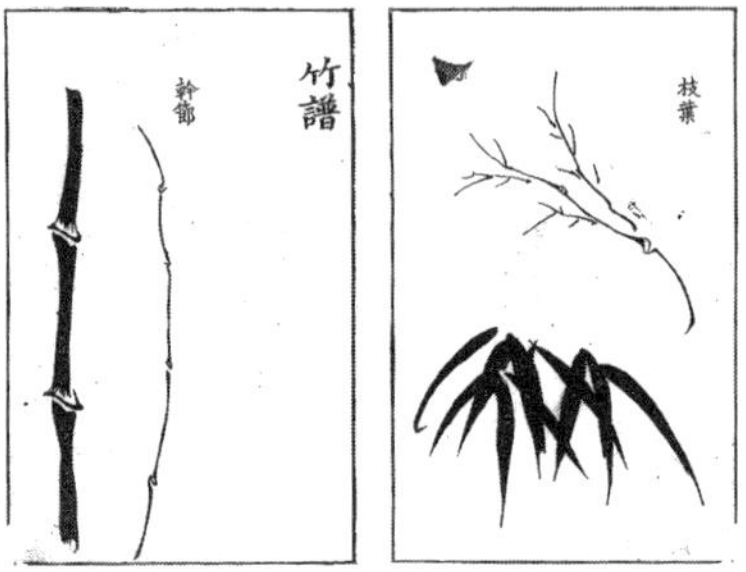

図４　『賞奇軒墨竹譜』（左）一オ、（右）一ウ
（京都大学附属図書館所蔵、大惣本）

図６　『賞奇軒墨竹譜』十九ウ～二十オ
（京都大学附属図書館所蔵、大惣本）

周知のように『八種画譜』とて唐本の和刻本であり、それぞれの原本や依拠本の内容に、もともと重なりがあったのである。そのあたりの事情が全く考慮されていないこと、または主張すらされていないことは注意すべきであろう。

　この点をさらに追求すれば、傍線部⑧も同様である。類板問題の処理方法として、必ずしも留板によらず、出来本を渡すことで解決を図る例のあることはすでに指摘があるとおりである（注10）。この林伊兵衛刊『十竹斎書画譜』は『賞奇軒墨竹譜』の直後に出来し、特に『賞奇軒墨竹譜』の一～六丁にかけて、明確な内容の重なりが認められる。『十竹斎書画譜』は唐本の和刻本であって、決して『賞奇軒墨竹譜』を模倣したのではない。『賞奇軒墨竹譜』が『八種画譜』の内容に抵触した例を含め、それぞれ依拠した唐本に内容の重なりがあったのであり、当然、当事者間においてもそれぞれが直接の依拠関係に

図7　『八種画譜』竹譜十六

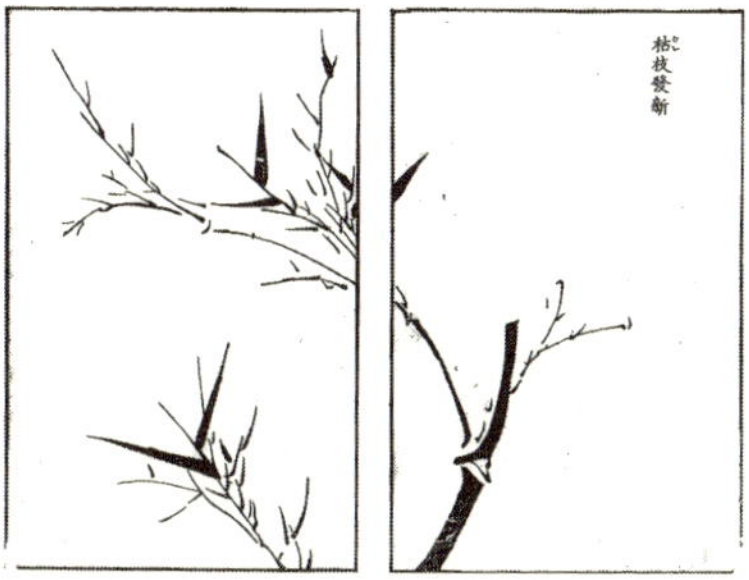

図8　『賞奇軒墨竹譜』八ウ～九オ
（京都大学附属図書館所蔵、大惣本）

ないことは理解されていただろう。しかしこれらの記録では、依拠関係は全く問題とされておらず、刊行の先後関係が問題となっていることをうかがうことができよう。板株《はんかぶ》（版権）は「著作権にも似た強大な権利」ともいわれる。(注11)むろん重板の場合には著作内容やその依拠関係など著作権的なものが問われるであろう。『賞奇軒墨竹譜』はごくわずかな一例でしかないが、江戸期を通じて出版界に頻出した類板について、依拠関係はさておき、刊行の先後関係が重視されていた実態が端的にうかがえる事例である。

さて『竹苞楼秘録』によれば、『賞奇軒墨竹譜』の「上ケ本」が済んだのは宝暦十年四月二十四日。(注12)「上ケ本」は、出来本に版権認可の添章とその際に提出した願写本を添付して公議に提出する一連の出版手続きの最終段階であるから、上述の経緯を経た結果として、実際の刊行は奥付の記載より二カ月遅れたらしい。こうして類板問題は落着したが、板木はさらに移動していくことになる。

（二）板木の移動、板前のこと

傍線部⑤によれば、時期は未詳であるが、坂本屋藤兵衛のもとにあった留板一枚は、その後、玉屋喜兵衛の所有するところとなった。傍線部⑦において「八種画譜板元玉屋喜兵衛殿」と記されていることから、『八種画譜』の板株とともに留板が玉屋へ移動したものと思われる。また傍線部⑦では安永七年（一七七八）二月に『八種画譜』の板株が玉屋から吉野屋為八へ移動したことが付箋で示される。『八種画譜』の板株移動が付箋で注記してあるということは、ここでも『八種画譜』の板株移動に伴い、留板一枚も吉野屋へ移動したと見るのが自然であろう。当然といえば当然であるが、これらの記録には、先行書の板株が移動すれば、それに伴ってその類板の留板も一緒に移動していく様子がよく表れている。

さてその間、傍線部⑨において、佐々木と柏屋で持ち合っていた板木にも移動が生じる。明和七年（一七七〇）十月、吉野屋七兵衛が催主をつとめる板木市に、柏屋が『賞奇軒墨竹譜』の持ち板六枚を出品し、佐々木がそれを代五匁で購入したのである。板木市で佐々木が柏屋から得た板木が六枚であるから、全十二枚から引き算して、残りの板も六枚になる。したがって当初予定されていた佐々木と柏屋の板前が一対一、つまり二軒の一軒前ずつであったことが分かる。さらには坂本屋藤兵衛に差し出した留板が佐々木の持ち板であったことも判明する。明和七年十月の段階で、坂本屋藤兵衛と玉屋のいずれが留板を所有していたのかはっきりしないが、留板一枚を除く板木十一枚は佐々木の手もとに集まっていた。

傍線部⑩によって、坂本屋藤兵衛に渡った留板の丁付が記されており、本来、佐々木の持ち板とする予定だった一枚が表1のＴ０６００に相当する箇所だったことが分かる。それ以外は佐々木と柏屋がそれぞれどの板を持ち合っていたか、記録には明示されていないが、板前に関して詳細に考察された永井氏の指摘が参考になろう。(注13)

近世後期の京都出版界にあっては、相合版の出版物の板木を何軒かで分割所有する場合、その板前は「同じ巻が一つの店に集中しないように」「出来るだけばらして」とするという原則があったことが一応は確認出来たのではないかと思う。また、もともと板木を仕立てる際に、分割所有するということを前提に、中抜きの丁飛ばし仕立ての板を作っておくことも行われていた例も幾つか確認することが出来た。

永井氏は、複数巻にわたる書の事例を考察され、板木を彫製する際に、必ずしも丁を丁順どおりに板木に収めるのではなく、丁順をわざと崩して板木に収めることにより、相合の相手が一巻のみを勝手に刊行することができないよう、互いに牽制しあう構図を指摘されている。永井氏の指摘を念頭に**表1**に戻ると、T0541とT0963は、丁付がまばらに収まっており、「丁飛ばし」に該当するといえる。相合版の場合は、複数巻にわたるケースのみならず、本書のような一巻一冊本においても同様の操作が行われていたことを指摘できよう。十二枚すべての持ち合い方は完全には分からない。しかし少なくともこの二枚の板木は、佐々木と柏屋いずれか一方が所持していたのではなく、両者が一枚ずつ持ち合っていたことはほぼ明らかである。

（三）留板の行方

佐々木が近代以降も本書を刊行していたことは、後に述べる近代摺板本の存在、および佐々木が明治二十三年（一八九〇）頃までに刊行した『書林竹苞楼蔵版略書目』に「賞奇軒墨竹譜　全一冊」と記載されることから明らかである。(注14) とすれば、先に再利用の板木であることを推定したT0600の彫製時期がいつだったか、なぜ新たに彫製が必要だったかが問題となろう。先に確認したとおり、『竹苞楼大秘録』傍線部⑦の記述により、安永七年二月に吉野屋為八へ留板が渡っていたことは先に確認したとおりである。しかし吉野屋為八の活動は文化八年（一八一一）過ぎに終焉すると考えられ(注15)、その後の留板の所在が明らかではない。このことは、最近永井氏が紹介された佐々木の蔵板記録『蔵板員数(注16)』が明らかにしてくれる（ゴチックは引用書による。後筆の意）。

一　賞奇軒竹譜　拾二枚

但丸板

三拾三より三拾六

四丁河喜留板出

大正五年八月河喜へ照会の処

不明ニ付此方ニテ刻足ス

刻賃四丁張一枚四円也

〆四拾壱丁　扉奥書

袋外題

これによると、大正五年（一九一六）八月以前、留板一枚は河喜（河内屋喜兵衛）の手に渡っていた。河内屋が吉野屋から直接に入手したのか、あるいはいくつかの板元を渡り歩いて最終的に河内屋に行き着いたのか、その間の経緯は不明であるが、佐々木の照会によって行方不明となったことが判明する。現存するＴ０６００が佐々木によって新たに彫り足されたそのものであることは明らかであろう。こうして板木の外形から行った、Ｔ０６００が他の十一枚と成立事情が異なるという推定は、記録で裏付けが取れたことになる。大正五年、佐々木が『書林竹苞

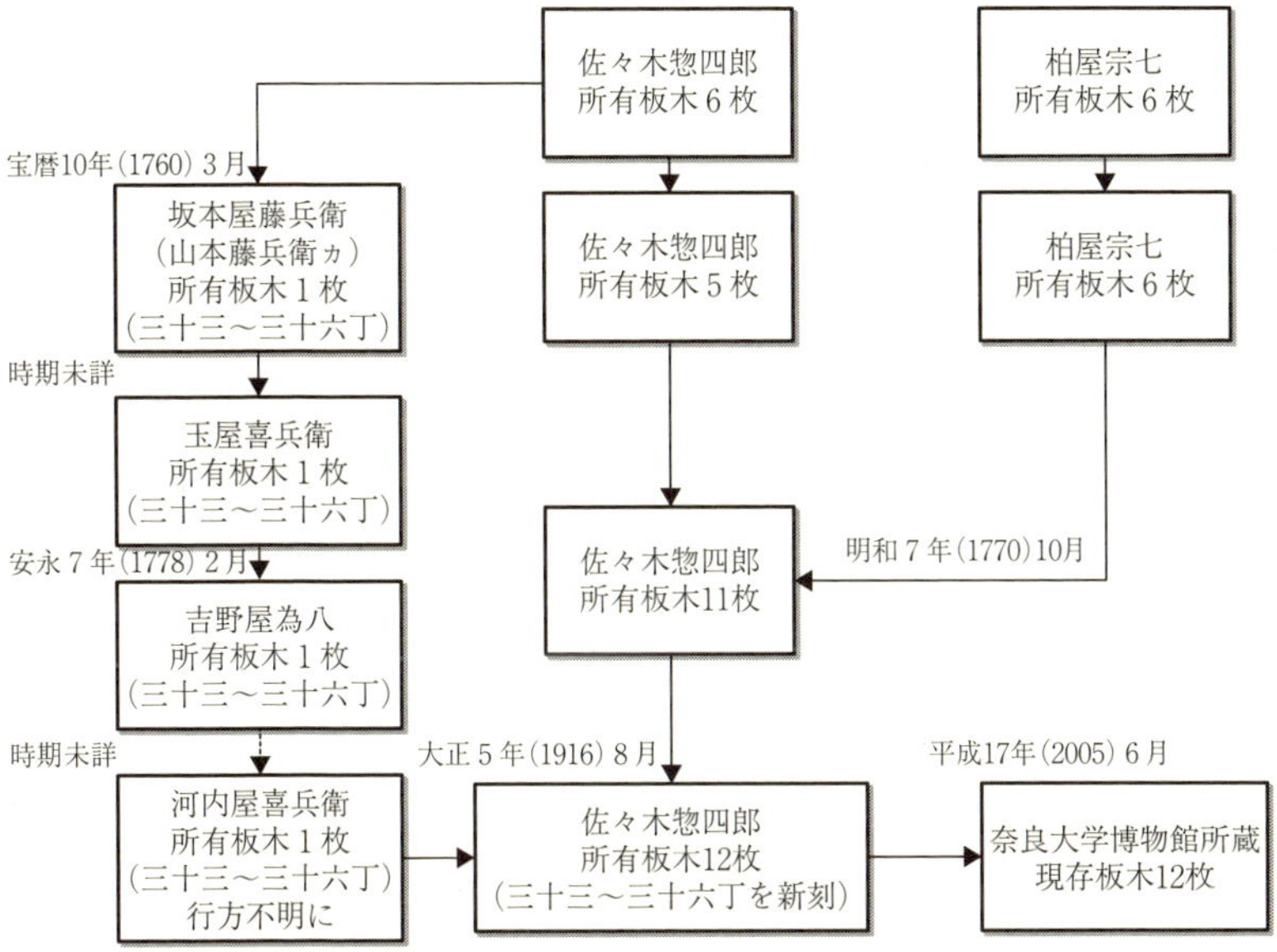

図９　『賞奇軒墨竹譜』の板木移動経路

楼蔵版略書目』に掲載した書の出版体制を強化したことは、第四章において述べておいたが、Ｔ０６００の新刻もその一環として行われたことなのだろう。ともかくも大正五年八月、ようやく佐々木のもとにすべての板木が揃い、時を経て平成十七年（二〇〇五）六月、奈良大学博物館へ収蔵されることとなる。初版から現在まで、本書の板木十二枚が辿った経路は、およそ図９のようになる。

（四）分割所有した板木の摺り

これらの記録には、本書の刊行経緯以外にもうかがえる点がある。例えば、板木が分割して所有された場合、どのようにして摺りを進めるのか、漠然とした疑問が浮かぶ。分散した板木を一箇所に集めて摺ることが、相合の本来の目的に反し、非現実的であることは想像に難くないが、従来聞き伝え的に、摺師が板木のある場所に出向いて摺るということが一般にいわれてきた。傍線部⑥は留板一枚の摺刷に関する注意事項が記録されたものであるが、「摺ニ可遣折」の表現は、摺師が板木の保管場所へ出向いて摺っていたことの証左となろう。

このような記事は珍しいが、他に安永七年刊『千金方薬註』の例を見出すことができる。『千金方薬註』は松岡玄達が著わした薬学書である。該書も類板や玄達自身の借入金をめぐって複雑な刊行事情を抱えていたことが『竹苞楼大秘録』『竹苞楼秘録』の記事からうかがえる。いま概略のみを記せば、当初、佐々木惣四郎が「蔵板支配人」として板木を彫製、刊行し、著者玄達自身が蔵板者となる予定であったが、上述の経緯から佐々木を含めた相合版となり、玄達の板前も半分以下に留まった。記事中、その玄達所蔵分の板木の摺刷について、「松岡板摺ニ可遣節、硯墨持参之事」との指示がみえる。玄達は蔵板者であって、板元ではない。したがって、摺刷の道具や材料が揃っておらず、玄達所蔵の板木を摺る際に、硯や墨を持参しなければ摺刷できないということは理解しやすい。

話を『賞奇軒墨竹譜』に戻し、傍線部⑤では、玉屋喜兵衛は「板元」と記されているが、傍線部⑥において「板墨持参事」とされている。玉屋には摺刷に必要なものが揃っていないようであること、玉屋喜兵衛の出版活動歴がつかめないことから、いわゆる書林ではないか、蔵板者的な板元のようにも思われる。いずれにせよ、これらの記事が、摺師が板木のある場所へ出向き、硯や墨は相合の相手先のものを使用して摺刷するという当時の実態の裏返しであることは間違いない。その他の相合版の事例について、特に摺師への注意がないことも、そのような考えを強くさせる。本書の刊行経緯に直接関わることではないが、その調査を契機として、従来それとなくいわれてきたこと——摺師が板木のある場所に出向いて摺刷する——が記録上からうかがわれる重要な箇所と考え、本章中で述べる次第である。

第四節　『賞奇軒墨竹譜』の諸本

以下に、九本の諸本を列挙する。

1．京都大学附属図書館所蔵大惣本（8―44ト3。以下、大惣本）

大本一冊。薄鼠色表紙（改装）。原題簽欠。内題「竹譜」。表紙見返しに「東坡遺意」。裏表紙見返しに奥付「怡顔斎蘭品　近刻／宝暦庚辰二月／平安書舗　佐々木惣四郎／清水宗七」。柱題「竹譜」（ただし、序・跋には柱題・丁付なし）。池大雅画。高葛陂序。安濬子深跋。丁数四十四丁。〔序二丁〕、一～四十、〔跋二丁〕。四十ウは白紙。

2．東京K氏所蔵本（以下、K氏本）

K氏本は、林進氏により、次のように紹介された。[注17]

美濃判（縦27.4糎、横18.3糎）一冊で、袋綴じ和装。序文は二丁、竹譜は四十丁、跋文は二丁、扉題は半丁（おもて表紙裏に貼付）、奥付は半丁（うら表紙裏に貼付け）。表紙は薄藍色で、貼題箋には篆書で「賞奇軒墨竹譜」と墨刷りされています。（中略）見返しの扉には「東坡遺意」とあり、これは中国清時代の康熙年間に刊行された『賞奇軒四種』のうちの一冊「東坡遺意」のその扉題をそっくり摸刻したものであります。

なお右の引用中には奥付の記載内容に関する記述がないが、図版によって奥付が示され、大惣本と同一の奥付が付されていることが分かる。

3．立命館大学アート・リサーチセンター所蔵甲本（arcBK01-0034。以下、ＡＲＣ甲本）
大本一冊。薄藍色表紙、原題簽「賞奇軒墨竹譜」（単郭）。内題「竹譜」。奥付なし。表紙見返しに「東坡遺意」。柱題「竹譜」（ただし、序・跋には柱題・丁付なし）。丁数四十三丁半。〔序二丁〕、〔跋二丁〕、一〜四十。ただし四十オは裏表紙見返しの扱いである。渡辺私塾文庫旧蔵。
4．秋田県立図書館所蔵本（72-シンイチ／39／。以下、秋田本）
大本一冊。原題簽欠。表紙様、表紙・裏表紙の見返し、丁順などＡＲＣ甲本と同様である。
5．立命館大学アート・リサーチセンター所蔵乙本（arcBK01-0017。以下、ＡＲＣ乙本）
大本一冊。薄藍色表紙、原題簽「賞奇軒墨竹譜」（単郭、図10）。表紙見返し「賞奇軒墨／竹譜／平安　竹苞楼／至徳堂」。裏表紙見返しに奥付。ただし大物本などの近刊予告を削る。柱題「竹譜」（ただし、序・跋には柱題・丁付なし）。丁数四十四丁。〔序二丁〕、一〜四十、〔跋二丁〕。大物本などの表紙見返し「東坡遺意」はＡＲＣ乙本では四十ウに置かれている。
6．立命館大学アート・リサーチセンター所蔵丙本（arcBK01-0036。以下、ＡＲＣ丙本）
大本一冊。薄茶色表紙、原題簽「賞奇軒墨竹譜」（単郭）。表紙見返し・奥付・丁順はＡＲＣ乙本と同。四十ウは白紙。扉「東坡遺意」はＡＲＣ丙本には見られない。明らかな近代摺。
7．立命館大学アート・リサーチセンター所蔵丁本（arcBK01-0080。以下、ＡＲＣ丁本）
大本一冊。薄茶色表紙、原題簽「賞奇軒墨竹譜」（単郭）。表紙見返し・奥付・丁順・四十ウの状態、扉「東坡遺意」を逸すること・摺りの状態など、ＡＲＣ丙本と同様である。林進氏旧蔵。
8．相見香雨旧蔵本（以下、相見本）

図10　ARC 乙本表紙、題簽（＊2）

未見。相見香雨により、次のように紹介される。[注18]

本は縦八寸八分、横六寸、萌黄色表紙で、貼題簽には篆書で『賞奇軒墨竹譜』とある。風姿凡ならず。見返しの扉題も題字もなくて、初頁から高葛陂の「刻東坡画竹譜序」と題する文が四頁に亘ってある。

9・三村竹清旧蔵本（以下、竹清本）

未見。三村竹清により、次のように紹介される。[注19]

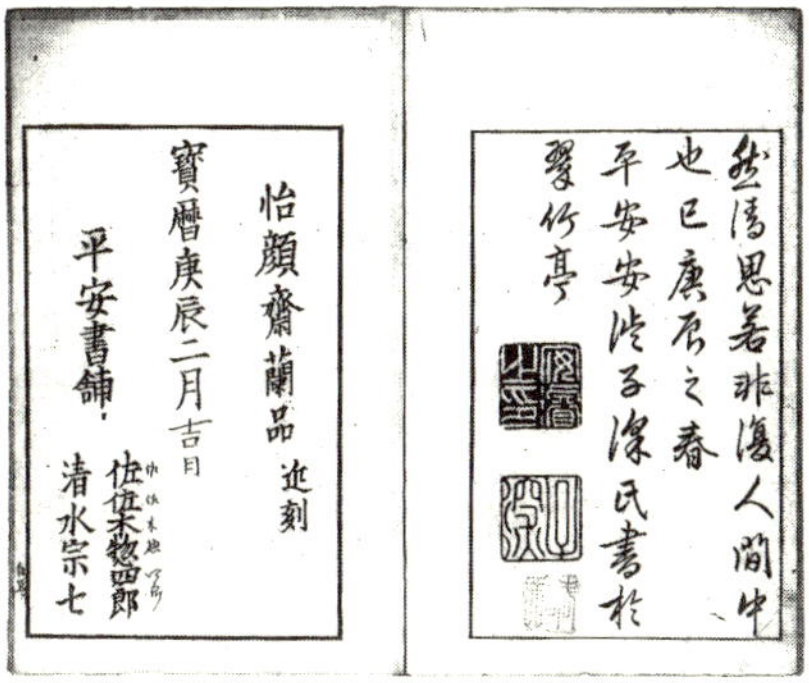

図11　大惣本〔跋２〕ウ～裏表紙見返し（奥付）

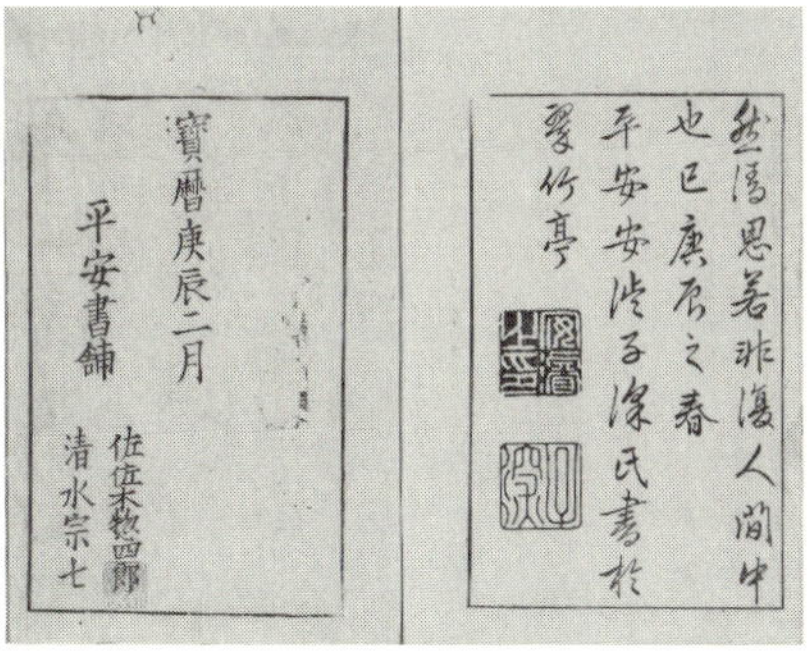

図12　ARC乙本〔跋２〕ウ～裏表紙見返し（奥付）

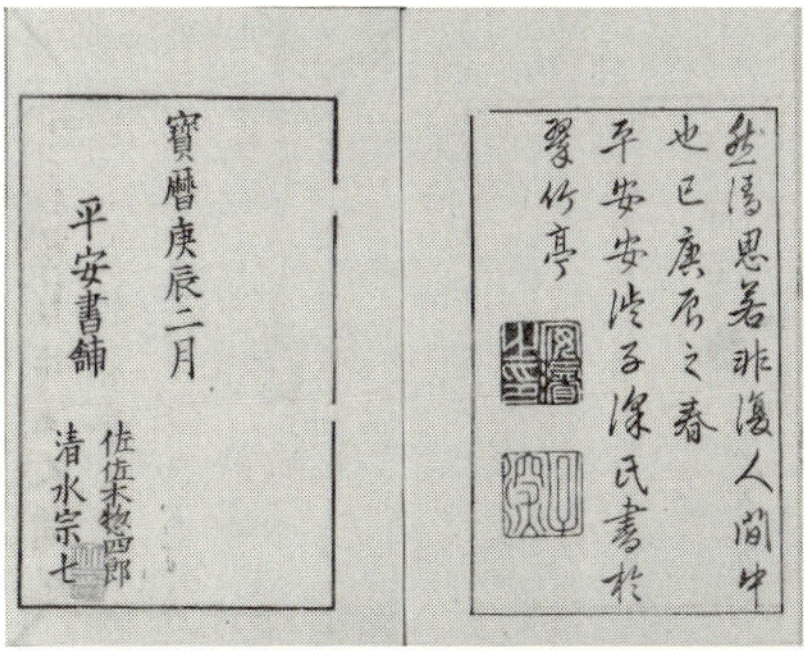

図13　ARC丙本〔跋２〕ウ～裏表紙見返し（奥付）

東坡画竹譜、美濃本一冊、扉に東坡遺意とある、私の本は外題が逸して無いから、何といふ書名か判然せぬ、東坡遺意といふのかと思ふが、序に刻東坡画竹譜序とあるから、仮りに今東坡画竹譜として置く。

本書が佐々木惣四郎と柏屋宗七の相合で刊行されたことは、先に記録によって確認したとおりであるが、それは奥付の記載内容からも確認できる（図11〜13）。また奥付に見える『怡顔斎蘭品』の近刊予告の存在から判断して、大惣本・K氏本の摺りは比較的早いことが推察される。佐々木・柏屋が板木を分割所有していた頃の摺りであろう。『怡顔斎蘭品』は明和九年（一七七二）六月の刊行であり、『賞奇軒墨竹譜』刊行時から十二年後の近刊予告が出ていることになる。

『竹苞楼大秘録』や『竹苞楼秘録』によれば、『怡顔斎蘭品』は享保十三年（一七二八）三月に唐本屋八郎兵衛が官許を得たものの刊行されず、宝暦六年（一七五六）五月以降宝暦八年（一七五八）以前に、佐々木惣四郎が唐本屋宇兵衛から願株《ねがいかぶ》を買い請けた後も、（注20）何らかの事情によって、出来まで実に十六年以上の年月を費やした。おそらく当初は『賞奇軒墨竹譜』刊行後まもなく出来の予定だったと考えられる。

ＡＲＣ甲本には奥付がなく四十オが裏表紙見返しとなり（図15）、序文の直後に跋文がくる（図16）という異様な丁順である。一見、後人による改装が施され、奥付が落ちたり、誤綴されるなどの結果に至ったものかと思われるが、秋田本が同一体裁であることから考えて、原装を保っていると考えるのが適当である。大惣本のように四十ウが白紙（図17）となることを嫌ったのか、あるいは後摺本ゆえに奥付を省くことを企図したのか、意図は明確ではないが、四十オを裏表紙見返しと見なした結果、跋文の行き場がなくなり、後序の位置に置いたのだろう。なお、欠刻の状態や摺りの良し悪しから判断して、ＡＲＣ甲本および秋田本は同時期の摺りであり、それらは大惣本より

図14　奈良大学博物館所蔵板木　奥付
（T0964、部分、鏡像）

後摺り、ARC乙本よりも摺りが早い（図18〜21）。特にARC乙本以下、格段に摺りが悪くなる。

一方、ARC乙本では奥付が復活しているが、『怡顔斎蘭品』の近刊予告は削られている（図12）。もちろん、現存の板木は近刊予告を削ったものである（図14）。このことが、『怡顔斎蘭品』の刊行が延引し、近刊予定ではなくなったことを意味するのか、あるいはARC乙本が『怡顔斎蘭品』刊行後の摺りであることを意味するのか明確ではない。しかしARC乙本は、後摺本であるARC甲本や秋田本よりさ

図15　ARC甲本三十九ウ〜四十オ（裏表紙見返し）

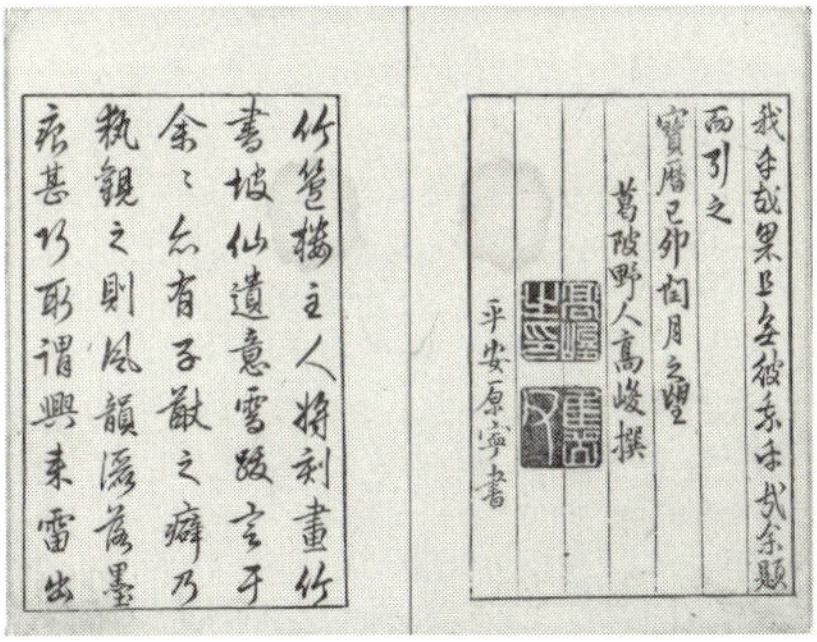

図16　ARC甲本〔序２〕ウ〜〔跋１〕オ

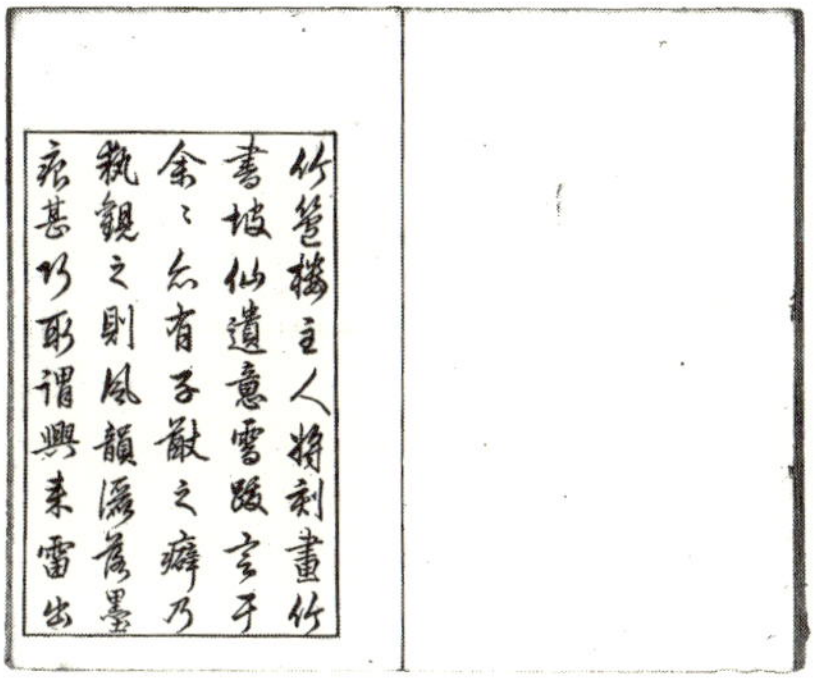

図17　大惣本四十ウ〜〔跋１〕オ

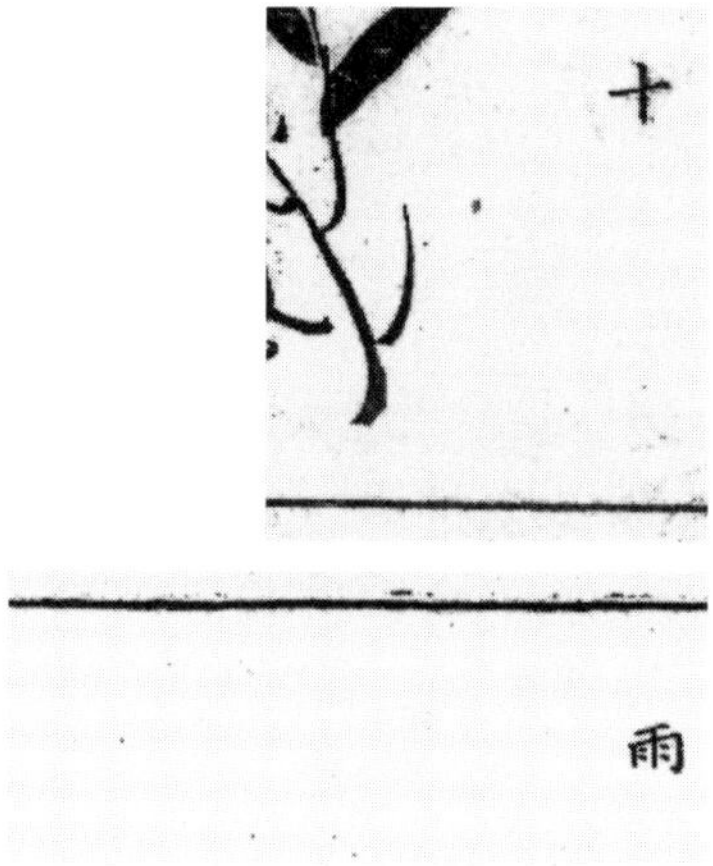

図18　大惣本（上）六ウ、（下）七オ

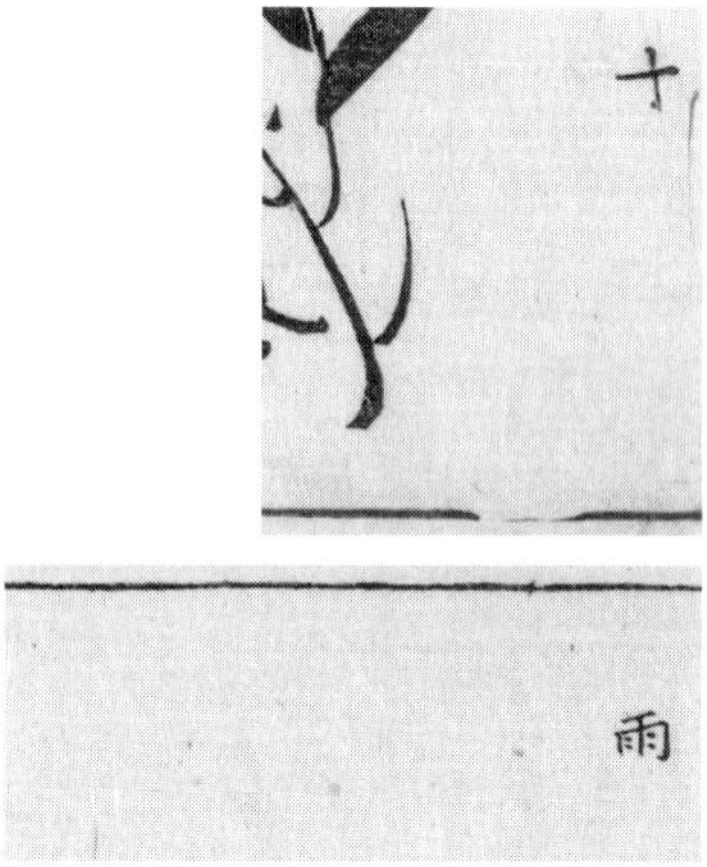

図19　ARC 甲本（上）六ウ、（下）七オ

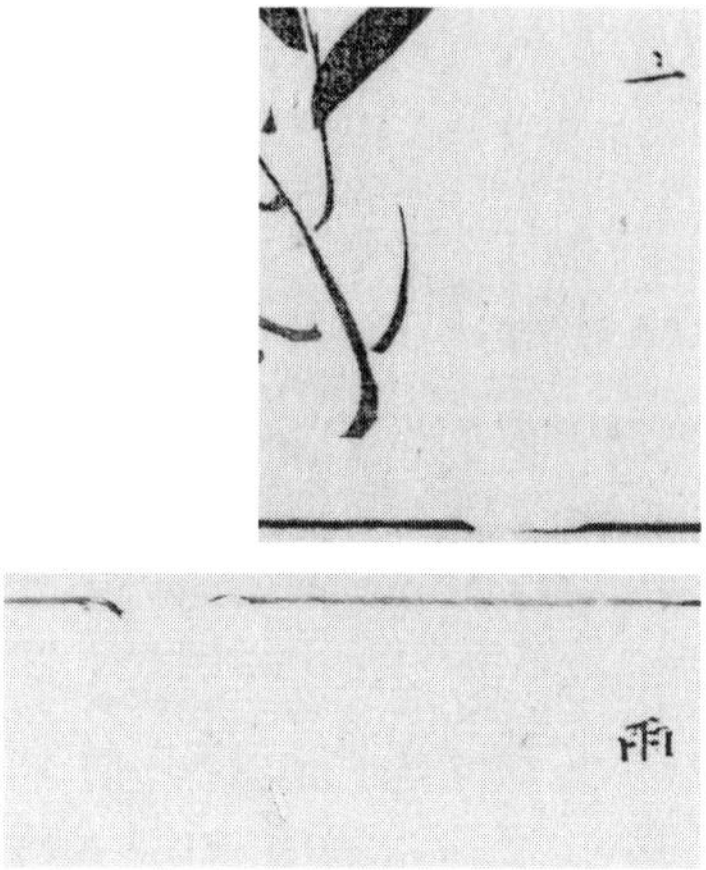

図20　ARC 乙本（上）六ウ、（下）七オ

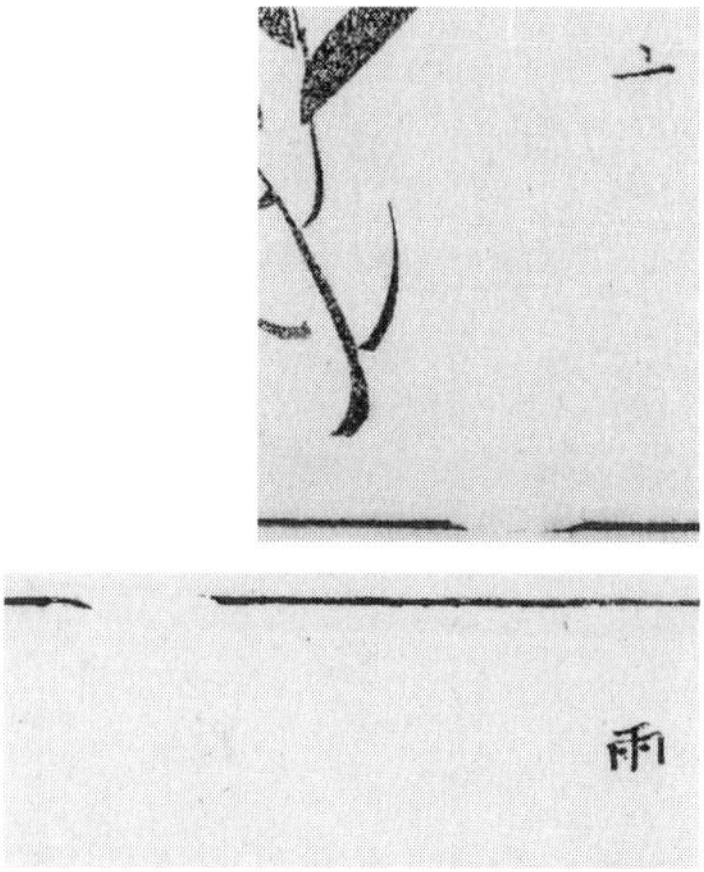

図21　ARC 丙本（上）六ウ、（下）七オ

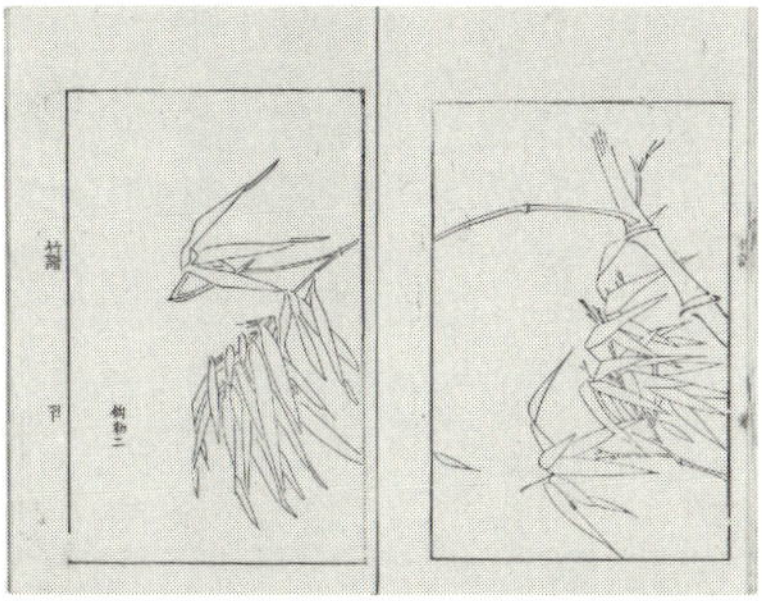

図24　ARC 乙本　三十九ウ～四十オ

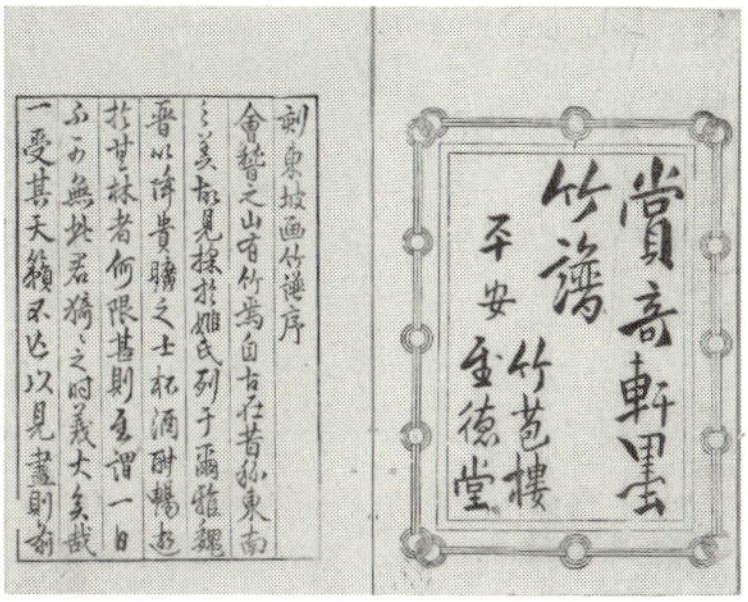

図22　ARC 乙本表紙見返し～〔序 1〕オ

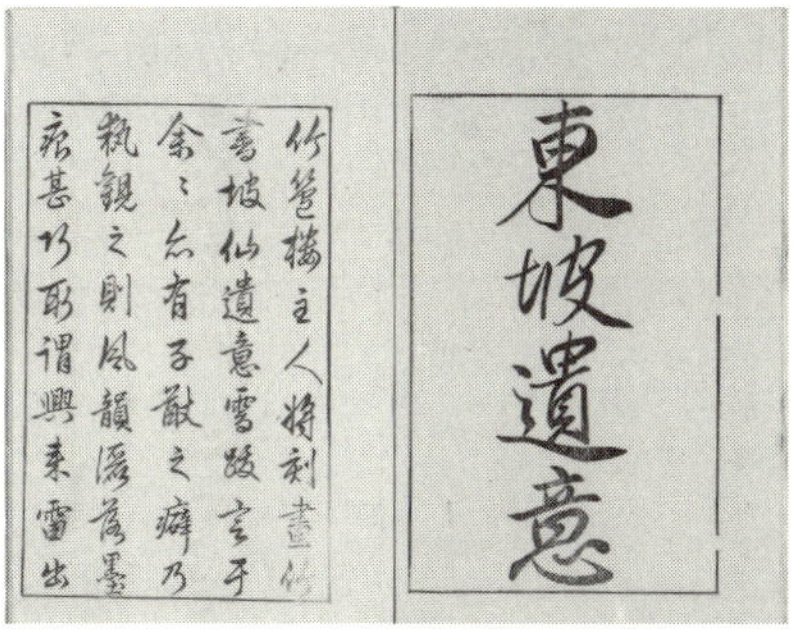

図25　ARC 乙本　四十ウ～〔跋 1〕オ

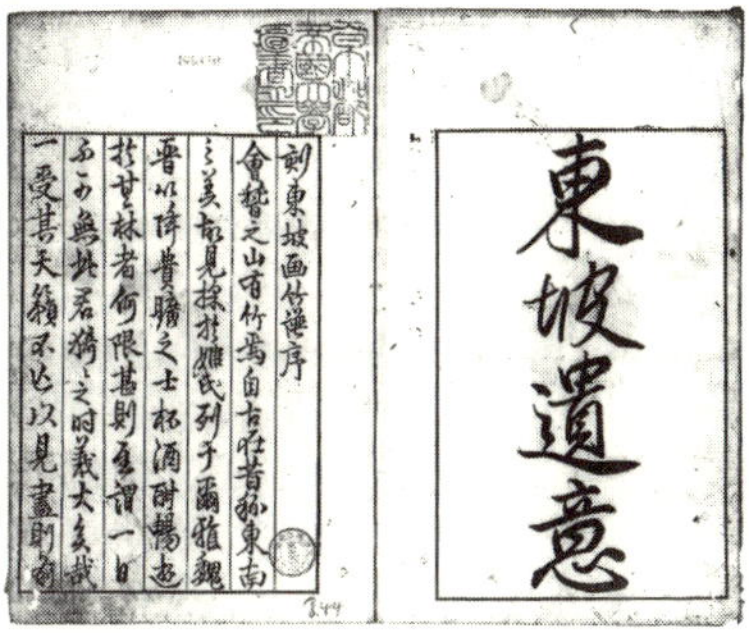

図23　大惣本表紙見返し～〔序 1〕オ

図26　奈良大学博物館所蔵板木（T0541、部分、鏡像）四十オ、扉

らに摺りが遅く、初摺りから相応の時期を隔てた後摺本と考えられるため、ひとまず明和九年六月以降の摺りと見てよいだろう。板株の移動に絡めていえば、奥付に「竹苞楼」印のみが見られることとも考え合わせ、袋（表紙見返し、図22）および奥付（図12）に柏屋の名を残してはいるが、留板を除く十一枚の板木が佐々木の所有に帰した後の摺りになるだろう。

ＡＲＣ乙本の表紙見返しの扉は袋板で摺られたものに差し替えられており、大物本やＡＲＣ甲本で表紙見返しにあった「東坡遺意」の扉（図23）は、ＡＲＣ乙本では四十ウに置かれている。四十オと四十ウのバランスは悪く、柱が四十オの側にせり出している他（図24）、四十ウの版面はノド側に寄ってしまっている（図25）。この操作はＡＲＣ甲本や秋田本と同様、大物本のように四十ウが白紙となること（図17）を嫌った可能性があろう。または、袋と表紙見返しの扉が同板であることは珍しくないが、(注21)先に袋と見返しを摺ってしまい、結果、本来の扉の行き場がなくなり、四十ウの位置に収めた可能性もある。しかしこの丁順には、板木の構成も関連している。

板木の構成について、近世には一般に「本文末尾が半端になった場合は、題簽・袋と組み合わせるという仕立て方が多く採られたこと」が永井氏により指摘されている。(注22)本書の題簽・袋はＴ０９６４の跋文二丁分の裏に、奥付とともに彫られていることは表1に示したとおりである。Ｔ０５４１は十三、十六、三十七、四十の四丁分を収めるが、四十丁は表しかない。したがってＴ０５４１の板木には半丁分のスペースが余る。本書の場合、そこを活用して半丁分のスペースしか必要としない扉が彫られている（図26）。四十丁は半丁ながら柱があり、柱と扉の刻面の間には適度な余白が設けられている。ＡＲＣ乙本はこの板木の構成どおり扉を四十ウと見なしたのである。永井氏は同稿において、こうした板木の構成が乱丁を招くことを実例とともに指摘されている。ＡＲＣ乙本についても、先の二つの可能性の他、単純に、誤って扉を四十ウとした乱丁である可能性もあろう。いずれと見るべきかはさて

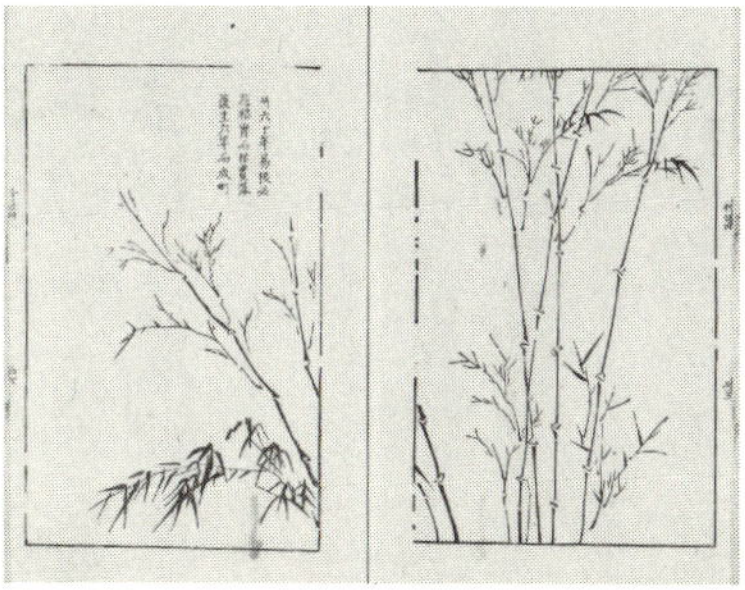

図29　ARC 乙本三十五ウ～三十六オ

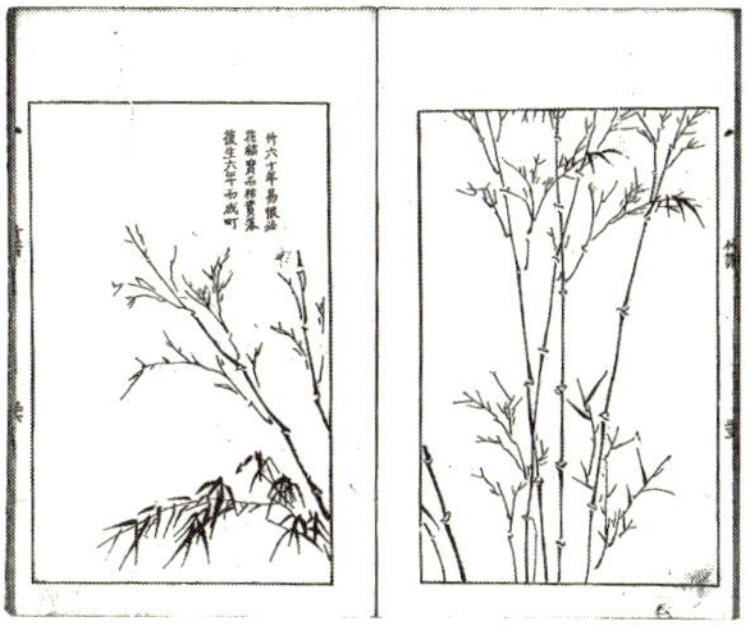

図27　大惣本三十五ウ～三十六オ

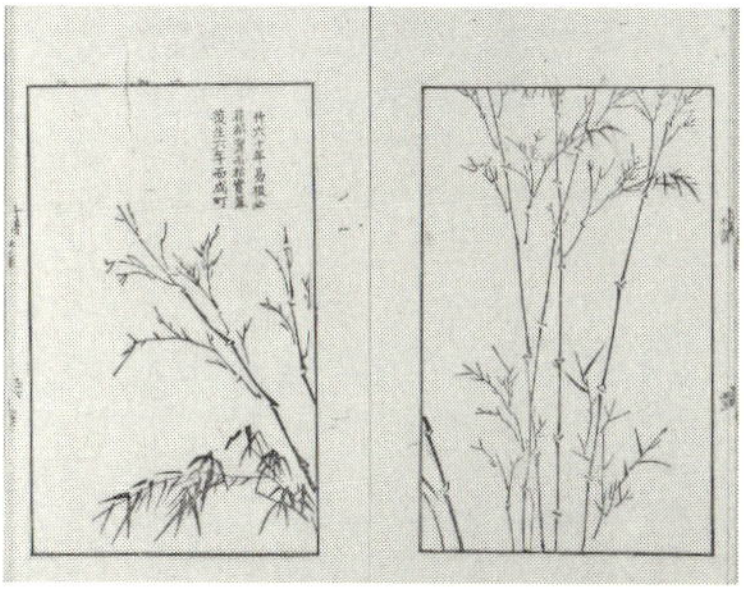

図30　ARC 丙本三十五ウ～三十六オ

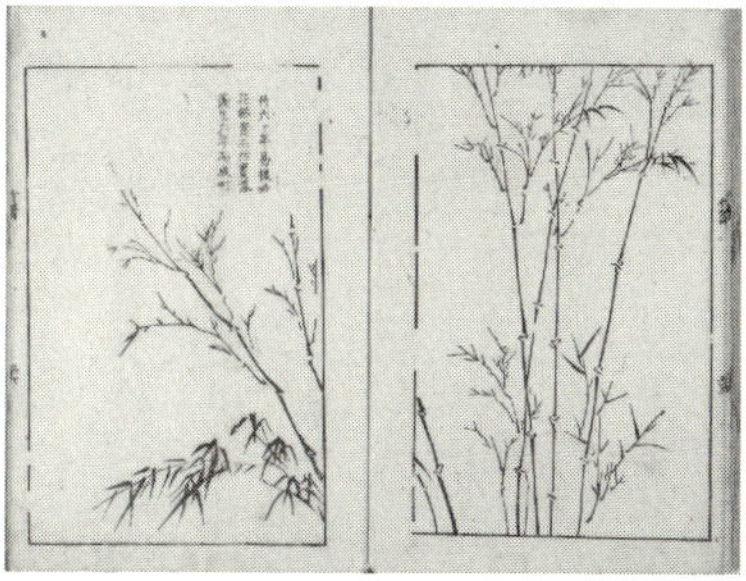

図28　ARC 甲本三十五ウ～三十六オ

図31　奈良大学博物館所蔵板木（T0600、部分、鏡像）
（左）三十六オ、（右）三十五ウ

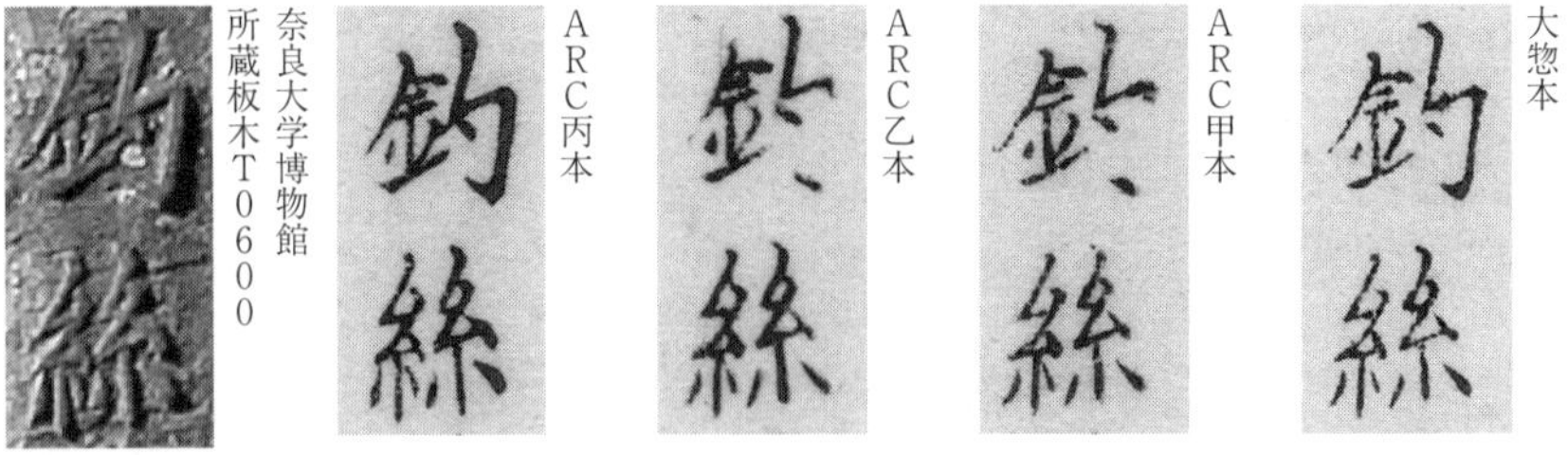

図32　三十六ウ

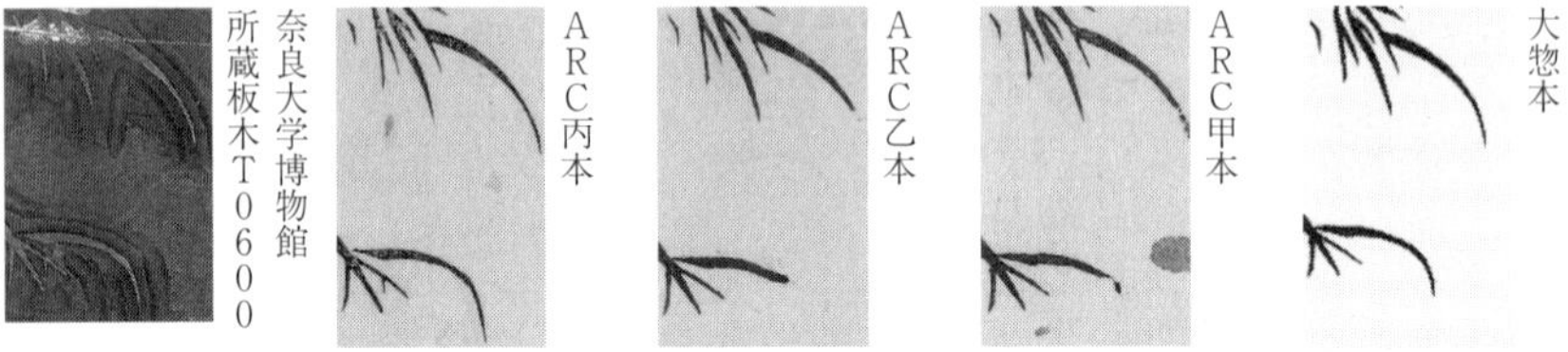

図33　三十四ウ

おき、四丁張板木の構成を意識しつつ板本を見れば、ＡＲＣ乙本の乱丁には、扉が四十オの隣に彫られているという事実が表出しているのである。

ＡＲＣ丙本・丁本の四十ウは大惣本などと同様、白紙に戻されており、奥付はＡＲＣ乙本と同じであるが（図13）、ＡＲＣ丙本・丁本には「竹苞」印が押印されている。表紙見返しにはＡＲＣ乙本と同様、袋が流用されており、「東坡遺意」の扉は姿を消している。ＡＲＣ丙本・丁本は袋が現存していないが、扉は袋に転用された可能性もあろうか。

さて、留板として各板元を転々とした三十三～三十六丁の板木は、あまり大切に扱われなかったらしい。特にＡＲＣ甲本以降、ＡＲＣ乙本までの諸本は、匡郭の欠損が激しく、留板の所有板元のもとで傷んでしまったようである。一方、この留板と同じ丁を収めるＴ０６００の匡郭は整っている（図27～31）。また、ＡＲＣ甲本やＡＲＣ乙本に認められる三十六ウの「釣」の字の欠刻、三十四ウの竹の葉の先の欠刻が、Ｔ０６００には認められない（図32、33）こと、三十六ウの「絲」の字体がＡＲＣ乙本以前の諸本とＴ０６００では合致しないことからも、

ＡＲＣ乙本以前の諸本がＴ０６００によって摺られたものでないことは明らかであろう。そしてそれらＴ０６００の特徴を備えるのがＡＲＣ丙本（図30、32、33）と丁本である。板木の移動に則していえば、ＡＲＣ丙本・丁本は全十二枚の板木が佐々木の所有となった大正五年八月以降の摺りであることが分かる。

なお相見本と竹清本については現在の所在が判明せず、調査が叶わなかった。（注23）それぞれの典拠に記された解題と図版のみでは十分な位置付けができないが、本章中に示したその他の諸本により、全容はつかめるものと考える。

おわりに

以上、『賞奇軒墨竹譜』の板木を出発点に、近世出版の現場を垣間見てきた。出版研究と称するにはミニマムな事例であるが、本書の刊行事情が伝えてくれる情報は少なくない。

語弊を恐れずにいえば、現在、出版に関わる研究において、板木という存在は、板本の版面というフィルタを通し、やや曖昧なイメージとして捉えられている。そのフィルタを通してしまえば、入木や欠刻など、板木の刻面に関するイメージは具体的に捉えることができるが、それに固執すると、その他の情報は脱落してしまう。その他の情報とは、『賞奇軒墨竹譜』の板木についていえば、Ｔ０６００の板木の外寸であり、端食の形状であり、Ｔ０５４１に収まる丁の構成と板本の扉の位置の関係である。板本と出版記録によっておよその刊行経緯は明らかにできたであろうが、これらの情報なくして、出版の現場で何が行われたかを述べ尽くすことはできない。

むろん本書のように板木・詳細な出版記録・板本が揃う資料は限られており、すべての板本に対し同様の手法で調査を行うことは不可能である。しかし、だからこそ可能な限り参照し得る板木を板本・出版記録と突き合わせ、板本を見ただけでは分かり得ない事柄を事例として提示、その事例によって板本に対する視点や板本の背後にある板木のイメージを豊かにしていくことは、極めて重要であると考える。

近年、各所蔵機関において、板木研究への取り組みや資料整備が着実に進捗しつつあり、(注24)板木が広く出版研究に利用される日がそう遠くないことを予想させる。本章中でもふれた永井一彰氏の論考や、筆者が行っている調査から明らかなように、板木が教えてくれる事実は少なくない。これらの事実を踏まえれば、刊行事情に留まらず、それらにそって当時出版の現場で何が行われたのかをよりクリアに捉えることができるのである。本章において、『賞奇軒墨竹譜』という一点の出版物の刊行事情や諸本の様相を明らかにできたこと自体には、それなりの意味がある。しかし、それよりもむしろ、それを追うことによって得られた、出版の現場で何が行われたのかという事例を収集できたことに、より大きな意味があると考える。そしてそれらの情報が出版研究に刺激を与えていくことは間違いないであろう。

付記

本章中にあげたＡＲＣ甲本は、渡辺私塾文庫の旧蔵書である。調査の趣旨をお伝えしたところ、渡辺淑寛文庫長は筆者に該書をご恵与下さった。筆者の所蔵に帰するより、資料の公共性を保つことが、渡辺私塾文庫の方針にも沿うと考え、立命館大学アート・リサーチセンターに登録させていただいた次第である。

また、ＡＲＣ丁本は、林進氏の旧蔵本である。氏に調査の成果をご報告したところ、Ｋ氏本を含む関連資料の写真を貸与下さったばかりでなく、ご架蔵の該書をアート・リサーチセンターにご寄贈下さった。

上述のように、本章の諸本調査は、両氏のご好意によるところが大きい。記して両氏に深謝申し上げます。

図版注

＊1　以下、『八種画譜』の図版は、西川寧・長澤規矩也編『和刻本書画集成』第六輯（一九七六、汲古書院）によった。
＊2　本来、ARC甲本により示すべきであるが、題簽の保存状態が良好でなく、同板のARC乙本によって示した。

注

（1）立命館大学アート・リサーチセンター「板木閲覧システム」（http://www.arc.ritsumei.ac.jp/db9/hangi/）
（2）相見香雨「大雅の画譜」（日本書誌学大系四五、中野三敏・菊竹淳一編『相見香雨集』二、一九八六、青裳堂書店）
（3）（2）に同じ。
（4）林進「〔美術史料紹介〕池大雅摸刻『賞奇軒墨竹譜』一冊」（『季刊美のたより』一一五、一九九六）
（5）永井一彰「板木は語る――慶安三年版『撰集抄』――」（『江戸文学』三九、二〇〇八）
（6）永井一彰「板木は語る『反り止めの変遷』」（東海近世文学会平成二一年一月例会口頭発表、二〇〇九・一・十）による。また、以下に述べる型式等については、第二章に詳述した。
（7）水田紀久編『若竹集　創業期出版記録』（一九七五、佐々木竹苞楼書店）
（8）本節に述べる経緯の他、『京都書林行事上組諸証文標目』（書誌書目シリーズ二六、彌吉光長『未刊史料による日本出版文化』第七巻、一九九四、ゆまに書房）の宝暦七年（一七五七）十二月条に「一　賞奇軒竹譜ニ付　銭屋平八」（※筆者注――「平八」は初代佐々木惣四郎の前名・平八郎）とあることから、出版願は宝暦七年中に出されていたものと思われる。
（9）（4）に同じ。
（10）蒔田稲城『京阪書籍商史』（村田勝磨編『日本出版大観』上巻、一九二八、出版タイムス社）
（11）中野三敏・市古夏生・鈴木俊幸・高木元「座談会江戸の出版（下）――板元・法制・技術・流通・享受――」（中野三敏編『江戸の出版』、二〇〇五、ぺりかん社）

(12) (7) に同じ。

(13) 永井一彰「板木の分割所有」(『奈良大学総合研究所所報』一七、二〇〇九)

(14) 板木の所在は知られていないが、奈良大学博物館に板木四枚が現存している。刊行年は筆者による推定である。詳細は第四章を参照されたい。

(15) 藤川玲満「吉野屋為八の出版活動」(『国文』一〇八、二〇〇七)

(16) 永井一彰『藤井文政堂板木売買文書』(日本書誌学大系九七、二〇〇九、青裳堂書店)。『蔵板員数』の他、『蔵板仕入簿』に同様の記載がある。

(17) (4) に同じ。

(18) (2) に同じ。

(19) 三村竹清「大雅堂余話」(日本書誌学大系二三、肥田晧三・中野三敏編『三村竹清集』六、一九八四、青裳堂書店)

(20) 松岡孩庵が所有していた願株は唐本屋宇兵衛が買い取ったが、宇兵衛が「不勝手」のため、佐々木が譲り受けた旨、『竹苞楼大秘録』に記されている。

(21) 永井一彰「竹苞書楼の板木——狂詩集・狂文集を中心に——」(『奈良大学総合研究所所報』一五、二〇〇七)

(22) 永井一彰「『おくのほそ道』蛤本の謎」(『奈良大学総合研究所所報』九、二〇〇一)

(23) 相見香雨の旧蔵書は、一九八四年、九州大学文学部に寄贈されているが、現在、相見文庫に『賞奇軒墨竹譜』は所蔵されていない旨、回答を得た。また三村竹清の旧蔵本は馬越旺輔によって二松学舎大学附属図書館に寄贈されたが、『二松学舎大学附属図書館和書目録』に該書は記載されていない。

(24) 杉林真由美他「明治大学図書館所蔵板木調査(中間報告)」(『図書の譜』一一、二〇〇七)、「檜書店旧蔵版木目録」(『神戸女子大学古典芸能研究センター紀要』二、二〇〇九)、企画展示「近世版木展」(二〇〇九・二・十六〜三・六、於 立命館大学アート・リサーチセンター)、企画展示「錦絵はいかにつくられたか」(二〇〇九・二・二十四〜五・六、於 国立歴史民俗博物館)、シンポジウム「今よみがえる江戸期の源氏版木」(二〇〇九・三・十七、於 大阪府立大学学術交流会館)等。

第七章　高野版の板木——奈良大学博物館所蔵板木を中心に——

はじめに

高野版の研究は、水原尭栄『高野板之研究』を嚆矢とする。(注1)昭和七年（一九三二）に発表された同書は、高野山勧学院所蔵板木を中心に、寺版・町版、山外の板木などをも対象に含め、総合的な高野版研究としてまとめられた唯一の研究書であり、現代の研究においても、この書が基本となろう。また、平成十二年（二〇〇〇）六月二十七日に重要文化財指定を受けた高野山金剛三昧院、勧学院、奥の院伝来の板木約六千枚については、高野版板木調査委員会によって報告書が編まれ、(注2)近年行われた整理の状況をうかがい知ることができる。

このように着実に進捗してきた高野版研究であるが、特に嚆矢の段階において種々の出版物が「高野版」として総合的に捉えられた結果、高野版の示す範囲は広くなり、区分や定義が曖昧になっている感は否めない。後述するように、後者の報告書においては学侶による「寺版」、行人による「町版」という区分が示されているが、この区分は高野山上の板木についての区分であり、水原氏が高野版の範囲に収められた山外で刊行された出版物の板木には当てはまらない分類であろう。

本章は奈良大学博物館が所蔵する板木の中から、元は高野山上にあったと思われるものにスポットを当て、摺刷《しゅうさつ》技法の側面からその特徴を探るものである。また、寺版・町版というこれまでの区分に加え、板木がどこに存在したかに基づく区分を提示し、高野版と市井の板元や出版物との関連について問題を提起する。

第一節　高野版の現存板木

先行研究によって記せば、高野山上で出版が行われるようになったのは、鎌倉時代といわれており、阿闍利快賢、阿闍利浄意房慶賀らが出版に携わる他、秋田城介足立泰盛の外護による出版も行われている。次いで南北朝時代には、高野山と根来寺大伝宝院とに出版の勢力が分かれ、双方で高野版の刊行が行われている。室町時代には、大伝法院で行われていた出版が独自の風を持つようになり、「根来版」として発展する。高野山上では、鎌倉時代以来の版を用いた再版・後印が盛んに行われる一方、忠義阿闍利や良舜、暁善によって声明関連の書が開板されるようになったが、永正十八年（一五二一）の火災によって多くの板木が失われている。桃山時代には、それまでの版の再版が行われる一方、絵巻物の刊行、木活字版による刊行も行われた。個々の内容は先の報告書に詳しいが、報告書掲載の「現存板木調査一覧表」によれば、鎌倉時代の板木三四〇点、南北朝時代四十四点、室町時代三十点、桃山時代二三八点が現存するという。江戸時代に入ると、学侶直轄書林として活躍した永寧坊書林山本平六が現れ、自身も刊行に携わったが、板株《はんかぶ》の支配などは村上勘兵衛・前川茂右衛門をはじめとする市井の板元に委ねるようになる。また学侶以外に雑務に従事した行人系でも、経師八左衛門・経師伊右衛門・前岡久五郎らが刊行に関わり、これらも市井の板元に板木の彫製を委託したようである。(注3) 江戸時代は高野版の歴史上、最も隆盛を見た時代であった。

奈良大学博物館には、Kという分類番号を付された板木四九六点がある。この点数には端食《はしばみ》（反り止め）や印、墨書がある板を含んでおり、実際に板木と称することができるのは三六〇枚ほどであるが、これらは永井一彰氏が「十九年秋に大阪の中尾松泉堂から購入した高野版の板木約四百枚」と報告されたものと同一である。(注4) ほとんどは江戸時代の板木と思われ、かつて高野山の山上に存在した板木が、ある段階で山外へ出たものと考えられる。まだ筆者の調査は十分とはいえないが、概要のみを記せば、経典・講式・法則・悉曇（声明）関係、伝記、図像など、内容は多岐にわたっている。

例えば、水原氏は先に紹介した書の中で、宝暦二年（一七五二）刊『野山名霊集』（五冊）について、

野山名霊集五巻がある。跋文に、宝暦歳舎壬申南呂望日此刻以収高野山青岩寺之経庫車、(ママ)装釘所高野山経師伊右衛門、とあつて、板木丈け二尺七寸三分、幅七寸三分、厚み五分、両面彫り五十六枚が現に経師伊右衛門家に伝持されてゐる。

と述べられているが、先の報告書に載る「現存板木調査一覧表」によれば、『野山名霊集』の板木は山上には現存していない。しかし、奈良大学博物館所蔵のK分類に含まれる四十九枚の板木がこれに該当すると思われ、「装釘所高野山」に続く経師名は入木が脱落しているものの、水原氏が引用された奥付の板木も現存している（図1、2）。

『野山名霊集』の他、奈良大学博物館が所蔵するK分類の板木には、

図１　『野山名霊集』板木　奥付
（奈良大学博物館所蔵、K0084、部分、鏡像）

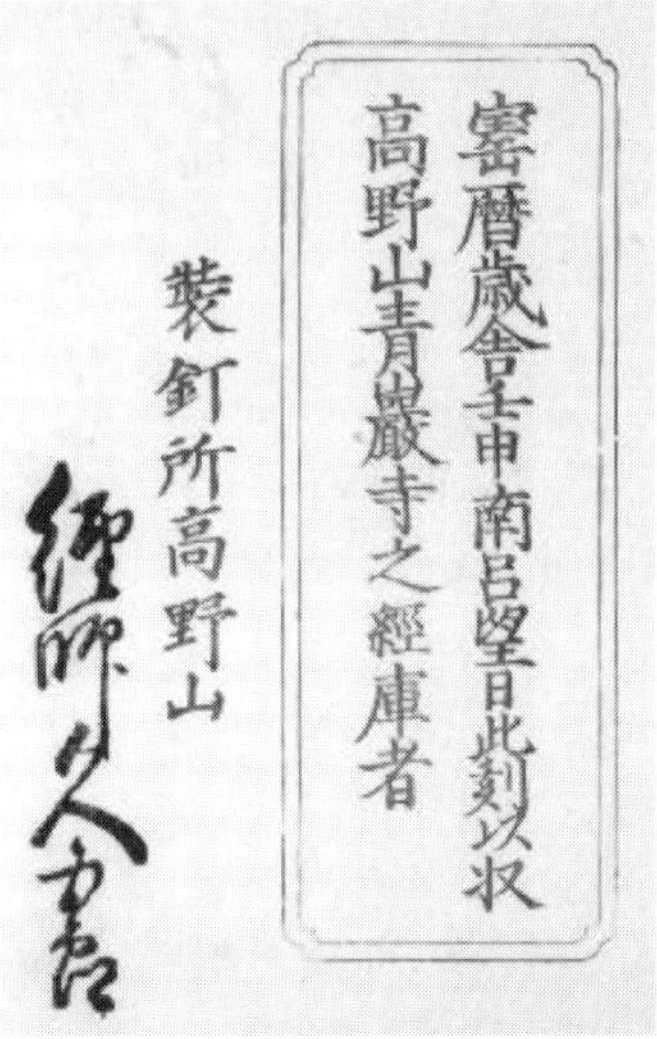

図２　『野山名霊集』奥付
（奈良大学図書館所蔵、3591880）

図３　『般若理趣経』板木
（奈良大学博物館所蔵、K0145、部分、鏡像）

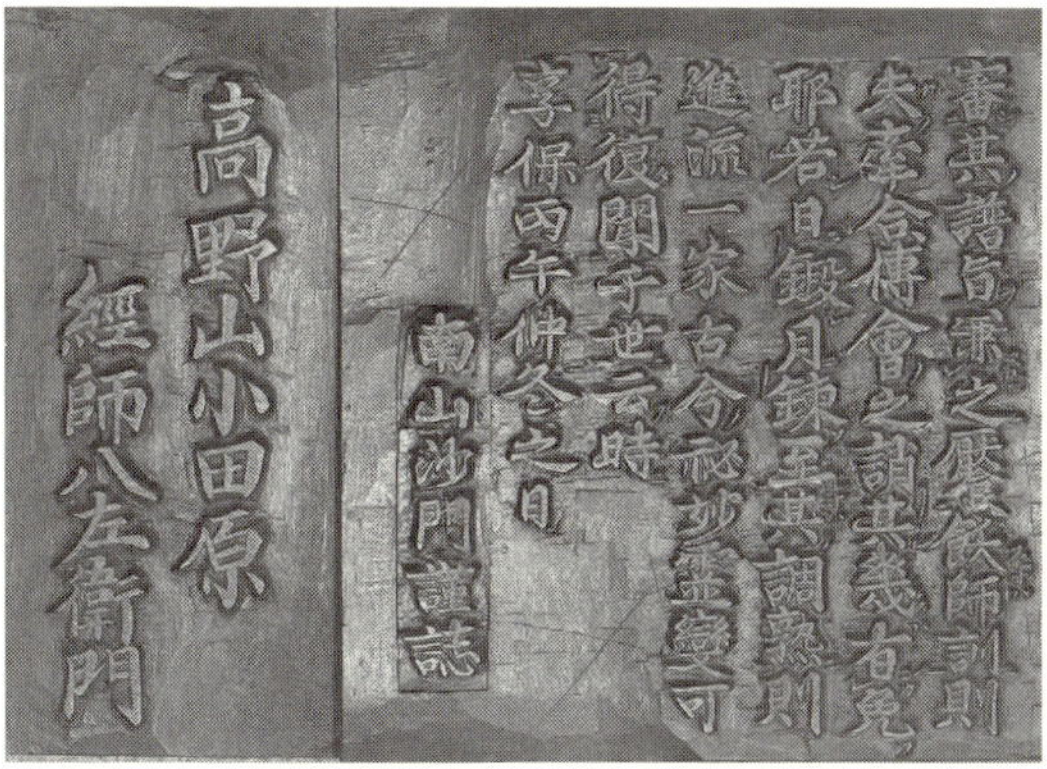

図4『声明集』板木（奈良大学博物館所蔵、K0300、部分、鏡像）

図5『四座講式』板木（奈良大学博物館所蔵、K0109、部分、鏡像）

図6『仏生会法則』板木（奈良大学博物館所蔵、K0271、部分、鏡像）

・天和二年（一六八二）刊『新板声明集附伽陀』
・宝永二年（一七〇五）奥『般若理趣経』(注5)（図3）
・享保十一年（一七二六）奥『声明集』（図4）
・享保十三年（一七二八）奥『三時勤行次第』
・享保二十一年（一七三六）序『宿曜経』
・元文二年（一七三七）奥『結縁灌頂職衆懐宝』
・寛保三年（一七四三）刊『南山新流寛保再校　魚山蠆芥集』
・宝暦八年（一七五八）奥『四座講式』（図5）
・明和元年（一七六四）奥『仏生会法則』（図6）
・明和三年（一七六六）奥『弘法大師誕生会法則』（図7）
・明和五年（一七六八）奥『明神講式』
・明和六年（一七六九）奥『常楽会法則』
・明和九年（一七七二）奥『新板大般若法則』
・文化四年（一八〇七）奥『南山再刻阿弥陀経』
・文化六年（一八〇九）奥『悉曇字母南山相承』
・文化六年（一八〇九）奥『声明集』
・安政三年（一八五六）刊『不断経』（図8）
・安政六年（一八五九）奥『大方広仏華厳経入不思議解脱境界普賢行願品』

図7　『弘法大師誕生会法則』板木（奈良大学博物館所蔵、K0179、部分、鏡像）

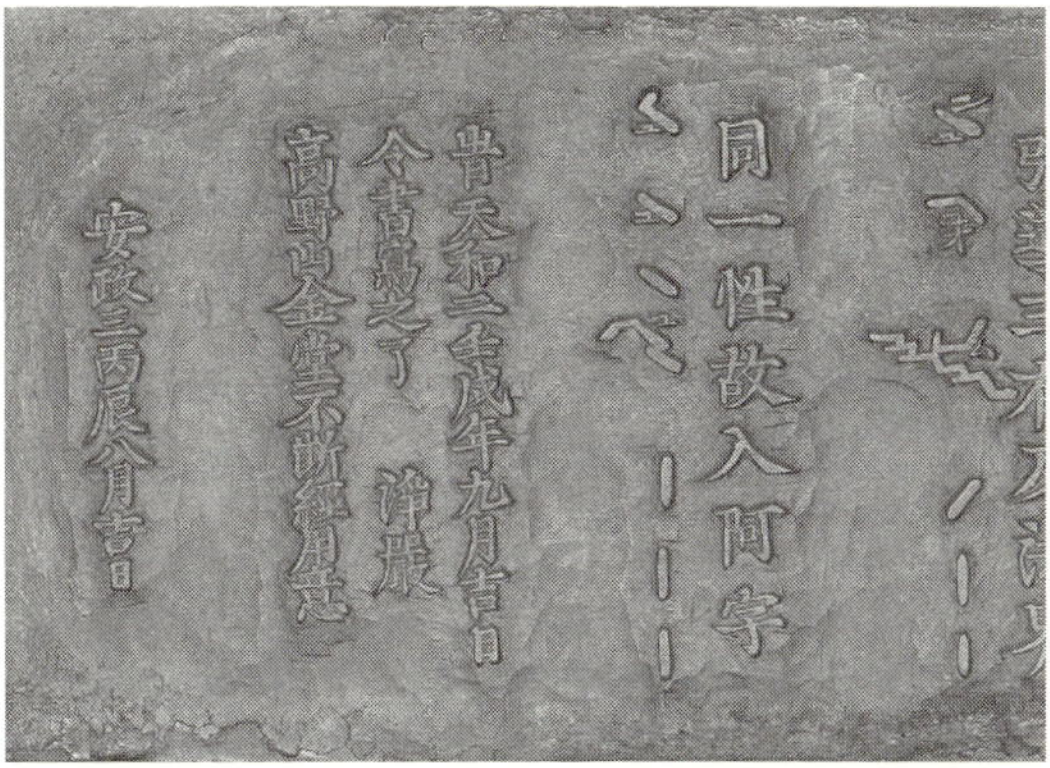

図8　『不断経』板木（奈良大学博物館所蔵、K0209、部分、鏡像）

図9　「当山西村元祖刻」の彫り込み（奈良大学博物館所蔵、K0209、部分）

図10　墨書のある板（奈良大学博物館所蔵、K板03）

図11　墨書のある板（奈良大学博物館所蔵、K板02）

・明治二十三年（一八九〇）刊『不断経』

などの高野版の板木が含まれている。

また、安政三年刊『不断経』の板木のうち、K0209の裏面は未刻であるが、そこには「経師伊右衛門所持之」の墨書、「当山西村元祖刻」の彫り付け（図9）が見られる。[注6] K板03の板は板木ではなく、板木の管理に用いられたと考えられる単なる板であるが、その墨書に「時文化十一年甲戌仲冬吉祥日」「新出来」「仏生講式　板木五枚也」「高野山小田原」「経師八左衛門持」（図10）、K板02の例では、「正明《（ママ）》附加陀《（ママ）》　七枚」「経師八左衛門」（図11）といった墨書がある。他にも墨書の例はあるが、[注7] 経師伊右衛門にしろ、経師八左衛門にしろ、高野山の山上にあって出版事業に関与した人物であるから、これらの墨書は、一群の板木がかつて高野山上で摺刷に利用され、いつかの段階で外部に出たことを示していよう。

これらの板木が外部に出たのはいつ頃であろうか。先の『野山名霊集』に関する水原氏の調査の具体的な年月日が分からないが、『高野版の研究』原刊の昭和七年をいくぶん遡る時期のことと思われる。その時点では『野山名霊集』の板木は山上に存在したわけだから、一群の板木が山外に出たのは大正から昭和に入って以降と見ることができる。

それを裏付けるのが、これらの板木群に含まれる日牌・月牌などに用いられる紙位牌の板木の存在である。これらは地蔵院・宝亀院・三宝院・持明院のものなど計二十九点を確認できる。これらは、位牌の図像に戒名だけを記入する様式も多いが、年月日を記入する様式もあり、年号のみあらかじめ印刷される場合もあったようである。改元によって年号が変われば、入木で年号を差し替えて板木を継続使用したのも当然のことで、その入木に「大正」

（図12）、「昭和」（図13）とあることは注目に値する。

これらの板木は、井筒信隆氏によって言及された、

> 永寧坊書林が明治六年（一八七三）に廃業するなど、高野山の木版印刷事業は衰退の一路を転げおちるように衰亡をしていった。廃業の憂き目にかろうじて踏みとどまっていた印刷店にあっても、寺院発注の守護符札や寺具用印刷物の製作に留まる惨憺たる状況であったと伝える。（注8）

という伝記の実態を示して余りあるが、紙位牌の入木は、大正～昭和頃まで板木が現役として活躍していたことを物語っている。したがって板木が外部に出たのは、それ以後しばらく経ってからだったことになろう。井筒氏は同

図12　紙位牌用板木の入木（奈良大学博物館所蔵、Ｋ０２２９、部分、鏡像）

図13　紙位牌用板木の入木（奈良大学博物館所蔵、Ｋ０２２３、部分、鏡像）

稿において、

残念ながら、それらの板木の大半は高野山の宿命とも言えるが落雷による火災で焼失し、また、明治初期における政治体制の大変革や、廃仏毀釈などの影響をうけ経済的な困窮のなかで燃料として焼却された板木も多かったものと考えられる。

とも述べられる。むろん井筒氏のご指摘のとおりであろうが、現在失われたと捉えられているものの一部がK分類の板木なのであり、板木が文化財と見なされる以前に、不要になった道具として、または資材として山外に出たものであろう。K分類の板木が近代までは高野山の山上にあったことは間違いなく、今後は高野山上に収蔵される板木と一つながりのもの、重要文化財級の資料として扱われるべきであろう。

第二節　高野版の板木と巻き摺り

前節では、奈良大学博物館が所蔵するK分類の板木の内容を追い、文化財としての価値を明らかにしたが、それでは、これらの板木は研究資料として何を教えてくれるのだろうか。

高野版といえば、例えば『日本古典籍書誌学辞典』に、

高野山で開板された版本。鎌倉時代に始まり、断続的に江戸末期に及ぶ。（中略）一部には巻子本も作られた

が、多くは粘葉装、両面刷りの冊子体。

と解説されるように、(注9)装幀が粘葉装《でっちょうそう》であることが大きな特徴である。しかし近世には、市井の出版物と同様、袋綴じの板本も多く見られるようになる。

奈良大学博物館が所蔵するK分類の板木にも、袋綴じの板本用に彫製された板木が多く含まれる。すでに列挙した本から例をあげれば、『野山名霊集』『宿曜経』『魚山蠆芥集』などは、袋綴じの板本である。それらの板木の構造・様式は、高野版だからといって特殊ということもなく、第二章に紹介した一般的な江戸時代の板木とほぼ同列に扱うことが可能である。

しかし、一般的な構造に当てはまらない板木も多く含まれている。第二章と重複するが、一般的な江戸時代の板木は、例えば四丁張の板木の場合、板木の片面には二丁分が天地を違えて彫られている例が多い。しかしK分類の板木には、四丁張あるいはそれを超える長さを持つ板木の片面全体に、天地を違えず一続きの内容が彫られているものが多く見られる。したがってこれらの板木で摺刷されるのは、丁や葉で構成される板本ではなく、版面が横方向に広く続く体裁、つまり巻子本や折本の板木ということになる。筆者が調査し得た範囲では、K分類の板木で摺刷された板本に巻子本を見出すことはできなかったが、折本は比較的多く含まれている。さらに、それらの板木は「巻き摺り」という技法で摺刷を行うことを前提に彫製されたものであることが判明した。

袋綴じの板本であれば、先に丁ごとに摺刷を行っておき、丁合《ちょうあい》をとって製本を行う。つまり摺刷が本の仕立てよりも先に行われる。袋綴じにかぎらず、巻子本や折本についても摺刷の後に本の仕立てを行う場合があるが、巻子本や折本は、先に本を仕立ててから摺刷に及ぶ方法も、古来より存在している。このことは、特に春日版など古板

本に関わる研究においてすでに言及されてきた。例えば大内田貞郎氏は、

春日版についてみると、装訂は巻子か或は折帖仕立て、最初に料紙を貼り継いで、巻子仕立てにしておいて後印刷する方法、「まき摺」という方式であった。これは、（中略）料紙の継ぎ目と摺った際の版の継ぎ目は一致していないのである。このまき摺方式を明証するものとして、料紙の継ぎ目の上に印字（文字）が乗っていることであり、これは継ぎ紙した後に印刷した証拠である。版の継ぎ目はしばしば料紙の中程に位置するが、これら版の継ぎ目には、前後両版の墨の濃淡、行間の広狭など認められはするものの、ほとんど不自然さはなく、むしろその判別が付けにくいところが多い。

と述べられ[注10]、巻き摺りの技法で摺刷された板本の特徴を明解に指摘されるが、これらの特徴が、K分類の板木に対応する板本によく表れているのである。以下、本節では前節に列挙した中から享保十三年の奥書を持つ『三時勤行次第』（底本は立命館大学アート・リサーチセンター［以下、立命館ARC］所蔵、arcBK04-0079）を例に、折本における巻き摺りの技法の実際を検証してみる。

『三時勤行次第』には、**図14**のように、料紙の継ぎ目に文字がかかり、継ぎ目の段差に墨がうまく付いていない例が散見される。また**図15**では、「業乃至鬼神有主劫賊物」の行以降の墨付きが、それより前に比べて濃くなっており、**図16**では「一切衆生中乃至於非衆」の行と「生中以悪口罵辱加以手」の行間が広くなり、その行間を境に前後で段差が生じている。**図15**、**16**のいずれも料紙の中途で版が移るためにこのような見た目上の差異が生じたと考えられ、**図14**の例と合わせて、『三時勤行次第』が巻き摺りの技法で摺刷されたことは明らかであろう。

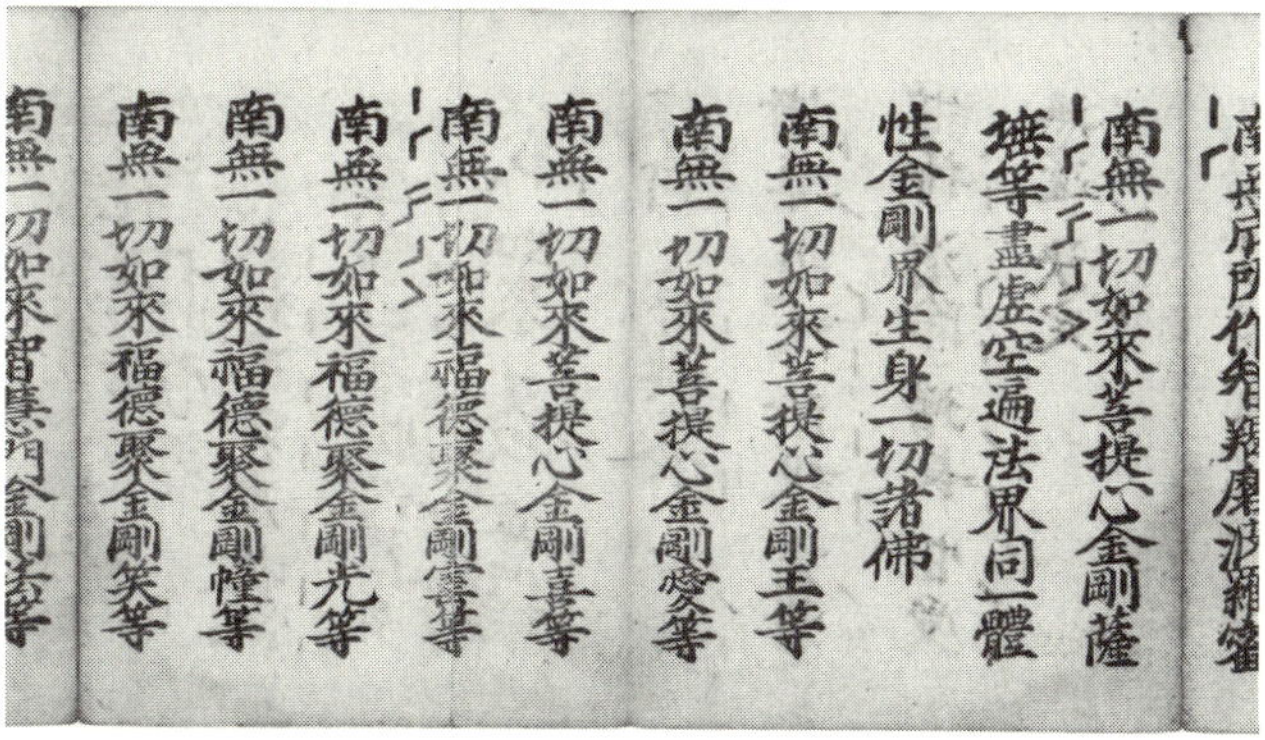

図14　巻き摺りの痕跡（『三時勤行次第』）

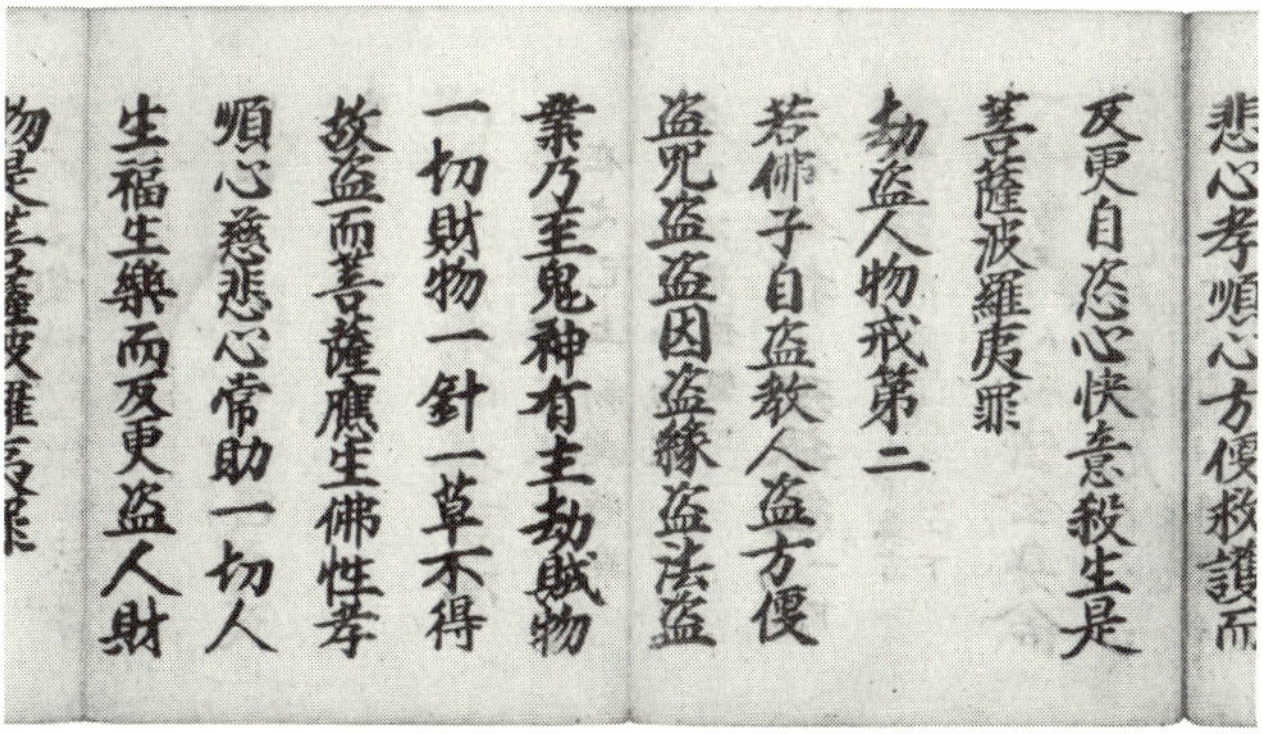

図15　巻き摺りの痕跡（『三時勤行次第』）

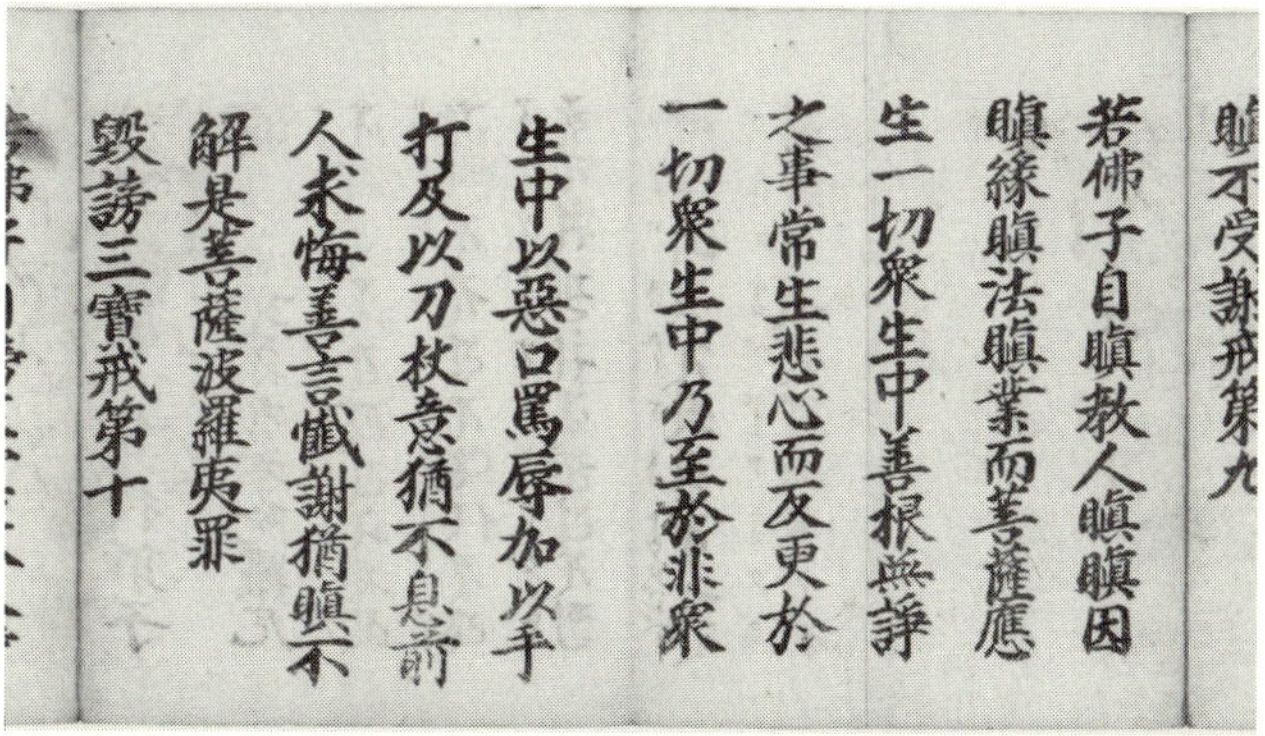

図16　巻き摺りの痕跡（『三時勤行次第』）

『三時勤行次第』の板木は、例えば図17に掲げるK0168によって示せば、外形寸法は横九二・一×縦一四・一×厚一・九センチメートルである。版面に限れば、実際には約八〇センチメートル程度となるが、四丁張の一丁分に比べればかなり長尺で、しかもすでに仕立てられた折本に対して摺刷を行っていかなければならない。通常の発想では、料紙ごとに摺刷を行い、後に料紙を貼り合わせて本を仕立てるほうが、よほど容易であるように考えられる。日本固有の技法といわれる巻き摺りの意味について、筆者は、写経の意識に通じるとされる山本信吉氏の説(注11)に従うより他にないが、それにしても技法としては難度が高いように思われる。板木には、巻き摺りを合理的に進めるための何かしらの細工がなされているはずである。

図18は、図17に掲出した板木によって摺刷されたものであり、摺刷された料紙を貼り合わせたものではなく、一度に摺刷されたものである。図18では分かりにくいかもしれないが、図版の両端に位置する折り目の上部には、黒点が表れている。板木・板本について、この黒点の前後を部分拡大したものが図19〜24である。

これらの黒点は後筆ではなく摺りによるもので、図を見れば、実際には一つの点ではなく、二つの点が合わさったものである。該当の板木を見れば、この黒点は板木に打ち込まれた釘が版面に写り込んだものであることが分かる。釘の他、楔《くさび》状のものや、もともと板木に陽刻が施されている例も散見される。つまり、一回の摺刷の単位となる板木の片面の上部両端に、いわば見当として釘が打たれ、この釘を折本の折り目に合わせることにより、すでに仕立てられていた本に対して摺刷が進められていたのである。見当は、本の内容に対して何らの意味も持たないため、本来は版面に写り込まないほうが好ましいだろう。例えば、先に列挙した高野版のうち、安政六年の奥書を持つ『大方広仏華厳経入不思議解脱境界普賢行願品』の板木には見当が陽刻されているが、筆者が参照した板本（立命館ARC所蔵、arcBK01-0109）には、見当がほとんど写り込んでいない。したがって、巻き摺りによって摺刷さ

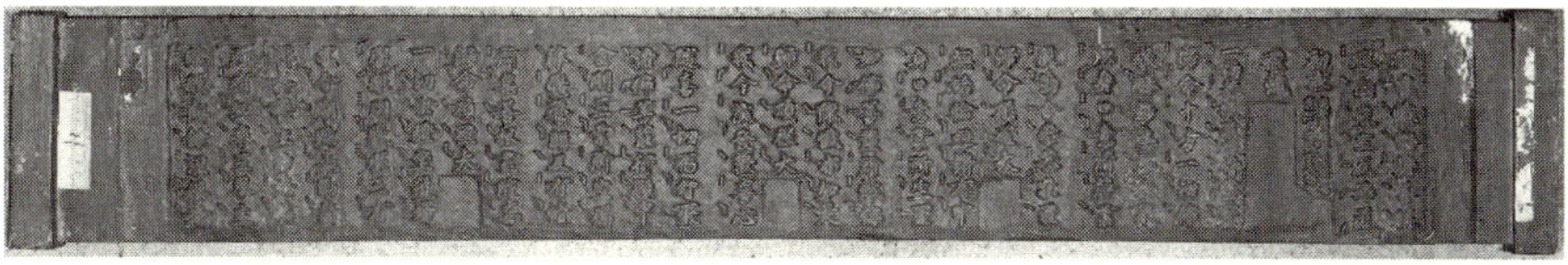

図17　『三時勤行次第』板木（奈良大学博物館所蔵、K0168、鏡像）

図18　『三時勤行次第』板本

図20　同右

図19　『三時勤行次第』板木
（奈良大学博物館所蔵、K0168、部分、鏡像）

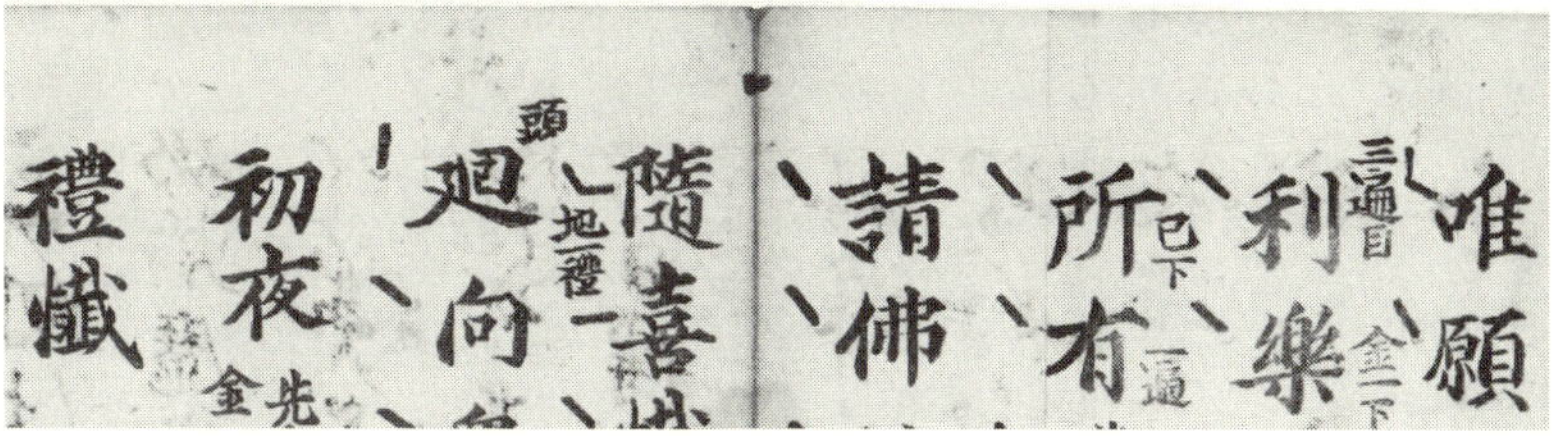

図21　『三時勤行次第』板本

図23 『三時勤行次第』板木
（奈良大学博物館所蔵、K0173、部分、鏡像）

図22 『三時勤行次第』板木
（奈良大学博物館所蔵、K0168、部分、鏡像）

図24 『三時勤行次第』板本

図25 『弘法大師誕生会法則』板木（奈良大学博物館所蔵、K0180）

れた折本に必ずこの黒点が写り込んでいるとは限らないが、それらの板木には同様の細工がなされていた可能性を考慮すべきだろう。

この他、図25に示すように、K分類のうち、巻き摺りの板木と考えられるものには、版面両端の釘や陽刻よりもさらに外側に、紙片が貼り付けてある例も多く見られる。図17にも一部残存しているこの紙片の役割は、堀東一郎氏が紹介された、摺師・細川康三郎氏からの聞き取りが参考になるだろう。(注12)

前の版木との行間が不揃いにならないように、版の継ぎ目の見当は版木に紙片を貼り付けて、前版の摺り際を指でおさえて見当に（紙片）当てがい版上に料紙を置き、一人で摺るのだそうです。

釘や陽刻による見当は折本の折り目に合わせるため、摺刷の際、板木に料紙を当てれば見えづらくなる。おそらく、指で押さえた摺り際を紙片に合わせておよその摺り位置を決めた上で、折り目を釘や陽刻の見当にあてて、より厳密に合わせていくのだろう。この紙片も釘や陽刻と同じく、見当としての役割を果たしていたわけである。

前節における文化財としての価値と等しく、K分類の板木は、摺刷の技法をうかがう上でも示唆に富む重要資料といえるだろう。

第三節　山上と山外

前節まで、奈良大学博物館所蔵K分類の板木や、それらにより摺刷された板本から得られる直接的な情報について述べた。本節では、近世出版機構における高野版という視点から、より広範な問題提起を行っておきたい。

第一節でふれたとおり、江戸期には高野山から市井の板元へ板木彫製を外注し、板木の支配権を市井の板元が保有する場合があった。その支配のありかたについてはあまり明らかになっていないが、『京都書林仲間上組済帳標目』に「宝暦六年子正月より五月迄」の記録として、「一　高野山名霊集の儀大師講より被申出候事」とあるのが興味深い。(注13)第一節に述べた『野山名霊集』を指していることは間違いないが、奥付の宝暦二年からは約四年が経過している。標目のため、この記事の経緯は全く不明であるが、明和八年（一七七一）五月刊『禁書目録』(注14)の「素人板並他国板売買断有之部」に「一　野山名霊集」とその書名があがっていることから考えて、他国版として京都の書林仲間から故障を申し立てられたものと推定できる。この記事からは「大師講」という講組織が存在し、高野山上の板木やそれに関連する権利上の問題は、そこで支配されていたことがうかがわれる。

水原氏の「見存板木目録」では、高野山外に現存する板木も列挙されている。(注15)それによれば、真言密教系寺院に伝わるものとしては、嵯峨大覚寺に六八〇枚があるという。また詳細は第八章にゆずるが、藤井佐兵衛（山城屋）のもとに五十二枚の板木があることも指摘されている。水原氏は指摘されていないが、『智山書庫所蔵目録』には、整理・調査の経緯を述べられる過程で、多くの板木を所蔵される旨が述べられており、(注16)真言宗寺院の智積院にも板木が所蔵されている。智山書庫では現在は未整理とのことで詳細を知り得なかったが、筆者は実際に多くの板木が所蔵されていることを実見した。上記の他、高野版の影響下にあって、もともと山外に板木が存在し、運用されたケースは多々あるだろう。問題はこれらを高野山上にあった板木と全く同列に扱うことができるか否かである。

大覚寺については、大覚寺蔵板の大般若経に関わり、『上組済帳標目』安永～嘉永期に三件の記事があるが、大覚寺と出版との関わり方は判然としない。智積院については、「元文元年辰十二月帳」に記された「覚鍐講」の存在がある。(注17)それによれば、村上忠兵衛、児玉勘十郎、人見孫兵衛、前川市兵衛、藤屋惣左衛門、新井弥兵衛、藤屋治兵衛、八屋清兵衛、村上勘兵衛らが講に参加し、智積院の出版に関わる支配権を得ていたことがうかがわれる。当然ともいえるが、智積院が関与する出版については、高野山の板木を支配する大師講とは全く別の講組織で支配されていたことになる。

高野版といえば、先に『日本古典籍書誌学辞典』を引用したように、「高野山で開板された版本」という意識が強く働く。むろん大覚寺や智積院の板木が、その教義に関わって、内容上または版の上で高野山上の板木と関連があることは想像に難くない。そこには当然、影響関係が認められて然るべきであり、大覚寺や智積院、藤井文政堂所蔵の板木を高野版に含めて捉えようとした水原氏の方法に問題はないだろう。しかし、出版の実態について捉えようとする場合はいかがだろうか。

かつて永井一彰氏は、相合版《あいあいばん》における板木の分割所有という観点から、「その本の板木がどの本屋に在ったのかという問題、つまり「板木のありか」を抜きにして版権を云々することは出来ない」と述べられた。(注18)相合版とは全く別の事象となるが、高野版についても同様のことがいえるだろう。板木が高野山上にあったのか否かによってその板木の、ひいては板本の性格が異なってくるはずである。出版の実態について捉えようとする際、高野山上に板木があった狭義の高野版と、高野山外に板木があった広義の高野版とは、別々に捉える必要があるのではないだろうか。藤井文政堂所蔵「十巻章」の板木もしかり、かつて高野山上にあったという事実が確認できない以上は、ひとまず狭義の高野版から切り離して考える必要があるだろう。

狭義・広義の高野版の区分を示したが、単なる区分けだけでは理解しきれない事例もある。例えば寛文十年（一六七〇）刊『種子集』はその例で、『歴史資料　高野版板木調査報告書』は、現在、高野山上に二十七枚の板木が

図26　『種子集』A 板木（金剛峯寺勧学院所蔵）

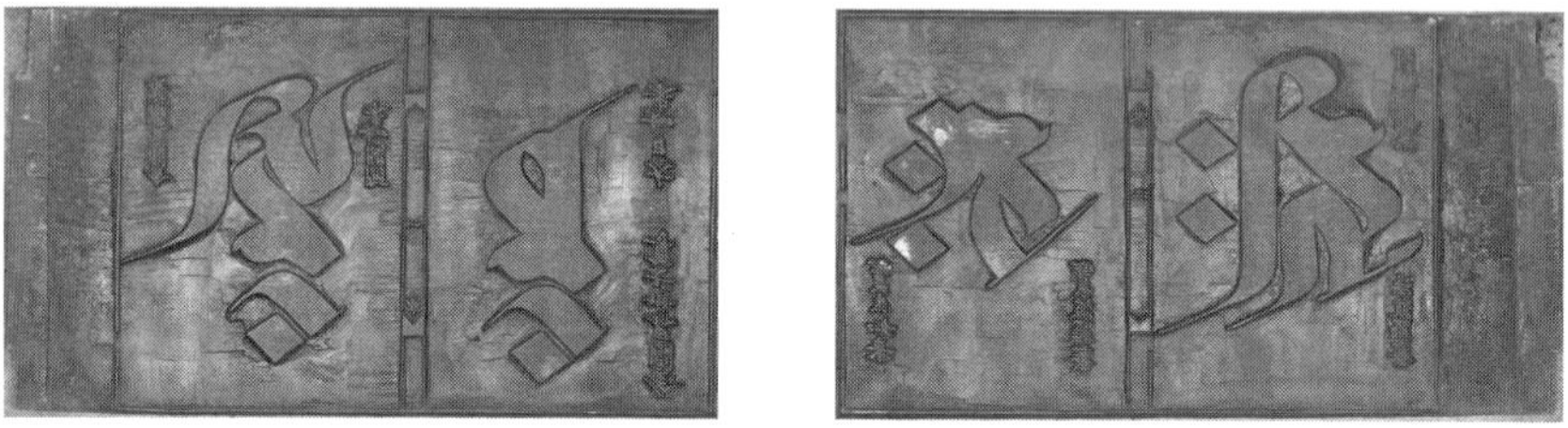

図27　『種子集』B 板木（藤井文政堂所蔵、F0143、部分）

現存することを伝えている。つまり『種子集』は、高野山上に板木が現存する狭義の高野版であると言える。しかしその一方で、藤井文政堂にはそれとは別の『種子集』の板木が十六枚現存している。以下、高野山上に存在する『種子集』の板木を種子集A、藤井文政堂所蔵の板木を種子集Bとして、その内容を比較してみる。

　種子集Bは全揃いではなく、十六枚の他に板木がなければ『種子集』を刊行し得ない状態である。筆者は種子集Aの板木を実見していないが、目録を見る限り種子集Aは揃いの状態である。つまり種子集AとBは、両者を組み合わせれば一組の揃いとなるような、相合版の関係にはなり得ない。種子集Bの伝存経緯は判然としないが、万延元年（一八六〇）四月改の『藤井文政堂蔵版目録』[注19]では、藤井文政堂は十三枚の板木を所有していたことになっており、後に何かしらの事情で持ち板が増加し、現在までに十六枚になったものであろう。つまり種子集Bの板木はもともと揃いの状態ではなく、残り十枚程度の板木が、別の板元の手もとにあったと考えられる。さらに、種子集Aの板木は、目録に載る図版を見る限り、種子集AとBは、板木の構成は異なるものの、互いに刻面が酷似している（図26、27）。板本の上では、一見、AとBとが同版のように思えるが、板木が二種類現存するわけであるから、明らかな異版であることは論を俟たない。

本来、板木は一組あればその用が足りる。むしろ二組の板木が現存することは、まずあり得ない。永井一彰氏によって、一軒の板元が二組の板木を所有していた『太平楽府』の例が報告されているもの(注20)、これは重板が発端となって、重板の板元が彫製した板木が、後に正規板元の所有に帰した例である。『種子集』の場合も、京と紀伊の地域差こそあれ、先にふれたように狭義の高野版の支配権を持つ板元が京の市井に存在したはずであり、何かしらの了解がなければ、AとBとは即座に重板と見なされる間柄といえるだろう。

出版記録において、両書が重板として糾弾されたり、調停が行われた形跡はなく、これらは問題なく共存していたと考えざるを得ない。種子集Bの板木の端食の形式は、第二章に述べるA型であり、遅くとも享保期以前には種子集Bは成立していたと思われる。種子集AとBの成立時期は、数十年の間隔があく可能性は否定できないが、以後、江戸時代の残り約百五十〜二百年にわたり、共存し続けたことになる。現状は推定によるしかないが、狭義の高野版の支配株を持つ組織と市井の板元が連絡を取りつつ、狭義と広義の高野版を共存させていたことをうかがわせる。先の『野山名霊集』の例とも考え合わせて、近世出版機構における狭義の高野版と仲間の関わり、狭義の高野版と広義の高野版との関わりについて、より考究しなければならないだろう。

おわりに

本章では、第一〜二節にかけて、奈良大学博物館に所蔵されるK分類の板木を、かつて高野山上にあった高野版の板木と認定し、その資料的価値について論じた。そこでは特に、巻き摺りと呼ばれる摺刷技法について考察を行い、板本・板木に残る見当から、その技法を明らかにした。

第三節は問題提起のみに留まるが、高野版と総称されがちな出版物について、山上で行われた刊行物である狭義の高野版と、その影響のもと、山外で行われた刊行物である広義の高野版という区分を指摘し、それぞれについて述べた。水原尭栄氏の大著を受け、近年高野山上に現存する板木の悉皆調査・報告書の刊行が行われ、狭義の高野版については、一つの結実を見たようにも思われるが、本章で述べたとおり、山上から山外に出た板木も加えた上で今後さらに調査を進める必要がある。

広義の高野版についてはまだスタートにもついていないといえる。広義の高野版は、書誌学的には狭義の高野版の影響下にあるはずであるが、むろんその影響が及んだのが大覚寺と智積院だけであったはずはなく、市井の板元の出版物をも合わせて、今後はより広範な視野で臨まねばならないだろう。

さらに本章では、狭義と広義の高野版が、一見重板とも思える形で共存する例を紹介した。この例は、狭義と広義の高野版を単純に区分けして扱うことができないことを示している。今後、高野版の調査を行うにあたっては、目前の板本の板木が高野山上にあったのか、市井の板元が所有するものだったのかを判断しつつ、出版機構における両者の扱いを考えながら、その関係を捉える必要があるだろう。

注

（1）水原尭栄『高野板之研究』（水原尭栄著作選集第二巻、一九七八、同朋舎）

（2）高野版板木調査委員会編『歴史資料　高野版板木調査報告書』（一九九八、和歌山県高野町）

（3）（2）の報告書において、市井から山上へ板木を運搬した際に板木の刻面保護を目的に使用されたと思われる添板が現存することから推定されている。

（4）永井一彰「板木の分割所有」（『奈良大学総合研究所所報』一七、二〇〇九）

（5）跋の年記に従ったが、板木の形式や彫りの様子により、現存板木の成立は宝永二年よりもかなり降ると考えられる。

（6）「当山西村元祖」は高野山上で活躍した彫師と思われ、（2）の書に掲載される「現存板木調査一覧表」によれば、安政三年（一八五六）刊『大般若法則』の板木（整理番号1715）に「当山　西村元祖刻」の彫り付けがある。

（7）K板02やK板03と同様の墨書のある板は、他に五点を確認できる。

（8）井筒信隆「高野版板木の現存状況」〈（2）に所収〉

（9）太田次男「高野版」（『日本古典籍書誌学辞典』、一九九九、岩波書店）

（10）大内田貞郎「木版印刷本について――東洋古印刷の技法とわが国の事情」（『ビブリア』九一、一九八八）。この他、巻き摺りについては、禿氏祐祥『東洋印刷史研究』（日本書誌学大系一七、一九八一、青裳堂書店）、山本信吉「鎌倉時代の版本」（『金澤文庫研究』二六二、一九八〇）、中野三敏『書誌学談義　江戸の板本』（一九九五、岩波書店）に言及がある。

（11）（10）参照。

（12）堀東一郎「版木『神代正語常磐草』摺刷顚末記」（『ビブリア』九二、一九八九）

（13）彌吉光長『出版の起源と京都の本屋』（書誌書目シリーズ二六『未刊史料による日本出版文化』第一巻、一九八八、ゆまに書房）所収。

（14）宗政五十緒・若林正治編『近世京都出版資料』（一九六五、日本古書通信社）に所収される。

（15）（1）に所収される。

(16) 智山伝法院編『智山書庫所蔵目録』第二集（一九九五、真言宗智山派宗務庁）

(17) 蒔田稲城『京阪書籍商史』（『日本出版大観』上巻、一九二八、出版タイムス社）および（13）の書に覚書が掲載される。

(18) 永井一彰「板木のありか」（『近世文芸』八四、二〇〇六）

(19) 永井一彰『藤井文政堂板木売買文書』（日本書誌学大系九七、二〇〇九、青裳堂書店）に所収される。

(20) 永井一彰「竹苞書楼の板木――狂詩集・狂文集を中心に――」（『奈良大学総合研究所所報』一五、二〇〇七）

第八章　藤井文政堂所蔵　享保十七年版「十巻章」の板木

——袋綴じと粘葉装——

はじめに

京都市下京区、河原町通と寺町通が交差する五条通の北側には、河原町通・寺町通・五条通の三辺によって形成される三角形の区画がある。その土地で古書籍商を営む藤井文政堂は、近世以来営業を続ける板元《はんもと》・山城屋佐兵衛である。藤井文政堂は七九七点の板木を所蔵しており、これらは現在、奈良大学博物館に寄託されている。奈良大学博物館において、FまたはFKという分類番号を付されているのがこれらの板木である。またこれらとは別に、藤井文政堂旧蔵で現在は奈良大学博物館所蔵となっている板木が五八五枚あり、これらはNという分類番号を付されている。

山城屋佐兵衛が本屋《ほんや》仲間《なかま》に加入したのは、その名が示すとおり文政頃（一八一八〜三〇）のことであった。文政堂の命名の由来は、永井一彰氏が藤井文政堂の現当主藤井聲舟氏（六代目）の談として、「安政六年に没した二代目の時代に文政堂と称するように」なったと紹介されている。（注1）『京都書林行事上組諸証文標目』の「文政七年申九月より同（ママ）（※筆者注・文政八年）酉正月迄」条に、「不動霊験今昔思苗柵　証文壱通　山城屋佐兵衛」とその名が表れるのが早い頃の記録である。（注2）

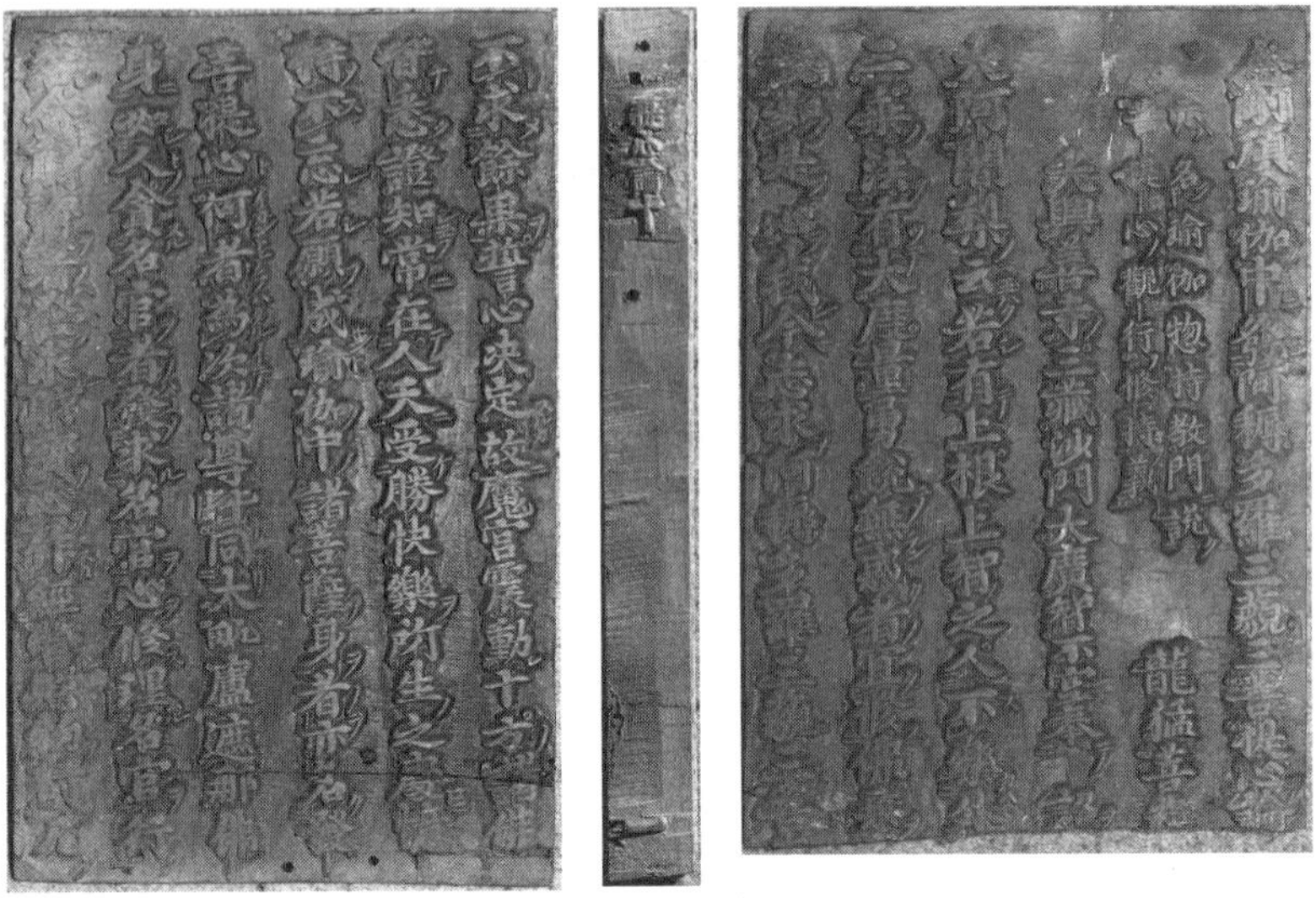

一ウ（FK0129）　　板心（FK0009）　　一オ（FK0268）

図1　『発菩提心論』板木（いずれも藤井文政堂所蔵、鏡像）

山城屋は新刊ばかりを刊行する板元ではなく、既刊本の板株《はんかぶ》を買い集めていくことにより、品揃えを形成していったことは、現存板木やそれに対応する板本から推察できる。文政期創業という比較的後発の板元であるのに対して、現蔵および旧蔵の板木が、第二章において述べた寛保頃以前の古い形式の板木を多く含んでいることは、そうした営業の傾向を反映している。

さてこの板木群においてひときわ異彩を放つのは、FKに分類される板木である。FKは全三四二点から成るが、この分類の板木は刻面が片面にしかなく、しかも半丁ごとに分断されている。また本文とは別に、板心の板木も存在する（図1）。したがって、第二章において述べた板木の形式による年代判別方法などをそのまま当てはめることはできない。

藤井文政堂の現当主（六代目）藤井聲舟氏によれば、これらはいわゆる「高野版の町版」になるとのことであった[注3]。奈良大学博物館における分類もそれに従われたもので、FKは「F」藤井文政堂所蔵の「K」高野版ということになる。第七章でも確認したように、高野版といえば高野山上で開板されたものという意識が強く働くが、藤井氏のご教示は「高野版の影響下にあって、市井の板元により刊行された書」を意味しているだろう。

板木に彫られている本文を追うと、『即身成仏義』（一巻）・『声字実相義』（一巻）・『吽字義』（一巻）・『弁顕密二教論』（上下二巻）・『秘蔵宝鑰』（上中下三巻）・『般若心経秘鍵』（一巻）・『金剛頂瑜伽中発阿耨多羅三藐三菩提心論』（一巻、以下『発菩提心論』）であり、真言密教における基礎的なテキストである「十巻章」に相当することが判明した。

本章では以下、前章に述べた広義の高野版である藤井文政堂所蔵の板木三四二点の板木および諸本を対象に考察を進め、これらの板木がなぜこのような構造になっているのか、どのように使われたのかを明らかにする。その中で関連の板木売買文書などを併せて参照することによって、寺院と板元との関係を追うことにしたい。

第一節　藤井文政堂所蔵「十巻章」の板木とその板本

「十巻章」は先に列挙した各書の総称である。寛政二年（一七九〇）刊の謙順編『諸宗章疏録』巻三に、秘蔵宝鑰、弁顕密二教論、即身成仏義、声字実相義、吽字義、般若心経秘鍵を列挙し、

按。上六部九巻加龍猛菩提心論。世号十巻章。諸録及古徳鈔記不見。蓋後世学者之称。或作十巻章。或作十巻疏。

とあるとおりであろう。(注4)したがって「十巻章」はあくまでも通称であり、後に紹介する近代摺を除けば、実際に「十巻章」を書名とする板本は、ほとんどないといっても過言ではない。本章においても基本的には総称・通称として「十巻章」と呼称する。

一口に「十巻章」といっても、その版は多い。その遡源は文応元年(一二六〇)以前に遡るといわれ、十三世紀末から十四世紀初頭頃の彫製かとされる板木が現存している。(注5)いま筆者には、これら諸版・諸本の全体像について述べる準備はないが、これらのうち、FK分類の板木が該当するのは、享保十七年(一七三二)版である。

享保十七年版は、全揃いであれば大本十巻十冊(ただし、後に述べる合一冊本を除く)、十巻の内訳は本章冒頭に示したとおりである。諸本中には余白を割愛して半紙本に近い体裁にしたものもある。次に述べる寛文五年(一六六五)版によく似るが、享保十七年版は題簽に各冊とも「改正」の二字が入る(図2、3)。寛文五年版(前川茂右衛門版)は柱題がなく、板心中段に「〇之〇」の様式で巻数と丁付を記すが、享保十七年版は板心上方に柱題と巻数、下方に丁付を付す(図4、5)。また、寛文五年版に比して、享保十七年版のほうが訓点が多い傾向にある。

享保十七年版『即身成仏義』巻末には万治三年(一六六〇)の奥書があるが(図6)、これは本の刊行時期を記したものではなく、九冊目の『般若心経秘鍵』巻末に付されるのが刊記である(図7)。刊記には中野宗左衛門、児玉勘十郎、井上忠兵衛、額田正三郎、西村太右衛門、藤屋治兵衛の六軒の板元が名を連ねている。十冊目『発菩提心論』には刊記はない。柱に「提心論十」とあることから、『発菩提心論』が最終巻に置かれたことは確かであり、やや不審である。このことが享保十七年版の板木の構成に由来するものか、または『般若心経秘鍵』のみ単体で刊行する場合があり、『般若心経秘鍵』に刊記を付したか、などと可能性を考えたが、九冊目に刊記または奥付を付けることは、寛文五年版(図8)や後に述べる菱屋版も同様である。『発菩提心論』のみが龍猛の著作であり、空

図2　寛文五年版『吽字義』表紙・題簽（立命館ＡＲＣ所蔵、arcBK01-0069）

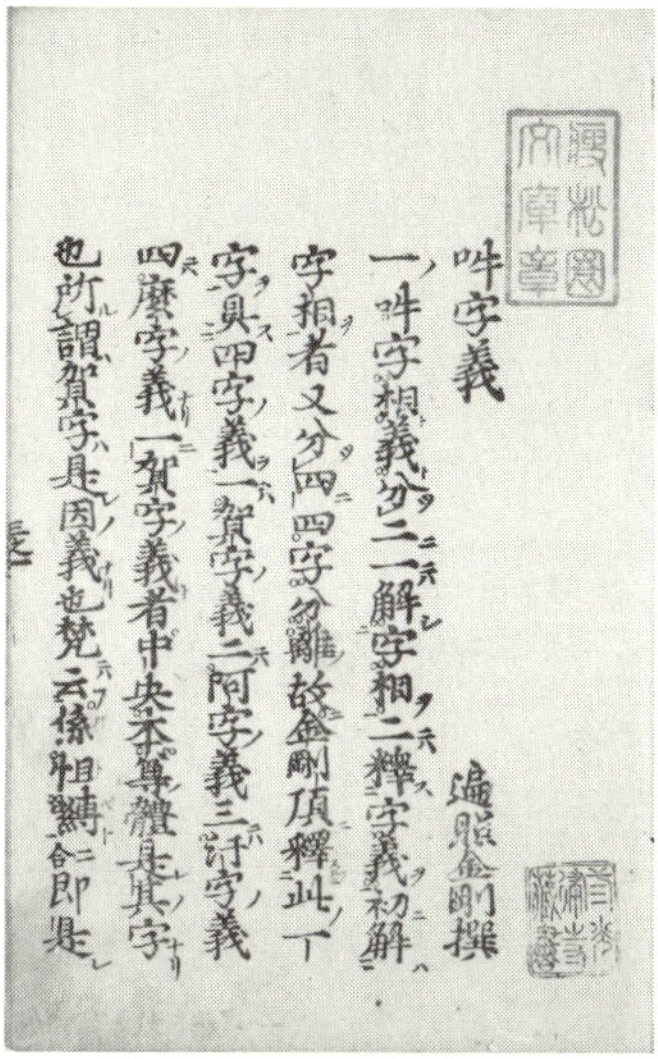

吽字義　遍照金剛撰
一吽字相義分二　一解字相　二釋字義　初解
字相者又分四　四字分離故金剛頂釋此一
字具四字義　一賀字義　二阿字義　三汙字義
四麼字義　一賀字義者中央本尊體是其字
也所謂賀字是因義也梵云係怛嚩合二即是

図4　寛文五年版『吽字義』一オ（立命館ＡＲＣ所蔵、arcBK01-0069）

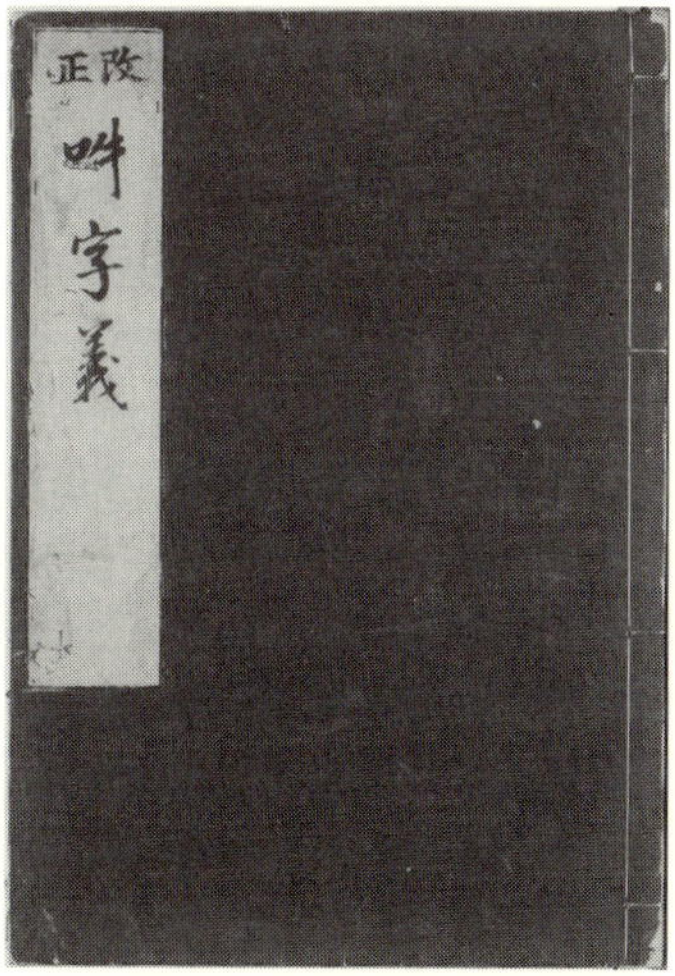

図3　享保十七年版『吽字義』表紙・題簽（立命館ＡＲＣ所蔵、arcBK01-0060）

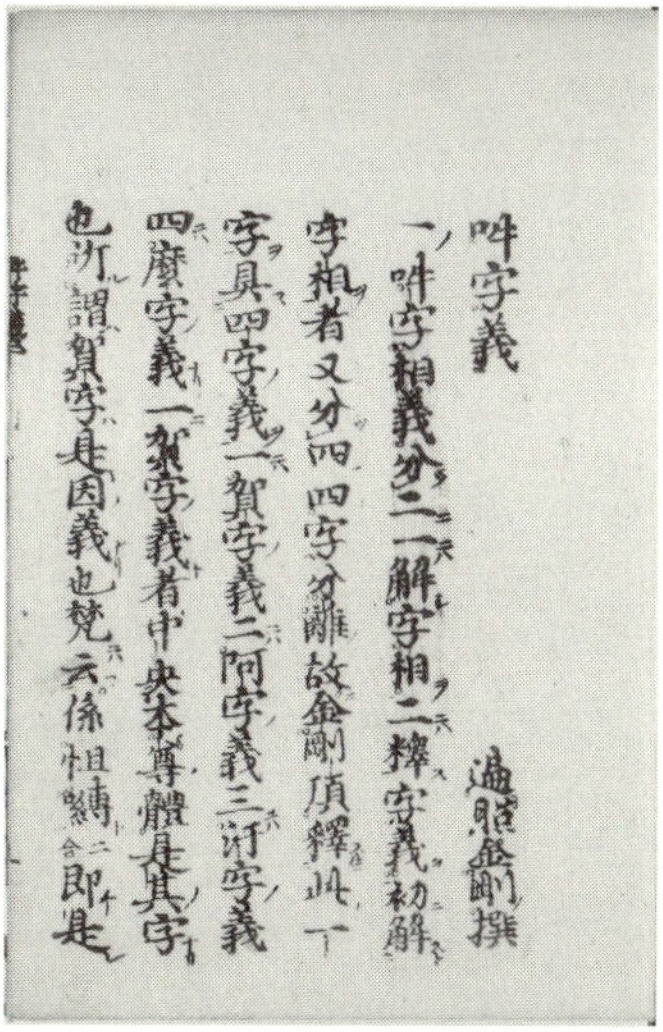

吽字義　遍照金剛撰
一吽字相義分二　一解字相　二釋字義　初解
字相者又分四　四字分離故金剛頂釋此一
字具四字義　一賀字義　二阿字義　三汙字義
四麼字義　一賀字義者中央本尊體是其字
也所謂賀字是因義也梵云係怛嚩合二即是

図5　享保十七年版『吽字義』一オ（立命館ＡＲＣ所蔵、arcBK01-0060）

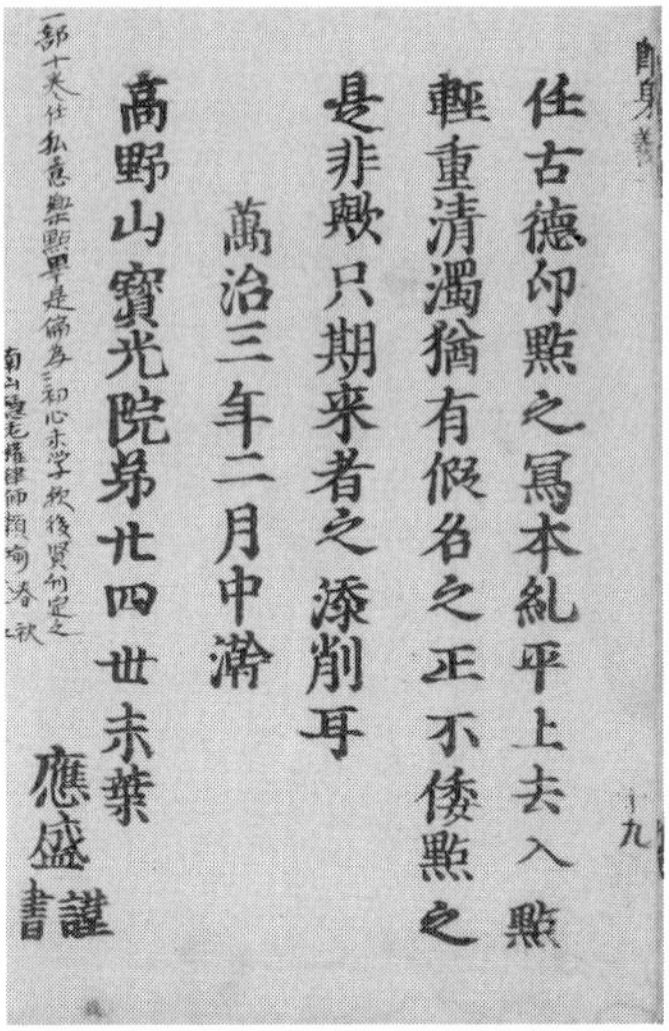

任古徳印點之冩本糺平上去入點
輕重清濁猶有假名之正不倭點之
是非歟只期來者之添削耳
萬治三年二月中澣
高野山寶光院第廿四世末葉
應盛書謹

図6　享保十七年版『即身成仏義』奥付
（立命館ＡＲＣ所蔵、arcBK01-0059、部分）

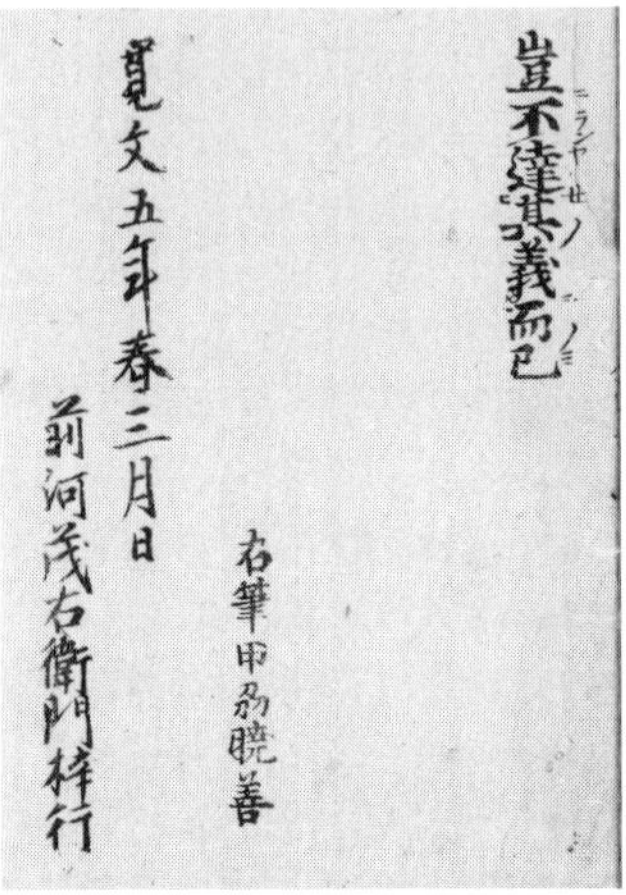

豈不違其義而已
右筆甲刕曉善
寛文五年春三月日
前河茂右衛門梓行

図8　寛文五年版『般若心経秘鍵』刊記
（立命館ＡＲＣ所蔵、arcBK01-0069、部分）

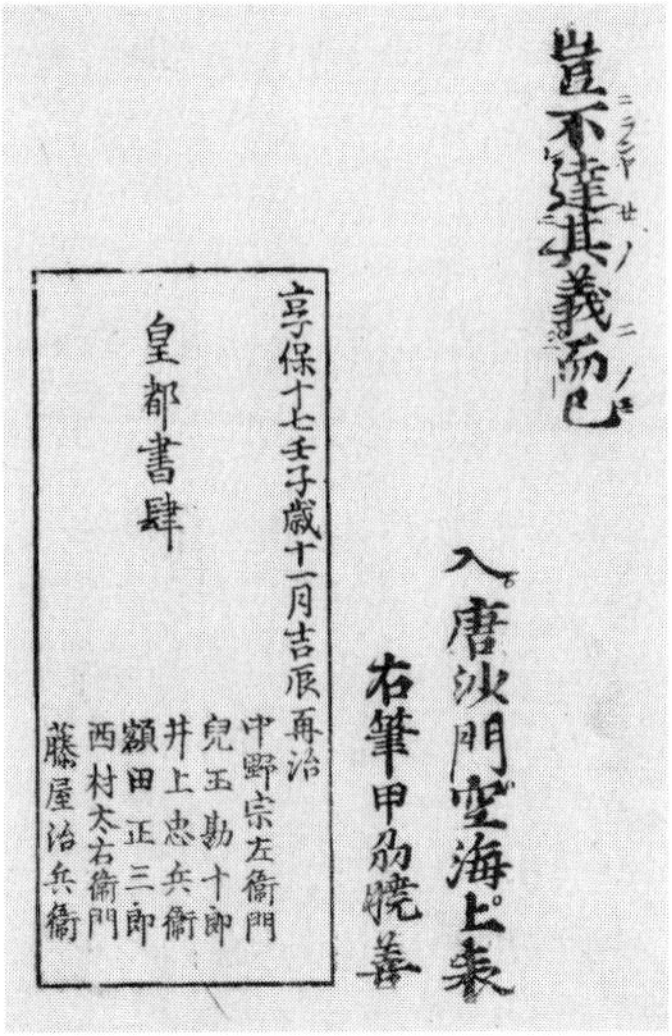

豈不違其義而已
入唐沙門空海上表
右筆甲刕曉善
享保十七壬子歳十一月吉辰再治
中野宗左衛門
兒玉勘十郎
井上忠兵衛
額田正三郎
西村太右衛門
藤屋治兵衛
皇都書肆

図7　享保十七年版『般若心経秘鍵』刊記
（立命館ＡＲＣ所蔵、arcBK01-0058、部分）

海の著作ではないという、「十巻章」の構成に関わる意識が働いた慣例のようなものだったのだろうか。

ひとまず刊記を軸に、管見に入った範囲で享保十七年版の諸本の概要を示すと、次のように大別できる。これらのうち、㋒以降に該当するものは近代摺である。


㋐『般若心経秘鍵』に享保十七年の六軒の刊記を付すもの。

㋑『般若心経秘鍵』に㋐と同じ享保十七年の六軒の刊記を付し、同巻末に菱屋友五郎の奥付を付すもの。

㋒『般若心経秘鍵』に刊記がなく、『発菩提心論』に法文館沢田友五郎の奥付を付すもの。

㋓『般若心経秘鍵』に刊記がなく、『発菩提心論』に藤井佐兵衛（山城屋佐兵衛）の奥付を付すもの。

㋔『般若心経秘鍵』に刊記がなく、『発菩提心論』に藤井佐兵衛の「蔵版略書目幷正価表」および「明治廿五年改正正価表略書目」を付すもの。

㋕十巻合一冊で「十巻章」の題簽を付し、『般若心経秘鍵』には刊記がなく、藤井佐兵衛の奥付を付すもの。


「十巻章」は各巻がばらばらに分かれて伝わる場合が多く、『般若心経秘鍵』と『発菩提心論』以外には刊行に関わる情報が備わらないため、版の同定が難しいが、幸い「十巻章」の題簽と藤井文政堂の奥付が付された㋕の十巻合一冊本があり（図9、10）、これと版が一致すれば、享保十七年版ということになる。『般若心経秘鍵』について、㋐の比較的摺りの早い本（立命館大学アート・リサーチセンター［以下、立命館ARC］所蔵、arcBK01-0058）、その後摺本（藤井文政堂所蔵）、㋕の十巻合一冊本（立命館ARC所蔵、arcBK01-0053）と板木を比較照合すれば、図11では「九」の字に認められる板傷が一致するのはもちろん、図12では合一冊本に至るまでに板木の割れが徐々に拡大し、

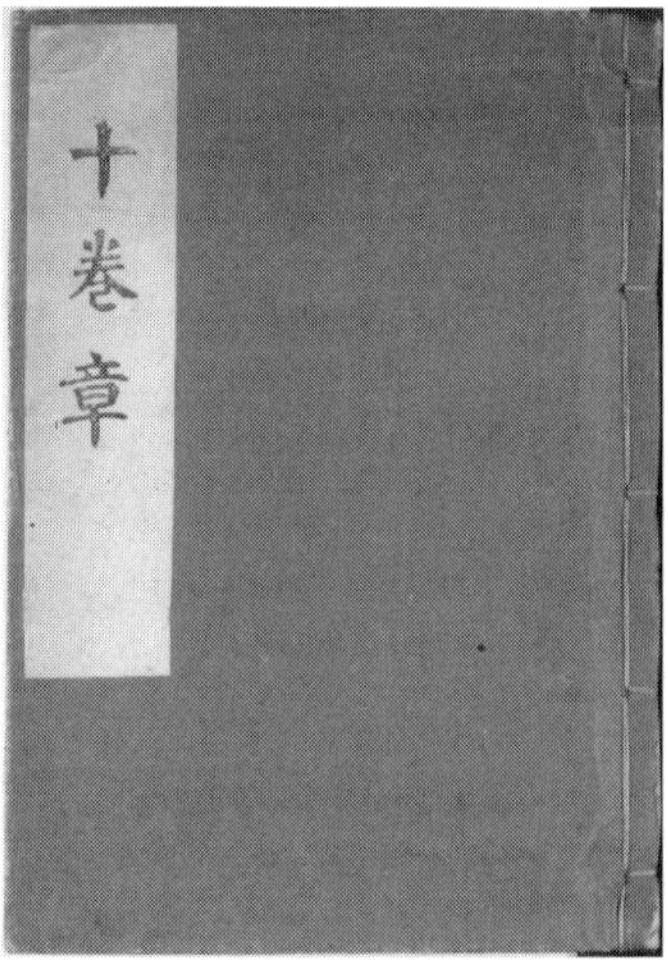

図9　合一冊本表紙・題簽（立命館ＡＲＣ所蔵、arcBK01-0053）

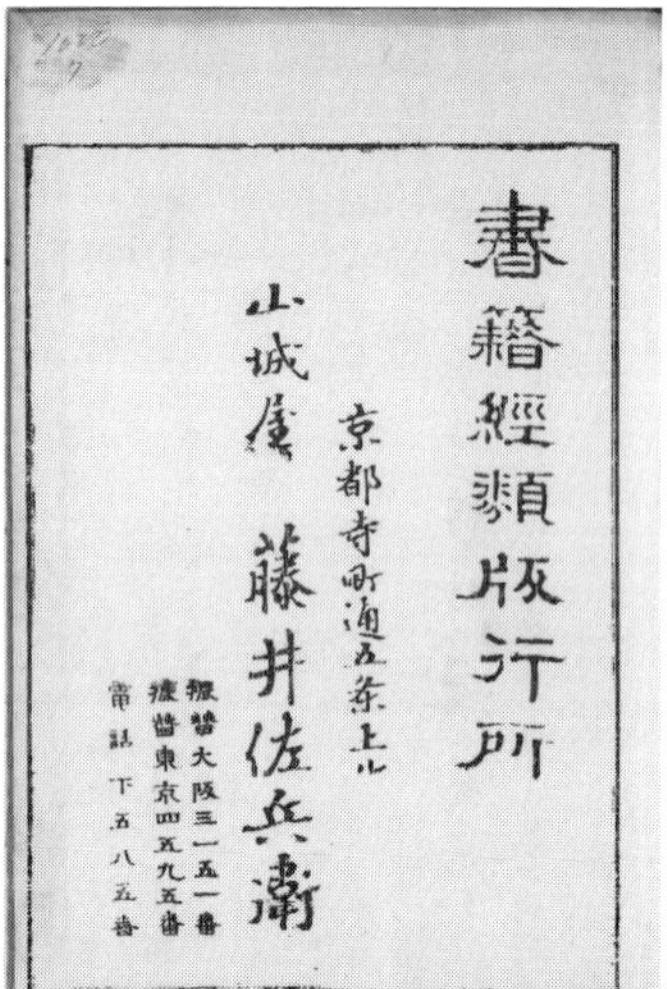

図10　合一冊本奥付（同上）

現存の板木では完全に板木が割れて、該当箇所が失われていく様子がうかがえる。板木と板本の一致から、ＦＫの板木は享保十七年版の板木であり、その成立以降、近代に至るまで使用され続けたことが分かる。

先に、この享保十七年版に相当するＦＫの点数が三四二点と述べたが、この点数には板心のみの板木（柱材）とその破片四十点を含んでいる。また摺刷《しゆうさつ》には用いないが、端食《はしばみ》（反り止め）の形をしている木片が二点含まれている。さらに、本文の板木ではあるが、破片として現存し、他の板木の欠損箇所に該当するものが六点ある。三四二点からこれらを差し引いて、現存する本文箇所の板木は、二九四枚が現存していることになる。かつＦＫには含まれていないが、Ｆ分類の中に、『秘蔵宝鑰』下の九～十二丁、『発菩提心論』の五～八丁に相当する二丁張の板木が四枚（八丁分、半丁分に換算すれば十六枚分）現存しており、部分的な再版を行う必要が生じたと考えられる。享保

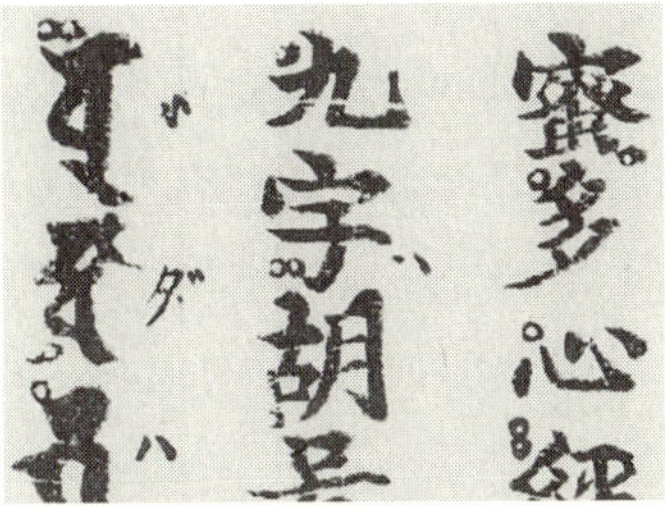

合一冊本（立命館 ARC 所蔵、arcBK01-0053、近代摺）

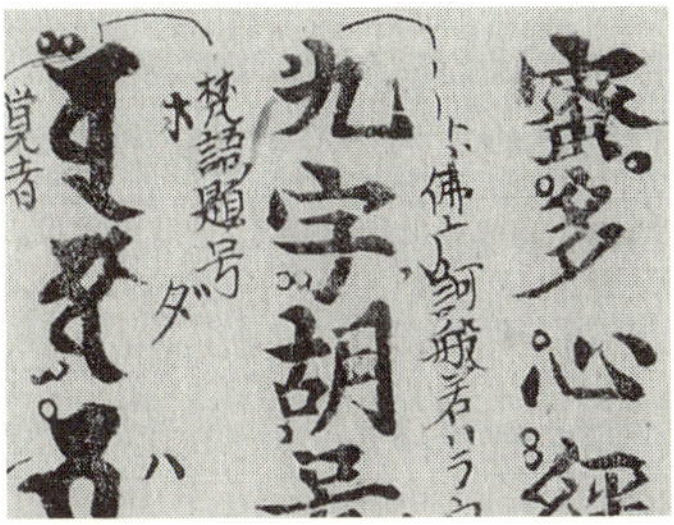

早摺本（立命館 ARC 所蔵、arcBK01-0058）

板木（藤井文政堂所蔵、FK0171、鏡像）

後摺本（藤井文政堂所蔵）

図11　板傷の一致（『般若心経秘鍵』四オ）

合一冊本（立命館 ARC 所蔵、arcBK01-0053、近代摺）

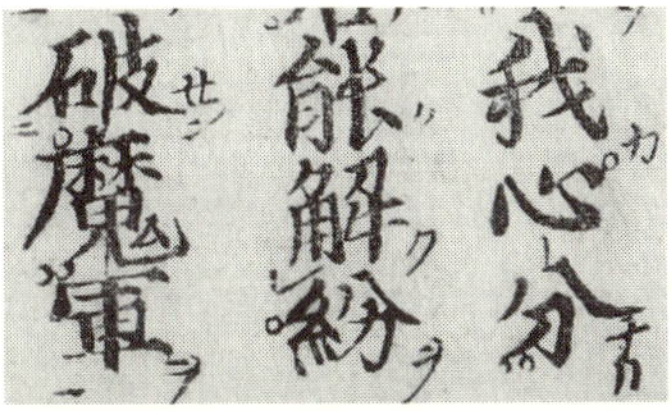

早摺本（立命館 ARC 所蔵、arcBK01-0058）

板木（藤井文政堂所蔵、FK0204、鏡像）

後摺本（藤井文政堂所蔵）

図12　板木の割れの進行（『般若心経秘鍵』十二ウ）

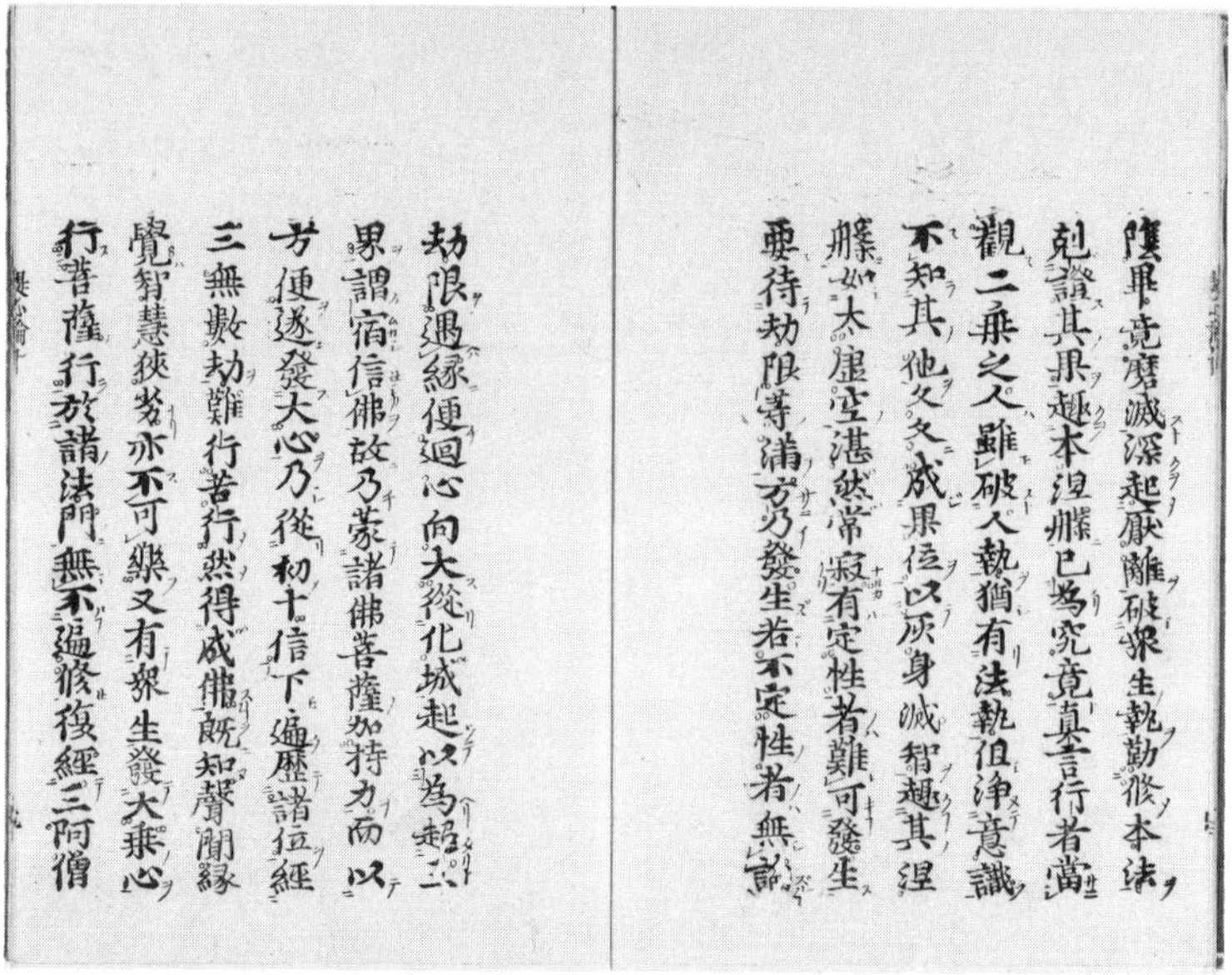

墮畢竟磨滅深起厭離破衆生執勤修本法
剋證其果趣本涅槃已為究竟眞言行者當
觀二乘之人雖破人執猶有法執但淨意識
不知其他久久成果位以灰身滅智趣其涅
槃如太虚空湛然常寂有定性者難可發生
要待劫限等滿方乃發生若不定性者無論
劫限遇縁便廻心向大從化城起以為超三
界謂宿信佛故乃蒙諸佛菩薩加持力而以
方便遂發大心乃從初十信下遍歴諸位經
三無數劫難行苦行然得成佛既知聲聞縁
覺智慧狹劣亦不可樂又有衆生發大乘心
行菩薩行於諸法門無不遍修復經三阿僧

早摺本（立命館 ARC 所蔵、arcBK01-0058）

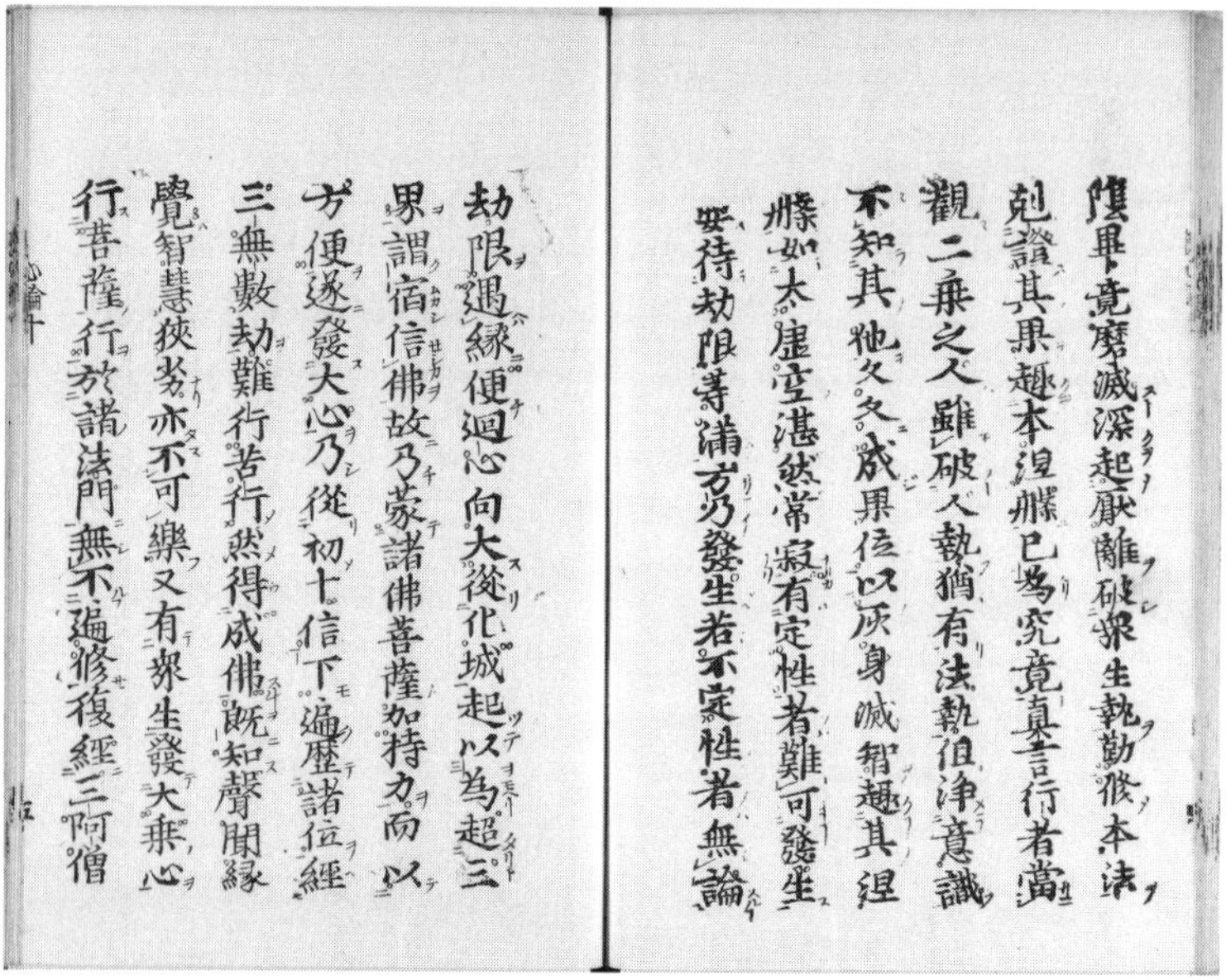

墮畢竟磨滅深起厭離破衆生執勤修本法
剋證其果趣本涅槃已為究竟眞言行者當
觀二乘之人雖破人執猶有法執但淨意識
不知其他久久成果位以灰身滅智趣其涅
槃如太虚空湛然常寂有定性者難可發生
要待劫限等滿方乃發生若不定性者無論
劫限遇縁便廻心向大從化城起以為超三
界謂宿信佛故乃蒙諸佛菩薩加持力而以
方便遂發大心乃從初十信下遍歴諸位經
三無數劫難行苦行然得成佛既知聲聞縁
覺智慧狹劣亦不可樂又有衆生發大乘心
行菩薩行於諸法門無不遍修復經三阿僧

合一冊本（立命館 ARC 所蔵、arcBK01-0053）

図13　享保十七年版『発菩提心論』四ウ～五オ

十七年版の近代摺には、これら再版の板木によって摺刷された丁が含まれる。図13は『発菩提心論』の四ウ～五オの見開きであるが、早摺本に比べて、近代摺は五オの文字の輪郭がシャープになっており、初版の板木を用いている四ウとの釣り合いが取れなくなっている。これらの二丁張は、確かに享保十七年版の部分再版の板木であり、FKの板木と同時に扱わなければならない。

一方、板本は全二一九丁である。単純な計算では、半丁分の板木が四三八枚必要になる。ただし二一九丁のうち、二箇所（『秘蔵宝鑰』中の巻末、同下の巻末）は半丁が白紙であるから、半丁分の板木四三六枚が必要となる。四三六枚から、現存している板木二九四枚、再版の八丁分（半丁分十六枚）を差し引けば、欠失している板木は半丁分一二六枚になる。

表1は板本の各丁と現存の板木とを対照させたものである。表1では本文の板木についてのみ扱い、板心などそれ以外の板木については割愛している。この表により、欠失している箇所について検討する。欠失がまばらに起きている箇所もあるが、まとまって逸している箇所もある。まずまばらに欠失が発生している箇所であるが、これについては現存している板木の裏面の墨書が手がかりになるようである。「秘鍵ノ二丁目半丁」（FK0100）、「△即ノ十五」（FK0121）、「秘蔵」（FK0208）のように、表面の属性を墨書やチョークで示す例がある一方、「第二国勢」（FK0101）、「雑　藤の井」（FK0051）、「昭和十四年四月四日　後鳥羽上皇七百年　藤の井」（FK0264）など、表面の刻面とは無関係の墨書も目立つ。おそらくこれらの板木は役割を終えた後、何かしらの木札として転用されていき、一部は現在までに逸失してしまったことが予想される。次に、まとまって欠失している箇所の中に、連続する四丁分の単位が含まれることに注目すべきであろう。

表1　享保十七年版の板木・板木対照表

巻	冊	書名	丁	板木No.
一	一	即身成仏義	一オ	欠
一	一	即身成仏義	一ウ	欠
一	一	即身成仏義	二オ	欠
一	一	即身成仏義	二ウ	欠
一	一	即身成仏義	三オ	欠
一	一	即身成仏義	三ウ	欠
一	一	即身成仏義	四オ	FK0209
一	一	即身成仏義	四ウ	欠
一	一	即身成仏義	五オ	FK0210
一	一	即身成仏義	五ウ	欠
一	一	即身成仏義	六オ	欠
一	一	即身成仏義	六ウ	FK0242
一	一	即身成仏義	七オ	欠
一	一	即身成仏義	七ウ	欠
一	一	即身成仏義	八オ	FK0103
一	一	即身成仏義	八ウ	FK0149
一	一	即身成仏義	九オ	FK0128
一	一	即身成仏義	九ウ	FK0131
一	一	即身成仏義	十オ	FK0120
一	一	即身成仏義	十ウ	FK0119
一	一	即身成仏義	十一オ	FK0113
一	一	即身成仏義	十一ウ	FK0114
一	一	即身成仏義	十二オ	FK0224
一	一	即身成仏義	十二ウ	FK0177
一	一	即身成仏義	十三オ	欠
一	一	即身成仏義	十三ウ	欠
一	一	即身成仏義	十四オ	欠
一	一	即身成仏義	十四ウ	FK0222
一	一	即身成仏義	十五オ	FK0121
一	一	即身成仏義	十五ウ	FK0122
一	一	即身成仏義	十六オ	FK0178
一	一	即身成仏義	十六ウ	欠
一	一	即身成仏義	十七オ	FK0319
一	一	即身成仏義	十七ウ	欠
一	一	即身成仏義	十八オ	欠
一	一	即身成仏義	十八ウ	欠
一	一	即身成仏義	十九オ	FK0167
一	一	即身成仏義	十九ウ	欠
二	一	声字実相義	一オ	FK0263
二	一	声字実相義	一ウ	FK0269
二	一	声字実相義	二オ	FK0170
二	一	声字実相義	二ウ	FK0314
二	一	声字実相義	三オ	FK0266
二	一	声字実相義	三ウ	欠
二	一	声字実相義	四オ	FK0267
二	一	声字実相義	四ウ	FK0187
二	一	声字実相義	五オ	FK0135
二	一	声字実相義	五ウ	FK0249
二	一	声字実相義	六オ	FK0312
二	一	声字実相義	六ウ	FK0140
二	一	声字実相義	七オ	FK0233
二	一	声字実相義	七ウ	FK0146
二	一	声字実相義	八オ	FK0324
二	一	声字実相義	八ウ	FK0248
二	一	声字実相義	九オ	FK0061
二	一	声字実相義	九ウ	FK0123
二	一	声字実相義	十オ	FK0063
二	一	声字実相義	十ウ	FK0084
二	一	声字実相義	十一オ	欠
二	一	声字実相義	十一ウ	FK0087
二	一	声字実相義	十二オ	FK0076
二	一	声字実相義	十二ウ	FK0062
二	一	声字実相義	十三オ	FK0051
二	一	声字実相義	十三ウ	FK0258
二	一	声字実相義	十四オ	FK0052
二	一	声字実相義	十四ウ	欠
二	一	声字実相義	十五オ	FK0180
二	一	声字実相義	十五ウ	FK0276
二	一	声字実相義	十六オ	FK0341
二	一	声字実相義	十六ウ	FK0179
二	一	声字実相義	十七オ	欠
二	一	声字実相義	十七ウ	FK0228
二	一	声字実相義	十八オ	欠
二	一	声字実相義	十八ウ	欠
二	一	声字実相義	十九オ	欠
二	一	声字実相義	十九ウ	FK0065
三	一	吽字義	一オ	FK0093
三	一	吽字義	一ウ	FK0155
三	一	吽字義	二オ	FK0152
三	一	吽字義	二ウ	FK0115

巻	冊	書名	丁	板木No.
三	一	吽字義	二十三オ	FK0116
三	一	吽字義	二十三ウ	FK0307
三	一	吽字義	二十四オ	FK0318
三	一	吽字義	二十四ウ	FK0322
三	一	吽字義	二十五オ	FK0225
三	一	吽字義	二十五ウ	FK0137
三	一	吽字義	二十六終オ	FK0091
三	一	吽字義	二十六終ウ	FK0048
四	上	弁顕密二教論	一オ	FK0203
四	上	弁顕密二教論	一ウ	FK0205
四	上	弁顕密二教論	二オ	FK0158
四	上	弁顕密二教論	二ウ	FK0185
四	上	弁顕密二教論	三オ	FK0148
四	上	弁顕密二教論	三ウ	FK0188
四	上	弁顕密二教論	四オ	FK0143
四	上	弁顕密二教論	四ウ	FK0186
四	上	弁顕密二教論	五オ	FK0275
四	上	弁顕密二教論	五ウ	FK0339
四	上	弁顕密二教論	六オ	FK0335
四	上	弁顕密二教論	六ウ	FK0334
四	上	弁顕密二教論	七オ	FK0336
四	上	弁顕密二教論	七ウ	欠
四	上	弁顕密二教論	八オ	FK0118
四	上	弁顕密二教論	八ウ	FK0337
四	上	弁顕密二教論	九オ	FK0071
四	上	弁顕密二教論	九ウ	FK0059
四	上	弁顕密二教論	十オ	FK0070
四	上	弁顕密二教論	十ウ	FK0088
四	上	弁顕密二教論	十一オ	FK0072
四	上	弁顕密二教論	十一ウ	FK0060
四	上	弁顕密二教論	十二オ	FK0078
四	上	弁顕密二教論	十二ウ	FK0083
四	上	弁顕密二教論	十三オ	FK0096
四	上	弁顕密二教論	十三ウ	FK0238
四	上	弁顕密二教論	十四オ	FK0057
四	上	弁顕密二教論	十四ウ	FK0074
四	上	弁顕密二教論	十五オ	FK0094
四	上	弁顕密二教論	十五ウ	FK0075
四	上	弁顕密二教論	十六オ	FK0097
四	上	弁顕密二教論	十六ウ	FK0092

巻	冊	書名	丁	板木No.
三	一	吽字義	三オ	FK0195
三	一	吽字義	三ウ	FK0117
三	一	吽字義	四オ	欠
三	一	吽字義	四ウ	欠
三	一	吽字義	五オ	欠
三	一	吽字義	五ウ	欠
三	一	吽字義	六オ	欠
三	一	吽字義	六ウ	FK0110
三	一	吽字義	七オ	欠
三	一	吽字義	七ウ	欠
三	一	吽字義	八オ	FK0331
三	一	吽字義	八ウ	FK0328
三	一	吽字義	九オ	FK0235
三	一	吽字義	九ウ	欠
三	一	吽字義	十オ	FK0237
三	一	吽字義	十ウ	FK0163
三	一	吽字義	十一オ	FK0255
三	一	吽字義	十一ウ	FK0257
三	一	吽字義	十二オ	欠
三	一	吽字義	十二ウ	FK0208
三	一	吽字義	十三オ	FK0200
三	一	吽字義	十三ウ	FK0206
三	一	吽字義	十四オ	FK0229
三	一	吽字義	十四ウ	FK0207
三	一	吽字義	十五オ	FK0298
三	一	吽字義	十五ウ	FK0202
三	一	吽字義	十六オ	欠
三	一	吽字義	十六ウ	欠
三	一	吽字義	十七オ	FK0138
三	一	吽字義	十七ウ	FK0189
三	一	吽字義	十八オ	FK0219
三	一	吽字義	十八ウ	FK0145
三	一	吽字義	十九オ	欠
三	一	吽字義	十九ウ	FK0220
三	一	吽字義	二十オ	FK0308
三	一	吽字義	二十ウ	FK0099
三	一	吽字義	二十一オ	FK0243
三	一	吽字義	二十一ウ	FK0309
三	一	吽字義	二十二オ	FK0192
三	一	吽字義	二十二ウ	FK0130

巻	冊	書名	丁	板木No.
五	下	弁顕密二教論	十一ウ	FK0089
五	下	弁顕密二教論	十二オ	欠
五	下	弁顕密二教論	十二ウ	欠
五	下	弁顕密二教論	十三オ	欠
五	下	弁顕密二教論	十三ウ	欠
五	下	弁顕密二教論	十四オ	欠
五	下	弁顕密二教論	十四ウ	欠
五	下	弁顕密二教論	十五オ	欠
五	下	弁顕密二教論	十五ウ	欠
五	下	弁顕密二教論	十六オ	欠
五	下	弁顕密二教論	十六ウ	欠
五	下	弁顕密二教論	十七オ	欠
五	下	弁顕密二教論	十七ウ	欠
五	下	弁顕密二教論	十八オ	欠
五	下	弁顕密二教論	十八ウ	欠
五	下	弁顕密二教論	十九オ	欠
五	下	弁顕密二教論	十九ウ	欠
五	下	弁顕密二教論	二十終オ	FK0293
五	下	弁顕密二経論	二十終ウ	FK0317
六	上	秘蔵宝鑰	一オ	FK0107
六	上	秘蔵宝鑰	一ウ	FK0106
六	上	秘蔵宝鑰	二オ	FK0310
六	上	秘蔵宝鑰	二ウ	FK0311
六	上	秘蔵宝鑰	三オ	FK0082
六	上	秘蔵宝鑰	三ウ	FK0080
六	上	秘蔵宝鑰	四オ	FK0046
				FK0044
六	上	秘蔵宝鑰	四ウ	FK0067
				FK0055
六	上	秘蔵宝鑰	五オ	FK0049
				FK0054
六	上	秘蔵宝鑰	五ウ	FK0102
六	上	秘蔵宝鑰	六オ	FK0287
六	上	秘蔵宝鑰	六ウ	FK0045
				FK0047
六	上	秘蔵宝鑰	七オ	FK0098
六	上	秘蔵宝鑰	七ウ	FK0144
六	上	秘蔵宝鑰	八オ	欠
六	上	秘蔵宝鑰	八ウ	FK0105
六	上	秘蔵宝鑰	九オ	FK0234

巻	冊	書名	丁	板木No.
四	上	弁顕密二教論	十七オ	欠
四	上	弁顕密二教論	十七ウ	欠
四	上	弁顕密二教論	十八オ	欠
四	上	弁顕密二教論	十八ウ	欠
四	上	弁顕密二教論	十九オ	欠
四	上	弁顕密二教論	十九ウ	欠
四	上	弁顕密二教論	二十オ	欠
四	上	弁顕密二教論	二十ウ	欠
四	上	弁顕密二教論	二十一オ	欠
四	上	弁顕密二教論	二十一ウ	欠
四	上	弁顕密二教論	二十二オ	欠
四	上	弁顕密二教論	二十二ウ	欠
四	上	弁顕密二教論	二十三オ	欠
四	上	弁顕密二教論	二十三ウ	欠
四	上	弁顕密二教論	二十四オ	欠
四	上	弁顕密二教論	二十四ウ	欠
四	上	弁顕密二教論	二十五オ	FK0081
四	上	弁顕密二教論	二十五ウ	FK0108
五	下	弁顕密二教論	一オ	FK0104
五	下	弁顕密二教論	一ウ	FK0053
五	下	弁顕密二教論	二オ	FK0260
五	下	弁顕密二教論	二ウ	FK0330
五	下	弁顕密二教論	三オ	欠
五	下	弁顕密二教論	三ウ	欠
五	下	弁顕密二教論	四オ	FK0172
				FK0173
五	下	弁顕密二教論	四ウ	欠
五	下	弁顕密二教論	五オ	FK0077
五	下	弁顕密二教論	五ウ	欠
五	下	弁顕密二教論	六オ	欠
五	下	弁顕密二教論	六ウ	欠
五	下	弁顕密二教論	七オ	FK0079
五	下	弁顕密二教論	七ウ	欠
五	下	弁顕密二教論	八オ	FK0191
五	下	弁顕密二教論	八ウ	FK0073
五	下	弁顕密二教論	九オ	FK0085
五	下	弁顕密二教論	九ウ	FK0056
五	下	弁顕密二教論	十オ	FK0058
五	下	弁顕密二教論	十ウ	FK0066
五	下	弁顕密二教論	十一オ	FK0095

巻	冊	書名	丁	板木No.
七	中	秘蔵宝鑰	十ウ	FK0294
七	中	秘蔵宝鑰	十一オ	FK0291
七	中	秘蔵宝鑰	十一ウ	FK0282
七	中	秘蔵宝鑰	十二オ	FK0112
七	中	秘蔵宝鑰	十二ウ	FK0162
七	中	秘蔵宝鑰	十三オ	FK0273
七	中	秘蔵宝鑰	十三ウ	FK0274
七	中	秘蔵宝鑰	十四オ	FK0286
七	中	秘蔵宝鑰	十四ウ	FK0271
七	中	秘蔵宝鑰	十五オ	FK0270
七	中	秘蔵宝鑰	十五ウ	FK0261
七	中	秘蔵宝鑰	十六オ	FK0161
七	中	秘蔵宝鑰	十六ウ	FK0278
七	中	秘蔵宝鑰	十七オ	FK0218
七	中	秘蔵宝鑰	十七ウ	FK0279
七	中	秘蔵宝鑰	十八オ	FK0164
七	中	秘蔵宝鑰	十八ウ	FK0217
七	中	秘蔵宝鑰	十九オ	FK0125
七	中	秘蔵宝鑰	十九ウ	欠
七	中	秘蔵宝鑰	二十オ	欠
七	中	秘蔵宝鑰	二十ウ	欠
七	中	秘蔵宝鑰	二十一オ	欠
七	中	秘蔵宝鑰	二十一ウ	欠
七	中	秘蔵宝鑰	二十二オ	欠
七	中	秘蔵宝鑰	二十二ウ	欠
七	中	秘蔵宝鑰	二十三オ	欠
七	中	秘蔵宝鑰	二十三ウ	欠
七	中	秘蔵宝鑰	二十四オ	欠
七	中	秘蔵宝鑰	二十四ウ	FK0342
七	中	秘蔵宝鑰	二十五オ	FK0223
七	中	秘蔵宝鑰	二十五ウ	欠
七	中	秘蔵宝鑰	二十六オ	欠
七	中	秘蔵宝鑰	二十六ウ	FK0327
七	中	秘蔵宝鑰	二十七オ	FK0326
七	中	秘蔵宝鑰	二十七ウ	FK0064
七	中	秘蔵宝鑰	二十八オ	欠
七	中	秘蔵宝鑰	二十八ウ	(白紙)
八	下	秘蔵宝鑰	一オ	FK0197
八	下	秘蔵宝鑰	一ウ	FK0194
八	下	秘蔵宝鑰	二オ	FK0198

巻	冊	書名	丁	板木No.
六	上	秘蔵宝鑰	九ウ	FK0231
六	上	秘蔵宝鑰	十オ	FK0109
六	上	秘蔵宝鑰	十ウ	FK0232
六	上	秘蔵宝鑰	十一オ	FK0111
六	上	秘蔵宝鑰	十一ウ	FK0329
六	上	秘蔵宝鑰	十二オ	欠
六	上	秘蔵宝鑰	十二ウ	欠
六	上	秘蔵宝鑰	十三オ	欠
六	上	秘蔵宝鑰	十三ウ	欠
六	上	秘蔵宝鑰	十四オ	欠
六	上	秘蔵宝鑰	十四ウ	欠
六	上	秘蔵宝鑰	十五オ	欠
六	上	秘蔵宝鑰	十五ウ	欠
六	上	秘蔵宝鑰	十六オ	FK0297
六	上	秘蔵宝鑰	十六ウ	FK0296
六	上	秘蔵宝鑰	十七オ	FK0201
六	上	秘蔵宝鑰	十七ウ	FK0069
六	上	秘蔵宝鑰	十八オ	FK0300
六	上	秘蔵宝鑰	十八ウ	FK0068
六	上	秘蔵宝鑰	十九オ	FK0299
六	上	秘蔵宝鑰	十九ウ	FK0230
七	中	秘蔵宝鑰	一オ	欠
七	中	秘蔵宝鑰	一ウ	FK0236
七	中	秘蔵宝鑰	二オ	FK0340
七	中	秘蔵宝鑰	二ウ	FK0272
七	中	秘蔵宝鑰	三オ	FK0338
七	中	秘蔵宝鑰	三ウ	欠
七	中	秘蔵宝鑰	四オ	FK0184
七	中	秘蔵宝鑰	四ウ	FK0316
七	中	秘蔵宝鑰	五オ	欠
七	中	秘蔵宝鑰	五ウ	FK0213
七	中	秘蔵宝鑰	六オ	FK0313
七	中	秘蔵宝鑰	六ウ	FK0086
七	中	秘蔵宝鑰	七オ	FK0142
七	中	秘蔵宝鑰	七ウ	FK0124
七	中	秘蔵宝鑰	八オ	FK0289
七	中	秘蔵宝鑰	八ウ	FK0288
七	中	秘蔵宝鑰	九オ	FK0090
七	中	秘蔵宝鑰	九ウ	FK0290
七	中	秘蔵宝鑰	十オ	FK0285

巻	冊	書名	丁	板木No.
八	下	秘蔵宝鑰	二十四ウ	FK0315
八	下	秘蔵宝鑰	二十五オ	FK0132
八	下	秘蔵宝鑰	二十五ウ	欠
八	下	秘蔵宝鑰	二十六オ	FK0134
八	下	秘蔵宝鑰	二十六ウ	欠
八	下	秘蔵宝鑰	二十七オ	FK0227
八	下	秘蔵宝鑰	二十七ウ	欠
八	下	秘蔵宝鑰	二十八オ	FK0139
八	下	秘蔵宝鑰	二十八ウ	FK0127
八	下	秘蔵宝鑰	二十九オ	FK0302
八	下	秘蔵宝鑰	二十九ウ	FK0160
八	下	秘蔵宝鑰	三十オ	FK0304
八	下	秘蔵宝鑰	三十ウ	FK0305
八	下	秘蔵宝鑰	三十一オ	FK0254
八	下	秘蔵宝鑰	三十一ウ	FK0159
八	下	秘蔵宝鑰	三十二オ	FK0306
八	下	秘蔵宝鑰	三十二ウ	FK0253
八	下	秘蔵宝鑰	三十三オ	FK0239
八	下	秘蔵宝鑰	三十三ウ	FK0325
八	下	秘蔵宝鑰	三十四オ	FK0250
八	下	秘蔵宝鑰	三十四ウ	FK0303
八	下	秘蔵宝鑰	卅五終オ	FK0193
八	下	秘蔵宝鑰	卅五終ウ	（白紙）
九	一	般若心経秘鍵	一オ	FK0174
九	一	般若心経秘鍵	一ウ	FK0176
九	一	般若心経秘鍵	二オ	FK0333
九	一	般若心経秘鍵	二ウ	FK0100
九	一	般若心経秘鍵	三オ	FK0175
九	一	般若心経秘鍵	三ウ	FK0101
九	一	般若心経秘鍵	四オ	FK0171
九	一	般若心経秘鍵	四ウ	FK0169
九	一	般若心経秘鍵	五オ	FK0190
九	一	般若心経秘鍵	五ウ	FK0181
九	一	般若心経秘鍵	六オ	FK0182
九	一	般若心経秘鍵	六ウ	FK0183
九	一	般若心経秘鍵	七オ	FK0301
九	一	般若心経秘鍵	七ウ	FK0292
九	一	般若心経秘鍵	八オ	FK0280
九	一	般若心経秘鍵	八ウ	FK0283
九	一	般若心経秘鍵	九オ	FK0215

巻	冊	書名	丁	板木No.
八	下	秘蔵宝鑰	二ウ	FK0166
八	下	秘蔵宝鑰	三オ	欠
八	下	秘蔵宝鑰	三ウ	FK0196
八	下	秘蔵宝鑰	四オ	FK0165
八	下	秘蔵宝鑰	四ウ	FK0168
八	下	秘蔵宝鑰	五オ	FK0133
八	下	秘蔵宝鑰	五ウ	欠
八	下	秘蔵宝鑰	六オ	FK0259
八	下	秘蔵宝鑰	六ウ	欠
八	下	秘蔵宝鑰	七オ	FK0214
八	下	秘蔵宝鑰	七ウ	FK0252
八	下	秘蔵宝鑰	八オ	FK0321
八	下	秘蔵宝鑰	八ウ	FK0216
八	下	秘蔵宝鑰	九	F0358（再刻）
八	下	秘蔵宝鑰	十	
八	下	秘蔵宝鑰	十一	F0357（再刻）
八	下	秘蔵宝鑰	十二	
八	下	秘蔵宝鑰	十三オ	FK0136
八	下	秘蔵宝鑰	十三ウ	FK0245
八	下	秘蔵宝鑰	十四オ	FK0226
八	下	秘蔵宝鑰	十四ウ	欠
八	下	秘蔵宝鑰	十五オ	FK0221
八	下	秘蔵宝鑰	十五ウ	FK0332
八	下	秘蔵宝鑰	十六オ	FK0320
八	下	秘蔵宝鑰	十六ウ	欠
八	下	秘蔵宝鑰	十七オ	欠
八	下	秘蔵宝鑰	十七ウ	欠
八	下	秘蔵宝鑰	十八オ	欠
八	下	秘蔵宝鑰	十八ウ	欠
八	下	秘蔵宝鑰	十九オ	欠
八	下	秘蔵宝鑰	十九ウ	欠
八	下	秘蔵宝鑰	二十オ	欠
八	下	秘蔵宝鑰	二十ウ	欠
八	下	秘蔵宝鑰	二十一オ	FK0240
八	下	秘蔵宝鑰	二十一ウ	FK0153
八	下	秘蔵宝鑰	二十二オ	FK0154
八	下	秘蔵宝鑰	二十二ウ	FK0151
八	下	秘蔵宝鑰	二十三オ	FK0150
八	下	秘蔵宝鑰	二十三ウ	FK0241
八	下	秘蔵宝鑰	二十四オ	欠

巻	冊	書名	丁	板木No.
九	一	般若心経秘鍵	九ウ	欠
九	一	般若心経秘鍵	十オ	欠
九	一	般若心経秘鍵	十ウ	FK0244
九	一	般若心経秘鍵	十一オ	FK0295
九	一	般若心経秘鍵	十一ウ	FK0264
九	一	般若心経秘鍵	十二オ	FK0199
九	一	般若心経秘鍵	十二ウ	FK0204
九	一	般若心経秘鍵	十三オ	欠
九	一	般若心経秘鍵	十三ウ	FK0147
十	一	発菩提心論	一オ	FK0268
十	一	発菩提心論	一オ	FK0028
十	一	発菩提心論	一ウ	FK0129
十	一	発菩提心論	二オ	FK0050
十	一	発菩提心論	二ウ	FK0141
十	一	発菩提心論	三オ	FK0126
十	一	発菩提心論	三ウ	FK0262
十	一	発菩提心論	四オ	欠
十	一	発菩提心論	四ウ	FK0265
十	一	発菩提心論	五	F0381（再刻）
十	一	発菩提心論	六	
十	一	発菩提心論	七	F0359（再刻）
十	一	発菩提心論	八	
十	一	発菩提心論	九オ	FK0277
十	一	発菩提心論	九ウ	欠
十	一	発菩提心論	十オ	FK0256
十	一	発菩提心論	十ウ	FK0251
十	一	発菩提心論	十一オ	FK0284
十	一	発菩提心論	十一ウ	欠
十	一	発菩提心論	十二オ	FK0157
十	一	発菩提心論	十二ウ	FK0156
十	一	発菩提心論	十三オ	FK0281
十	一	発菩提心論	十三ウ	FK0247
十	一	発菩提心論	十四オ	FK0212
十	一	発菩提心論	十四ウ	FK0211
十	一	発菩提心論	十五終オ	FK0246
十	一	発菩提心論	十五終ウ	FK0323

『弁顕密二教論』上　十七～二十四丁（八丁分）
『弁顕密二教論』下　十二～十九丁（八丁分）
『秘蔵宝鑰』上　十二～十五丁（四丁分）
『秘蔵宝鑰』中　二十～二十三丁（四丁分）
『秘蔵宝鑰』下　十七～二十丁（四丁分）

この四丁単位での欠落は、山城屋佐兵衛が所持した享保十七年版「十巻章」の板株は、ＦＫの板木がその役割を終えたときには丸株ではなかったこと、つまり享保十七年版は近代に至るまで相合版であり、逸失箇所は山城屋佐兵衛以外の板元が所有していたことを予想させる。それを証明するのは、諸本の㋑にあげた菱屋友五郎版および㋒

にあげた法文館版の存在である。

まず㋑について述べる。智山書庫所蔵『般若心経秘鍵』（29―51―13）には、先に紹介した㋐に付される中野宗左衛門以下六軒連名の刊記（図7）と同一の刊記が見られるが、それとは別に「五条橋通堺町西へ入町」「皇都書林沢田文栄堂　菱屋友五郎」の奥付が付いている（図14）。十巻すべては揃わないが、黒色布目表紙、やや大ぶりな書型といった特徴から考えて、別函に収蔵される『声字実相義』（30―25―16）、『吽字義』（30―25―1）、『弁顕密二教論』（29―40―2）、『秘蔵宝鑰』（7―12―2、上下欠、中のみ）は、「十巻章」として『般若心経秘鍵』と一組になるだろう。また㋒について、立命館ARC所蔵本（arcBK01-0071）により法文館本を示せば、大本十冊、紺色表紙に卍繋ぎと「法文館」の空押しがある。法文館本では『般若心経秘鍵』の刊記が削られており、『発菩提心論』に「京都市五條通高倉東入」「法文舘　澤田友五郎」とある奥付が付される（図15）。明らかな近代摺である。高倉通と堺町通は一筋違いであるから、菱屋友五郎の「五条堺町西入」と法文館の「五条高倉東入」は、同住所と見なしてよいだろう。後でふれるように、菱屋友五郎は慶応元年（一八六五）十月に享保十七年版の板株を得て、それ以来近代に入っても、その板株を所有し続けたのである。

板本とは別に、享保十七年版が相合版だったことを示す資料に、菱屋友五郎の蔵板記録および山城屋佐兵衛の板木売買文書がある。京都大学附属図書館には、蔵板記録を含む菱屋友五郎の出版記録文書群が『京都書籍出版文書』（資料番号8―58キ1）として所蔵されている。(注6) そこに含まれる『蔵版控帳』によれば、(注7)

慶応元丑年十月堺直殿市席ニて代銀壱軒前六百目ニて
買入申候小川丈前札有売上一札取有

一　真言十巻書
丸板賃拾部ニ付正八拾匁
此板へ正十六匁取ル
板賃　従前の通之板賃
紙

丁数壱部ニ付弐百十九丁（※筆者注1）
但四丁張板木改メ九枚
外ニ即身義再板木四丁張壱枚有
小川分ニ切板壱枚有之事
小川　五ノ一
改永田へ贈ル蕃宗　五ノ十

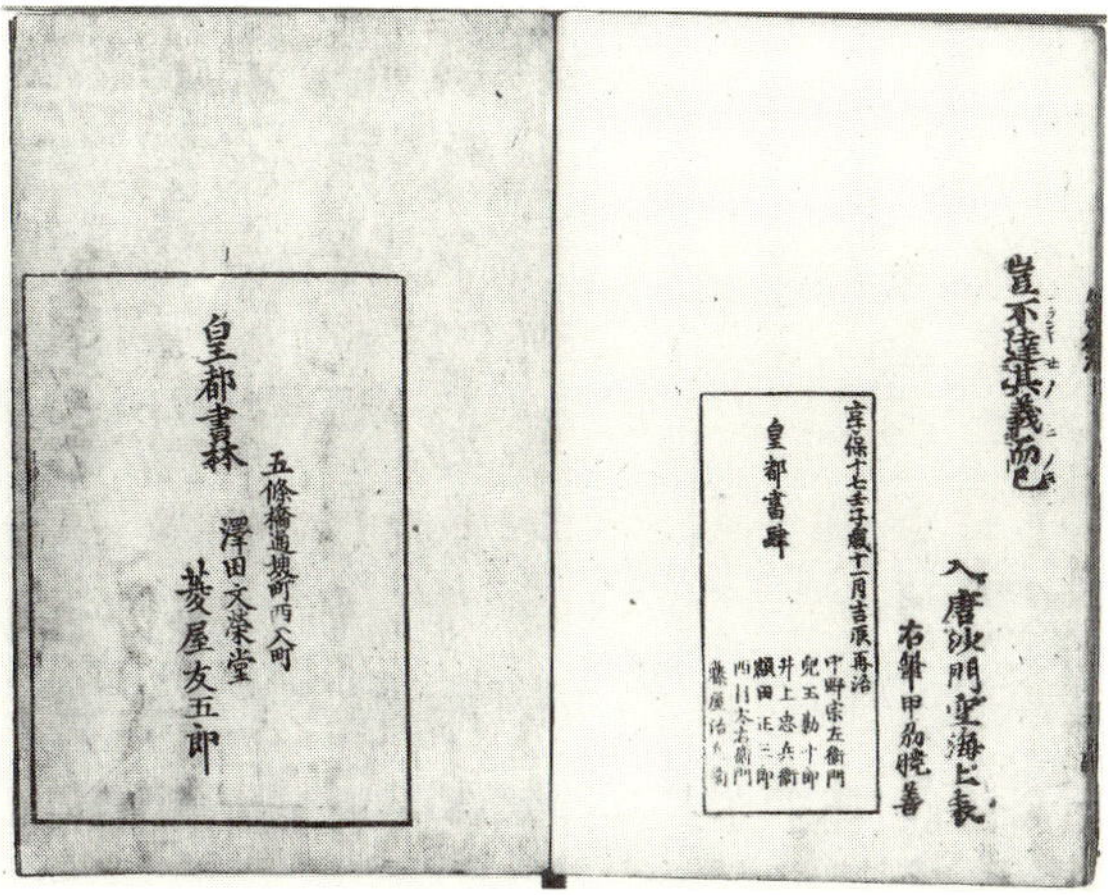

図14　享保十七年版（菱屋本）『般若心経秘鍵』刊記・奥付
（智山書庫所蔵29-51-13）

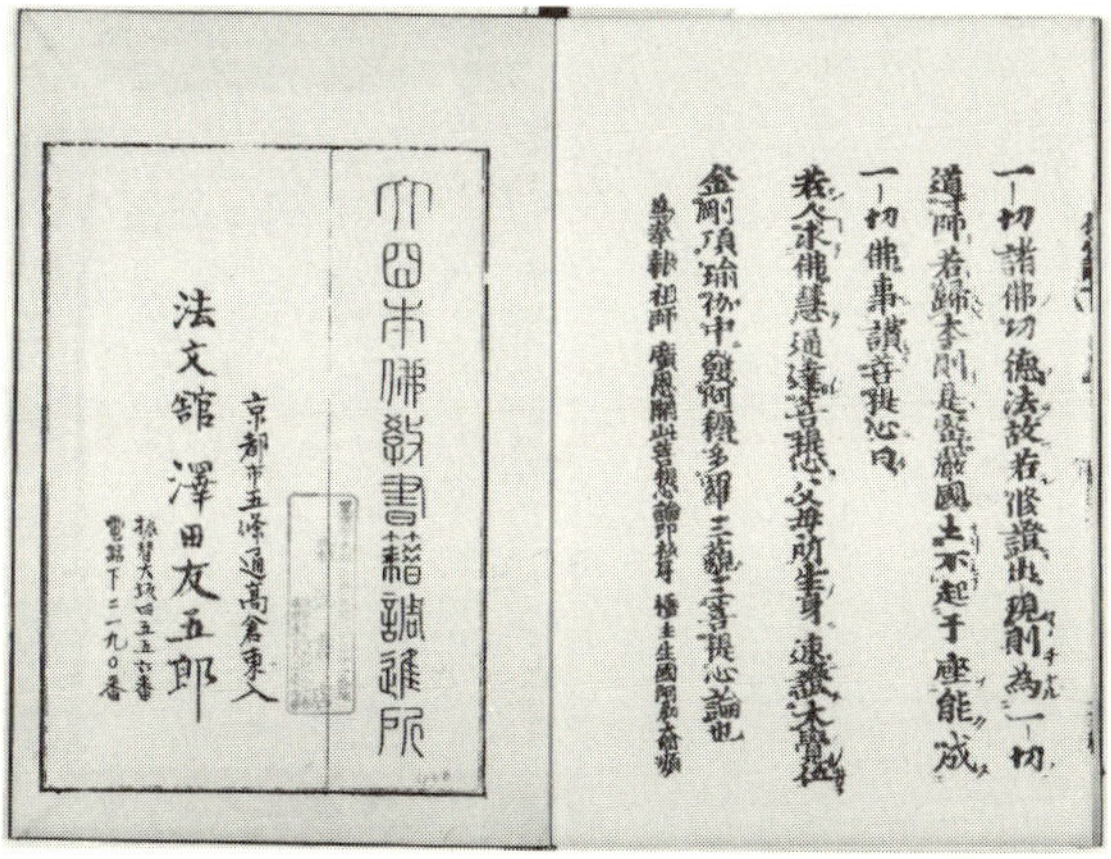

図15　享保十七年版（法文館本）『発菩提心論』奥付
（立命館大学 ARC 所蔵 arcBK01-0071）

摺　　　　　相合　　　　　　　　　　山佐　五ノ一
仕立　　　　　　　　　　　　　　　　永田　五ノ二（※筆者注2）
雑　　　　　　　　　　　　　　　　　菱友　五ノ一

※筆者注1　「十［墨消し］枚」を貼紙で訂正。
※筆者注2　「二」は、「一」に加筆して修正。

とする本が記載されており、書名、丁数の一致から見て、享保十七年版に一致する記録と見てよいだろう。また山城屋佐兵衛の板木売買文書には、

文書83

板木売上之事

一　真言十巻書　　五軒之壱軒　但再板即身儀丈出来有之
　代銀六百目　元板四丁張十壱枚
　　　　　　　再板即身儀　四丁張壱枚渡
　　相合　小川　めと　永田　ひし友　此板

右之板木株、額田庄三郎殿所持之処、今般我等市会ニ而其許殿へ永代売渡、則代銀慥ニ請取申候。然る上は右株式ニ於、故障毛頭無御座候。為後日売上一札、依而如件。

慶応元丑年九月　　　　　　　　　　　　　会元　堺屋直　㊞

とする板木売買文書が残り[注8]（文書番号は引用書による）、記載される諸情報が前引の菱屋の記録と一致することから、これも享保十七年版を扱った記録と捉えざるを得ない。この両記録からは、享保十七年版の板株は慶応元年九月から十月に額田庄三郎から小川（多左衛門カ）・著屋宗八・永田調兵衛・山城屋佐兵衛・菱屋友五郎の五軒に移り、板株が移動した当初は五軒それぞれが五軒の一軒前ずつを所持し、やがて著屋分が永田へ譲渡されたことが分かる。また当初、菱屋の持ち板は十数枚から九枚となり、山城屋の持ち板は十一枚であった。両記録からは、それ以降の経緯は分からないが、藤井文政堂に現存する板木枚数から考えて、その後、享保十七年版の板株の大部分は山城屋へ集約されていったが、板本と記録から見て、菱屋友五郎は板株を、つまり板木を所有したままであった。

したがって、四丁張板木に換算して七枚分の欠落は、もともと山城屋佐兵衛の手もとにはなく、菱屋友五郎が所有していたため、と見るべきである。ただし、現存する記録以降も板株が移動していることは確実であること、連続する四丁分の欠落は七枚分しか存在しないが、第三章・第六章で確認した「丁飛ばし」[注9]が「十巻章」の板木上でも行われていたとすれば、その他の欠落箇所も菱屋が持っていた可能性があること、の二点から、菱屋の所有板木枚数は七枚ともいえるが、少なくとも七枚と見るべきかもしれない。

さて第七章で確認したとおり、水原尭栄氏は「見存板木目録」において、藤井文政堂に「十巻章」の板木が現存することを指摘されていた[注10]。その枚数は「四帖張　四十七枚」、「二帖張　五枚」だったという。これは現存の板木と同一物を指しているのだろうか。

先に述べたとおり、全丁数は二一九丁、単純に四で割ると四丁張五十五枚の板木が必要だったことになる。ただし、再版の二丁張四枚が現存しているから、実際には五十三枚の板木が必要である。仮に菱屋が持っていた板木を四丁張七枚と限定しても、藤井文政堂にあった板木は四十六枚分となり、水原氏の報告と勘定が一枚合わない。しかし『弁顕密二教論』下と『秘蔵宝鑰』中を除く八巻分は必ずしも四では割りきれない丁数であり、あふれた丁を他の巻と組み合わせて板木を彫製したことや、四丁張板木に必ずしも四丁分を収めず、空白箇所が設けられていた可能性も十分考えられる。菱屋が所持したと思われる箇所の丁付を見れば、『弁顕密二教論』下の十二〜十九丁、『秘蔵宝鑰』上の十二〜十五丁、『秘蔵宝鑰』中の二十〜二十三丁など、巻の冒頭から四丁ずつ仕立てていなかったと思われることもその考えを後押しする。状況証拠からは完全に板木の元の姿を復元できないが、一枚の誤差はこうした範囲で捉えることが可能である。

さらに、先の二点の記録がともに再版「即身成仏義」の四丁張一枚の存在をあげている点も気にかかる。この板木は現存しないが、享保十七年版の近代摺を見る限り、「即身成仏義」は、部分再版を含め、再版された形跡がない。したがって再版「即身成仏義」の四丁張一枚は、彫製されたが実際には使用されなかった板木になる。水原氏が調査された当時、この一枚を山城屋佐兵衛が所有したと仮定し、さらに菱屋の持ち板を七枚と仮定すれば、ようやく勘定が合うことになる。

いま一点、水原氏の報告と合わないのが二丁張の枚数である。板本を見る限り、現存する二丁張四枚分以外に再版された形跡は認められないが、水原氏は五枚と報告されている。水原氏が報告される残りの一枚は題簽ではないか。享保十七年版「十巻章」の題簽は各冊ともほぼ均一で縦約一八・五×横四センチメートル、二丁張の表裏があれば十分に収まる。また、先に菱屋の蔵板記録を引用した中に小川が「切板」一枚を所有する旨の記載があった。「切板」は四丁張を意味する「長板」に対する語で、二丁張を指す。かつて小川のもとにあった二丁張一枚が山城屋の所有に帰していたとすれば、二丁張は五枚となり、この点も計算が合うことになる。

推測や仮定を多分に含まねばならないが、総合的に見て、水原氏の報告されている板木を現存の板木とみて大きな矛盾はないだろう。水原氏が半丁ごとに分断されている板木を「四帖張」と報告される点に不審はあるが、これについては次節で述べることとする。

第二節　享保十七年版の摺刷方法とその目的

(一) 享保十七年版の摺刷方法

では、半丁ごとに分断された享保十七年版の板木をどのように用いて摺刷を行うのだろうか。その痕跡は、板本・板木の双方からうかがうことができる。まず板本上に表れるのは、枠や柱材の痕跡である。古活字本において、本来は版面に写り込んではならない部位が版面に写り込むことがある。具体的には、鈴木広光氏が指摘される嵯峨本『伊勢物語』の例などがあるが、(注11)字下げなどに際して文字の空白を埋める字間材(クワタ)や、行間の空白を埋める行間材(インテル)が写り込んでしまうことがある。

これに似た現象が、享保十七年版の㋒以降の諸本、つまり近代摺についても起きている。具体例は枚挙に遑ないが、**図16**に見られるように、㋕の十巻合一冊本(立命館ARC所蔵、**arcBK01-0053**)によって示せば、『弁顕密二教論』下の初丁における柱材の写り込み、『秘蔵宝鑰』下の十九丁における柱材の写り込み、『吽字義』十一ウ(ただし、柱刻を逸する)における枠の痕跡(あるいは空白を埋める材か)などがあげられる。通常の四丁張・二丁張であっても、彫りの浚《さら》いが足りない箇所が版面に表れてしまうことはある。しかし、上述の痕跡はいずれも直線的に

『弁顕密二教論』下　一ウ

『秘蔵宝鑰』下　十九ウ

『吽字義』十一ウ〜十二オ（ノド）

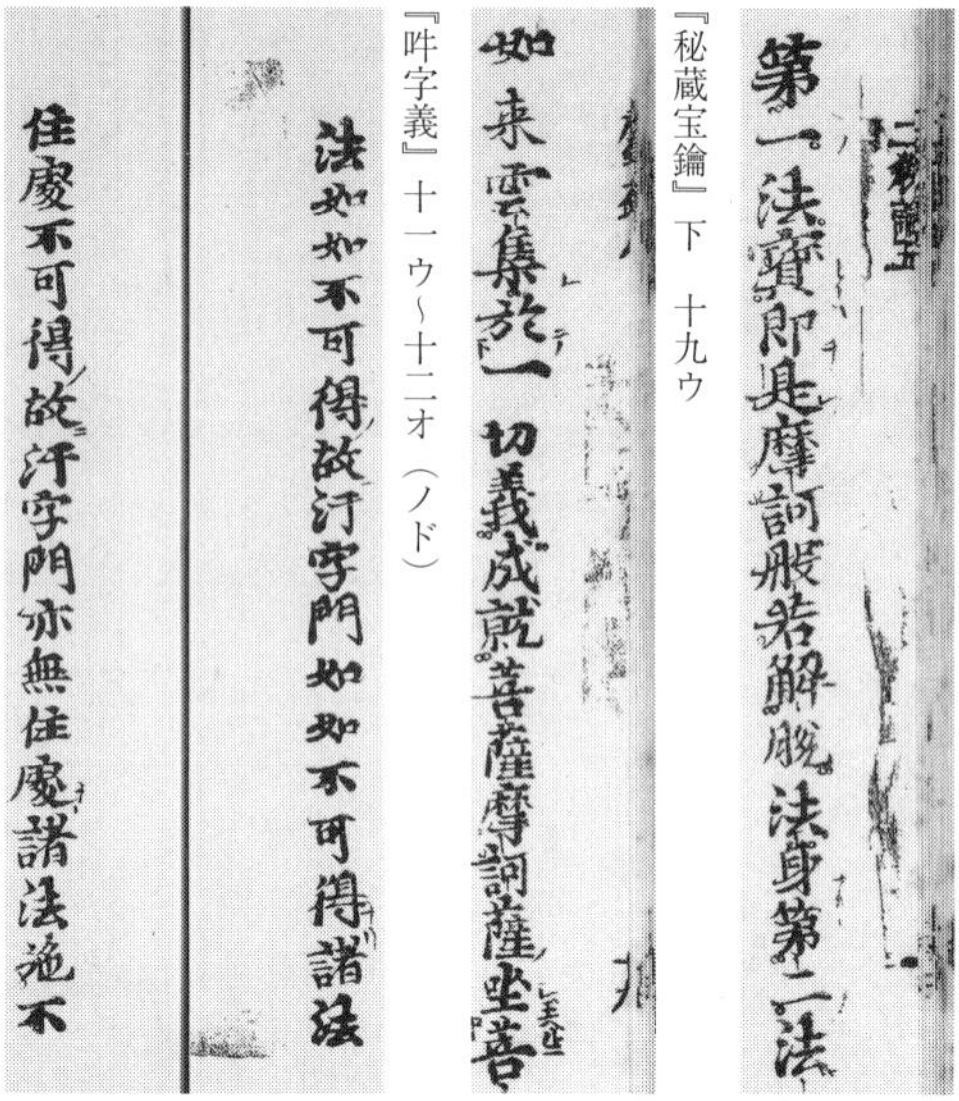

図16　柱材・枠の写り込み

表れており、柱材や半丁ごとに分断された板木を、彫り込みの枠にはめ込んだ上で摺刷に及んだことを示している。本文と柱の高さや、本文と枠・柱の高さがうまく合致せず、こうした痕跡を残したのであろう。細い柱材に釘を打ったためか、柱材が割れているケースも見受けられる。それに応じて板本では丁付や柱題を逸している箇所も多く見られる。

板木に残る痕跡は釘跡である。本文・柱材のいずれにも必ず釘跡が残っており、錆も付着している。板木を裏面から見ると分かりやすいが、図17では板木が割れてしまっている。いずれも割れ目に釘穴が認められ、釘穴が原因となって板木が割れたと考えられる。釘で丁の表・柱材・丁の裏を枠に固定して摺刷を行ったのだろう。

またこれらのことは、藤井聲舟氏の証言によっても明らかになる。(注12) 具体的な時期は明らかでないが、藤井文政堂には、昭和三十〜四十年代頃まで、「十巻章」の摺刷に用いた枠板が伝わっていた。藤井聲舟氏によれば、四丁張サイズの板に、通常の板木と同様に端食があり、半丁ずつの板木と柱材をはめ込む枠の彫り込みがなされていたらしい。また第二章において四丁張板木の特徴として述べたように、片面左右二丁分の彫り込みは天地が逆になるように彫り込まれており、天側に余白が大きくなっていたことも通常の板木と同様だったとのことである。残念なが

図17　釘の痕跡（いずれも奈良大学博物館所蔵）

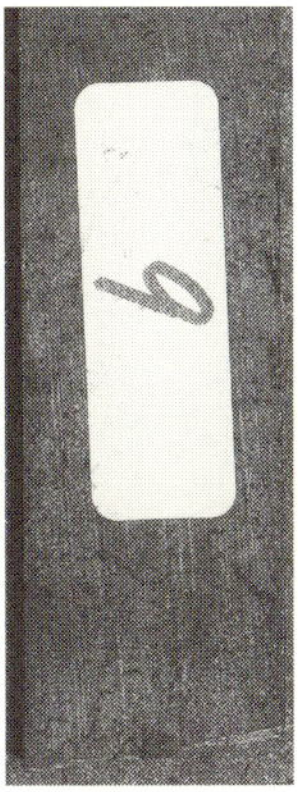

ＦＫ０００９　裏面（部分）

ＦＫ００５０　裏面

ＦＫ００８１　裏面（部分）

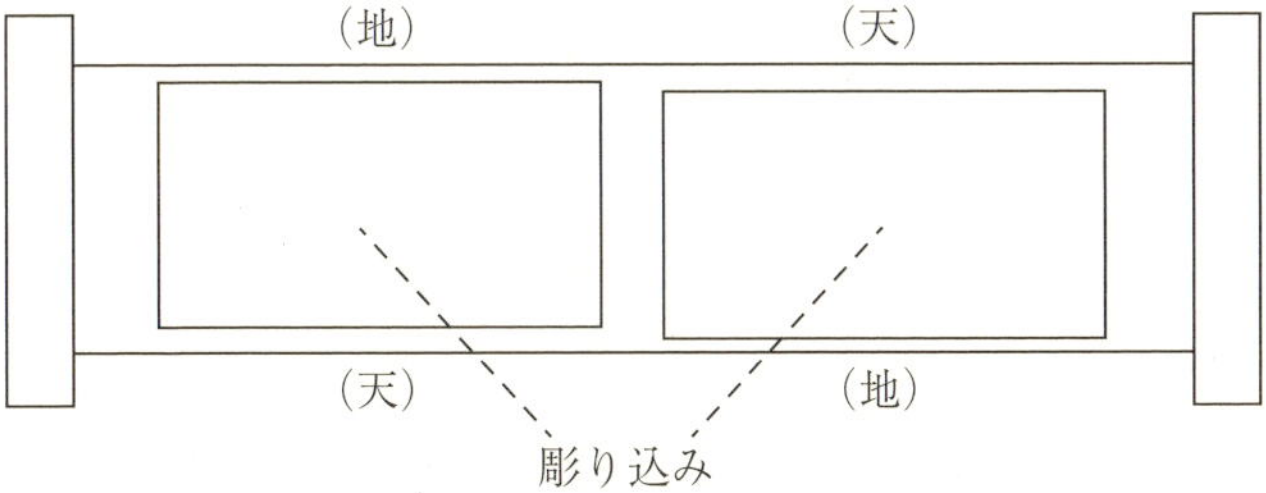

図18　枠板のイメージ図

図19　粘葉装と袋綴じ

らこの枠板は朽ち果ててしまい、やむなく処分されたそうであるが、この証言をもとに枠板のイメージを示せば、図18のようになるだろう。

これらの板木の摺刷方法はほぼ明らかになった。しかしこれは、なぜ板木が半丁ごとになっているのか、なぜそれらと柱材が別個になっているのかの理由にはならない。なぜならこれまでに述べた使用方法では、通常の四丁張板木があれば十分に事足りるからである。なぜ板木がこのような構造になっているのか。それは先に辞典の解説を引いたとおり、古く高野版はその多くが粘葉装だったことに起因すると思われる。

粘葉装は、厚手の紙に両面印刷を施し、それを折って各葉を重ね、葉の変わり目のノド側を糊付けして冊子体裁とするものである[注13]（図19）。したがって谷折り側の見開きは一葉で構成されて完全に開くが、山折り側の見開きは二葉で構成されるため、ノド側の糊に阻まれて完全には開かない。粘葉装の板本は、柱が本の背中側つまり山折り側のみにあり、一葉につき柱は一つとなる。一方の袋綴じの板本は片面印刷である。一丁の谷折り側は白紙となり、山折り側に版面がある。すべての見開きは二丁の半丁ずつによって構成され、すべての丁に柱が存在するため、見開きの左右に柱がくることになる。

この装幀の違いは、板木の構成へ如実に影響を与える。図20は粘葉装と袋綴じの板本の違いを示したもの、図21、22は図18に示した享保十七年版摺刷用の枠板を意識しつつ、粘葉装と袋綴じの板木の違いを示したイメージ図である。

袋綴じの板木は本文順に版面を構成し、すべての丁に柱が入るのに比べて、粘葉装の場合は、本文が連続しない

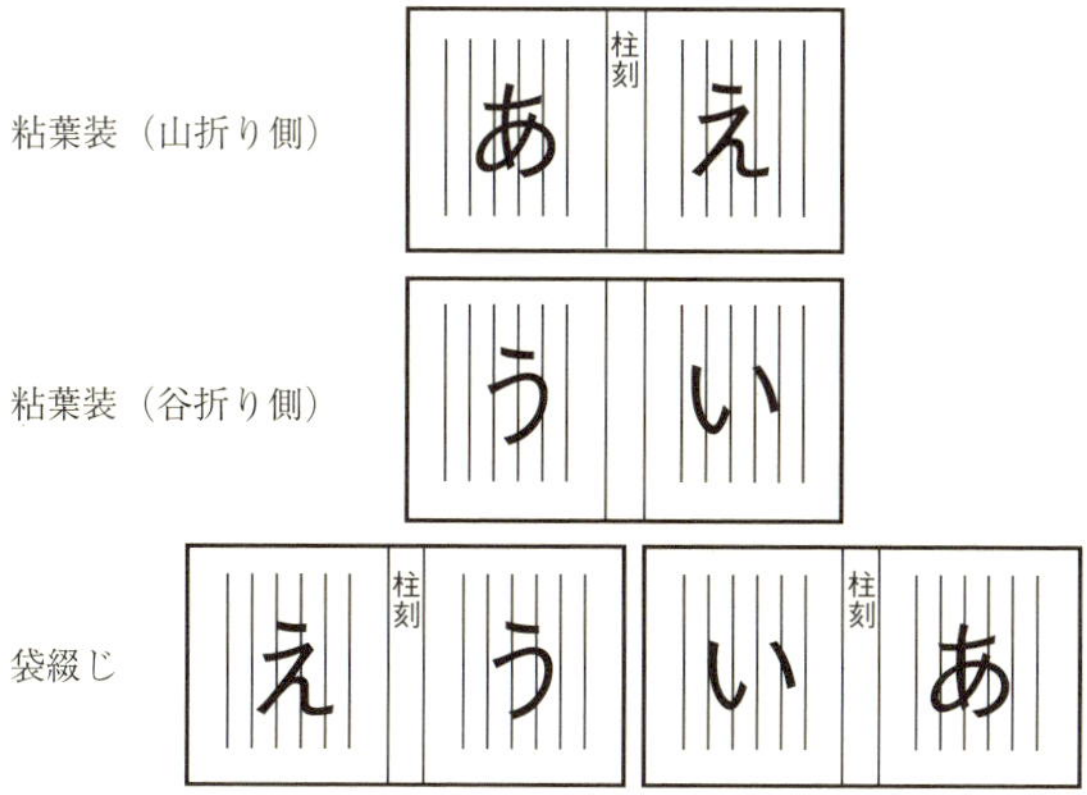

図20　粘葉装と袋綴じの見開きの違い

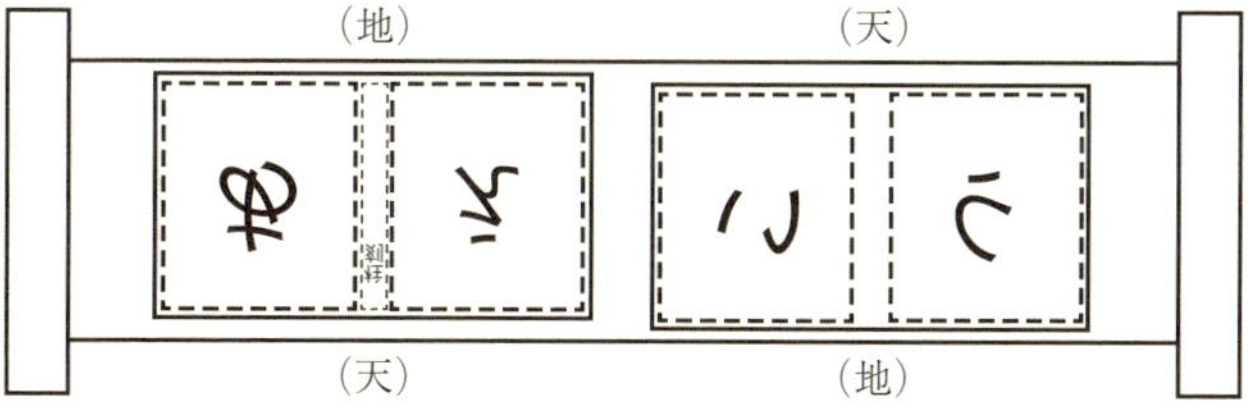

図21　粘葉装の板木イメージ

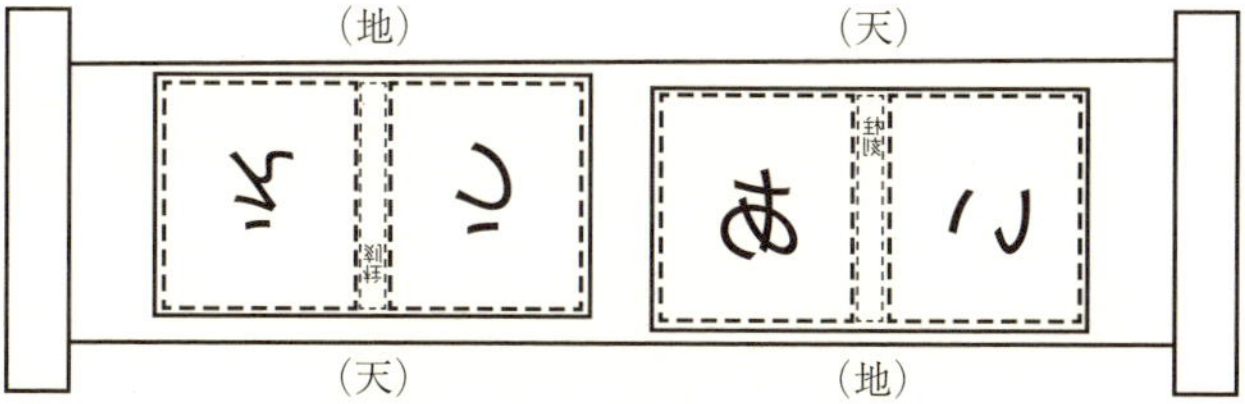

図22　袋綴じの板木イメージ

二面「あ」「え」と柱を組み合わせる必要がある。谷折り側「い」「う」の見開きには柱が入らないため、袋綴じに比べて柱の数が二分の一となる。したがって、一セットの板木で粘葉装と袋綴じの双方に対応することなど、通常は不可能なのである。しかしFKの板木群のように、板木が半丁ごとの本文と柱に切り離されていれば、半丁と柱の組み合わせを自在に変更することが可能となり、一セットの板木で粘葉装と袋綴じの双方に対応することが可能となる。

さて享保十七年版の「十巻章」について、残念ながら筆者は粘葉装本の現存を確認するに至っていない。ただし過去には存在したようである。『智山書庫所蔵目録』には、「『般若心経秘鍵』　粘　一巻一冊」という本が記載されており、それが刊本であったこと、大きさが縦二六〇×横一八六ミリメートルであったこと、刊記に「享保十七壬子歳十一月吉辰再治」とあり、「宇《ママ》野宗左衛門也《ママ》」と記載される一本が3―37番の函に収められていたようである。(注14) 当然、「粘」の一字は粘葉装を示していよう。残念ながら該書は現在欠本となっており、実見することはできなかったが、この情報の存在は大きい。

該書の刊記は、目録上の誤字と思われる箇所がある。「宇野」を「中野」、「也」を「他」と読めば、享保十七年刊の中野宗左衛門他版と読める。つまりその記載内容は、図7に掲出した袋綴じ本の刊記と同一かと思われる。原本に行き当たっておらず、いくぶん不明確であるが、おそらく該書は、現存するFKの板木によって摺刷された粘葉装なのであり、FKの板木が、一セットの板木で袋綴じ本と粘葉装の双方に対応することができたことを示す重要な一本だったのである。

（二）享保十七年版の板木の原態

いまひとつの問題は、これらの板木がもともと半丁ずつの構成だったか否かである。元来の構成を想定する上で重要なのは、第一節で指摘しておいた、端食用の加工が施された木片二点である。これらはそれぞれ表面に「声四」「二教上　二」と陰刻されている（図23）。「声」は『声字実相義』、「二教上」は『弁顕密二教論』上を指している。板木を保管するにあたり、不要になった板木を再利用して、各巻の区別をつけるための差し札を作成したかとも考えたが、『声字実相義』は「十巻章」の第二巻に、『弁顕密二教論』上は第四巻にあたり、陰刻の「四」や「二」とは一致しない。これらはそれぞれの板木がその巻の何枚目なのかを彫り付けているのだろう。端食の型式

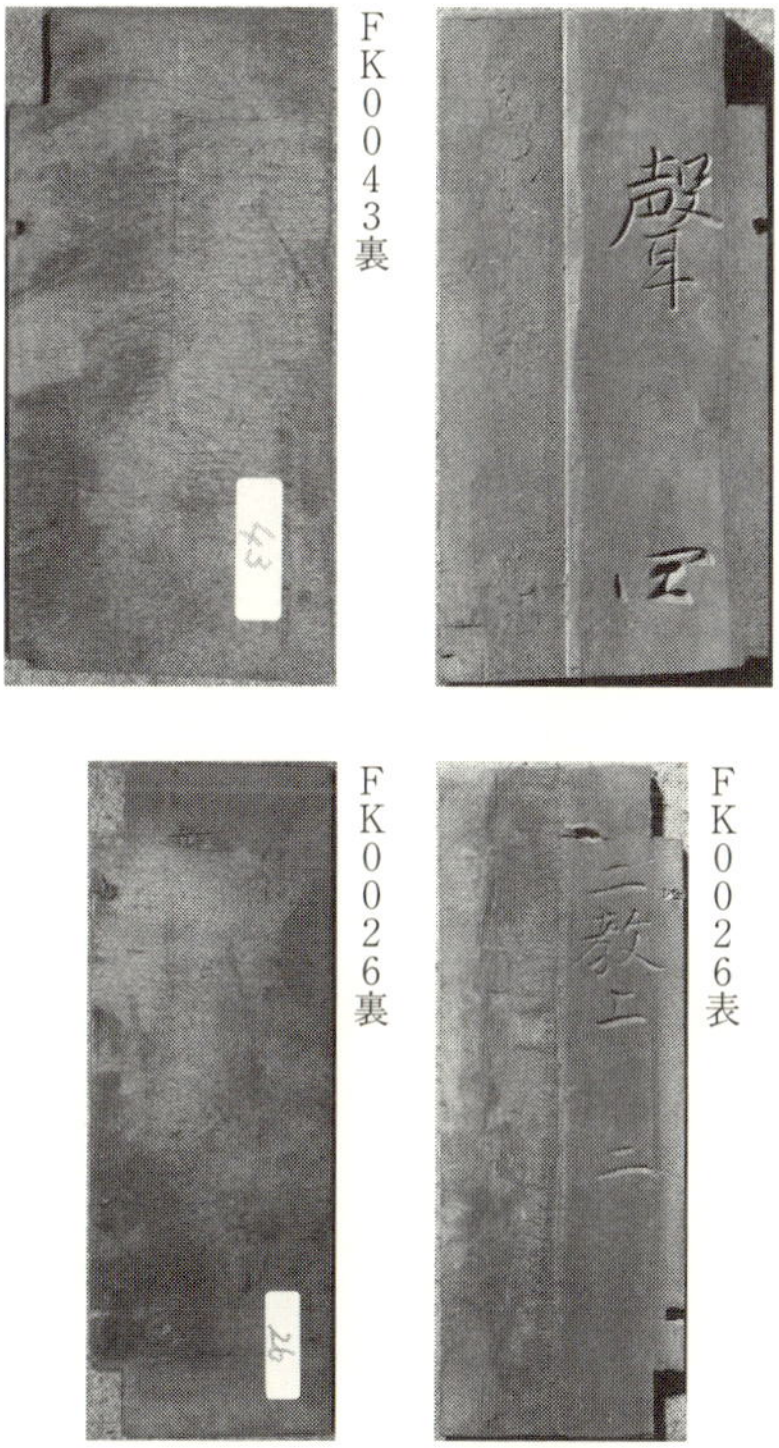

FK0043表　FK0043裏　FK0026表　FK0026裏

図23　反り止め用の加工が施された木片（奈良大学博物館所蔵）

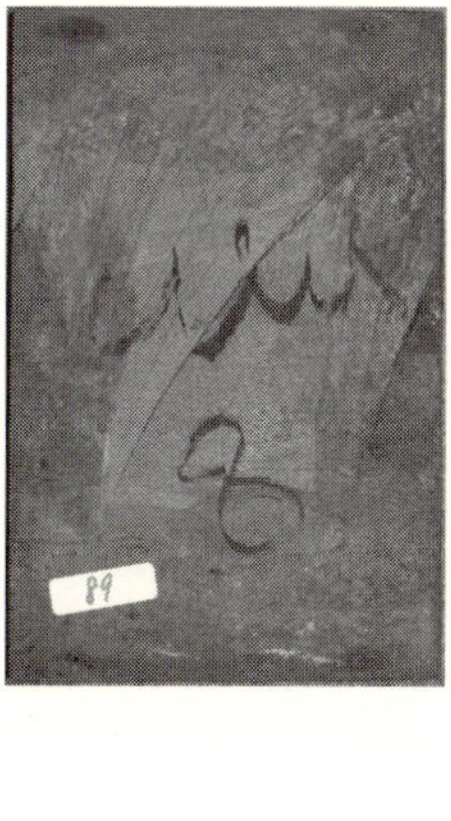

FK0089裏面

図24　鋸引きの痕跡（奈良大学博物館所蔵）

は第二章に述べたA型で、享保十七年版の板木成立時期に見合うものである。両者とも裏面は平らに整えられているが、二枚に下ろされた板木のうちの一枚のようにも見える。本文の裏面も同様、全体的に平らに整えられてはいるが、鋸引きの跡も散見する（図24）。これらはもと四丁張だった板木が二枚に下ろされたことを示しており、図23に掲げた木片二点は、板木がまだ四丁張だった当時の残片ではないかと思われる。前節に述べたように、菱屋と山城屋の板木分割所有が四丁張の単位で行われていたと考えられること、水原氏が「四帖張」として報告されていることも同様に、これら半丁ごとの板木が、元は四丁張だったことを示しているように思われる。

現代、享保十七年版の「十巻章」を入手することは難しいことではないが、それらが例外なく袋綴じであることから、粘葉装に仕立てる需要はさほど大きくなかったと考えられる。第一節において、再版された二丁張板木四枚の存在を確認しておいたが、それらが袋綴じを前提に彫製されていることから考えても、半丁ごとへの分断は、ごく一時期に存在した需要に対応する目的で行われたことだったのだろう。

では、その一時期とはいつだったのだろうか。再版の板木四枚の端食の型式は第二章に述べたB型である。この型式はおよそ延享〜幕末頃まで用いられる。板の厚みも板木の再利用を疑うべき数値ではなく、近代に入ってしばらくしてからの彫製、ということは考えにくい。現存諸本中、㋐の比較的摺りの早い本、㋑の慶応元年九〜十月以降の摺りと思われる菱屋本の「十巻章」には枠板の痕跡が認められない。枠板の痕跡が認められるのは、㋒〜㋕に該当する近代摺の山城屋本・法文館本である。再版された二丁張の端食型式と考え合わせれば、慶応元年十月以降、幕末頃までのごく短期間のうちに行われたことと考えるべきではないだろうか。

さらなる謎がもう一つある。それは水原氏が「見存板木目録」において四丁張板木の寸法を「丈二尺五寸六分巾一尺六寸八分　厚八分」と明記されていることである。「一尺六寸八分」は「六寸八分」の誤りかと思われるが、これらは概ね幅七七・六センチメートル、高さ二〇・六センチメートル、厚二・四センチメートルになる。享保十七年版「十巻章」の字高一八・七〜一九・八センチメートルは、水原氏が報告される板木の高さでは、板木の余白がやや不足するようにも思われるが、収まらない範囲ではない。しかし水原氏の調査が及ぶ頃、これらの板木はすでに半丁ごとに分断されていたはずである。半丁ごとに分断された板木を指して「四帖張」と呼んでいることと考え合わせ、あるいは水原氏は実見したわけではなく、問い合わせ等によって所在を確認されただけなのかもしれない。この寸法は、先に述べた枠板の寸法とでも見るべきだろうか。

以上、不明確な点は残るが、享保十七年版の板木とその板本から、板木の構造の意味や摺刷の方法を考察してきた。四丁張の板木を半丁ごとに分断する手法は、おそらく特例だったと考えられる。(注15) 先に粘葉装の需要を「さほど大きくなかった」、「ごく一時期に存在した」と推定したが、その程度の需要に対して、板株の所在を明示する存在の板木を板元が易々と分断したとは考えにくく、板元に板木を操作させた大きな力の存在が予想される。次節では、山城屋佐兵衛の出版記録を手がかりに、「十巻章」の板株と寺院との関わりを考察する。

第三節　「十巻章」の板木売買——藤井文政堂板木売買文書から——

(一)　山城屋による「十巻章」の板株収集

藤井文政堂の板木売買文書には、第一節にあげた文書の他、「十巻章」の板木売買に関わるものをもう一点確認することができる。(注16) 引用中、文書番号・〇囲み数字・(　)内の注記は引用書によった。

文書41

①

売上一札

一　十巻書　丸株　口摺壱枚

一　三教持帰《ママ》　片　半株

一　肘巻略題　板木株

〆三点

右之板木、我等所持之処、此度代金壱両ニ相定、永代売渡し申候処実正也。則代金慥受取申候。然ル上は板木株ニ付、外方より自然彼是申出候何者有之候ハヽ、我等罷出其埒明可仕候。為後日板木売上、仍而如件。

嘉永五子六月

前川市兵衛 ㊞

金屋佐兵衛様

②

売上一札

一　十巻書　丸　焼株　四拾壱枚

一　三教持帰《ママ》　片　半株

一　肘巻略題　板木株　壱枚

〆三点

右之板木、我等所持之処、此度代金壱両ニ相定、永代売渡し申候所実正也。則代金慥ニ請取申候。然ル上は板木株ニ付、外方より自然彼是申出候者之有候らへハ、我等罷出其埒明可仕候。為後日板木売上〔「渡し」

を墨消し）、仍而件《ママ》。

嘉永五子六月

金屋佐兵衛 ㊞

山城屋佐兵衛殿

文書41について、永井氏は、

帯封に「嘉永五子六月／前川焼株売上入／金壱両證文／右／五十弐番」とある二枚の手継ぎ文書。①「売上一札」は前川市兵衛から金屋佐兵衛宛、②「売上一札」は金屋佐兵衛から山城屋佐兵衛宛。いずれも嘉永五年六月付で、『十巻書』『三教持（指）帰』（片カナ本）『肘巻略題』の〆三点を金壱両で譲渡するという内容。金屋佐兵衛を中に立てて、実質は前川市兵衛から山城屋佐兵衛への譲渡であったと思われる。帯封の「前川焼株売上入」の記述もそれを裏付ける。表記が①と②で小異あるも、売買されたなかみは同じはずである。『三教持（指）帰』は①②とも「半株」とあるが、『十巻書』は①に「丸株」と、②には「丸　焼株」とあり、また文書末尾に「口摺」（中略）が添えてあるので焼株たること明白である。②に「四拾壱枚」とあるのはもとの板木枚数であろう。『三教持（指）帰』と『肘巻略題』は「口摺」が無いが、それぞれ「半株」「板木株」と記しており、帯封の表記から考えても焼株と見てよいであろう。

と述べられる。口摺については引用書から**図25**に転載したが、この口摺は焼株の売買に際して文書に付される該当書の冒頭部を指している。永井氏が「大別して、「口摺」と称する該書の冒頭部、もしくは該書の「元本」を添え

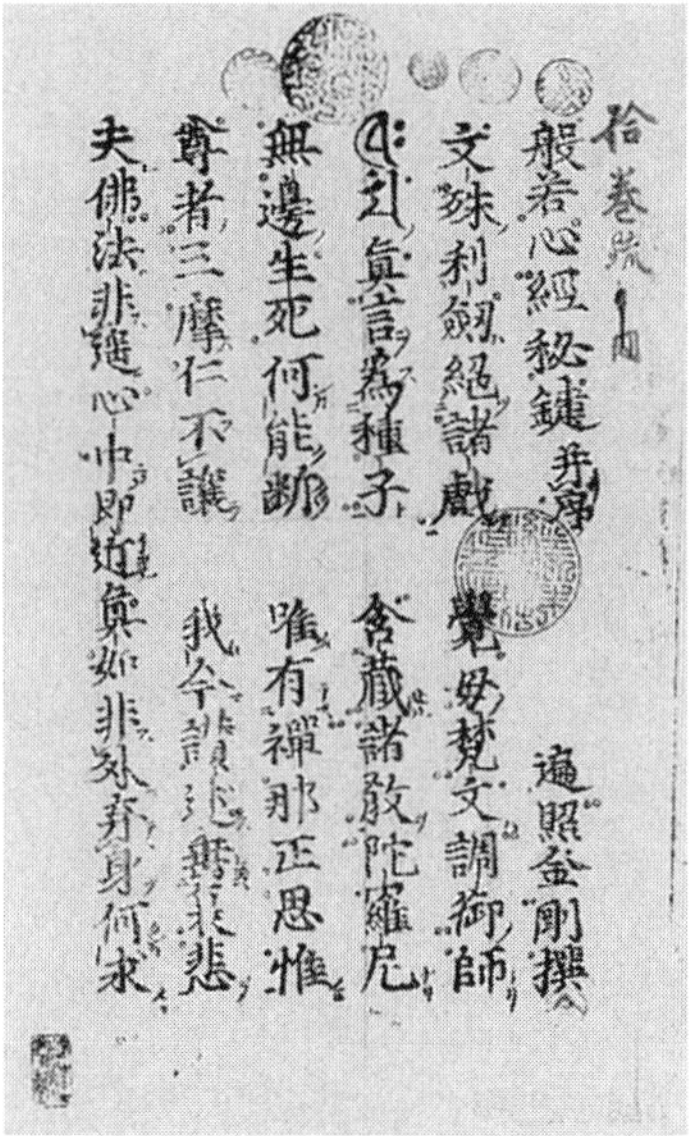
拾巻抄 一

般若心経秘鍵 并序
遍照金剛撰

文殊利劔絶諸戯
覚母梵文調御師
ア字真言為種子
含蔵諸教陀羅尼
無辺生死何能断
唯有禅那正思惟
尊者三摩仁不譲
我今讃述垂哀悲
夫仏法非遥心中即近真如非外棄身何求

図25 「十巻書」口摺（藤井文政堂所蔵）

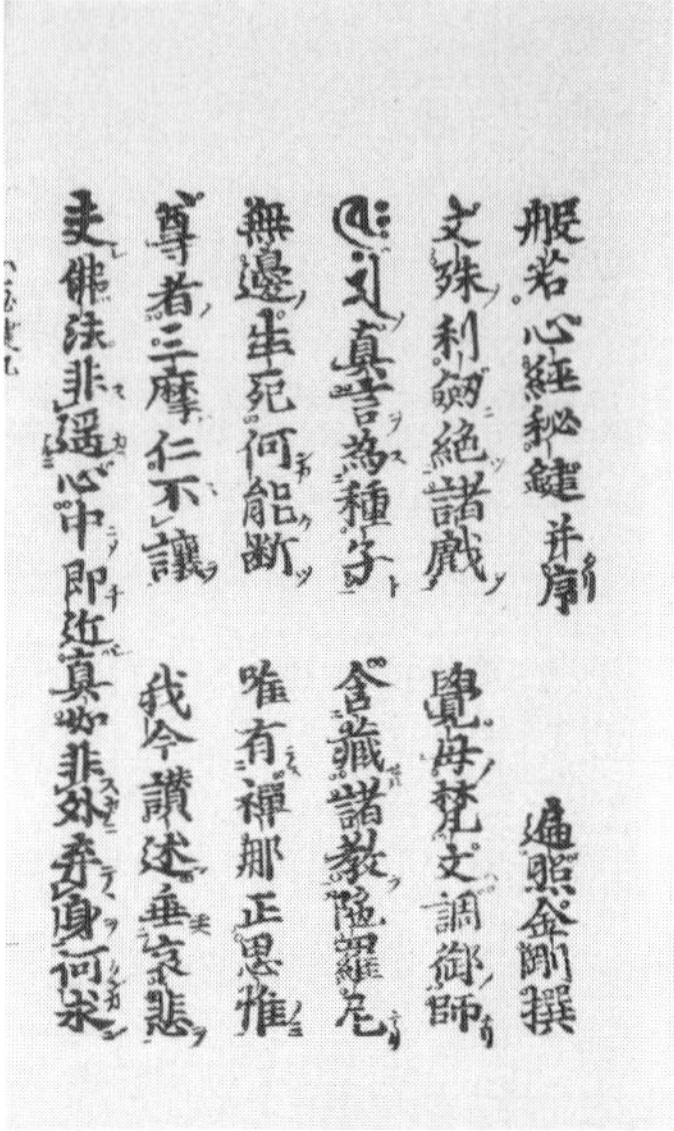
般若心経秘鍵 并序
遍照金剛撰

文殊利劔絶諸戯
覚母梵文調御師
ア字真言為種子
含蔵諸教陀羅尼
無辺生死何能断
唯有禅那正思惟
尊者三摩仁不譲
我今讃述垂哀悲
夫仏法非遥心中即近真如非外棄身何求

図26 合一冊本『般若心経秘鍵』一オ（立命館ＡＲＣ所蔵、arcBK01-0053）

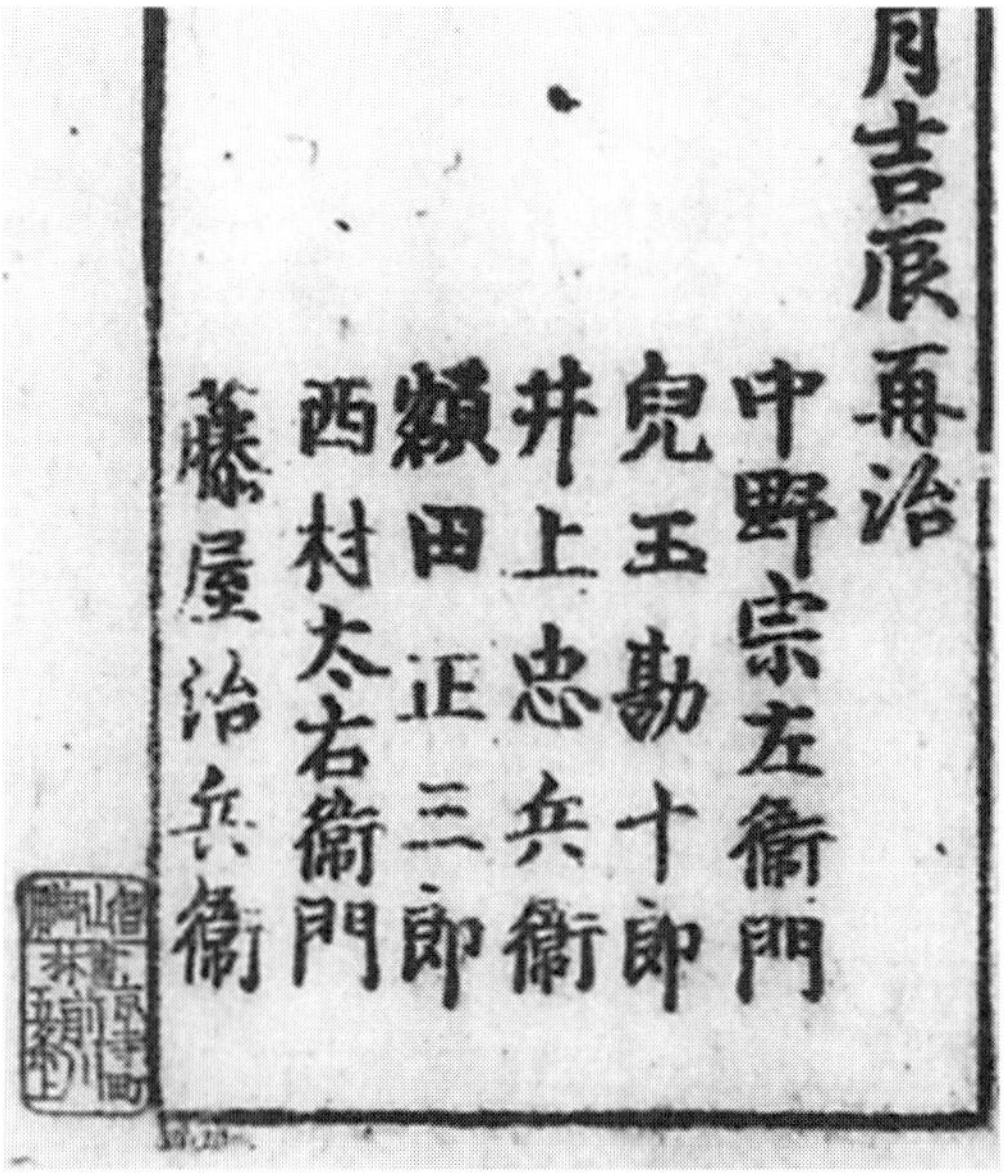
月吉辰再治
中野宗左衛門
兒玉勘十郎
井上忠兵衛
額田正三郎
西村太右衛門
藤屋治兵衛

図27 前川市兵衛印記（『般若心経秘鍵』刊記、部分、智山書庫所蔵、21-48-5）

るケースと、そういったものを添えずに出版権のみを売買するケースとがあったようである」[注17]と述べられるとおりであり、当該文書では『般若心経秘鍵』の冒頭部が口摺として添えられている。「十巻書」についていうならば、第九冊にあたる『般若心経秘鍵』の冒頭部が添えられたことになり、「十巻書」の冒頭（『即身成仏義』の冒頭）ではない。

享保十七年版の諸本中、智山書庫所蔵『般若心経秘鍵』（21–48–5）の刊記の脇には、前川の印記「智山御用書林　前川　京寺町五条上」が押捺されている（図27）。前川市兵衛が享保十七年版の刊行に携わっていたかとも考えたが、おそらくこれは仕入印の類ではないかと思われる。鈴木俊幸氏によれば、仕入印は「商品価値を損なわないように目立たないところに押捺するのが基本」とされるが[注18]、鈴木氏が提示される例によれば、刊記に押印するものも見られるから、この印は刊記の補訂として押印されたものではなく、仕入印と見ることは許されるだろう。つまり前川はその店舗で享保十七年版の「十巻章」を扱ったが、これをもって板株を持っていたと見ることは性急である。

この文書において取り引きされているのは享保十七年版ではない。それは文書に付された『般若心経秘鍵』の口摺と、享保十七年版『般若心経秘鍵』が別版であることから明らかである（図25、26）。両者は酷似するが、例えば内題の「経」に付された濁音の向きが縦横に異なる。また三行目上段の「真」「眞」という字体の違いがあり、その他本文の文字と訓点の位置関係も微妙に異なっている。また当該文書で扱われているのは明らかに焼株であるが、第一節に述べたとおり、享保十七年版は焼失することなく近代に至ってなお使用され続け、板木が現存していることからも、嘉永五年段階で取り引きされている焼株が享保十七年版とは別の「十巻書」であることは間違いない。この口摺は、寛永十六年版、寛文五年版、元禄五年版とも異なることを確認できているが[注19]、口摺に該当する版

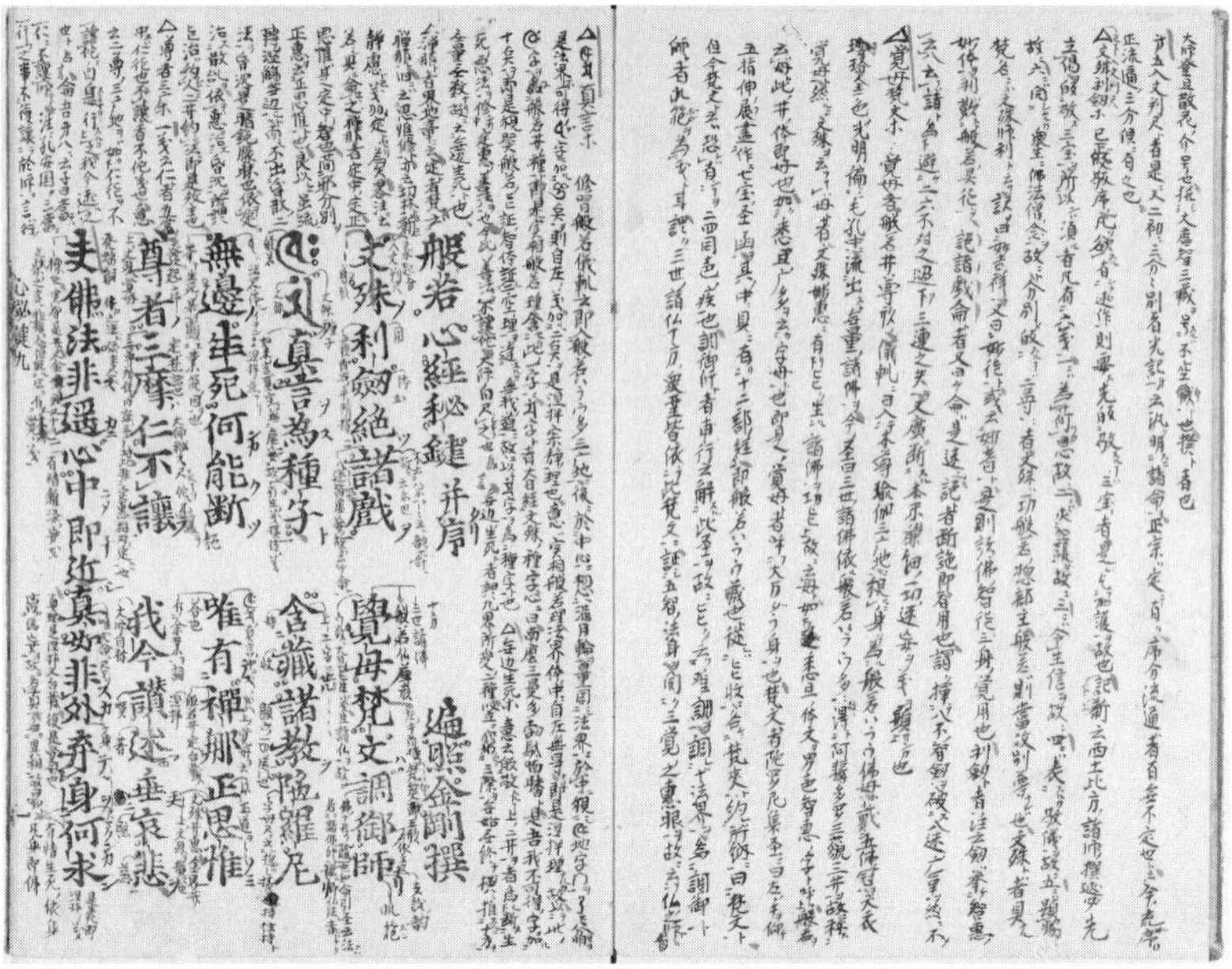

図28　『般若心経秘鍵』の書入れ（立命館 ARC 所蔵、arcBK01-0058）

にまだ行き当たることができていない。

なお、この取り引きに際して、間に「金屋佐兵衛」という人物が立っていることが注目されるが、それについては、本節（二）において述べることとする。

蔵板記録では、万延元年（一八六〇）四月改正の『文政堂蔵板目録』に「一　発菩提心　四枚切壱枚」とある。[注20] 山城屋佐兵衛が享保十七年版の板株を購入したのは慶応元年九月であるから、この蔵板記録を享保十七年版のものと見なすことは不可能である。また、この蔵板記録は四丁張四枚・二丁張（切板）一枚の意であり、単純計算では全十八丁の摺刷が可能であるが、享保十七年版の『発菩提心論』は全十五丁であり、丁数が合わない。再版が成った嘉永五年購入の焼株分の一部と見なすこともできようが、詳細は不明である。ともかくも、板木売買文書・蔵板記録を合わせて考えれば、山城屋佐兵衛は、享保十七年版を含めて二〜三種類の「十巻章」の板株を所有していたことになる。

「十巻章」が真言密教において基礎的なテキストであったことは冒頭に述べた。諸本を見れば、余白や見返しまでもびっしりと埋め尽くす細かな書き入れにしばしば出会う（図28）。「十巻章」は、全国各地の真言密教寺院が必要とするものであっただろうし、僧侶を志す者、教義を研究する者にとって必須のテキストだったことは想像に難くない。出版産業にとって、こうした基礎的テキストは安定需要が見込まれる魅力的な商品だったのだろう。おそらく山城屋佐兵衛はそこに目をつけ、複数の「十巻章」の板株を収集していったと思われる。永井氏は焼株について、次のような解釈を示しておられる。

「焼株」については、板木が焼失してしまいそれに付属していた出版権のみを指して言う語で、これを購入した側は板木を再刻し該書を再版する権利を持つことになる、と冒頭部で述べた。が、考えてみると（中略）実際問題として再刻は難しかったのではないか。（中略）取りあえず買っておいていずれ何かの折に売り払う、というあたりが「焼株」の扱いとして妥当なところではなかったかと思われる。（注21）

山城屋佐兵衛がいずれ適当な時期に売り払う目的で、「十巻書」の焼株を購入したか否かは不明である。現存諸本から推す限り、山城屋佐兵衛が積極的に刊行した「十巻章」は享保十七年版のみであり、他の「十巻章」の板株は取りあえず保有しておいただけなのかもしれない。焼株を改めて他の板元へ売ったという記録は現存しておらず、焼株のその後は不明といわざるを得ないが、焼株を購入して再版を行わなかったその行動は、刊行可能な「十巻章」を減らし、享保十七年版に需要を集中させる結果となったのだろう。

（二）智積院との関わり——金屋佐兵衛をめぐって——

さて前項において、文書41の前川市兵衛と山城屋佐兵衛の焼株売買に際して、金屋佐兵衛が仲介に立っている点に注意を喚起しておいた。金屋佐兵衛は、『藤井文政堂板木売買文書』の中で、文書41以外にもその名を見出すことができる。文書42、文書87のように金屋は山城屋と相対取引を行うこともあったようであるが、先に引用した文書41の取り引きのように、間に立つことも得意としたらしい。例えば文書51①では、安政三年（一八五六）十一月に大和屋藤兵衛が「片平要品」の板木を山城屋佐兵衛へ売り渡した際、近江屋九兵衛がこれを仲介しているが、金屋佐兵衛はその保証人に立っている。また文書63には、嘉永七年（一八五四）十月に大和屋三郎兵衛が細金屋三郎兵衛から購入した『御和讃』の板木半株を、安政二年（一八五五）三月に山城屋佐兵衛が購入した経緯が記されているが、このときも金屋佐兵衛は、山城屋と大和屋を仲介している。

その金屋佐兵衛が智積院に顔が利く立場の人物であったらしいことは、『藤井文政堂板木売買文書』において、金屋佐兵衛と「智山　浄眼法印」との接触が確認できることから分かる。

文書60

売渡シ一札之事

一　大挙作法　板木壱枚

〆

右之板木株、我等所持御座候所、此度代金壱歩相定、其元様へ売渡シ申候所実正也。則代金慥ニ請取申候。然ル上、右板木ニ付、外より彼是申候者毛頭無御座候。万一故障等申者御座候らへハ、我等罷出、其埒明可申候。

仍而売渡シ證文、如件。

安政六年未十月

高倉松原上ル町　金屋佐兵衛 ㊞

智山　浄眼法印様

文書61

板木売渡シ一札之事

一　大仏頂陀羅尼
　　大随求陀羅尼　小本生駒板　丸株板木

一　大日経住心品　別丁　丸株板木

〆

右之板行、我等方所持罷有候所、此度代金七両ニ相定、其許様江永代売渡シ申候所実正也。則代金慥ニ請取申候。然ル上は右板木ニ付、外方より、毛頭故障無之候。万一彼是申出者有之候らへハ、何時ニ而も我等罷出棒（ママ）明仕、其許様江御迷惑相掛申間敷候。為後日板木株売渡シ一札、仍而如件。

安政六年未十一月

金屋佐兵衛 ㊞

智山　浄眼法印様

文書60は、「大挙作法」の板木一枚を金屋佐兵衛が「智山　浄眼法印」に金壱分で売り渡したという内容。**文書61**も同様、金屋佐兵衛から「智山　浄眼法印」へ『大仏頂陀羅尼』『大随求陀羅尼』の丸株と『大日経住心品』の丸株を金七両で売り渡したという内容である。「智山」は真言宗智山派すなわち智積院を指す。いま「浄眼法印」の詳細が明らかでなく、智積院が出版にどのように関わっていたのか不分明であるが、当時、板元とのやり取りを行う智積院側の窓口が浄眼法印だったのであろう。

この二通の文書のみを見ると、山城屋佐兵衛の名前がなく、山城屋が関与していないかのように見える。しかし、これらが藤井文政堂に伝存するからには、一件文書のうちの一通のみが残ったものであり、関わり方は未詳であるが、売買の前後の経緯に山城屋佐兵衛が関与していたと見るのが自然であろう。(注22)

『改訂増補近世書林板元総覧』によれば、金屋佐兵衛は平井氏という。(注23) 嘉永六年十二月『仲ヶ間名前帳』(注24)にその名が見えるのが早く、「京高倉通松原上ル」で営業を行っていた。また『板元総覧』には、平井文永堂という板元が別に立項されている。平井は嘉永二年『真言諸経堂用集』を刊行した板元で、居所は金屋と同じく「京高倉通松原北へ入」であり、「智積院御経師」だったらしい。この平井文永堂と金屋佐兵衛は同一人物であるように思われる。

藤井文政堂の板木売買文書をも含めて考えれば、金屋佐兵衛は智積院に顔が利く立場にあったのであり、「御用経師」との表現にも合致する。おそらく智積院が関与する書の刊行や板株の管理において、代行的にそれらを支配する立場にもあったのだろう。

さて話を「十巻章」に戻せば、この金屋佐兵衛は、**文書41**の丸焼株売買において、前川市兵衛と山城屋佐兵衛の間に立った。この文書に浄眼法印の名は見えないが、智積院に通じていた金屋佐兵衛がこの取り引きを仲介していることの示唆は大きい。享保十七年版『般若心経秘鍵』の刊記(図7)についても同様、中野宗左衛門・児玉勘十郎・藤屋治兵衛など、智積院の御用板元が名を連ねており、智積院の関与があったことは間違いない。「十巻章」

をはじめ京都における智山派関連の書籍刊行には、智積院が関与していたと見るのが自然であろう。

先の粘葉装本の存在を指摘しておいたが、その本が智山書庫に収まっていたことも、享保十七年版の板株と無関係ではないように思われる。智積院側から粘葉装本を要望され、板元がそれに応じた結果として、現存板木の姿があると見たいが、想像を重ねすぎであろうか。

おわりに

本章では、特に広義の高野版に属する藤井文政堂所蔵「十巻章」に注目した。粘葉装と袋綴じでは、見開きを構成する半丁の組み合わせが異なるため、同じ板木で双方を摺刷するのは、通常の発想では不可能なはずだった。しかし板木を半丁ずつと柱に分断し、組み替えを行えば可能となった。活字のように、ばらしてしまえば別の版面を構成できるような自在さはないが、半丁ずつに分断した結果、四丁張や二丁張よりも自由度の高い板木となったのである。残念ながら享保十七年版「十巻章」の粘葉装を実見するには至らなかったが、粘葉装と袋綴じが同板本であることはあり得るのである。これは従来の板本書誌学の発想では導き出せない新知見である。極めて特殊な事例といえようが、藤井文政堂所蔵「十巻章」の板木はそれを示して余りある。

また現存する板木売買文書から、ＦＫ分類の板木の位置付けを行い、板株売買や板木を半丁ずつに分断した時期を特定した。さらに、状況証拠として援用するにとどまったが、享保十七年版の板株や板木の改変に智積院が関与していたと思われること、当時の板株取り引き等に、智積院では浄眼法印、板元側では金屋佐兵衛が窓口となって関与していることもうかがえた。この点、本章の論述は推測の域を出ておらず、今後調査を深める必要がある。

本章において述べた、藤井文政堂所蔵FK分類の板木が享保十七年版「十巻章」の板木だったこと、その刊行に智積院が関与していたと思われることなど、一つ一つの情報には相応の意義がある。ただそれ以上に、出版の現場で何が行われたかという事例を収集できた意義は大きい。既存の板本書誌学で享保十七年版「十巻章」を捉えたとき、枠板の痕跡を不審に思い、半丁ごとに分断されていた可能性を述べることはできただろう。しかし板木を二枚におろすなど、旧来の発想では想像することすら難しい。第六章に共通するが、「板木書誌学」という視点を出版研究に持ち込むとき、出版の現場で何が行われたのか、板本のみを観察するよりもずっと現場サイドの情報を得ることができるのである。そしてそれらは板本書誌学の一情報として吸収され、板本を見る眼を豊かにしていくだろう。

注

（1）永井一彰『藤井文政堂板木売買文書』（日本書誌学大系九七、二〇〇九、青裳堂書店）
（2）彌吉光長『京都出版史料補遺』（書誌書目シリーズ二六『未刊史料による日本出版文化』第七巻、一九九二、ゆまに書房）所収。
（3）二〇〇九年十一月の聞き取り調査による。
（4）仏教刊行会編『仏教書籍目録第二』（『大日本仏教全書』第一冊、一九八〇、名著普及会）
（5）高野版板木調査委員会編『歴史資料　高野版板木調査報告書』（一九九八、和歌山県高野町）
（6）磯部敦『出版文化の明治前期　東京稗史出版社とその周辺』（ぺりかん社、二〇一二）において紹介されている。
（7）他に、『板木株式目録』甲本・乙本、『沢田文栄堂蔵版帳』にも享保十七年版の蔵板記録が載るが、記載される情報が古いと思われる『蔵版控帳』『板木株式目録』のうち、内容が詳細な『蔵版控帳』を採用した。また、表紙に「明治二十年亥一月」と記載される『文栄堂蔵版之記』には享保十七年版に関する記録が見られないが、表紙に

「明治弐拾九年拾壱月改正」と記載される『文永堂蔵版直値帳』には享保十七年版に関わる経費が記載されているため、明治二十年一月段階で板株を手放したわけではない。

（8）（1）に所収。永井氏は同文書の解題において、

慶応元年九月に板木市会元の堺屋直七から山城屋佐兵衛へ額田庄三郎所持の『真言十巻書』を市会にて代銀六百目で譲渡したというもの。外題は「板木売上」とするも、文中「板木株」「株式」とあり、焼株の売買である。また「但し『再板即身儀』だけ出来これ有り」「『再板即身儀』四丁張壱枚渡し」とも見え、「元板四丁張十壱枚」のうち『再板即身儀』の一枚だけが再刻出来ていたものらしく、焼株を再刻の途中で売買した例と考えられる。なお、口摺・元本のこと無し。

と述べられるが、板木の現存状況に鑑みて、焼株の売買ではなく、実存する板木を売買していると捉えるべきであろう。

（9）永井一彰「板木の分割所有」（『奈良大学総合研究所所報』一七、二〇〇九）

（10）水原尭栄『高野板之研究』（水原尭栄著作選集第二巻、一九七八、同朋舎）

（11）鈴木広光「嵯峨本『伊勢物語』の活字と組版」（小宮山博史・府川充男編『活字印刷の文化史　きりしたん版・古活字版から新常用漢字表まで』、二〇〇九、勉誠出版）

（12）（3）に同じ。

（13）廣庭基介・長友千代治『日本書誌学を学ぶ人のために』（一九九八、世界思想社）より転載。

（14）智山伝法院編『智山書庫所蔵目録』第二集（一九九五、真言宗智山派宗務庁）

（15）挿絵などの一部を半丁単位で抜き取り、後に元の状態に戻すなどの操作については、森暁子「求板と丁の改変」（『江戸文学』四二、二〇一〇）に報告がある。

（16）（1）に同じ。以下、藤井文政堂の板木売買文書および後に引く永井氏の解題については同書により引用した。

（17）（1）に同じ。

（18）鈴木俊幸「仕入印と符牒」（『書籍流通史料論　序説』、二〇〇〇、勉誠出版）

（19）寛永十六年版は温泉寺所蔵本（城崎町美術館に寄託）の写真、寛文五年版は立命館ＡＲＣ所蔵本（arcBK01-

0069)、元禄五年版は大谷大学所蔵本（余大/3967/1）により確認した。

(20)（1）に所収。

(21)（1）に同じ。

(22)（1）の書において永井氏は、「山佐宛となっていない文書は、一件文書のうちの一通であったと考えれば何ら不自然ではないのである」と述べられる。

(23) 井上隆明『改訂増補近世書林板元総覧』（日本書誌学大系七六、一九九八、青裳堂書店）

(24) 蒔田稲城『京阪書籍商史』（『日本出版大観』上巻、一九二八、出版タイムス社）に所収。

終章　課題と展望

第一節　総括

本論は、従来、板本中心に行われてきた出版研究および板本書誌学に、板木という研究資源、または板木という視点を持ち込もうとした基礎研究である。入木・覆刻・求版、これらは近世文芸研究や出版研究、板本書誌学においてよく知られる語である。いずれも板本を扱う際に必ず意識する用語であるが、本来、板木抜きには語ることのできないキーワードである。しかし従来の研究では、誰しも板本の背後に板木の存在を意識しながらも、板木に対するイメージは実に曖昧なまま置き去りにされてきた感がある。

第三章において、享保三年（一七一八）刊『八百やお七恋桜』の異なる句点の彫り方の混在と、板木との関連について例示を行ったが、筆者が該書を初めて見たのは、実に十数年も前のことになる。当時、ある程度板本の見方を習得した上で、句点の彫り方の混在には気付いていたが、二丁張や四丁張といった板木の像をうまく結ぶことができなかったためか、不思議に思うより他に仕方がなかった。

現段階で、この句点が示す事象に板木の具体的なイメージを重ね合わせたとき、確定的な板木の構成を得ることはできないにせよ、なぜ該書がそのような姿をしているのか、ようやく理解に至ったのである。板木とはどのようなものか、どのような構造をしているのかを知ることは、目前の板本をより深く理解するために、避けては通れないプロセスであることを実感した次第である。そしてこの問題は、筆者だけではなく、板本を扱う多くの研究者、研究界全体に通じる問題であろう。

本論中、諸所でふれた永井一彰氏の研究により、板木を研究資源として扱う方向性は定まりつつあると思われる。しかし原則として、世の中に一組しか存在しない板木を、いかに研究界全体で共有していくのか、永井氏の研究の裾野をいかに広げ、かつ新たな視点を見出していくのかという問題意識が生まれ、それが第一章に述べたデジタルアーカイブ構築という論点に結びついた。

第一章では、そもそも板木を研究資源として扱うことの意義に言及し、なぜ近年まで活用されてこなかったのか、その背景を考察した。そこでは特に極めて扱いづらい板木の性格が浮かび上がり、この問題を克服するため、板木デジタルアーカイブ構築の実践について述べ、板木の性質に鑑みた板木デジタル化手法の実際について、ライティングを中心に述べた。また近い将来、板木研究は研究界全体の共有プラットフォームを必要としており、それには画像と目録情報のファイル共有だけでなく、ウェブ上に共有されたイメージデータベースが適切であることを指摘した。板木資料や、デジタル化した板木画像の特性に基づいて構築した「板木閲覧システム」の思想と構成について、メタデータの構造およびウェブデータベースの機能を中心に述べた。

上記は、筆者の研究活動自体または本論の重要な基盤となっており、上述の視点とそれに則したデジタルアーカイブ活動がなければ、以降の章は全く成立しなかったといっても過言ではなく、今後の展望の基盤にもなっていく。

板木は、板本に対する板本書誌学のような長年にわたる書誌学の蓄積がないため、そこから即座に情報をあぶり出すことは難しい。しかし第一章に述べた基盤を獲得した結果として、奈良大学所蔵資料に限られるとはいえ、五千八百枚の板木を俯瞰できることとなったのである。

こうした観点から、第二章では、奈良大学所蔵の板木を丁寧に観察し、板木の観察方法を提示した。本章を参照すれば、なるべく板木の基本的構造を知ることができるように、これまで永井一彰氏が述べられた点をも含めてまとめた。結果、端食《はしばみ》（反り止め）の形式による成立年代の判別や、板木の外寸による成立事情の判断、入木《いれき》という操作の捉え方など、板木からは決して得られない情報が得られた。入木の問題などは、結果として板本の見方を変えざるを得ないのであり、板木からのみ得られる情報を「板木書誌学」として蓄積し、それを板本書誌学に還元した上で、より豊かな視点を持って板本に接することを提案した。

この考察をとおして、一方では板木の限界にも気付かされる。確かに板木には貴重な情報が詰まっているが、そもそも板本に比べれば、現存量が極めて限られている。すでに知られている入木や覆刻、摺りの先後といった観点とは別の意味において、板木が現存していない板本から、その板本を摺刷《しゅうさつ》した板木に関する情報が得られないだろうか、という視点が生まれ、第三章へとつながっていく。

第三章では、板本からうかがえる板木の構成についての考察を行った。特に複数の紙質の混在と匡郭縦寸の出現パターンに着目し、そこから板木の構成を推定する方法を試みた。これらの手法は、「板木」という存在の具体的イメージを念頭に置いて板本に臨まなければ、生まれてこなかった発想であろう。そして、これらの手法を通じて得られた知見を板本書誌学に還元したとき、従来、必ずしも明らかではなかった覆刻による版面収縮のメカニズムが浮かび上がってきた。扱ったのは紙質・匡郭の二つの手法のみであるが、これらの考察結果から、板本には既知の着眼点以外にも、まだ観るべき点が隠れているのではないかという考えを強くさせる。

第三章において扱った板本は、必ずしも全揃いの状態ではないが、いずれも板木が現存する資料である。ここでは考察対象に含めることができなかったが、逸失した板木の構成については、出版記録によって明らかにできる場合がある。出版記録は現存する板木資料や、出版に際して行われた事実を理解するのに必須の資料であり、板木を研究資源として扱う場合は、当然ながら関連する出版記録も基礎資料となる。この観点から、第四章では出版記録に焦点を当てて考察を行った。

第四章では、板元《はんもと》の日常業務を書き留めた記録を読み込むことにより、「入銀本」を例にあげ、従来、それとなくいわれてきたことの実態を明らかにした。

一方、蔵板記録の検討によって、各々の板木が持つ履歴を明らかにすることができる。現存する板木がどのような経緯で現存しているのか、あるいは現存していても不思議ではない板木がなぜ現存しないのか、これらを明らかにすることは、板木を研究資源として扱う上で、必要不可欠な理解である。また、板木の旧蔵の履歴は、板本のそれとは性格を異にする。板木の履歴は板株《はんかぶ》の移動をも意味するからである。

そこでは佐々木惣四郎の複数の出版記録（竹包書楼旧蔵、奈良大学所蔵）を対象に論じた。本来的には板木の現存状況と板本の刊記・奥付そして出版記録を突き合わせなければ板株移動の様相を追うことは難しい。しかし基礎資料の検討としての位置付けから、複数現存する佐々木の記録を合わせて参照することに主眼を置き、単一の記録を参照するだけでなく、複数の記録を読み合わせることによって、初めて明確な事実に辿り着くことを主張した。

第五章では、仲間記録から「白板」と呼ばれる状態の板木に関する記事を抽出し、考察を加えた。結果、類板に関わる争議が起こった際には、一度も墨を付けていない状態の板木、すなわち白板が、先行書の板元と類板の板元間の調停ツールになっていた実態をあぶり出すことができた。板木が板株の所在を示すことは先学によって指摘されていたが、ここでの考察結果と合わせて、印刷の道具にとどまらない、近世出版機構の根本装置としての板木の機能が浮かび上がってきた。今後、根本装置である板木という視点から出版記録を捉え直した場合、近世出版機構の実態がより具体的に明らかになってくることは間違いない。この考察結果も、板木を研究資源として扱えるようになった産物であり、今後さらに読解を進めていく必要がある。

第二章から第五章は、板木・板本・出版記録とそれぞれ別個のテーマを中心に論じており、本論の骨格となる基礎資料の検討となっている。むろんいずれも切り離せない相関関係にあり、これら三つを同時に扱うことによって、新しい出版研究が切り開けることになるが、その実践結果が第六〜八章である。

第六章では、板木が全揃いの状態で現存する『賞奇軒墨竹譜』を扱った。第二章に記した方法で板木を観察することにより、異なる成立事情を抱える板木が一枚含まれることを問題として提起した。出版記録を参照した上で初版から現存に至るまでの板木の移動経路を示し、冒頭にふれた成立事情の異なる一枚が再版されたものであることを明らかにした。また出版記録を読み込むことにより、各板元で分割所有した板木の摺刷に際して、摺師が摺って回っていた実態についても述べた。該書は稀覯本の扱いを受けてきたが、板本を博捜することによって七本の諸本を観察し、摺りの良し悪しや部分的な異版の認定から、板木の移動経路に則した刊行順を明らかにした。

第七章は、奈良大学博物館に所蔵されるK分類の板木に関する調査報告である。これらの板木を、かつて高野山上にあった「高野版」の板木と位置付けた上で、日本古来の摺刷技法である巻き摺りに関する考察を行った。また高野版の影響下にある出版物は多いが、高野山上に現存する、またはかつて高野山上にあった板木・それらの板木で摺刷された板本とそれ以外とでは、おのずと位置付けが異なる点を指摘し、狭義の高野版と広義の高野版に分けて捉える必要性を提唱した。さらに高野山上、山外の双方に板木が共存している寛文十年刊『種子集』を例に、狭義・広義の区分を設けながらも、両者を総合的に捉えることが必要な場合があることを問題として提起した。

第八章では、広義の高野版に属する享保十七年版「十巻章」について考察を行った。該書の板木は半丁ごとに切り離された特異な構造をしており、第二章に述べた観察方法は通用しなかったが、板木と板本とを比較した結果、この特異な構造は、袋綴じと粘葉装の双方に対応するために行われた操作であったことを明らかにした。板木がこのような構造になっている事例は多くないと思われるが、通常の発想では、一セットの板木で袋綴じと粘葉装の両方を摺刷することは不可能である。袋綴じと粘葉装が同板本であり得るという点は、板木書誌学の成果として板本書誌学に還元すべき知見である。

さらに、「十巻章」に関わる菱屋友五郎・山城屋佐兵衛の板木売買文書についても考察した。享保十七年版以外の「十巻章」の板株売買にも着目した上で、智積院と板元の関わり方の一端をあぶり出し、享保十七年版の板木が特異な構造を持つ理由も、寺院からの所望があったためではないかと推測した。ただし考察結果としては、「十巻章」の諸版・諸本全体を捉えきれていない点や寺院と板元の関係の考察が表面的である点に問題があり、今後究めていくべき課題として残る。

本論では上述のように、全八章を通じて、いかに板木を研究資源として活用するか、そもそも板木とはどのようなものかを明らかにしてきた。板木に研究資源としての価値が十分に備わっていることは存分に示し得たと思う。そして板木・板本・出版記録の三つを組み合わせるとき、その効用が最大限に発揮されることを体現し、この三つを今後の出版研究の三本柱とすべきことを主張した。

板本・出版記録といった既知の資料のみを用いた場合であっても、ある程度の刊行経緯は明らかにできると思う。序章において、中野三敏氏の言を引きつつ、板本を手の上に乗せたとき、その板本を摺るための板木が存在したという事実が認識されなければならないと述べたが、板木を研究資源として扱い、板本・出版記録と合わせて参照することによって、刊行経緯が明らかになるだけではなく、それに則して現場で何が行われたのかということが、手に取るように判明していった。

板木の物理的な構造はもちろんであるが、板木が出版の現場でどのように扱われ、どのような操作が加わったのかという情報の蓄積により、本論中に提唱した「板木書誌学」が形成されていく。この板木書誌学こそ出版の現場レベルの情報を伝えてくれるのであり、これが板本書誌学に還元されるとき、板本書誌学・出版研究を刺激することは間違いなく、それらと切り離せない間柄である近世文芸研究にも影響を与えることは必至と考える。

第二節　本論の特質——デジタルアーカイブについて——

本論は板木を研究資源としたところに主眼があるが、本論を特徴付けるもう一つの存在がデジタルアーカイブである。本論の基盤として構築した板木デジタルアーカイブ「板木閲覧システム」(注1)は、奈良大学博物館・図書館のご了解を得て、二〇一〇年二月より一般公開を行うことができた。これは板木資料の研究利用を促進する上で極めて重要な動きとなることは間違いないだろう。その一番の目的は、第一章に述べたとおり、研究界全体としての資料共有である。そこに第一のメリットがあるが、それ以外にも利点はある。

本論において基礎資料として扱った板木・板本・出版記録は、可能な限りデジタル化を行ってネットワーク上に共有している。板木についてはすでに述べたが、板本・出版記録については、「可能な限り」という注釈は付くにせよ、立命館大学アート・リサーチセンター「書籍閲覧システム」(注2)を通じて公開を行い、最低限、研究グループ内部で共有している。一体に、原資料を扱わなければならない研究においては、ともすれば調査者以外の人物が原資料を実見した上で、客観的に研究内容を評価することが難しい場合がある。批判を恐れつついえば、原資料へのアクセスが既得権益化しやすく、閉塞的な資料環境を生む場合があるともいえるだろう。デジタルアーカイブによって資料共有環境を整備しておくことは、所在情報だけではなく、誰でも研究資源にアクセスできるということであり、それによって研究成果への客観的批判を担保できるという利点がある。それを実現できている点は、本論の一つの大きな特徴であろう。

終章執筆時において、「板木閲覧システム」と「書籍閲覧システム」を相互に参照できる態勢は整いつつある。むろん板木に対応する板本を収集できていない場合は、この限りではない。例えば「板木閲覧システム」を検索すると、検索結果一覧に「本を探す」ボタンが表示される。そのボタンをクリックすれば、「書籍閲覧システム」にジャンプし、その板木によって摺刷した板本の検索結果に辿り着く。また逆に「書籍閲覧システム」で特定の板本を検索した場合、その板本を摺刷した板木が現存していれば、「板木閲覧」ボタンが表示される。このボタンをクリックすれば、板本に対応する板木を「板木閲覧システム」から検索し、その結果が表示される。丁ごと・半丁ごとの比較対照は実現できていないが、現状で板木の閲覧と板本の閲覧をシームレスに行う環境は整いつつある。第四章にも述べたが、現在これに加えて、同様の方法で出版記録を同時に参照できるように準備を行っている。

現在、学界ではデータベースの標準化やそれに伴う横断検索システムの構築に余念がないように思われる。序章にもふれておいたが、人間文化研究機構が運営する「研究資源共有化システム」の「統合検索システム」などはその好例で(注3)、一度の検索で、複数の研究機関(国立歴史民俗博物館、国文学研究資料館、国立国語研究所、国際日本文化研究センター、総合地球環境学研究所、国立民族学博物館など)の運営による百以上のデータベースを横断検索することが可能である。

これらによって、研究者は各々のデータベースや各機関のデータベースを往来せずに済み、その恩恵は非常に大きいといえるだろう。しかしそれはレファレンス用途についての恩恵であり、結局は個別のデータベース検索結果が一網打尽に得られるのみで、個別の検索結果が連携してつながっているわけではない。つまり複数のデータベースを引く手間や時間が効率化されるのであって、人文科学分野の研究深化に決定的役割を果たすか否かという点については、少々疑問を感じざるを得ない。

今後の見込みも含めていえば、筆者が構築した板木・板本・出版記録の各データベースは、それぞれ独立したデータベースとして存在しており、一度に三つのデータベースを一つの窓口で同時に検索する仕様にはなっていない。しかし先に「板木閲覧システム」と「書籍閲覧システム」の連携を紹介したとおり、これらは芋蔓式につながっており、入り口がいずれであるかを問わず、出版研究の三本柱を行ったり来たりできる。また、個別のデータベース検索結果においては主要なキーワードに再検索用のリンクが張られる仕様であるから、同年代成立や同一ジャンルの板木や板本を見て、そこからさらに出版記録へジャンプするというように、芋蔓式に情報を引き出し、雪だるま式に知を膨らませていくことができるのである。第一章に述べたデジタル化の方法、メタデータ構成とウェブデータベースはもちろんのこと、関連するデータベースとのつながりを横断検索に求めず、芋蔓式につなげたことも、研究者による研究（者）のためのデータベース構築を目指した結果である。

第三節　課題・展望

（一）調査対象の拡大と保存の急務

さて一方では課題も多く見えてきている。本書は、ほぼ奈良大学所蔵資料のみを対象とした中途報告に過ぎないという批判は免れないだろう。また第六章に述べたとおり、奈良大学所蔵資料であってもまだ調査が不十分な点が多く残っている。いくつかの章で紹介したとおり、板木を所蔵する機関は存外に多く、筆者はそれらを網羅的に調査することができていない。現在この点を克服するために、株式会社法藏館・美術書出版 株式会社芸艸堂・京都大学附属図書館が所蔵する板木の調査に取り組んでいるところである。

既知のコレクション以外にも、板木が現存する可能性は潜在している。例えば、『蔵板員数』（注4）によれば、

一　御文絵鈔　三枚
　但相合
　　上之巻　弐拾六ノ弐拾九
　　　　　　三拾壱ノ三十四
　　下之巻　拾三ノ拾六
〆十弐丁　壱軒分
昭和廿一年十一月

絵入分四枚嵯峨八木兵氏へ贈ル
昭和廿一年十一月八日
五枚リハ円ニテ売却（95丁オ）

一　伊勢物語　五枚
但相合
〆
色板在
半軒分
昭和廿年四月廿日
八木兵へ炭到来ノ礼ニ呈上ス
四丁張五枚　色板ナシ（98丁オ）

一　大宝庭訓往来　丸
二丁張十七枚
明治四十三年五月
吉仁板市買代リル〆
右八木兵へ遣ス（150丁ウ）

などの記事が散見される（ゴチックは後筆の意）。これらは板元の手もとから、いわば散逸していった板木の記録であるが、幸いにも譲渡先が記録されている。

この三件の記事は、佐々木から「嵯峨」「八木兵」へ板木が譲渡されたことを示している。記事によれば、八木兵は第二次世界大戦終戦前後の燃料不足に際して、佐々木に炭を融通し、その御礼に佐々木から板木を贈られていた人物らしい。この「八木兵」は、現在も嵯峨嵐山にある八木兵商店であり、安政年間（一八五四〜六〇）創業の薪商（現在は燃料・食料を扱う）である。筆者がヒアリングおよび訪問調査を行ったところ、現当主の代に至るまで、「御文絵鈔」の板木は板木の状態のまま、「大宝庭訓往来」の板木は角火鉢に姿を変えて、大切に保管されていた。（注5）

これらのケースでは、後に公的機関に寄贈されていなければ、現存していない可能性が大きいと思われる。しかし、右に例示した記録や、永井一彰氏が紹介されたように、板元から流れ出た板木が印判店等によって大切に保管されている例もあり、（注6）現存している可能性も存分にある。コレクションは小規模ながら、それらによって既存のコレクションが補完されていく意義は大きい。

古書店の販売目録に板木が載る例も、まま見かける。これらが個人コレクターを含め、適切な機関に収まればよいが、古書店の販売目録に載ること自体、現在も散逸が続いていることを端的に示している。古書店による販売を否定するつもりはないが、もともと板本に比して現存が限られている資料である。第一章において、過去に板木保存の急務が説かれたことにふれたが、今改めて、保存の急務について留意し、可能な限り保存に努めていかなければならない。いずれにしても、今後はこうした大小の板木コレクションを調査対象に含めつつ、総合的な板木書誌学を実践する必要があると考えている。

（二）三次元デジタルアーカイブ

筆者は、当然ながら今後も「板木閲覧システム」を基盤に活動を行うこととなり、この基盤に他機関の資料を追加していくことになるだろう。可能な限り第一章に述べたデジタル化手法を用いつつ、資料の充実を図っていくことになるが、新しい技術には常にアンテナを張っておくべきである。

本書では、二次元のデジタル画像によって立体資料である板木を捉えた。しかし筆者が直接関与した二次元のデジタルアーカイブ以外にも、立命館大学情報理工学部田中弘美研究室のご協力により、ＶＩＶＩＤ９１０（コニカミノルタ製）という非接触三次元デジタイザを用いて板木の形状を立体分析し、プロジェクトとしては３Ｄモデルを構築する試みも行うことができた。(注7) 当時の試行結果としては、２Ｄのデジタル画像と比較して、一点一点の計測やモデリングに極めて時間がかかること、閲覧・観察目的においては、その再現性や汎用性に劣る点もあり、実際に全点のデジタル化を行う手法として採用するには至らなかった。しかし技術的な優位性・将来性は存分に認められる。

例えば、彫りの深さの計測である。第二章において少し述べたが、彫りの深さには変遷があり、その深浅は板木の新旧に該当する場合が多い。つまり、彫りの深さは成立年代を特定する一つの指標となる。この彫りの深さを、従来の書誌学的手法により、ものさしやメジャーで測定することは難しい。仮に一箇所について測定することができたとしても、それを一点の板木の彫りの深さとして代表させ、認定することは難しいだろう。したがってそこには当然、観察者の主観的な判断が入ってくることになる。

しかし３Ｄによって形状を測定すれば、最も彫りの深い場所を特定することもできるだろうし、板木全体の平均的な彫りの深さを求めることもでき、客観的な判断を行うことができる。３Ｄ技術によって、板木の優れた書誌情報が得られることはほぼ間違いない。現時点において、大量の板木を扱うにあたり、三次元の計測を行い、それをモデル化することが、最も適切なデジタル化手法とはいえないが、将来的には三次元のデジタル化が今以上に安易になり、ベーシックな手法となる可能性は大いにあり、常にアンテナを張っておくべき技術である。

（三）近世出版史における板木の位置付け――整版印刷の勃興――

調査対象の拡大を図りつつ、近世出版史における板木の位置付けも考慮していかなければならない。本書では、個別の板本の問題に、板木という新資料を加味して検討することに紙幅を割いた感があるが、「板木」という存在が欠落したままに述べられてきたのは、近世出版史も同様である。

近世に至って商業出版が開花し、整版印刷が再び擡頭して活字による出版にとってかわっていったのは、寛永（一六二四～四五）の末頃からであるといわれてきた。宗政五十緒氏が、

正保・慶安頃を境として、木活字本から整版本に移行してゆく。というのは、慶長・寛永の時期は書籍の需要が少ないため、同一の活字を組版してくりかえし使用するのが経済的に有利であったが、やがて書籍の需要が増加して、需要者の増大と急の要求とに応ずるには、むしろ整版による方が経済的に有利になったからである。

とされたり、(注8)中野三敏氏が、

この問題に関する私の考えはきわめて単純で申しわけないが、一応書きとめておこう。それはまさに寛永末年

という時期から、我が国では書物刊行が営利事業の一形態として成り立つようになったという一事に帰着すると思う。即ち職業的本屋の出現である。

とされているのに代表される。(注9)

つまりその理由は、本の享受者が一般市民にも広がり、古活字版のように度々版面をばらしたのでは再摺りが難しいが、整版印刷にすれば繰り返し大量印刷が可能であり、それが商業として成立したことによると捉えられてきた。そして板元が市井に擡頭し、重要な顧客でありコンテンツホルダーであった公家や寺院の周囲に位置取ったともいわれている。この板元の配置が、後の書林仲間の上組・中組・下組の組み分けへ通じるとされた蒔田稲城氏の分析も的を射ており、(注10)これらを総合すれば、寛永末に起こった整版印刷の隆盛は十分に理解できる。これらはいずれも間違ってはいないと思われるが、本当にそれだけだろうか。

出版史において「出版」や「板元」を考えるとき、公家や寺社というコンテンツホルダーや享受者の存在から整版印刷への移行を捉えるのは、商品としての「本」という存在やその素材に思考をとらわれすぎているように思われる。確かに板元はコンテンツホルダーからテキストを得て本を作り、それらを売った。経典の類は寺社も必要としており、得意客でもあった。だから寺町通界隈や本願寺近辺には「本屋」が集中した。それらは事実であろう。しかしそこではやはり、整版印刷にとって必要不可欠な「板木」という存在が全く考慮されていないのである。

商業出版による整版印刷時代を迎えるにあたり、板元は本を扱う以前に、本を作る道具としての板木が必要であり、板木を作るための木材を確保しなければならなくなったはずである。それが整版印刷再興前と後との歴然とした違いであったことは改めて述べるまでもない。木材をめぐる何かが寛永期以前に京の地に起こったと見るべきではないだろうか。

大堰川開鑿が完成したのは慶長十一年（一六〇六）八月のこと、これにより丹波地方と京都の流通ルートが確立され、丹波材の京都流入が進んだとされる。また、高瀬川の掘削が完了したのは慶長十七〜十八年（一六一二〜一三）のこと、これによって淀川を通じ、伏見を経由して大坂の材木が京都に流入するようになる。(注11)つまり、これら以降、京都という地には木材流通に大きな変化が起こっていったはずである。

高瀬川の西岸を樵木町（現、木屋町）といったのは、高瀬川掘削の直接的影響を受けて材木商が集中したからであり、三条木屋町南側に材木町・下樵木町という町名が存在するのも高瀬川掘削と無関係ではないだろう。藤田叔民氏が、

移入諸物資のなかでもとくに材木・薪炭類の林産物が多量を占め、それだけにまた材木・薪炭商が軒をならべたのだろうか。

林産物の京都への移入については大堰川水運のところでもふれた通りであるが、近世京都の町の発展は、禁裏をはじめ、神社・仏閣の増・改築はもちろんのこと、町屋の建築、あるいは火災による町並の再建などから、材木の需要が増加するとともに、薪炭の需要もまた増大していったものと考えられる。

と述べられるように、(注12)当初は建築用材や薪として流入してきたのであろうが、同業者町の成立、建築需要の一巡など、元和期を経て寛永末頃までには、出版に木材を使用する環境が十分整ってきたことは想像に難くない。

当時の京都における木材調達は、大堰川ルート・高瀬川ルート以外に、近郊の山村からの伐り出しがあったとい

われている。(注13) 板木用の材木すべてを河川ルートに帰着させることはあまりにも安易である。木材流通史を吟味する必要があり、いまこの問題を結論付けることは拙速であろう。

しかし、板本享受層の拡大があり、木材の流通に変化が起こった。板木という存在を意識して整版印刷の勃興を考えた場合、これらの相乗効果が、寛永末頃の整版印刷移行を準備したように思われてならないのである。少なくとも定説に「板木」というキーワードを加味したとき、新たな議論を起こすことができるのは間違いない。

(四) 比較板木研究

さて歴史上、わが国と同様に木版印刷が栄えた国に、中国・朝鮮がある。したがって板木書誌学は日本固有の問題ではない。

卑見によれば、現状で中国の板木に関する情報は豊富ではないが、韓国では板木に対する注目度が極めて高く、韓国国学振興院が中心となって板木そのものの収集に力を入れている。筆者の語学力も災いし、細部にわたる具体的な活動内容までは把握できていないが、その力の入れようは、国学振興院のウェブサイト(注14)や、国学振興院が運営する「儒教ネット」(注15)から十分に伝わってくる。板本についてはデータベース構築が進み、ウェブサイト上から画像を閲覧できるものも少なくない。板木については、二〇〇八年九月に、国学振興院の付属組織である儒教文化博物館において、企画展示「나무에 새긴 지식정보 목판」(木に刻まれた知識情報　木版)が開催され、(注16) 二〇一〇年三月二十四日には板木をテーマにしたシンポジウム「한국국학진흥원 소장 책판의 종합적 연구」(韓国国学振興院所蔵冊板の総合的研究)が開催されている。(注17) 本論執筆時点において、板木については、摺りの工程を解説した「목판체험하기」(木版画を体験する)などのデジタルコンテンツがあるが、板木そのもののデジタル画像を閲覧することは

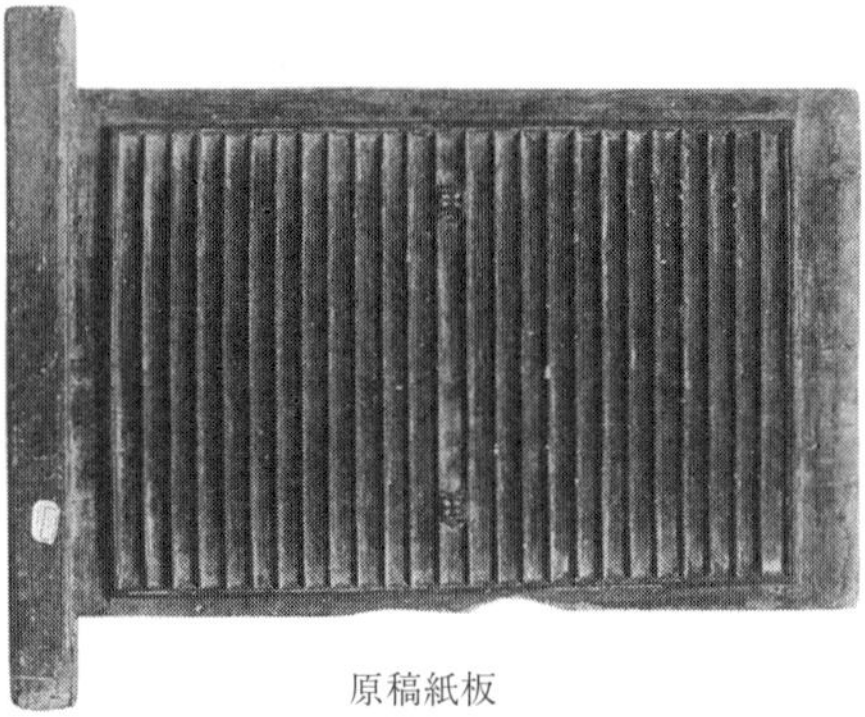

原稿紙板

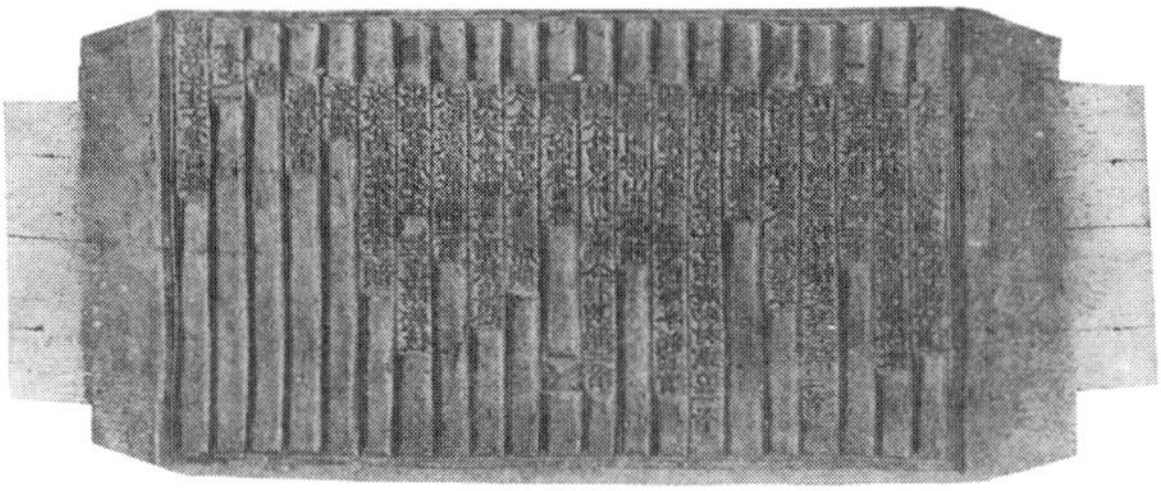

冊板

図1　朝鮮の板木

できないようであり、今後に期待したいところである。

もちろん中国・朝鮮・日本の木版印刷は、それぞれ風土に応じた独特の発展を遂げたはずであり、即座に同じ土俵でそれぞれの板木を扱うことはできないだろう。しかし、例えば韓国で板木を意味する「冊板」について、『図説韓国の古書』[注18]によってその姿を一見すれば（図1）、日本の板木やその構造とは若干印象が異なるものの、端食や、板木に端食用の凸部があることが分かり、日本の板木との共通性がうかがわれる。

当然ながら日本の板木の彫製方法や構造は、中国や朝鮮で醸成されたものの影響を受けて成り立っていることは想像に難くないが、日本の板木と中国・朝鮮の板木は何が共通し何が異なるのか、日本の木版印刷は何を受け継ぎ、何を独自に発展させたのか、第二章に述べた板木の基本構造の考察を受けて、比較板木研究にも興味は及ぶ。
日本の板木と中国や朝鮮の板木の多くを同じ場所に集めて比較対照することは難しいが、それらの問題をクリアにするのはやはりデジタルアーカイブである。筆者はすでにこの基盤構築に着手したわけであるから、当然将来的な比較板木研究が視野に入ってくる。現存板木の詳細を調査しない段階で述べるのは軽率であるが、将来的には、唐本・韓本・和刻本の板木をオンラインで比較対照させることも夢ではなくなってきているのである。

筆者は序章において、板木を研究資源として扱うための六つの課題を提示した。それを受けて、板木デジタルアーカイブを構築・公開し、板木・板本・出版記録の基礎資料の検討を行った上で、この三本柱による出版研究実践を行った。本論により、板木資料はすでに研究界の共通資料となり得たと考える。今後、出版研究を進展させるためには、板木資料が極めて重要な位置にあることを主張して執筆を終える。なお、ウェブ上のコンテンツは今後も成長を続けることを付記しておく。

注

（1）立命館大学アート・リサーチセンター「板木閲覧システム」（http://www.arc.ritsumei.ac.jp/db9/hangi/）
（2）立命館大学アート・リサーチセンター「ARC書籍閲覧システム」（http://www.arc.ritsumei.ac.jp/db1/books/search.html）
（3）大学共同利用機関法人人間文化研究機構「研究資源共有化システム」のうち、「統合検索システム」（http://int.nihu.jp/）

（4）永井一彰『藤井文政堂板木売買文書』（日本書誌学大系九七、二〇〇九、青裳堂書店）
（5）当家に薪商の仲間鑑札が現存している。八木氏の談によれば、八木兵商店の先々代と佐々木惣四郎の先々代は従兄弟同士という。
（6）永井一彰「板木をめぐって――『芭蕉翁発句集』の入木――」（『奈良大学総合研究所報』八、二〇〇〇）
（7）尹新・江藤徹・赤間亮・永井一彰・田中弘美「Virtual Printing and Representing Appearance of Hanpon」（『「画像の認識・理解シンポジウム」論文集』、二〇〇八、情報処理学会）。また3Dモデルについては、企画展示「近世版木展」（於 立命館大学アート・リサーチセンター、二〇〇九・二・十六〜三・六）において展示を行った。
（8）宗政五十緒『近世京都出版文化の研究』（一九八二、同朋舎出版）
（9）中野三敏『書誌学談義 江戸の板本』（一九九五、岩波書店）
（10）蒔田稲城『京阪書籍商史』（『日本出版大観』上巻、一九二八、出版タイムス社）
（11）京都市編『京都の歴史四 桃山の開化』（一九六九、学芸書林）および同編『京都の歴史五 近世の展開』（一九七二、学芸書林）による。
（12）藤田叔民「街道と舟運」〈（11）の後者に所収〉
（13）藤田彰典「江戸後期の京都高瀬川と三郷薪屋仲間」（『京都地域史の研究』、一九七九、国書刊行会）
（14）韓国国学振興院ウェブサイト
(http://www.koreastudy.or.kr/)
（15）「儒教ネット」(http://www.ugyo.net/)
（16）同展覧会の図録に『나무에 새긴 지식정보 목판』（二〇〇八、国学振興院）がある。
（17）東亜日報（Donga.com）により配信されたニュース「책판 에 새겼다 조선의 기록열정」（二〇一〇・三・二四）によった。
(http://news.donga.com/3/all/20100324/27062152/1)
（18）安春根著・文嬿珠訳『図説韓国の古書――本の歴史――』（二〇〇六、日本エディタースクール出版部）

◆初出一覧

序章　研究資源としての板木

新稿。ただし、博士論文の「序章」を修正。

第一章　板木活用の意義と実践

赤間亮・冨田美香編、文部科学省グローバルCOEプログラム「日本文化デジタル・ヒューマニティーズ拠点」（立命館大学）監修、シリーズ日本文化デジタル・ヒューマニティーズ二『イメージデータベースと日本文化研究』（ナカニシヤ出版、二〇一〇年）所収、原題「板木デジタルアーカイブ構築と近世出版研究への活用」を増補・修正。

第二章　板本の板木――その基本的構造――

『アート・ドキュメンテーション研究』一七（アート・ドキュメンテーション学会、二〇一〇年）掲載、原題「板本の板木――その基本的構造」を増補・修正。

第三章　板本に表れる板木の構成――紙質・匡郭――

『アート・リサーチ』一二（立命館大学アート・リサーチセンター、二〇一二年）掲載、原題「板本に表れる板木の構成――紙質・匡郭――」を修正。

第四章　出版記録から読み取れるもの――竹苞書楼の出版記録――

新稿。ただし、『俳文学研究』五二号（京都俳文学研究会、二〇〇九年）掲載、「『書林竹苞楼蔵版略書目』について」を原案とした博士論文の「第四章」を修正。

第五章　近世出版における板木の役割――摺刷以外の板木の機能――

新稿。ただし、日本出版学会二〇一一年度秋季研究発表会における口頭発表「近世出版における板木の役割――「白板」の機能――」に基づく。

第六章　池大雅『賞奇軒墨竹譜』の板木――初版から現在までを辿る――
『アート・リサーチ』一〇（立命館大学アート・リサーチセンター、二〇一〇年）、原題「『賞奇軒墨竹譜』の板木」を増補・修正。

第七章　高野版の板木――奈良大学博物館所蔵板木を中心に――
新稿。ただし、博士論文の「第六章」の一部を増補・修正。

第八章　藤井文政堂所蔵　享保十七年版「十巻章」の板木――袋綴じと粘葉装――
『論究日本文学』九七（立命館大学日本文学会、二〇一二年）掲載、原題「藤井文政堂所蔵　享保十七年版「十巻章」の板木――袋綴じと粘葉装――」を増補・改稿。

終章　課題と展望
新稿。ただし、博士論文の「終章」を修正。

あとがき

本書は、二〇一〇年九月二十五日に立命館大学へ提出した博士論文『板木デジタルアーカイブ構築と近世出版研究への活用』に加筆・修正を施したものである。

大学に入学した一九九四年の夏だったと思う。父の実家に滞在した折、帰省していた従姉から「何大学の何学部に入ったのか」と尋ねられ、「立命館の文学部」と答えた。従姉から「それなら、赤間という名前の先生を知っているか」と質問を重ねられ、「専攻の教員一覧に名前があった気がする」と曖昧に返事した。従姉は「その人、私の大学時代の知り合い」と教えてくれた。その翌年、自動的に割り振られた小集団クラスの担当の先生が、偶然にも赤間亮先生だった。そのときは先生のもとで板木をテーマとした博士論文を執筆し、それを本にすることになるなど、想像だにしなかった。

それ以来、つまり学部生時代から十数年もの間、ずっと赤間先生のお世話になっている。くずし字を読む必要性や楽しさに始まり、資料に向き合う態度など、筆者の研究活動の骨格は先生に教わった事柄で成り立っている。博士前期課程修了後、後期課程に入学するまでの期間には、筆者ごときに仕事を与えて下さり、デジタル撮影やデータベース構築技術を習得する貴重な機会をいただいた。むろん学位論文の審査に際しては、主査にあたって下さった。通常、学位論文を提出した後は独立しなければならないだろうが、それもできずに研究員として立命館に留まるにあたっては、受入教員までお引き受け下さっている。

博士前期課程では、当時立命館に出講されていた阪口弘之先生にもご指導をいただき、古浄瑠璃をテーマに、本文批判の重要性や本をしっかりと見つめることの大切さをみっちりと教えていただいた。優しくも厳しい先生の授業で発表を担当するのは、決して楽な気分ではなかったが、緊張感があって楽しかったことを今もよく思い出す。当時、全くといっていいほど勉学が手につかず、自身苦しい思いをしていたが、不思議と先生の授業には、不出来ながらも素直に取り組むことができた。前期課程二〜三年目では、専門外の受講生の補助を騙って、後輩の発表に首を突っ込んで勉強もした。その甲斐あってのことか、辛くも前期課程を修了することができた。

赤間先生と小林孔先生に連れられて奈良大学に永井一彰先生を訪ねたのは、博士後期課程に入る一年ほど前のことである。当初、筆者は仕事の一環として奈良大学博物館が所蔵する板木のデジタルアーカイブ構築に参加させていただく程度の心積もりであったと思う。しかし、翌年からデジタル撮影を進めるうち、板木の存在感と永井先生の独特な語り口も相俟って、板木の魅力にぐいと引き込まれていくことになる。こうして後期課程では、永井先生にもご指導をいただくことになった。後期課程入学後は、次第に筆者の学問的興味関心は板木に移り、ついには板木以外のことをしなくなった。数千枚の板木の中から、先生が言及されていない板木に着目し、または先生との対話の中から板木に関わる問題点を見出し、それについて調査を進めてみた。そうする内、板木をテーマに博士論文を執筆できるかもしれないという気持ちになっていった。

そうして何とか三年間で書き上げてみたものが、冒頭にあげた博士論文である。目指したところは本文中に述べたのでここではふれないが、これまで三名の先生方に教えていただいた要素を、直接に、間接に活かし、独自の路線を求めたつもりである。しかし、その出来映えは誠に不十分なもので、「板木書誌学」などと銘打っても、永井先生が収穫された後を落ち穂拾いしてみたに過ぎなかった。副査にあたって下さった永井先生の「述べていることは間違っていないが、全体に突っ込み・のめり込みが足りない」というご指摘は、自覚していたこともあり、胸に突き刺さった。

その後、著書として博士論文をまとめ直す機会を得て、今日までに辛うじて二章分の増補を行い、誤謬のオンパレード（自身、呆れ果てた）をいくぶん治癒することはできたものの、残念ながら突っ込みの足りなさは健在である。板木に対応する板本の調査も、結局不十分なままにここまで来てしまった。三名の先生方の学恩に本という成果物で応えようと試み、それなりのものはできあがったと思うが、十分かと問われれば甚だ心許ない。したがって、この場を借りて言葉で深甚の謝意を申し上げます。また、今後も継続して板木に取り組み、のめり込むことを誓います。

さて、本書刊行にあたっては、株式会社法藏館の皆さま、とりわけ戸城三千代編集長にお世話になった。スロースターターの筆者は、あとがきを書いている現在でさえ迷惑をかけ続けているに違いないが、根気よく向き合って下さっている。また、板木の所蔵機関でもある法藏館に本書を刊行していただくこと、筆者にとって望外の幸せである。

博士論文の副査にあたって下さった中西健治先生、『賞奇軒墨竹譜』をご恵与下さった渡辺淑寛氏、同じくご架蔵の資料をご貸与・ご寄贈下さった林進先生、図版掲載をご許可下さった諸機関、板木調査で毎週お世話になっている奈良大学博物館、藤井文政堂のご当主・藤井聲舟氏、竹苞書楼のご当主・佐々木惣四郎氏、廣瀬千紗子先生、川嶋将生先生、アート・リサーチセンター関係者の方々（OB・OGを含む）をはじめ、まだまだお礼を申し上げるべき方々が多くおられる。この場で全員のお名前と個々のエピソードを述べれば、一～二章分の増補が叶うかもしれないが、難しい。省略させていただく失礼をお詫び申し上げるとともに、皆さまの暖かいご支援によって本書が成っていることを述べておきたい。

最後に、家族に礼を述べる。妻の大きな支えと屈託ない我が子の存在がなければ、とっくにこの道を諦めていたかもしれないと、最近よく思う。本当にありがとう。

二〇一三年二月

金子貴昭

本書は、文部科学省グローバルCOEプログラム「日本文化デジタル・ヒューマニティーズ拠点」（立命館大学）、日本学術振興会科学研究費補助金の特別研究員奨励費「日本文化研究分野における大量生産型デジタル・アーカイブの構築実践と活用」（研究課題番号08J55612）、および研究活動スタート支援「板木デジタルアーカイブ拡充と板木書誌学の確立」（研究課題番号23820071、二〇一一～二〇一二年度）による研究成果の一部である。同じく科研費の研究成果公開促進費（申請番号245037）に採択され、刊行するものである。

重版にあたる校正に際し、宮川真弥氏に多大なご協力をいただいた。記して深謝申し上げます。

金子貴昭（かねこ　たかあき）

1976年、広島県生まれ。

2010年、立命館大学大学院文学研究科人文学専攻日本文学専修博士課程後期課程修了。博士（文学）。日本学術振興会特別研究員、文部科学省グローバルCOEプログラム「日本文化デジタル・ヒューマニティーズ拠点」（立命館大学）ポストドクトラルフェロー、立命館大学衣笠総合研究機構専門研究員を経て、2014年、同准教授。

立命館大学・奈良大学非常勤講師。

本書所収論文の他、主な論文に、「説経『梵天国』の諸本について」（演劇研究会会報28、2002年）、「立命館大学ARC所蔵「東山名所図屏風」の主題考察――相模掾操芝居図を中心に――」（『風俗絵画の文化学――都市をうつすメディア』思文閣出版、2009年）など。

近世出版《きんせいしゅっぱん》の板木《はんぎ》研究《けんきゅう》

二〇一三年二月二八日　初版第一刷発行
二〇一四年七月五日　初版第二刷発行

著　者　金子貴昭
発行者　西村明高
発行所　株式会社　法藏館
京都市下京区正面通烏丸東入
郵便番号　六〇〇-八一五三
電話　〇七五-三四三-〇〇三〇（編集）
〇七五-三四三-五六五六（営業）

装幀者　高麗隆彦
印刷・製本　亜細亜印刷株式会社

ISBN 978-4-8318-6223-5 C3091

日本仏教版画史論考　内田啓一著　一〇、〇〇〇円

熊野比丘尼を絵解く　根井浄・山本殖生編著　六、〇〇〇円

近世勧進の研究　京都の民間宗教者　村上紀夫著　八、〇〇〇円

江戸城大奥と立山信仰　福江充著　一〇、〇〇〇円

真宗関係浄瑠璃展開史序説　沙加戸弘著　一二、〇〇〇円

近世民衆宗教と旅　幡鎌一弘編　五、〇〇〇円

儀礼の力　中世宗教の実践世界　ルチア・ドルチェ・松本郁代編　五、〇〇〇円